2021

Estudio Económico
de América Latina y el Caribe

Dinámica laboral y políticas de empleo para una recuperación sostenible e inclusiva más allá de la crisis del COVID-19

NACIONES UNIDAS

CEPAL

COVID-19
RESPUESTA

Alicia Bárcena
Secretaria Ejecutiva

Mario Cimoli
Secretario Ejecutivo Adjunto

Raúl García-Buchaca
Secretario Ejecutivo Adjunto
para Administración y Análisis de Programas

Daniel Titelman
Director de la División de Desarrollo Económico

Sally Shaw
Oficial a Cargo de la División de Documentos y Publicaciones

El *Estudio Económico de América Latina y el Caribe* es un documento anual de la División de Desarrollo Económico de la Comisión Económica para América Latina y el Caribe (CEPAL). La elaboración de la edición de 2021 estuvo encabezada por Daniel Titelman, Director de la División, y la coordinación estuvo a cargo de Daniel Titelman y Ramón Pineda Salazar.

Se recibieron aportes y comentarios de Alicia Bárcena, Mario Cimoli y Vianka Aliaga, y se contó con la colaboración de la División de Estadísticas, la División de Comercio Internacional e Integración, la División de Asuntos de Género, las sedes subregionales de la CEPAL en Ciudad de México y Puerto España, y las oficinas nacionales de la Comisión en Bogotá, Brasilia, Buenos Aires, Montevideo y Washington, D.C.

Las secciones del primer capítulo, "Panorama regional", se basan en insumos preparados por los siguientes expertos: Cecilia Vera, Albert Bredt, Pablo Carvallo y José Antonio Sánchez (tendencias de la economía mundial y sector externo), Esteban Pérez-Caldentey y Francisco Villareal (liquidez global), Claudio Aravena (actividad económica), Sonia Gontero y Claudio Aravena (empleo y salarios), Ramón Pineda Salazar y Alejandra Acevedo (precios), Noel Pérez Benítez, Michael Hanni, Ivonne González y Jean Baptiste Carpentier (política fiscal), Ramón Pineda Salazar, Alejandra Acevedo, Christine Carton, Franciss Peñaloza y José Antonio Sánchez (políticas monetaria, cambiaria y macroprudencial), Cecilia Vera, Claudio Aravena, Pablo Carvallo y Albert Klein (proyecciones económicas), con la colaboración de las sedes subregionales y las oficinas nacionales.

Los capítulos de la segunda parte, "Dinámica laboral y políticas de empleo para una recuperación sostenible e inclusiva más allá de la crisis del COVID-19", fueron coordinados por Daniel Titelman, Sonia Gontero y Ramón Pineda Salazar. En su elaboración participaron Claudio Aravena, Sonia Gontero, Ramón Pineda Salazar y Jürgen Weller, y se contó con la colaboración de Sonia Albornoz, Emanuel Menendez, las sedes subregionales y las oficinas nacionales de la CEPAL. Además, se emplearon materiales preparados por Cristina Fernández, Matías Gómez, Angel Martín Caballero, Jesisbé Mejía, Javiera Ravest, María Eugenia Rodríguez, Juan Manuel Salazar-Xirinachs, Evelyn Vezza y Omar Zambrano.

Las notas sobre los países fueron elaboradas por los siguientes expertos: Alejandra Acevedo, Olga Lucía Acosta, Sonia Albornoz, Dillon Alleyne, Anahí Amar, Claudio Aravena, Albert Bredt, Christine Carton, Pablo Carvallo, Martín Cherkasky, Georgina Cipoletta, Lia Fain, A. Randolph Gilbert, Sonia Gontero, Enrique González, Camila Gramkow, Michael Hanni, Michael Hendrickson, Albert Klein, Álvaro Lalanne, Jesús López, Sara Lynn, Sheldon McLean, Carlos Mussi, Roberto Orozco, Ramón Padilla, Machel Pantin, Franciss Peñaloza, Juan Pérez, Noel Pérez Benítez, Esteban Pérez-Caldentey, Ramón Pineda Salazar, José Porcile, Juan Carlos Rivas, Indira Romero, José Antonio Sánchez, Jesús Santamaría, Nyasha Skerrette, Juan Guillermo Valderrama, Cecilia Vera, Francisco Villarreal y Sheng Zhao. Sonia Albornoz estuvo a cargo del anexo estadístico.

Publicación de las Naciones Unidas

ISBN: 978-92-1-122074-2
(versión impresa)

ISBN: 978-92-1-005566-6
(versión pdf)

ISBN: 978-92-1-358309-8
(versión ePub)

Número de venta: S.21.II.G.2

LC/PUB.2021/10-P

Distribución: G

Impreso en Naciones Unidas, Santiago

S.21-00393

Notas explicativas

- Los tres puntos (...) indican que los datos faltan, no constan por separado o no están disponibles.
- La raya (-) indica que la cantidad es nula o despreciable.
- La coma (,) se usa para separar los decimales.
- La palabra "dólares" se refiere a dólares de los Estados Unidos, salvo cuando se indique lo contrario.
- La barra (/) puesta entre cifras que expresen años (por ejemplo, 2013/2014) indica que la información corresponde a un período de 12 meses que no necesariamente coincide con el año calendario.
- Debido a que a veces se redondean las cifras, los datos parciales y los porcentajes presentados en los cuadros no siempre suman el total correspondiente.

Esta publicación debe citarse como: Comisión Económica para América Latina y el Caribe (CEPAL), *Estudio Económico de América Latina y el Caribe, 2021* (LC/PUB.2021/10-P), Santiago, 2021.

Cuadros

Gráficos

Recuadros

Presentación y resumen ejecutivo

Presentación

En su edición número 73, que corresponde a 2021, el *Estudio Económico de América Latina y el Caribe* consta de tres partes. En la primera, se resume el desempeño de la economía regional en 2020 y se analiza su evolución durante los primeros meses de 2021, así como las perspectivas de crecimiento para 2021 y 2022. De igual forma, se examinan los factores externos e internos que han incidido en el desempeño económico de la región durante 2020, su evolución en 2021, y la manera en que condicionarán el crecimiento económico en los próximos años.

En la segunda parte se examinan las repercusiones de la crisis generada por la pandemia de enfermedad por coronavirus (COVID-19) en los mercados laborales de la región y se hace una comparación con la trayectoria histórica de esos mercados, con especial hincapié en la evaluación del impacto desigual de la pandemia en el empleo de las mujeres y de los jóvenes. También se presentan las perspectivas de los mercados laborales regionales en un contexto de profundas transformaciones tecnológicas, poniendo de relieve los desafíos de las políticas laborales que se generan y examinando los riesgos y las oportunidades que provienen de la introducción de las nuevas tecnologías. De igual forma, se destacan las características y los desafíos del trabajo relacionado con plataformas digitales y el teletrabajo. En esta segunda parte se sintetizan las políticas laborales implementadas desde el inicio de la crisis y se señalan los principales desafíos de política que enfrentará la región para alcanzar una recuperación transformadora con empleo decente.

La tercera parte, que está disponible en la página web de la CEPAL (www.cepal.org), contiene las notas sobre el desempeño económico de los países de América Latina y el Caribe en 2020 y el primer semestre de 2021, así como los respectivos anexos estadísticos. La información que se presenta ha sido actualizada al 30 de julio de 2021.

Resumen ejecutivo

A. Situación económica y perspectivas para 2021 y 2022

Para 2021 se espera que la economía mundial crezca casi un 6%, y en 2022, un 4,5%. Sin embargo, las perspectivas económicas muestran crecientes divergencias entre países, que reflejan, por una parte, importantes asimetrías en el acceso a las vacunas, lo que afecta significativamente la capacidad de acelerar la normalización de las actividades económicas, y por otra, asimetrías en la capacidad de los países para mantener políticas fiscales y monetarias expansivas. Cabe señalar que mientras el virus SARS-CoV-2 tenga una alta circulación a nivel mundial, la recuperación no está asegurada, ni siquiera en aquellos países que han logrado una alta tasa de vacunación.

En 2021 el grupo de economías desarrolladas crecería un 5,5%, con una cifra de crecimiento de los Estados Unidos de casi un 7%. La zona del euro, por su parte, crecería un 4,7%, mientras que el Japón crecería cerca de un 3% y el Reino Unido alrededor de un 7%. Dentro del grupo de economías emergentes —que crecerían un 6,2% este año— destaca China, con un crecimiento del 8,4% y la India con uno del 9,2%. Por otra parte, se prevé un menor dinamismo en algunas subregiones emergentes como Oriente Medio y África del Norte (4%) y África Subsahariana (3,4%).

Para 2022 se espera que la economía mundial crezca un 4,5% en promedio. Las economías desarrolladas crecerían un 4,2% debido al rápido avance en los procesos de vacunación y los mayores estímulos fiscales en los Estados Unidos, mientras que las economías emergentes crecerían un 5%, nuevamente impulsadas por las economías emergentes y en desarrollo de Asia (6,4%), incluidas China y la India.

El crecimiento de las economías desarrolladas refleja, más allá de las mejoras en las condiciones de salud, los enormes esfuerzos fiscales que se realizaron en 2020 y el mantenimiento de estos estímulos en 2021. En 2020 las economías avanzadas movilizaron 6,3 billones de dólares en medidas destinadas a gastos y alivio tributario y 5,2 billones de dólares en instrumentos de liquidez, cifras que equivalían a un 12,7% y un 11,3% del PIB, en promedio, para paliar los efectos económicos y sociales de la pandemia. Por su parte, en los países emergentes la respuesta fiscal alcanzó una magnitud menor, de tan solo un 4% del PIB en gastos adicionales y alivio tributario[1].

Los paquetes fiscales en el mundo desarrollado no solo han buscado mitigar los efectos de la pandemia en el corto plazo sino también sentar las bases para la recuperación y el crecimiento posterior. La Unión Europea aprobó el marco financiero plurianual para el período 2021-2027 por 1,8 billones de euros, lo que representa cerca del doble de los recursos del marco financiero plurianual anterior. En el marco 2021-2027 se incluye un nuevo mecanismo temporario (NextGenerationUE) destinado a financiar un amplio plan de recuperación económica por unos 750.000 millones de euros. Los Estados Unidos aprobaron el Plan de Rescate Estadounidense de 2021 (*American Rescue Plan Act*), con estímulos de 1,9 billones de dólares orientados a financiar la vacunación, fortalecer las redes sanitarias, brindar alivio económico a las familias, ampliar los beneficios del seguro de desempleo y mantener el apoyo a las

1 Véase Comisión Económica para América Latina y el Caribe (CEPAL), *Panorama Fiscal de América Latina y el Caribe, 2021* (LC/PUB.2021/5-P), Santiago, 2021 y Fondo Monetario Internacional (FMI), *Fiscal Monitor: A Fair Shot*, abril de 2021.

empresas. Este plan de estímulo, sumado a los que se pusieron en práctica en 2020, lleva la respuesta fiscal de los Estados Unidos al COVID-19 a cerca de un 25% del PIB[2].

Los efectos que la crisis de la pandemia de COVID-19 ha provocado tampoco han sido simétricos. Mientras que en 2020 se perdieron más de 140 millones de empleos a nivel mundial, la riqueza mundial aumentó un 7,4% debido al crecimiento de los mercados bursátiles, la apreciación del sector inmobiliario, las bajas tasas de interés y los ahorros imprevistos como consecuencia del confinamiento. Este aumento no fue uniforme: mientras que creció un 12,4% en el Canadá y los Estados Unidos, un 9,2% en Europa y un 4,4% en China, en la India se redujo un 4,4% y en América Latina y el Caribe cayó un 11,4%. También se han observado diferentes capacidades de acceder a las vacunas, con una alta concentración de la adquisición de vacunas por parte de los países más desarrollados, por lo cual, por ejemplo, al 22 de agosto de 2021, en la Unión Europea ya el 55,6% de la población había completado su esquema de vacunación, en los Estados Unidos y el Canadá esta cifra alcanzaba el 53,0%, mientras que solo era del 24,5 % a nivel mundial. En el caso de América Latina y el Caribe, la cifra ascendía al 24,8% (América del Sur un 26,8%, Centroamérica y México un 22,4% y el Caribe solo un 5,8%)[3].

El crecimiento de la economía mundial está sujeto a incertidumbres que pueden tener efectos directos en el crecimiento de América Latina y el Caribe. A las incertidumbres que derivan de la trayectoria de la pandemia, como el lento avance mundial de la vacunación, que permitiría que el virus mute aún más y sea difícil de controlar, se suman aquellas que pueden llevar a un ajuste de las políticas expansivas en los países desarrollados. Las condiciones financieras podrían endurecerse a partir de una reevaluación de las perspectivas de la política monetaria en las economías avanzadas si las expectativas de inflación aumentan más rápidamente de lo previsto. Estos elementos implicarían mayores restricciones para las economías de la región, lo que afectaría su capacidad de recuperación.

El comercio mundial ha seguido la trayectoria del PIB mundial y en los primeros cuatro meses de 2021 creció a tasas interanuales de dos dígitos, principalmente a causa de la muy baja base de comparación que constituyen los mismos meses de 2020. Por este motivo, estas tasas se irían moderando en el transcurso del año y se espera un crecimiento del volumen de comercio en torno al 8% en 2021.

La recuperación del comercio mundial ha estado acompañada del aumento de los precios de los productos básicos que exporta la región, que en 2021 serían un 38% más altos en promedio. Se proyecta que los precios de los productos energéticos, fundamentalmente el petróleo, serán un 58% más altos en comparación con su nivel promedio de 2020, que los precios de metales y minerales serían un 38% más altos este año y que los precios de los productos agroalimentarios se ubicarían un 20% por sobre los niveles promedio de 2020. Esta dinámica se explica, en gran medida, por una mayor demanda mundial y, en el caso de los productos agrícolas, también por temas de oferta.

En lo que va de 2021 los mercados financieros mundiales se han visto favorecidos por la mejora de la actividad económica, los mayores estímulos fiscales, y los avances en el control de la pandemia y en el proceso de vacunación, particularmente en los Estados Unidos y Europa.

---

2 Además, existe un acuerdo entre representantes de los dos partidos para un programa de inversión en infraestructura de 1,2 billones de dólares durante los próximos ocho años, que incluye 550.000 millones de dólares en gastos nuevos. Este programa aún está en proceso de aprobación.

3 Cifras al 22 de agosto o última cifra disponible. Cálculos sobre la base de Our World in Data [en línea] www.ourworldindata.org.

Se ha mantenido un elevado nivel de liquidez mundial; los bancos centrales de las principales economías desarrolladas mantuvieron sus tasas en niveles mínimos históricos y continuaron con los programas de compra de activos haciendo crecer (aunque a ritmos menores en los últimos meses) el tamaño de sus hojas de balance. Eso ha llevado a que en 2021 la liquidez mundial haya mantenido su tendencia al alza, beneficiando al mercado de valores y a los mercados de bonos que se han consolidado como el principal proveedor de liquidez transfronteriza a nivel mundial (53% del total en el último trimestre de 2020).

La mayor importancia del mercado de capitales privados ha ido acompañada de un aumento de la deuda externa de los gobiernos y del sector corporativo no financiero en las economías en desarrollo, incluidas las de América Latina y el Caribe. Esto las hace vulnerables a cambios en las condiciones externas, en particular a las percepciones de riesgo y el tipo de cambio nominal. En el caso de América Latina y el Caribe, el sector corporativo no financiero opera con descalce de monedas, al igual que en el resto de las regiones en desarrollo, y más del 30% de las empresas (en base a una muestra de *23.820 empresas) se halla en una posición de vulnerabilidad financiera.*

Los mercados de capitales son altamente sensibles a las condiciones financieras externas y a las percepciones de riesgo de los países emisores, que los hace altamente volátiles y los expone a reversiones súbitas. La contraciclicidad que han mostrado los mercados de capitales puede no perdurar en el tiempo, lo que ubicaría a América Latina y el Caribe en una situación de mayor vulnerabilidad.

En este contexto, la acción multilateral tiene un papel fundamental en la reducción de las asimetrías y el fortalecimiento de las perspectivas de crecimiento inclusivo y sostenible. Un área de cooperación multilateral es el acceso equitativo a las vacunas; otra es apoyar a las economías con limitaciones financieras, incluidas las de renta media, para que puedan acceder sin obstáculos y en condiciones favorables a la liquidez internacional. La puesta en marcha de una asignación general de derechos especiales de giro (DEG) de 650.000 millones de dólares en el Fondo Monetario Internacional (FMI) en agosto ayudará a proveer liquidez mundial de manera más expedita, sostenible, menos costosa y con disponibilidad para todos los países miembros del FMI, destinada a impulsar los activos de reserva de todas las economías y ayudar a aliviar las limitaciones de liquidez.

La nueva emisión de DEG se distribuyó a los miembros del FMI de acuerdo con sus cuotas de participación, lo que implica que el 58% (375.000 millones) se destinó a los países desarrollados y el resto a los países en desarrollo y emergentes. En este sentido, una nueva emisión de DEG permitirá fortalecer la posición externa de los países en desarrollo y, en particular en el caso de América Latina y el Caribe, de los países más pequeños y endeudados, entre ellos algunos del Caribe. Con el fin de equilibrar la distribución de DEG de acuerdo con las cuotas, se contempla su reasignación de los países desarrollados a las economías en desarrollo.

La nueva emisión de DEG debería estar acompañada por reformas institucionales de la arquitectura de la deuda multilateral con la creación de un mecanismo multilateral de reestructuración y una agencia multilateral de calificación crediticia, por instrumentos innovadores de financiamiento que vinculen la capacidad de reembolso de los países con la exposición y la vulnerabilidad de estos frente a los desastres naturales (como se hace en el caso de las cláusulas sobre huracanes) o a los altibajos del ciclo económico (como en el caso de los bonos vinculados al ingreso nacional o PIB), y por la emisión de bonos sociales y sostenibles emitidos por las economías emergentes. A esto también deben sumarse iniciativas como la propuesta de Costa Rica de creación de un fondo de solidaridad financiado por países de ingreso alto que se denominaría Fondo para Aliviar la Economía COVID-19 (FACE).

Al igual que ocurre con los demás países del mundo, las proyecciones de crecimiento de los países de América Latina y el Caribe para 2021 se han revisado al alza. Después de que en 2020 la región sufriera la peor contracción desde 1900 (-6,8%), y el peor desempeño de todas las regiones en desarrollo, se espera para 2021 una tasa de crecimiento del 5,9% y, para 2022, del 2,9%. Si bien la dinámica de crecimiento de la región en 2021 responde a las mejoras en las condiciones externas, la creciente apertura de las economías y la flexibilización de las medidas de distanciamiento físico responde principalmente a una base de comparación muy baja como resultado de la marcada caída de 2020.

El crecimiento del 5,9% en 2021 no permitirá recuperar el nivel del producto de 2019. Solo 9 de los 33 países de la región lo lograrían, mientras que en 2022, con un crecimiento esperado promedio del 2,9%, otros 5 países habrían alcanzado los niveles de 2019. Más allá del crecimiento esperado en 2021, uno de los grandes desafíos de la región es poder mantener un crecimiento sostenible e inclusivo en los años siguientes. Este desafío no es menor si se considera que la dinámica de crecimiento ya era baja antes de la crisis y que en el sexenio 2014-2019 la región creció a una tasa promedio del 0,3%, uno de los períodos de menor crecimiento desde que se tiene registro, solo comparable con el sexenio que incluye la Primera Guerra Mundial y el de la Gran Depresión. Asimismo, se mantienen los problemas estructurales que han limitado y explican el bajo crecimiento que la región ha mostrado en las últimas cuatro décadas.

El nulo crecimiento antes de la crisis, unido a la fuerte contracción de 2020, se ha traducido en una caída histórica de la ocupación, un aumento sin precedentes del desempleo, junto con incrementos significativos de la pobreza y la desigualdad, lo que ha exacerbado aún más los problemas estructurales de la región. La crisis de 2020 también profundizó la heterogeneidad productiva de la región, y provocó numerosos cierres de microempresas, pequeñas y medianas empresas y la destrucción de capital humano y de empleo, lo que se suma al mal desempeño que ha tenido la región en materia de inversión.

La región muestra una caída progresiva en la inversión, que alcanzó en 2020 su nivel más bajo en las últimas tres décadas (17,6% del PIB), además de mostrar la menor proporción con relación al PIB cuando se compara con otras regiones en desarrollo y países desarrollados. En el segundo trimestre de 2020, la inversión total registró, en términos reales, una caída anual del 23,4%. Este desplome fue generalizado y permanente en los países de la región durante el segundo y el tercer trimestre de ese año. El aumento observado en el primer trimestre de 2021 se explica principalmente por la variación positiva de las existencias, que responde a la falta de demanda que lleva a su acumulación. Los desafíos de la inversión no pasan solo por aumentar su nivel, sino también a que apunte a sectores intensivos en empleo y que apoyen la sostenibilidad ambiental y los aumentos de productividad.

Entre los factores que han influido en la recuperación de este año se encuentran la mayor flexibilización de las condiciones de oferta interna en los países —resultado de las aperturas que permiten una mayor movilidad de las personas—, los aumentos de la demanda interna —apoyados por las política fiscal y monetaria—, y una dinámica favorable de la economía mundial, particularmente de los Estados Unidos y China, así como el importante efecto rebote por la baja base de comparación de 2020.

Las remesas han tenido un papel central en la dinámica de crecimiento de la región. Los flujos de remesas de migrantes hacia la región aumentaron un 32% en los primeros meses de 2021 respecto de igual período de 2020. Esto es resultado no solo de la recuperación económica en las principales economías emisoras, sino también de la reducción de la entrada de remesas durante el segundo trimestre de 2020. Considerando esto último, cabe esperar que se suavice el crecimiento a lo largo del año. Destaca el caso de México, donde en lo que va del año hasta el mes de junio las remesas son un 22% más altas que en igual período de 2020.

Como resultado de la dinámica de los precios de las materias primas, los términos de intercambio también tendrán una evolución positiva durante 2021 para los exportadores de materias primas. En América del Sur, una subregión exportadora neta, estos crecerán casi un 12%, mientras que lo contrario sucede con Centroamérica, región importadora neta de combustibles y también de alimentos —algunos países—, donde los términos de intercambio empeorarían un 1% este año. Por su parte, en el Caribe (sin incluir Trinidad y Tabago), se espera una caída del 4%, por ser esta subregión también importadora neta de energía y alimentos.

En el primer trimestre de 2021 los flujos financieros totales hacia la región aumentaron con respecto al trimestre anterior, en consonancia con las condiciones financieras favorables del entorno mundial. Para el segundo trimestre del año también se estiman flujos positivos para la región. Esto se explica por la menor volatilidad financiera, un mayor apetito por activos de riesgo y un relativo mayor control de la pandemia y de sus efectos económicos.

Durante 2020, las emisiones totales de bonos en los mercados internacionales por parte de los países de América Latina crecieron un 22,5%, impulsadas por la emisión de bonos soberanos (45% del total), mientras que las emisiones del sector corporativo representaron un 26% del total en 2020. En el primer semestre de 2021, las emisiones crecieron un 3% respecto de igual período de 2020, con un crecimiento discreto de las emisiones soberanas pero una duplicación de las emisiones corporativas. Destaca la importancia que han adquirido las emisiones de bonos sociales y bonos sostenibles para financiar proyectos sociales y verdes, que consideran metas de mediano y largo plazo cuyo incumplimiento se traduce en alzas de la tasa de interés.

El dinamismo en las emisiones soberanas responde a las buenas condiciones financieras, con bajo riesgo soberano, lo que permite menores tasas de interés. En efecto, el índice de riesgo soberano, medido por el índice de bonos de mercados emergentes (EMBI), se ha reducido hasta alcanzar valores cercanos a los que existían antes de la pandemia. Luego de incrementarse en los primeros meses de iniciada la crisis de la pandemia, el EMBI se ha reducido sostenidamente hasta llegar a los 380 puntos básicos en junio de 2021 en el caso de América Latina. Existe un amplio grupo de países de la región con valores del EMBI por debajo de los 500 puntos básicos.

En lo que respecta a la actividad económica, al primer trimestre de 2021 se había recuperado el 41% del nivel de la actividad económica perdida en 2020. La mayor caída de la actividad económica se dio en el segundo trimestre de 2020, cuando registró una disminución del 15,4% anual, mientras que el primer trimestre de 2021 muestra una contracción de solo un 0,2% interanual.

Hay una importante disparidad en el ritmo de recuperación de los países de la región. Mientras algunos siguen mostrando una contracción en el primer trimestre de 2021 respecto del mismo trimestre de 2020, otros presentan tasas de crecimiento del PIB positivas. El crecimiento fue negativo en el primer trimestre de 2021 en 5 de 18 economías de América Latina, se incrementó levemente en 8 economías (crecimiento menor al 3%) y tan solo 5 economías lograron tasas de crecimiento sobre el 3%.

A nivel sectorial, actividades como hotelería, restaurantes y otros servicios han sufrido duramente los efectos de la crisis, que también es muy intensa, pero heterogénea, en el comercio mayorista y minorista. Las medidas de confinamiento también suponen un drástico descenso de la actividad de parte del transporte, aunque se mantienen activos los servicios para actividades esenciales. Algunos sectores, como el agropecuario y el de servicios básicos, fueron extremadamente resilientes, y otros, como el de las manufacturas, se recuperaron rápidamente de las caídas, siendo los únicos sectores en mostrar al primer trimestre de 2021 tasas de crecimiento anuales positivas.

En el primer trimestre de 2021, la inversión fue el único componente del gasto que contribuyó al crecimiento del PIB. Por el contrario, en el mismo trimestre, el consumo total mantuvo su contribución negativa dada su caída del 1,6% respecto del mismo trimestre del año anterior, lo que significa un arrastre de cinco trimestres de tasas de crecimiento negativo. Su mal desempeño está determinado por la lenta recuperación de los puestos de trabajo perdidos, ya que aún falta recuperar 12,3 millones de empleos para alcanzar los niveles de ocupación anteriores a la pandemia, y por la reducción de los salarios reales. En el mismo período, la inversión mostró un aumento significativo y generalizado, un 11% respecto al mismo trimestre del año anterior, tanto a causa de la reactivación de las obras de construcción que comienzan a convivir con las cuarentenas como del aumento del uso de maquinaria y equipos, que ha llevado a un aumento de su demanda.

Como se analiza en la segunda parte de este *Estudio Económico*, los efectos en el mercado de trabajo de la crisis provocada por la pandemia de COVID-19 fueron mucho mayores que los de crisis anteriores, observándose una pérdida en los niveles de ocupación, una caída en la participación laboral y aumentos en la tasa de desempleo mucho más marcados. Por diversas razones, el impacto de la crisis fue mayor en el empleo femenino y en los grupos más vulnerables, como los integrados por jóvenes, migrantes y trabajadores menos educados. Entre 2019 y 2020 el número de ocupados se redujo casi 25 millones de personas, de las cuales cerca de 13 millones son mujeres. Lo anterior se tradujo en una tasa de desocupación femenina del 11,9%, en promedio, para 2020, superior al 9,3% de 2019. Por su parte, la tasa de desocupación de los hombres en 2020 fue del 9,3% en comparación con el 6,9% registrado en 2019. Estos niveles de desocupación habían sido mayores si muchos trabajadores no se hubieran retirado del mercado laboral. En efecto, la tasa de participación femenina cayó del 51,4% en 2019 al 46,9% en 2020, mientras que la tasa de participación masculina pasó del 74,7% al 69,6%. Esta reducción en la tasa de participación femenina la ubica en niveles similares a los de 2001.

A pesar del aumento en el número de ocupados, al primer trimestre de 2021 la región solo logró recuperar un 58% del total de los empleos que se perdieron durante la crisis. Para 2021 en su conjunto se estima que la tasa de participación laboral se incrementará 3,4 puntos porcentuales, al pasar del 57,7% en 2020 a un 61,1% en 2021. Sin embargo, este aumento será mayor para los hombres que para las mujeres: los hombres recuperarían niveles de participación similares a los anteriores a la crisis, mientras que las mujeres recuperarían tasas de participación similares a las registrados en 2008, equivalentes al 49%.

El lento incremento en los niveles de ocupación y las mayores tasas de participación permiten prever que la tasa de desocupación en 2021 sería mayor que en 2020. La tasa de desocupación aumentaría y llegaría a un 11% en 2021, en comparación con el 10,5% de 2020. Al igual que lo sucedido con las tasas de participación, al descomponer por sexo, son las mujeres las que muestran un peor resultado ya que su tasa de desocupación sería del 12,7%, tres puntos porcentuales superior a la de los hombres (9,7%).

Como ya se señaló, más allá de la recuperación en 2021, cabe esperar una lenta dinámica del crecimiento económico en los años venideros, lo que no permitirá una rápida recuperación del nivel de ocupación ni mejoras de la calidad del empleo. Por ello, será central implementar políticas que impulsen la creación de empleos de calidad. Especial atención merecerá el fomento del empleo en los grupos más afectados durante la crisis, como mujeres, jóvenes y personas migrantes. De igual forma, es necesario apoyar a los sectores productivos con mayores posibilidades de creación de puestos de trabajo, y propiciar un aumento en la formalización de los mercados de trabajo. En el mediano plazo, estos retos serán aún mayores si la región no logra romper la dinámica de bajo crecimiento que exhibía antes de la crisis generada por el COVID-19.

En 2020, la política fiscal demostró ser una herramienta de política económica fundamental para responder a la crisis provocada por la pandemia de COVID-19. Los países de la región anunciaron importantes paquetes de medidas fiscales que, en promedio, representaron el 4,6% del PIB, para fortalecer los sistemas de salud pública, apoyar el ingreso de las familias y proteger la estructura productiva. Estos esfuerzos se tradujeron en un alza del gasto público, que alcanzó un nivel histórico en América Latina. Al mismo tiempo, los ingresos públicos registraron una contracción importante, como resultado de los choques al consumo privado y al ingreso bruto nacional. Tomadas en conjunto, estas tendencias llevaron a importantes déficits fiscales y a un incremento significativo en la deuda pública.

En 2021 comienza a observarse una mejoría en la situación fiscal de la región. La reactivación de la actividad económica y los mayores precios de los recursos naturales no renovables está incidiendo en un repunte de los ingresos públicos en América Latina, lo que refleja un incremento de la recaudación de los principales impuestos, como el impuesto sobre el valor agregado y el impuesto sobre la renta, en el primer semestre de 2021. En algunos países, particularmente en los países mineros, los ingresos fiscales provenientes de los recursos naturales no renovables están siendo un factor importante detrás de la dinámica de los ingresos totales. En el Caribe también se prevé una mejora en los ingresos públicos en 2021.

Por el lado del gasto, las proyecciones oficiales de los países prevén un menor crecimiento del gasto público como porcentaje del PIB para América Latina. Durante el primer semestre de 2021 se registró una reducción en los gastos por transferencias corrientes y subsidios. Al mismo tiempo, los países de la región han anunciado la intención de impulsar la inversión pública como instrumento para reactivar la actividad económica y crear empleo, lo que se ha traducido en mayores erogaciones por gastos de capital en varios países. Aunque se prevé que los pagos de intereses se mantengan estables en promedio, se observan crecientes presiones en algunos países. Por su parte, en el Caribe las estimaciones oficiales proyectan que el gasto público mantendría una trayectoria expansiva durante el año, destacando el dinamismo de la inversión pública. No obstante, la ejecución de estas erogaciones de capital dependerá, en parte, de los recursos, particularmente las donaciones, a disposición de los países de esta subregión.

Sobre la base de las proyecciones oficiales de las trayectorias de ingresos y gasto público, se espera una mejora en los balances fiscales de América Latina. Al cierre del año se espera que el resultado global del gobierno central, en promedio, alcance el -5,5% del PIB, en comparación con el -6,9% del PIB de 2020. El resultado primario se ubicaría en un -2,9% del PIB frente al -4,2% del PIB en 2020. En el Caribe los balances mejorarían, con un resultado global del -6,2% del PIB, frente al -7,3% del PIB en 2020, y un resultado primario del -3,1% del PIB en comparación con el -4,6% del PIB en 2020. Aunque de menor magnitud que el año anterior, estos déficits en la región generarían presiones de financiamiento y en la cobertura del servicio de la deuda pública. En este sentido, el endeudamiento de los gobiernos centrales se mantendrá en niveles elevados.

La fragilidad del proceso de recuperación y la necesidad imperativa de lograr una transformación económica y social, subraya el papel catalítico que el sector público debe desempeñar en América Latina y el Caribe. No obstante, el fortalecimiento de la capacidad fiscal del Estado presenta retos importantes. Para ello se requiere una reorientación estratégica del gasto público para convertirlo en un instrumento de desarrollo. En este sentido, es necesario vincular las acciones para enfrentar la emergencia con acciones estratégicas de mediano y largo plazo. En el corto plazo, es necesario mantener programas de transferencias sociales de emergencia y de apoyo a sectores productivos para evitar la quiebra masiva de las microempresas y pequeñas y medianas empresas (mipymes) e impulsar políticas para un empleo de calidad. Otra prioridad es canalizar el gasto público a la universalización de los sistemas de protección social, la salud, el cuidado y la educación y crear el espacio fiscal para hacerlos sostenibles desde el punto de vista financiero. Además, es indispensable dinamizar la inversión para revertir su persistente caída, que ha llevado a que América Latina y el Caribe tenga la menor tasa de inversión con respecto a otras regiones. Adicionalmente, es necesario incorporar el enfoque de género en la política fiscal, a través del análisis de los efectos distributivos de la aplicación de este enfoque en las políticas de ingreso, gasto, inversión y en el ciclo presupuestario.

Crear el espacio fiscal necesario para sostener una política de gasto expansiva exige medidas para acceder a financiamiento y reducir pérdidas tributarias en el corto plazo y fortalecer los ingresos fiscales de forma progresiva en el mediano plazo. En el corto plazo, es fundamental eliminar la evasión tributaria, que representó una pérdida de recursos de *325.000 millones de dólares en 2018 (equivalente al 6,1% del PIB regional).* También es preciso revaluar los gastos tributarios, que representaron ingresos no percibidos del 3,7% del PIB. En el mediano plazo, es indispensable impulsar la recaudación tributaria progresiva para dar sostenibilidad al gasto público, para lo que hay que consolidar los impuestos sobre la renta, extender el alcance de los impuestos a la propiedad y al patrimonio (riqueza), revisar y actualizar de forma progresiva las regalías a la explotación de recursos no renovables, y considerar impuestos a la economía digital, ambientales y relacionados con la salud pública.

La sostenibilidad y orientación de la política fiscal requiere de nuevos pactos sociales y fiscales que contribuyan de forma sinérgica a la reactivación económica, de la inversión y del empleo, a la igualdad, el cierre de brechas de género y la acción climática. Estos pactos son una pieza necesaria para generar las condiciones sociales, políticas y económicas que permitan dar un horizonte expansivo a la política fiscal, evitando demandas prematuras de consolidación y austeridad que frenen la recuperación.

El financiamiento para el desarrollo y la cooperación internacional deben desempeñar un papel clave para aumentar la capacidad de los países de mantener políticas fiscales expansivas, además de fortalecer la arquitectura de la deuda de modo que sea más propicia para el desarrollo económico sostenible. Sin embargo, el financiamiento de las instituciones financieras internacionales puesto a disposición de la comunidad internacional ha sido menor al de la crisis financiera mundial. El FMI ha concedido fondos equivalentes a 113.000 millones de dólares a las economías en desarrollo. Si se excluye el monto de las líneas de crédito flexibles, la financiación total de esta institución se situó en 67.000 millones de dólares. Este monto es inferior a los compromisos de financiación del FMI durante la crisis financiera mundial de 2008-2009, que alcanzaron los 75.000 millones de dólares entre enero y septiembre de 2009.

Para responder al incremento de las necesidades de lidiquez de los países en desarrollo, incluidos los de la región, el Directorio Ejecutivo del FMI aprobó una nueva emisión de derechos especiales de giro (DEG) en agosto de 2021. El consiguiente aumento de las reservas internacionales proporcionará un importante colchón financiero mediante la reducción del riesgo y el fortalecimiento de la posición financiera externa de los países. Esta nueva emisión de DEG debería complementarse con mecanismos para su reasignación de los países desarrollados a los países en desarrollo. Los países en desarrollo podrían utilizar DEG asignados para la estabilidad financiera mientras que los países desarrollados podrían prestar sus DEG a fondos fiduciarios multilaterales y regionales para la provisión de bienes públicos.

La redistribución de la liquidez también se puede canalizar mediante la creación de fondos multilaterales como el Fondo para Aliviar la Economía COVID 19 (FACE) que propuso el Gobierno de Costa Rica y el fortalecimiento de la cooperación regional mediante el aumento de la capacidad de préstamo y respuesta de los bancos de desarrollo regionales, subregionales y nacionales, así como la de otras instituciones regionales.

El acceso a un mayor financiamiento debe complementarse con medidas de política destinadas a reformar la arquitectura de la deuda internacional. Esto supondría crear un mecanismo multilateral de reestructuración de la deuda y una agencia multilateral de calificación crediticia. También se debe ampliar el alcance de la Iniciativa de Suspensión del Servicio de la Deuda promovida por el Grupo de los 20 (G20), de modo que abarque todas las partes interesadas pertinentes (es decir, el sector privado y las instituciones multilaterales) y a los países vulnerables de ingreso medio. Además, la iniciativa debe prolongarse más allá de 2021. Esto debería ir acompañado de un mayor uso de diferentes instrumentos innovadores destinados *a evitar el endeudamiento excesivo y a aumentar la capacidad de los países para* afrontar el pago y el servicio de la deuda.

La fuerte contracción de la demanda agregada por efectos de la crisis del COVID-19 llevó a la inflación regional durante 2020 a niveles históricamente bajos. Al cierre de 2020 la inflación promedio de las economías de América Latina y el Caribe fue del 3,0%, 0,1 puntos porcentuales menor a la de 2019. En total, 21 economías registraron un descenso de la inflación durante 2020 y en 9 de ellas ese descenso superó el punto porcentual.

El comportamiento de la inflación fue muy diferenciado a lo largo de 2020, y mientras que en el primer semestre de 2020 se registró una fuerte reducción, a partir de mayo de 2020 se incrementó. La fuerte contracción de la demanda agregada interna apuntaló la caída de la inflación durante el primer semestre de 2020, mientras que el incremento en los precios de los alimentos, de la energía y de otros insumos productivos que habían visto afectado su proceso de comercialización desde el inicio de la pandemia, así como la mayor volatilidad cambiaria, han impulsado su aumento desde el segundo semestre de 2020.

Pese a la dinámica antes descrita, en 2021 la inflación se mantiene relativamente baja, con la inflación subyacente en niveles similares a los anteriores a la crisis, lo que refleja la debilidad que persiste en la demanda agregada interna.

En este contexto, durante 2020, la mayoría de los bancos centrales de la región ajustaron los instrumentos de política monetaria para estimular la alicaída actividad económica resultante de la pandemia. Por un lado, los bajos niveles de inflación y las menores perspectivas de crecimiento llevaron a que los bancos centrales que usan la tasa de interés como principal herramienta la redujeran, mientras que los bancos que usan agregados los expandieron mediante aumentos de las emisiones primarias y reducciones de las tasas de encaje legal. Además, los bancos centrales de la región también emplearon instrumentos "no convencionales" para ampliar el crédito, tanto al sector privado como al sector público, incluida la compra definitiva de títulos en poder de los bancos, el establecimiento en conjunto con el fisco de programas de financiamiento para empresas y hogares, así como el aumento del uso del financiamiento directo a los Gobiernos de la región.

Los esfuerzos de las autoridades monetarias indujeron una reducción de las tasas de interés activas, y durante 2020 estas se redujeron para la gran mayoría de las economías de la región con respecto al nivel informado al cierre de 2019, observándose caídas en los promedios anuales de las tasas activas en 23 de las 26 economías de las que se dispone información. Durante los primeros cuatro meses de 2021 la situación cambió y en 14 economías de la región las tasas activas se incrementaron, con un alza promedio de 2,2 puntos porcentuales. Sin embargo, pese al aumento antes mencionado, los niveles de las tasas activas a abril de 2021 se mantienen más bajos que los observados en diciembre de 2019 en 20 de 26 economías de las que se dispone de información.

Las medidas para estimular el crédito tuvieron un impacto positivo sobre el crédito real al sector privado en el corto plazo, mejorando su tasa de variación en el segundo o tercer trimestre de 2020 en 18 economías de las 25 de las que se cuenta con información. Sin embargo, este impulso ha perdido fuerza y entre el primer y segundo trimestre de 2021 se observan caídas del crédito real al sector privado en 15 países respecto de los mismos períodos del año anterior. Esta pérdida de dinamismo del crédito posiblemente estaría reflejando menores impulsos de los programas crediticios y la menor capacidad o disposición de las empresas y personas naturales para seguir aumentando sus deudas ante expectativas de una prolongación de la crisis.

En el comienzo de 2020, los bancos centrales tuvieron que lidiar con episodios críticos de salidas masivas y repentinas de capitales, excesivas fluctuaciones en las monedas e incrementos de las primas por riesgo mientras debían evitar el colapso de la actividad económica. En esas circunstancias adversas, las autoridades monetarias de la región han desplegado un conjunto amplio de herramientas macroprudenciales para preservar la estabilidad macroeconómica y financiera frente a la acumulación de riesgos elevados que se gestaban en los sectores reales, financieros y externos de las economías de la región. Entre estos esfuerzos destaca el énfasis puesto en la gestión de las reservas internacionales para responder de manera pragmática, flexible y rápida a posibles factores desestabilizadores que podrían acentuar la volatilidad cambiaria, impulsar una reversión en los influjos de capital o aumentar la posibilidad de crisis bancarias. Con este fin, las autoridades monetarias de la región fortalecieron su posición de liquidez internacional, con lo que las reservas de la región se incrementaron un 4,6% durante 2020, es decir 39.318 millones de dólares en total.

Además, las autoridades monetarias y financieras adecuaron las normas prudenciales existentes antes de la crisis de tal manera que las instituciones financieras pudieran absorber pérdidas e impedir la restricción de la oferta de créditos, como suele ocurrir en fases recesivas. Además, se hizo un uso ampliado de la flexibilidad de las normas macroprudenciales permitiendo a las entidades operar por debajo de los umbrales de capital requerido y otros colchones de capital de naturaleza acíclicos, modificando incluso las ponderaciones de riesgo, y permitiendo no incluir ciertos créditos vinculados a los programas de apoyo en el cálculo de los requisitos de capital o en el límite de apalancamiento de los bancos. Por otra parte, se acentuaron las medidas para acrecentar la liquidez de las instituciones financieras, como los cambios relacionados a los encajes legales según distintas modalidades —en términos de tasa, moneda local o divisas, o en función de depósitos específicos, entre otros— o relacionados al coeficiente de cobertura de liquidez.

A corto y mediano plazo debe reforzarse la política macroprudencial y de regulación de los flujos de capital para evitar estigmas permanentes que podrían menoscabar la recuperación de la actividad económica con crecimiento sostenido, inclusivo y generador de empleo.

B. Dinámica laboral y políticas de empleo para una recuperación sostenible e inclusiva más allá de la crisis del COVID-19

En la segunda parte del *Estudio Económico, 2021* se analizan los desafíos que tendrán los países de la región para dinamizar el mercado laboral, recuperar los empleos perdidos durante la crisis, reducir la informalidad y avanzar hacia mercados de trabajo con empleo decente.

La pandemia generada por el coronavirus desencadenó una crisis sin precedentes en los mercados laborales de la región, con caídas históricas en el número de ocupados (9,0%) y en la participación (4,9 puntos porcentuales), e incrementos igualmente históricos en las tasas de desocupación (2,5 puntos porcentuales). La conjunción de un choque de demanda (externa e interna) y un choque de oferta (fundamentalmente interno) generado por las medidas de confinamiento y las restricciones a ciertas actividades son las causantes de la grave disrupción de la actividad económica y del consecuente trastorno en los mercados laborales de la región.

El impacto de la crisis generó en 2020 la mayor contracción del PIB de los últimos 100 años y una caída del empleo no vista en las últimas siete décadas. Un elemento para destacar es que los mercados de trabajo formales fueron los más protegidos por las políticas, lo que se tradujo en una mayor destrucción de puestos de trabajo en el sector informal de las economías de la región, lo que aumenta los riesgos de mayor desigualdad en la región.

Como consecuencia de la crisis, la región ha mostrado marcados retrocesos en la participación laboral, en especial la participación femenina, poniendo fin a más de 30 años de crecimiento continuo de esta participación. El marcado impacto de la crisis en la inserción laboral femenina es resultado de la elevada participación de las mujeres en actividades muy restringidas durante la pandemia, como el comercio y el turismo, pero también del mayor peso de las labores no remuneradas vinculadas al cuidado del hogar (niños, ancianos y enfermos) que recae sobre las mujeres.

Antes de la crisis, la región ya mostraba un agotamiento del ritmo del crecimiento del empleo, siendo la década 2010-2019 la de menor crecimiento del número de ocupados desde 1950. América Latina y el Caribe ha tendido a ser una de las regiones con menor crecimiento del empleo, lo que reflejaría ciertas limitaciones estructurales de la región que dificultan la generación de empleo. La recuperación de la actividad económica que se espera para 2021 también impulsará una recuperación del empleo en la región. Sin embargo, en 2021 ni la actividad económica ni el empleo recuperarán los niveles previos a la crisis.

La pandemia de COVID-19 podría acelerar los cambios estructurales en los mercados laborales de la región, impulsados por procesos de innovación y automatización que podrían implicar cambios de mediano y largo plazo en la relación producto-empleo, que podría traducirse en una subutilización del factor trabajo. Es por ello que, en un contexto como el actual, las economías de la región deben impulsar políticas que promuevan una recuperación transformadora con inversión destinada a la incorporación de innovaciones tecnológicas, la transición energética, y la generación de más y mejores empleos, aumentando el espacio para la expansión de las microempresas, pequeñas y medianas empresas, ya que estas juegan un papel central en una estrategia de desarrollo favorable al crecimiento inclusivo.

La naturaleza y la dimensión de la actual crisis significan un gran reto para los gestores de política de la región y exigen grandes esfuerzos para la formulación y ejecución de políticas que atenúen el impacto inmediato en la población, en especial en los grupos tradicionalmente más vulnerables, y para propiciar una recuperación transformadora con mayor crecimiento económico y mayor generación de empleo de calidad. En este sentido, es necesario adoptar políticas integrales que, en el corto plazo, sostengan el empleo y el tejido productivo y protejan el ingreso de los más perjudicados, y que apunten a una transformación productiva que permita la creación y el sostenimiento de empleos de calidad. Para ello es necesario diseñar nuevas políticas laborales que busquen actualizar las calificaciones de los trabajadores, coordinar los procesos de ajuste entre la oferta y la demanda de trabajo, y promover la creación de empleos productivos. De acuerdo con esta visión integral, es necesario impulsar medidas de capacitación, programas de empleo público, subsidios al empleo, programas de apoyo al autoempleo y al microemprendimiento, así como servicios de empleo e infraestructura de intermediación laboral. Este tipo de políticas se usa ampliamente en los países de la Organización para la Cooperación y el Desarrollo Económicos (OCDE) y han mostrado ser muy eficaces para aumentar el empleo, mejorar la equidad, mejorar la movilidad laboral y la calidad de los trabajos, así como para reducir la pobreza.

Así, en la segunda parte del *Estudio* se examinan las repercusiones de la crisis generada por el COVID-19 en los mercados laborales de la región y se hace una comparación con la trayectoria histórica de esos mercados. De igual forma, se contrastan las reacciones del mercado de trabajo en la actualidad con la dinámica exhibida en otros episodios de crisis (sistémicas o específicas) para comparar las dimensiones de crisis anteriores y de la crisis actual, y también para caracterizar los procesos de recuperación de la actividad económica en esos episodios y el desempeño que mostró el mercado de trabajo. Se hace especial énfasis en el impacto desigual de la pandemia en el empleo de las mujeres y los jóvenes; si bien estos grupos suelen ser los perdedores principales y tradicionales de las crisis económicas, algunas peculiaridades de la actual crisis los ha hecho más vulnerables.

También se analizan las perspectivas de los mercados laborales regionales en un contexto de profundas transformaciones tecnológicas, económicas y sociales, y se ponen de relieve los desafíos políticos correspondientes. Para ello se examinan los riesgos y oportunidades que provienen de la introducción de las nuevas tecnologías, así como los desafíos y las características del trabajo relacionado con plataformas digitales y el teletrabajo. En esta parte del *Estudio* se presenta una síntesis de las principales políticas laborales implementadas desde el inicio de la crisis para mitigar los efectos en los mercados de trabajo de la región.

Los mercados laborales se encuentran en una difícil situación como consecuencia de la informalidad, la baja productividad y las nuevas tendencias que pueden comprometer la generación de puestos de trabajo. Es por ello que se requieren políticas integradas, que incluyan políticas fiscales monetarias destinadas a promover la demanda y el apoyo a las empresas, y políticas industriales y laborales activas que fomenten el empleo de calidad y el aumento de la productividad. En este sentido, se señala la relevancia de apoyar a las microempresas y pequeñas y medianas empresas (mipymes) como eje central de la estrategia para preservar el empleo, dinamizar el mercado laboral e incrementar la productividad media de las economías.

PARTE I

Situación económica y perspectivas para 2021 y 2022

CAPÍTULO

I

Panorama regional

A. El contexto internacional

1. La pandemia de enfermedad por coronavirus (COVID-19) ha puesto de manifiesto las asimetrías existentes en la capacidad de respuesta de los distintos países ante la crisis

En términos de política fiscal, la capacidad que han tenido los países para implementar políticas expansivas orientadas a mitigar los efectos de la crisis y sentar las bases de la recuperación ha sido muy distinta. En 2020, las economías avanzadas movilizaron 6,3 billones de dólares en medidas destinadas a gastos y alivio tributario y 5,2 billones de dólares en instrumentos de liquidez (un 12,7% y un 11,3% del PIB, respectivamente, en promedio), para paliar los efectos económicos y sociales de la pandemia (CEPAL, 2021a). En los países emergentes, en tanto, la respuesta de política fiscal alcanzó una magnitud menor: tan solo un 4% del PIB en gastos adicionales y alivio tributario (FMI, 2021a).

En muchas economías avanzadas se han aprobado paquetes de medidas enfocadas en sostener la actividad económica tanto a corto como a mediano plazo. En la Unión Europea, por ejemplo, se aprobó el marco financiero plurianual para el período 2021-2027, por 1,8 billones de euros, lo que representa cerca del doble de los recursos del marco financiero plurianual anterior. En el marco 2021-2027 se incluye un nuevo mecanismo temporario (NextGenerationUE) destinado a financiar un amplio plan de recuperación económica por unos 750.000 millones de euros. Otro ejemplo es el Plan de Rescate Estadounidense de 2021 (*American Rescue Plan Act)*, que ofrece estímulos por 1,9 billones de dólares orientados a financiar la vacunación, fortalecer las redes sanitarias, brindar alivio económico a las familias, ampliar los beneficios del seguro de desempleo y mantener el apoyo a las empresas. Este plan de estímulo, sumado a los que se pusieron en práctica en 2020, eleva la respuesta fiscal de los Estados Unidos frente al COVID-19 a cerca de un 25% del PIB (CEPAL, 2021a).

La crisis agudizó la desigualdad que ya existía tanto entre países como en cada uno de ellos. En 2020, en un contexto de crisis mundial en que se perdieron más de 140 millones de empleos, la riqueza mundial aumentó un 7,4% debido al crecimiento de los mercados bursátiles, la apreciación del sector inmobiliario, las bajas tasas de interés y los ahorros imprevistos como consecuencia del confinamiento (CEPAL, 2021b). No obstante, el aumento de la riqueza no fue uniforme: mientras que creció un 12,4% en el Canadá y los Estados Unidos, un 9,2% en Europa y un 4,4% en China, en la India, se redujo un 4,4% y en América Latina y el Caribe cayó un 11,4%. Así, siguiendo el patrón histórico, el 1% de las personas más ricas concentraron cerca del 50% de la riqueza mundial (Credit Suisse Research Institute, 2021).

Por último, la crisis también puso de manifiesto la diferente capacidad de acceso de los países a las vacunas como mecanismo de control de los contagios. A pesar de que los resultados científicos y tecnológicos han sido inéditos en lo que respecta al desarrollo de varias vacunas distintas para enfrentar el COVID-19, existen marcadas diferencias entre un país y otro en el acceso a dichas vacunas y en las tasas efectivas de vacunación que pueden alcanzar. En particular, se ha producido una marcada concentración de la compra de vacunas por parte de los países más desarrollados, por lo cual, por ejemplo, al 22 de agosto de 2021, en la Unión Europea ya el 55,6% de la población había completado su pauta de vacunación, y en los Estados Unidos y el Canadá esta cifra alcanzaba el 53,0%, mientras que a nivel mundial solo era del 24,5%. En el caso de América Latina y el Caribe, la cifra ascendía al 24,8% (un 26,8% en América del Sur, un 22,4% en Centroamérica y México y solo un 5,8% en el Caribe)[1].

---

[1] Cifras al 22 de agosto o última cifra disponible. Cálculos sobre la base de cifras de Our World in Data [en línea] www.ourworldindata.org.

2. Después de que en 2020 la economía mundial sufriera la peor caída en décadas (-3,2%), el crecimiento esperado para 2021 es de casi un 6%

En 2021, el grupo de economías desarrolladas crecería un 5,5%, con una cifra de crecimiento de los Estados Unidos de casi un 7%[2]. La zona del euro, por su parte, crecería un 4,7%, mientras que el Japón crecería un 2,9% y el Reino Unido alrededor de un 7,0%. En el grupo de economías emergentes —que este año crecerían un 6,2%— se destacan China y la India con un crecimiento del 8,4% y el 9,2%, respectivamente. Por otra parte, se prevé un dinamismo menor en algunas subregiones en desarrollo como Oriente Medio y Norte de África (crecimiento del 4,0%) y África Subsahariana (3,4%) (véase el gráfico I.1).

Gráfico I.1
Regiones y países seleccionados: tasa de crecimiento del PIB 2020, y proyecciones 2021-2022
(En porcentajes)

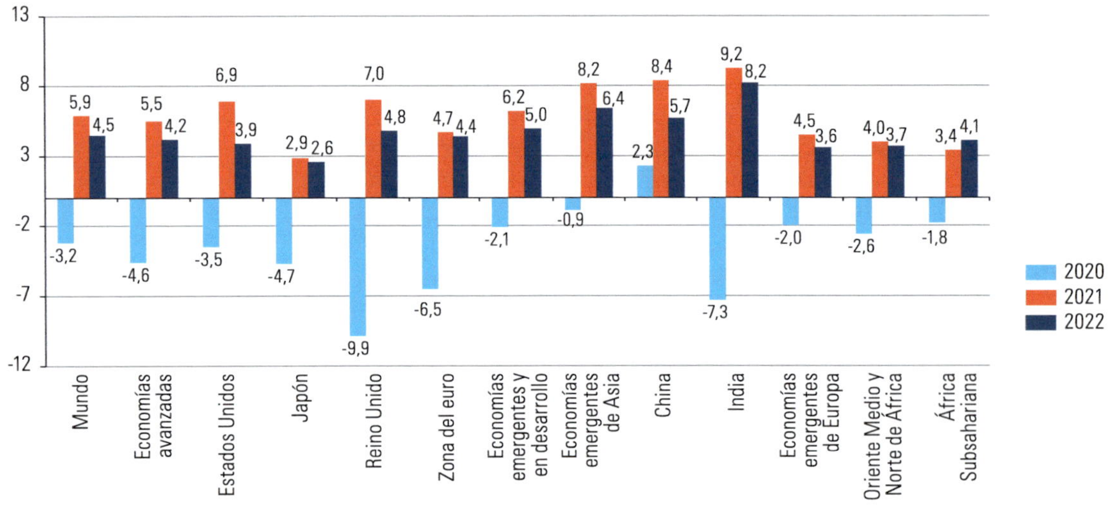

Fuente: Comisión Económica para América Latina y el Caribe (CEPAL), sobre la base de Organización de Cooperación y Desarrollo Económicos (OCDE), *OECD Economic Outlook*, vol. 2021, N° 1, París, OECD Publishing, mayo de 2021; Fondo Monetario Internacional (FMI), "World Economic Outlook update", julio de 2021 [en línea] https://www.imf.org/en/Publications/WEO/Issues/2021/07/27/world-economic-outlook-update-july-2021; Banco Mundial, *Global Economic Prospects*, Washington, D.C., junio de 2021; y Comisión Europea, *European Economic Forecast: Summer 2021*, Luxemburgo, julio de 2021.
Nota: En el caso de la India, el año fiscal comienza en abril y termina en marzo del año siguiente.

Para 2022 se espera que la economía mundial crezca un 4,5% en promedio. Las economías desarrolladas crecerían un 4,2% debido al rápido avance en los procesos de vacunación y los mayores estímulos fiscales en los Estados Unidos, mientras que las economías emergentes crecerían un 5,0%, nuevamente impulsadas por las economías emergentes y en desarrollo de Asia (6,4%), incluidas China y la India.

Lo que caracteriza el crecimiento de 2021 es la velocidad de recuperación, que difiere de un país a otro y también entre los distintos sectores de actividad en las economías. Como se mencionó, no solo la evolución de la pandemia y de los procesos de vacunación ha sido distinta, sino que también las economías han contado —y cuentan— con distintas capacidades para llevar a cabo políticas de mitigación del daño económico y social resultante de la crisis sanitaria.

La disparidad en los procesos de recuperación entre países y en cada uno pone en jaque la capacidad de sostener el crecimiento a mediano plazo, más allá del crecimiento

2 Con la aprobación en marzo de un paquete de estímulo fiscal de 1,9 billones de dólares (alrededor del 9% del PIB), los pronósticos de crecimiento para la economía estadounidense se elevaron alrededor de 3 puntos porcentuales respecto de las proyecciones vigentes en diciembre de 2020.

proyectado para 2021 y 2022. Esta disparidad implica no solo un menor círculo virtuoso entre producción y demanda externa por parte de las economías, sino también la posible alteración del flujo normal de las cadenas de suministro y un posible aumento de las tendencias proteccionistas en el comercio. Los procesos de recuperación desiguales en los países —a nivel de sectores y grupos poblacionales afectados— exacerban aún más las inequidades y tensiones sociales que existen en varias regiones (El-Erian, 2021).

3. Tras la caída del 5,4% sufrida en 2020, el volumen de comercio mundial logra una dinámica recuperación y para 2021 la Organización Mundial del Comercio (OMC) espera un crecimiento del 8%

En 2020, la caída del volumen de comercio de bienes llegó al 5,4%, una cifra menor a la esperada originalmente por la OMC, que en abril de ese año había pronosticado que el descenso podía llegar a un 32% en su escenario más pesimista.

Entre las causas de esta menor caída se encuentran los paquetes de estímulo fiscal y monetario que implementaron numerosos gobiernos. Estos fueron mucho mayores en magnitud y amplitud geográfica que los adoptados durante la crisis mundial de 2008 y ayudaron a evitar una mayor caída de la demanda mundial y el comercio (OMC, 2021).

A esto se suma que las restricciones impuestas a los viajes y los cierres de fronteras produjeron un efecto sustitución en el gasto desde estos servicios hacia los bienes. A la vez, la rápida adaptación de las empresas y los hogares al teletrabajo y la recuperación de las cadenas de producción permitieron mantener la generación de renta y la demanda. Por último, la gran mayoría de las medidas proteccionistas que se impusieron al principio de la pandemia, que hubiesen provocado una mayor contracción del comercio de bienes, se fueron retirando con el trascurso del tiempo (OMC, 2021).

En los primeros cinco meses de 2021, el comercio mundial crece a tasas interanuales de dos dígitos (véase el gráfico I.2.A), principalmente a causa de la base de comparación muy baja que constituyen los mismos meses de 2020. Por este motivo, estas tasas se irían moderando en el transcurso del año y, según la OMC, el volumen de comercio crecería, en promedio, un 8% en 2021. A nivel de regiones y países, el mayor crecimiento en los primeros cuatro meses del año se ha dado en China, donde es un 28% mayor que en igual período del año anterior (véase el gráfico I.2.B). Esto se debe tanto al efecto de base como al alza a nuevos niveles históricos. En términos de categorías, aquellas que se han beneficiado de una mayor demanda debido al cierre de actividades continúan mostrando mayor dinamismo. En particular, por ejemplo, las exportaciones de artículos electrónicos, muebles y juguetes están en niveles casi un 30% por encima de los registrados previo a la pandemia, mientras que, por el contrario, las exportaciones de bienes como automóviles han estado básicamente estancadas durante seis meses (Capital Economics, 2021a).

A pesar del rápido retorno al crecimiento, el comercio mundial ha estado afrontando una serie de riesgos desde el punto de vista de la oferta durante 2021. Estos riesgos están asociados a la escasez de algunas materias primas y bienes, cuellos de botella en las infraestructuras y canales logísticos, la alteración de los flujos de transporte, la falta de disponibilidad de trabajadores a raíz de la pandemia y la extensión de los plazos de transporte debido a nuevas normativas sanitarias y al encarecimiento de los fletes hasta niveles históricos. Estos desequilibrios podrían continuar hasta 2022 y, en algunos casos, incluso podrían llegar a hacer mella en la demanda[3].

[3] Véase Capital Economics, Global Trade Monitor 25 de agosto de 2021; C. Barría, "Nunca había visto algo así": la gran escasez de productos que afecta al mundo (y por qué puede producirse un 'efecto látigo')", BBC News mundo, 13 de agosto de 2021 [en línea] https://www.bbc.com/mundo/noticias-58080678 y J. Hoffmann, "How to cushion consumers from high maritime freight rates", United Nations Conference on Trade and Development (UNCTAD), 27 de julio de 2021 [en línea] https://unctad.org/news/how-cushion-consumers-high-maritime-freight-rates.

Gráfico I.2

Volumen del comercio mundial

(En porcentajes, sobre la base de un índice desestacionalizado)

A. Tasa de variación interanual, enero de 2003 a mayo de 2021

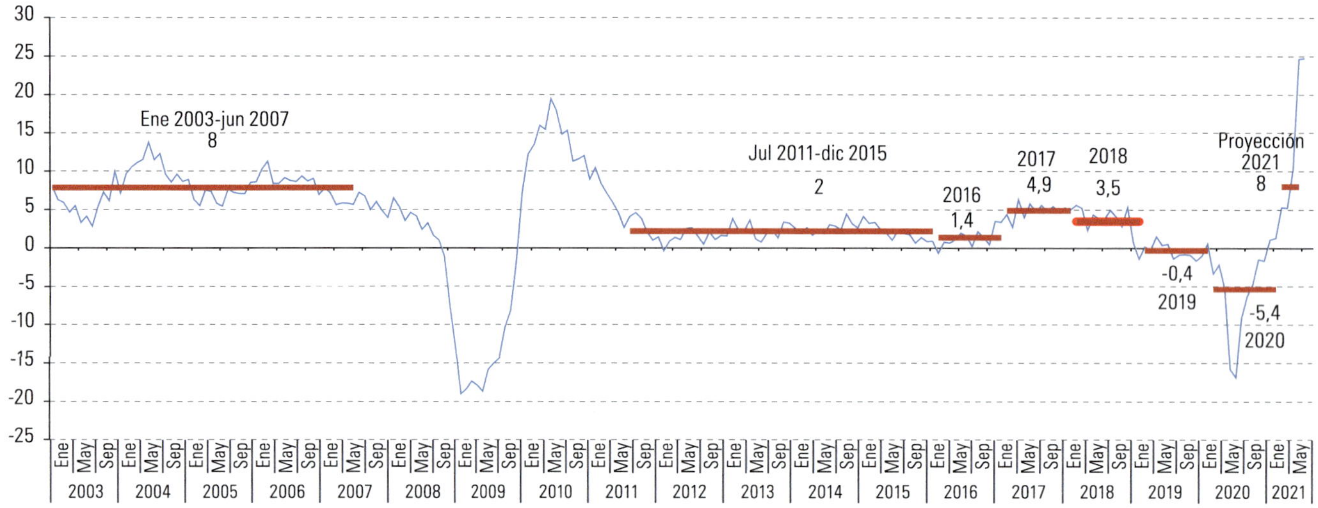

B. Por subregiones y países seleccionados, variación del acumulado de enero a mayo de 2021 frente a enero a mayo de 2020

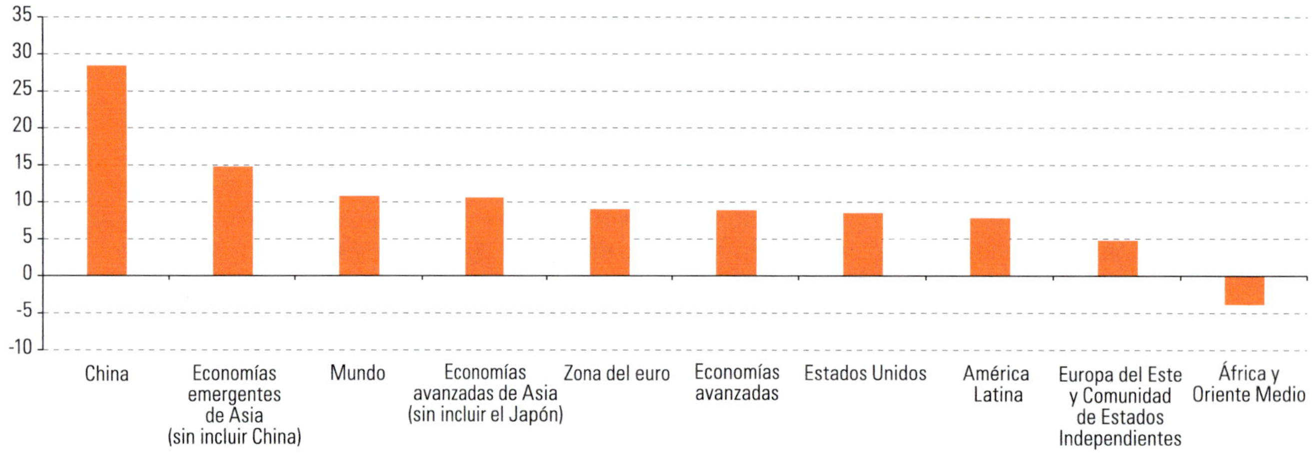

Fuente: Comisión Económica para América Latina y el Caribe (CEPAL), sobre la base de Netherlands Bureau for Economic Policy Analysis (CPB), World Trade Monitor [base de datos en línea] https://www.cpb.nl/en/worldtrademonitor.

Por el lado de los servicios, la OMC proyecta que estos no recuperarían los niveles previos a la crisis hasta que se haya superado la pandemia (en 2020, la exportación de servicios comerciales cayó un 20% en dólares corrientes, los servicios de viajes bajaron un 63% y los servicios de transporte se redujeron un 19%).

La OMC prevé para 2022 una moderación de la tasa de crecimiento del volumen de comercio —a un 4%—, en línea con la moderación esperada también en el crecimiento de la actividad económica mundial. Tanto la proyección de este año como la del próximo tienen, según la OMC, un riesgo a la baja por factores relacionados principalmente con la evolución de la pandemia (producción y distribución insuficientes de vacunas, o expansión de variantes de COVID-19 resistentes a las vacunas).

4. La recuperación del comercio se acompaña del aumento de los precios de los productos básicos, que en 2021 serían un 38% más altos, en promedio

Los precios de los productos básicos han mostrado un pronunciado aumento desde abril de 2020 hasta la fecha (véase el gráfico I.3).

Gráfico I.3
Índices de precios internacionales de los productos básicos, enero de 2018 a junio de 2021
(Base enero de 2018=100)

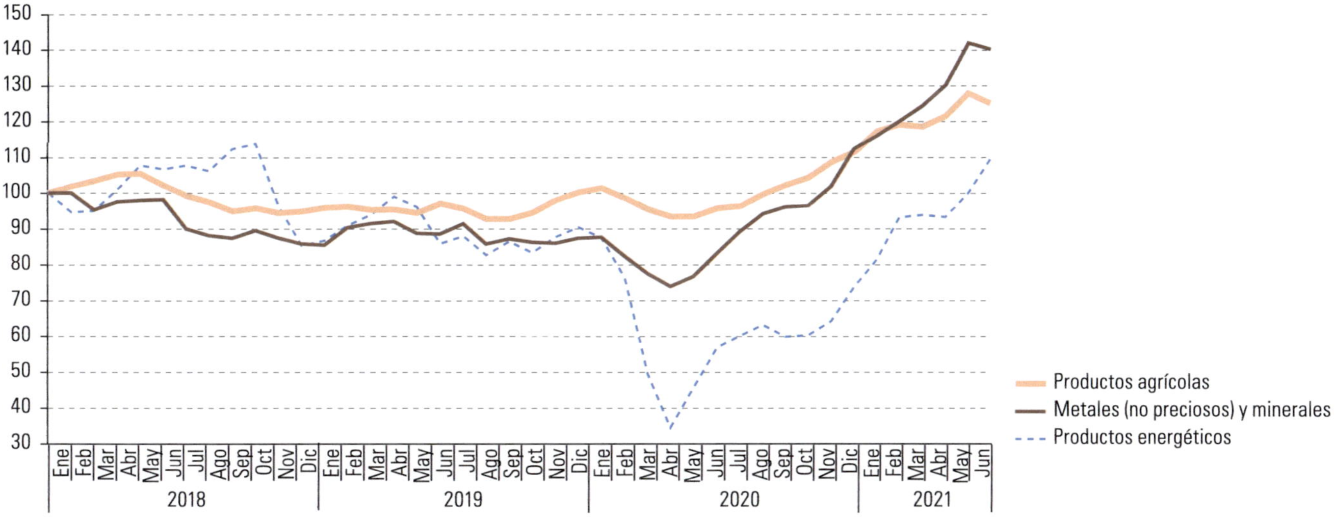

Fuente: Comisión Económica para América Latina y el Caribe (CEPAL), sobre la base de Banco Mundial, "World Bank Commodities Price Data (The Pink Sheet)", 2 de julio de 2021 [en línea] https://thedocs.worldbank.org/en/doc/5d903e848db1d1b83e0ec8f744e55570-0350012021/related/CMO-Pink-Sheet-July-2021.pdf.

Para 2021, se prevé que los precios de los productos energéticos, de los metales y minerales, y de los productos agroalimentarios sean un 58%, un 38% y un 20% más altos, respectivamente, en comparación con el nivel promedio registrado en 2020[4]. La dinámica se explica, en gran medida, por una mayor demanda mundial y —en el caso de los productos agrícolas— también por choques de oferta.

Cuadro I.1
Variación interanual proyectada de los precios internacionales de los productos básicos, 2021
(En porcentajes)

Productos primarios	38
Productos primarios (sin energía)	30
Productos agroalimentarios	20
Metales y minerales	38
Productos energéticos[a]	58

Fuente: Comisión Económica para América Latina y el Caribe (CEPAL), sobre la base Banco Mundial, *Commodity Markets Outlook: Causes and Consequences of Metal Price Shocks*, Washington, D.C., abril de 2021; Fondo Monetario Internacional (FMI), World Economic Outlook Database, abril de 2021 [en línea] https://www.imf.org/en/Publications/WEO/Issues/2021/03/23/world-economic-outlook-april-2021; The Economist Intelligence Unit, "CountryData" [en línea] https://store.eiu.com/product/countrydata; Administración de Información Energética de los Estados Unidos, *Short Term Energy Outlook*, 6 de julio de 2021; Banco de Chile, *Informe de Política Monetaria: junio 2021*, Santiago, 2021, y datos de Bloomberg y de la Comisión Chilena del Cobre (COCHILCO).
[a] Esta categoría incluye petróleo, gas natural y carbón.

4 En particular, los precios del café, la soja, el trigo y el maíz incorporarían los efectos de la acumulación de condiciones climáticas extremas (sequías y heladas) en el Brasil, los Estados Unidos, la Argentina y Ucrania, que tendrían una incidencia negativa en las cosechas. En algunos casos, además, las condiciones adversas se combinan con aumento en la demanda (véase Capital Economics, 2021b y 2021c).

5. En lo que va del año, los mercados financieros se han visto favorecidos por la mejora de la actividad económica mundial, los mayores estímulos fiscales en los diferentes países y los avances en el control de la pandemia y en el proceso de vacunación, sobre todo en los Estados Unidos y Europa

Se ha mantenido un elevado nivel de liquidez mundial (véase el gráfico I.4). Los bancos centrales de las principales economías desarrolladas mantuvieron sus tasas en niveles mínimos históricos y continuaron con los programas de compra de activos haciendo crecer —aunque a menor ritmo en los últimos meses— el tamaño de sus hojas de balance.

Gráfico I.4
Cambio mensual del tamaño de la hoja de balance, enero de 2018 a junio de 2021
(En porcentajes del PIB)

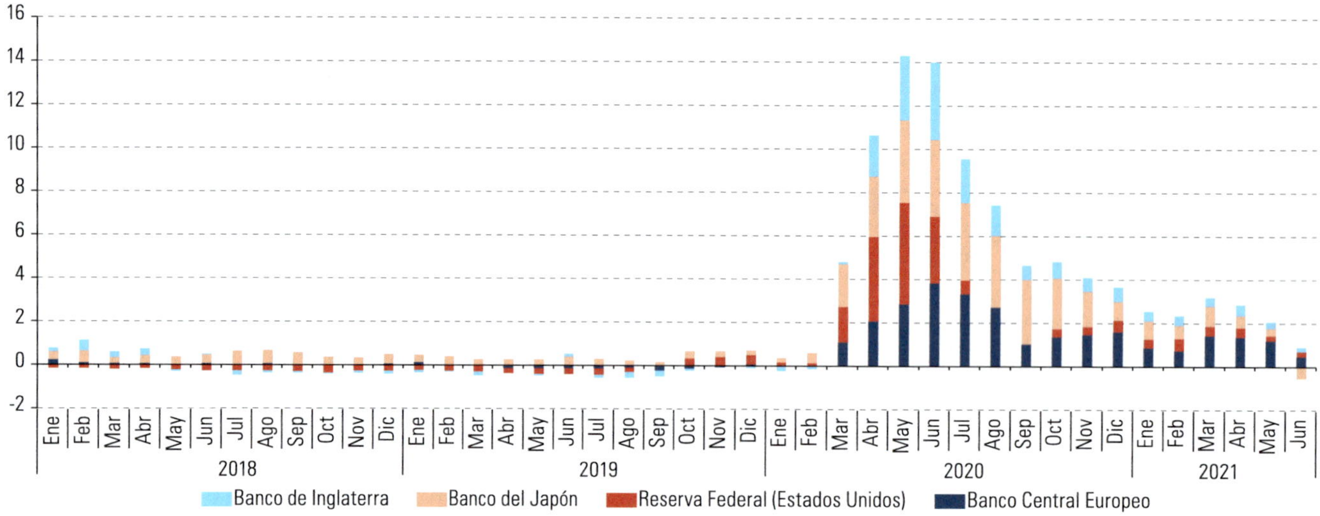

Fuente: Comisión Económica para América Latina y el Caribe (CEPAL), sobre la base de Bloomberg.

Lo mencionado anteriormente, sumado a la mejora en la actividad económica mundial, ha redundado en bajos niveles de volatilidad financiera (véase el gráfico I.5) y un aumento en la demanda de activos de mayor riesgo, al tiempo que se redujo la demanda de los activos percibidos como más seguros. Con esto, los flujos de capitales hacia las economías emergentes se mantuvieron positivos, sobre todo los orientados a los mercados de renta fija (véase el gráfico I.6).

En general, en los mercados de renta variable las bolsas continuaron la tendencia al alza (véase el gráfico I.7) y en algunos casos volvieron a alcanzar niveles récord. Las bolsas de los Estados Unidos y de Alemania se encuentran en niveles históricos, al tiempo que la del Japón registra un máximo desde 1990 (Banco Central de Reserva del Perú, 2021). En el caso de las economías emergentes, las bolsas se vieron beneficiadas por el mayor apetito de riesgo y por el aumento del precio de los productos básicos de los que muchas son exportadoras.

Gráfico I.5
Índice VIX de volatilidad en los mercados financieros, enero de 2020 a julio de 2021

Fuente: Comisión Económica para América Latina y el Caribe (CEPAL), sobre la base de Bloomberg.
Nota: El índice VIX, elaborado por la Bolsa de Opciones de Chicago (CBOE), mide la volatilidad esperada para los próximos 30 días y se obtiene a partir de los precios de las opciones de compra y venta del índice S&P 500.

Gráfico I.6
Flujo de capitales de cartera de no residentes hacia mercados emergentes, junio de 2019 a junio de 2021
(En miles de millones de dólares)

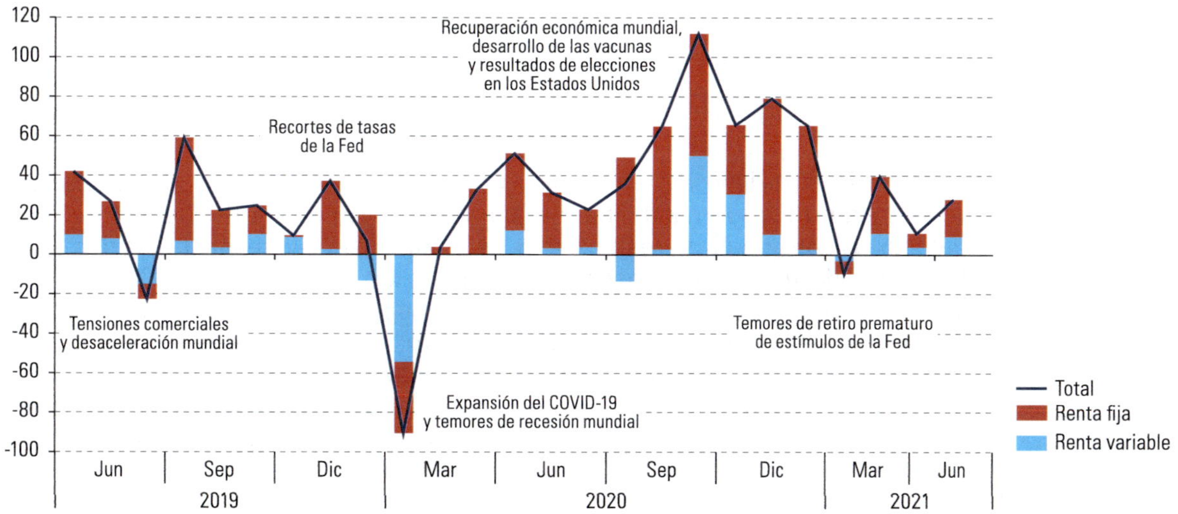

Fuente: Comisión Económica para América Latina y el Caribe (CEPAL), sobre la base de Instituto de Finanzas Internacionales (IIF).

Gráfico I.7
Índices de precios en los mercados accionarios, enero de 2020 a julio de 2021
(Índice MSCI de mercados desarrollados y emergentes, base 1 de enero 2020=100)

Fuente: Comisión Económica para América Latina y el Caribe (CEPAL), sobre la base de Bloomberg.

6. En los países desarrollados se han registrado mayores tasas de inflación que han tenido su contraparte en el aumento de las tasas de rendimiento de los bonos soberanos de largo plazo de los países considerados como refugio, principalmente los Estados Unidos

Las mayores tasas de inflación registradas en los países desarrollados son consecuencia de un aumento de la demanda interna, un alza en los precios del petróleo y otros productos básicos, y algunas restricciones de oferta. En lo que respecta a la demanda, se ha producido un aumento del gasto por parte de quienes durante la pandemia continuaron percibiendo salarios, pero no tuvieron oportunidad de consumir como era costumbre, con lo que se generó un mayor ahorro. Asimismo, los estímulos fiscales lanzados por los gobiernos, en particular el aprobado en marzo por el Gobierno de los Estados Unidos, tienen un componente importante de transferencias de ingresos a los ciudadanos con el objeto de estimular el consumo. Esta mayor demanda, a su vez, suele enfrentar ciertas dificultades desde el punto de vista de la oferta —dañada por la crisis con cierres de empresas y destrucción de capacidad productiva—, con lo que se ejerce una presión al alza en los precios. Por último, se conjugó un aumento en los costos de producción como consecuencia del incremento del precio de bienes primarios y los costos del transporte internacional.

Como resultado de lo expuesto, en los Estados Unidos la inflación ha alcanzado niveles máximos desde 2008 y se ha producido un aumento en la tasa de rendimiento de los bonos de largo plazo del país como reflejo de las expectativas de que la autoridad monetaria pudiera comenzar a retirar sus estímulos monetarios antes de lo previsto (véase el gráfico 1.8)[5].

[5] En la reunión celebrada los días 15 y 16 de junio de 2021, la Reserva Federal mantuvo sin cambios la tasa de interés de política monetaria, pero dejó abierta la posibilidad de evaluar el programa en las próximas reuniones en virtud de lo que ocurra con la economía.

Gráfico I.8
Estados Unidos: rendimiento de los bonos soberanos a diez años, enero de 2018 a julio de 2021
(En porcentajes)

Fuente: Comisión Económica para América Latina y el Caribe (CEPAL), sobre la base de Bloomberg.

El posible aumento en las tasas de interés de los Estados Unidos repercutiría en los mercados emergentes en tanto se reduce el atractivo de las inversiones en monedas distintas al dólar, lo que ejerce presión sobre los tipos de cambio y también sobre los precios de los bonos de estos mercados. En todo caso, los rendimientos de los bonos del Tesoro de los Estados Unidos siguen siendo bajos en la comparación histórica y las salidas generalizadas de capitales desde los mercados emergentes no parecen constituir un riesgo a corto plazo[6].

Hacia el futuro, sin embargo, nunca está ausente el riesgo de que sobrevenga una nueva fase de mayor aversión al riesgo. Esto aumentaría la demanda de títulos "seguros" y tendría un efecto negativo sobre los flujos financieros hacia las economías emergentes, incluidas las de América Latina y el Caribe.

Una situación de este tipo, por lo demás, encontraría a dichas economías más vulnerables debido a los mayores volúmenes de deuda acumulados, que para algunas empresas, e incluso gobiernos, podrían tornarse inmanejables.

6 Además, el riesgo de subida de las tasas de corto plazo en los Estados Unidos disminuye gracias a la enmienda de metas de inflación promedio que la Reserva Federal de los Estados Unidos introdujo en su política en agosto de 2020, por la cual permite que la inflación suba por encima del objetivo del 2% después de períodos en los que haya estado por debajo (véase Junta de Gobernadores de la Reserva Federal, 2020). En julio de 2021, el Banco Central Europeo (BCE) también anunció una flexibilización de su política monetaria; la entidad tolerará subidas temporales de los precios superiores al 2%.

B. La evolución de la liquidez a nivel global

1. En 2021 los países desarrollados redoblaron sus esfuerzos para aumentar la liquidez a través de la continua expansión de las hojas de balance de los bancos centrales

En 2021 la mayoría de los principales bancos centrales del mundo reforzaron la orientación expansiva de la política monetaria adoptada en 2020 para enfrentar los efectos de la pandemia. Entre 2020 y el primer trimestre de 2021, la tasa de crecimiento de la oferta monetaria ampliada se expandió del 19,0% al 25,7% en el caso de los Estados Unidos, del 8,1% al 9,8% en el caso del Reino Unido y del 5,4% al 8,0% en el caso del Japón. Por su parte, en el caso de la zona del euro se suavizó levemente la tasa de crecimiento de la oferta (que pasó del 9,5% al 9,2% en el mismo período) (véase el gráfico I.9).

Gráfico I.9
Regiones y países seleccionados: tasa de crecimiento de la oferta monetaria ampliada, promedios anuales sobre la base de datos trimestrales, 2018 a primer trimestre de 2021
(En porcentajes)

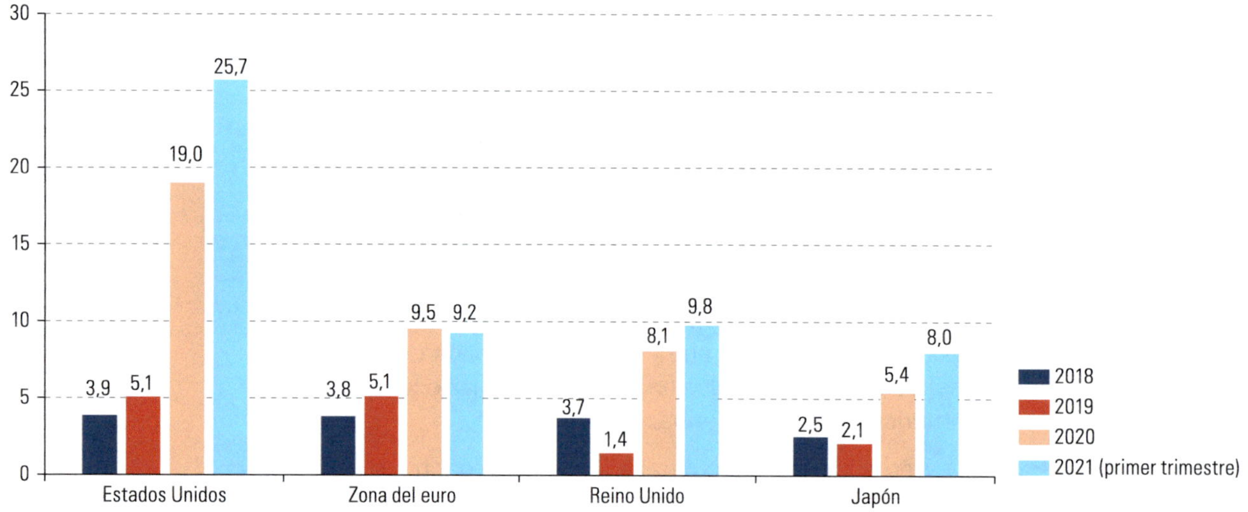

Fuente: Comisión Económica para América Latina y el Caribe, sobre la base de Banco de la Reserva Federal de St. Louis, Federal Reserve Economic Data (FRED), 2021 [base de datos en línea] https://fred.stlouisfed.org/.

La evolución de la liquidez se explica fundamentalmente en el aumento extraordinario de las hojas de balance de los bancos centrales. La hoja de balance de la Reserva Federal de los Estados Unidos se sitúa en julio de 2021 en 8 billones de dólares, que equivalen aproximadamente al 38% del producto interno bruto (PIB) del país, lo que representa un aumento del 100% en comparación con el nivel que se registró como respuesta a la crisis financiera mundial[7]. Después de la adopción de políticas de expansión cuantitativa dirigidas a responder a la crisis financiera mundial entre 2008 y 2013, la hoja de balance de la Reserva Federal representaba el 18% del PIB. Por otra parte, de acuerdo con información disponible a diciembre de 2020 las hojas de balance del Banco Central Europeo (BCE), el Banco de Inglaterra y el Banco del Japón se sitúan en el 59%, el 40% y el 127% de los PIB respectivos.

7 En relación con marzo de 2020, cuando el COVID-19 fue declarado pandemia por la Organización Mundial de la Salud (OMS), la hoja de balance de la Reserva Federal aumentó 3,1 billones de dólares.

2. El aumento de las hojas de balance ha permitido sostener una política fiscal fuertemente expansiva

A su vez, el aumento de las hojas de balance en los Estados Unidos responde en gran medida a la compra de títulos de la deuda pública del gobierno federal (papeles gubernamentales y bonos del Tesoro a largo plazo). En julio de 2021 estos representan el 69% del total de la cartera de activos de la Reserva Federal (8 billones de dólares). Los programas de emergencia de apoyo a la liquidez propiamente dicha, para responder a las necesidades de financiamiento de los hogares y las empresas, equivalen a 88.000 millones de dólares[8].

Este comportamiento ha sido muy distinto al que se observó ante la crisis financiera mundial. En comparación, durante la crisis financiera mundial (entre el 5 de diciembre de 2007 y el 24 de junio de 2009) la Reserva Federal solo aumentó sus tenencias de bonos y bonos del Tesoro en 116.000 millones de dólares, o aproximadamente el 25%. Durante ese mismo período, la Reserva Federal amplió su cartera total de 920.000 millones de dólares *a 2,1 billones de dólares, lo que representa un aumento total de 1,2 billones de dólares.* Gran parte de ese aumento se debió a la compra de valores respaldados por hipotecas y la implementación de nuevos programas para abordar la desaceleración económica.

En el caso de la zona del euro, los títulos de deuda de gobierno representan más del 50% del total de los activos del Banco Central Europeo (BCE, 2021).

La política monetaria ha permitido bajar el costo del endeudamiento de los Gobiernos de los países desarrollados y llevar a cabo una política fiscal expansiva sin precedentes desde la Segunda Guerra Mundial. En los meses de marzo y diciembre de 2020 y marzo de 2021 la legislación aprobada por el Congreso de los Estados Unidos ha conllevado un apoyo fiscal equivalente a casi 5,8 billones de dólares, lo que representa aproximadamente un 28% del PIB de ese país (Clarida, Duygan-Bump y Scotti, 2021). Como se observa en el gráfico I.10, en el caso de los Estados Unidos, la expansión de la hoja de balance de la Reserva Federal a partir de 2019 (de 3,9 billones de dólares ese año a 6,3 billones de dólares en 2020) guarda una estrecha relación con el aumento del déficit fiscal (de 1,0 billón de dólares en 2019 a 3,1 billones de dólares en 2020, montos que representan el 4,6% y el 14,9% del PIB, respectivamente)[9].

Cabe señalar que la compra de títulos del tesoro abarca distintos plazos de madurez, lo que, junto con el manejo tradicional de la política monetaria a través de la tasa de interés de corto plazo (la tasa de los fondos federales), implica que la política monetaria de la Reserva Federal no solo se instrumenta a partir de los dos extremos de la curva de rendimientos, sino que en toda la extensión de los distintos plazos de madurez. En suma, la política monetaria implementada para responder a la crisis ocasionada por la pandemia es novedosa no solo porque ha permitido una expansión fiscal sin precedentes en un contexto de bajas tasas de interés, sino también porque puede llevar a plantear el control implícito de la curva de rendimientos por parte de la Reserva Federal.

[8] La mayoría de estos programas —incluidos el programa de financiamiento de papeles comerciales (Commercial Paper Funding Facility (CPFF)), el servicio de crédito para operadores primarios (Primary Dealer Credit Facility (PDCF)), el programa de liquidez de fondos mutuos del mercado monetario (Money Market Mutual Fund Liquidity Facility (MMLF)), el programa de crédito para empresas en el mercado primario (Primary Market Corporate Credit Facility (PMCCF)), el programa de crédito para empresas en el mercado secundario (Secondary Market Corporate Credit Facility (SMCCF)), el programa de préstamo de valores a plazo respaldados por activos (Term Asset-Backed Securities Loan Facility (TALF)), el programa de préstamos para pequeñas y medianas empresas (Main Street Lending Program), el programa de liquidez municipal (Municipal Liquidity Facility (MLF)) y el programa de liquidez del programa de protección de la nómina (Paycheck Protection Program Liquidity Facility (PPPLF))— estaban vigentes hasta diciembre de 2020, marzo de 2021 o junio de 2021, dependiendo del programa de financiamiento específico (Clarida, Duygan Bump y Scotti, 2021).

[9] En el gráfico I.10 no se presenta el déficit fiscal en términos de PIB, como se suele hacer, debido a que como consecuencia de la caída del PIB que se produjo en 2020 se puede sobreestimar el déficit fiscal. No obstante, para fines de referencia se incluye el déficit fiscal en términos de PIB en el texto.

Gráfico I.10
Estados Unidos: hoja de activos de la Reserva Federal y déficit fiscal del gobierno federal, 2016-2020
(En billones de dólares)

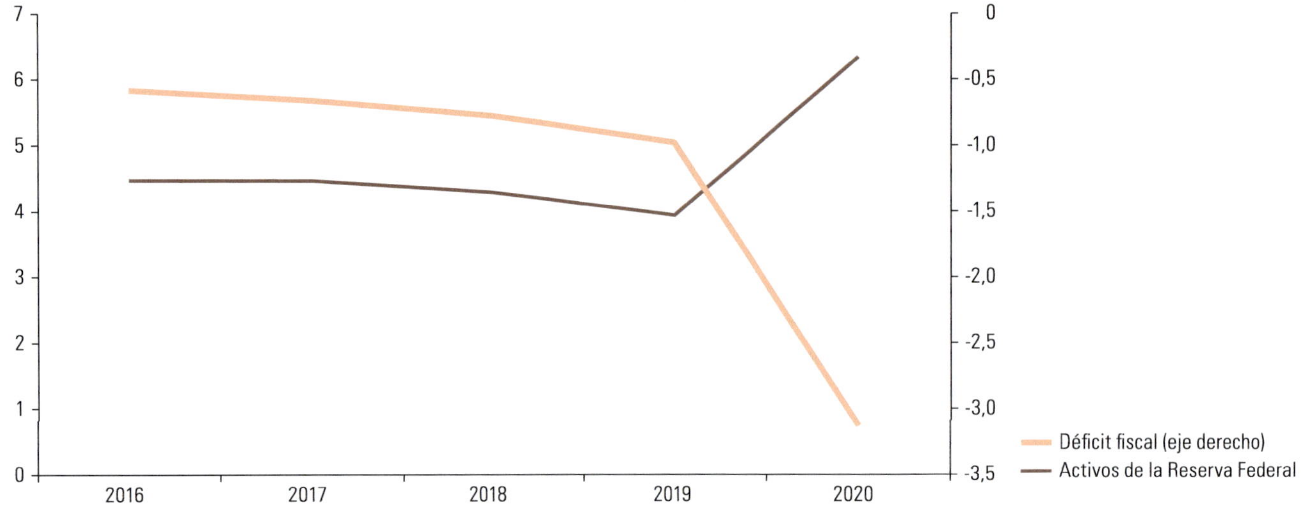

Fuente: Comisión Económica para América Latina y el Caribe (CEPAL), sobre la base de Banco de la Reserva Federal de St. Louis, Federal Reserve Economic Data (FRED), 2021 [base de datos en línea] https://fred.stlouisfed.org/.

El control de la curva de rendimientos implica el anuncio de objetivos de tasas de interés con determinada madurez o intervalo de madurez. Con esta política monetaria se busca controlar no solo las distintas tasas de interés sino además los diferenciales entre las tasas de interés. En caso de materializarse la política de control de la curva de rendimientos, se reforzarían las tendencias observadas en relación con la postura acomodaticia de la política monetaria con respecto a la política fiscal y al objetivo de expansión de la demanda agregada.

3. La política monetaria ha beneficiado al mercado de valores y a los mercados de bonos, que han consolidado su posición como principales proveedores de liquidez internacional

La política de expansión de las hojas de balances de los principales bancos centrales y de la oferta monetaria y la disminución de las tasas de interés no han ido acompañadas de un aumento del crédito bancario. En el caso de los Estados Unidos, la tasa de crecimiento del crédito de la banca comercial ha venido a la baja desde el segundo trimestre de 2020, al pasar del 11% al 6% en el segundo trimestre de 2021. La tasa de crecimiento del crédito transfronterizo en dólares disminuyó del 2,7% al 0,6% entre el segundo y el cuarto trimestre de 2020. En el caso de la zona del euro, el crédito transfronterizo se ha recuperado apenas, y ha registrado tasas de crecimiento del -0,9% en el segundo trimestre de 2020 y de solo un 0,4% en el último trimestre de ese mismo año.

La orientación de la política monetaria ha beneficiado más bien al mercado de valores y a los mercados de bonos. Como se señala en CEPAL (2020), en una primera instancia las políticas monetarias basadas en la expansión de las hojas de balance y la disminución de las tasas de interés de más largo plazo contribuyeron a contrarrestar la caída inicial que se produjo en las bolsas de valores como consecuencia de la irrupción del COVID-19 a escala mundial en marzo de 2020 y a potenciar el aumento de los valores transados en el mercado bursátil. Desde marzo de 2020 hasta julio de 2021, las políticas monetarias han permitido, mediante la valorización de los activos financieros, mantener la tendencia al alza de las bolsas de valores en los países desarrollados sin mayores interrupciones, marcando, casi de manera continua, niveles récord.

A la vez, la disminución de las tasas de interés de largo plazo ha aumentado el valor presente de los bonos, generando una ganancia de capital para sus tenedores y, en general, una mayor demanda por este instrumento. Por otra parte, el bajo nivel generalizado de las tasas de interés y del rendimiento ha estimulado el apetito y la búsqueda de un mayor rendimiento por parte de los inversionistas privados, quienes han canalizado sus inversiones a los mercados emergentes y los países en desarrollo.

Los datos disponibles sobre la emisión de deuda soberana referentes a emisiones soberanas clasificadas como de alto rendimiento (alto riesgo) y emisiones clasificadas con grado de inversión para el caso de América Latina y el Caribe muestran que el rendimiento para los inversionistas aumentó en 2020 en comparación con el período 2017-2019. El rendimiento se determina de forma indirecta calculando la diferencia entre la tasa de interés que se aplica a las emisiones de deuda en el mercado internacional de capitales y la tasa de interés libre de riesgo de los bonos a diez años del Departamento del Tesoro de los Estados Unidos (véase el gráfico I.11).

Gráfico I.11
América Latina y el Caribe: curva de rendimientos y madurez para la emisión de deuda soberana clasificada como de alto rendimiento y con grado de inversión, 2017-2019 y 2020
(En porcentajes y número de años)

A. Emisión de deuda soberana clasificada como de alto rendimiento

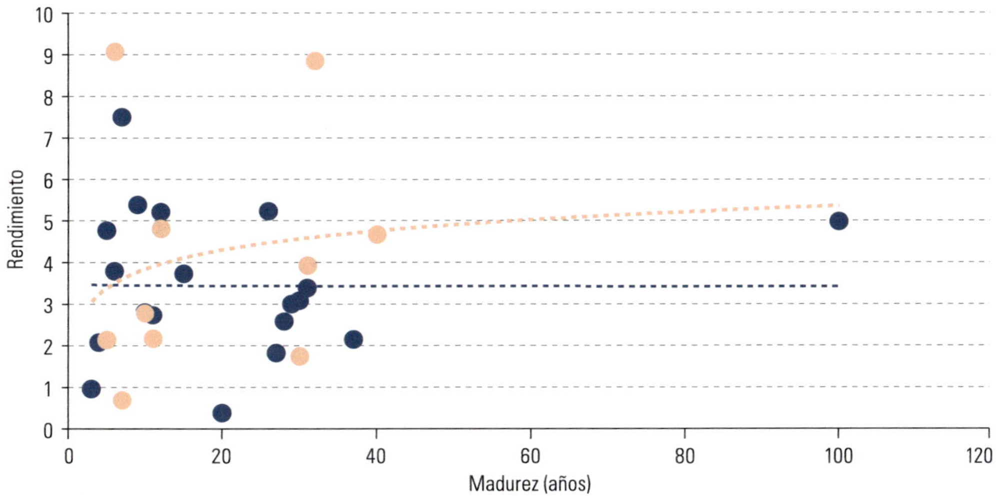

B. Emisión de deuda soberana clasificada con grado de inversión

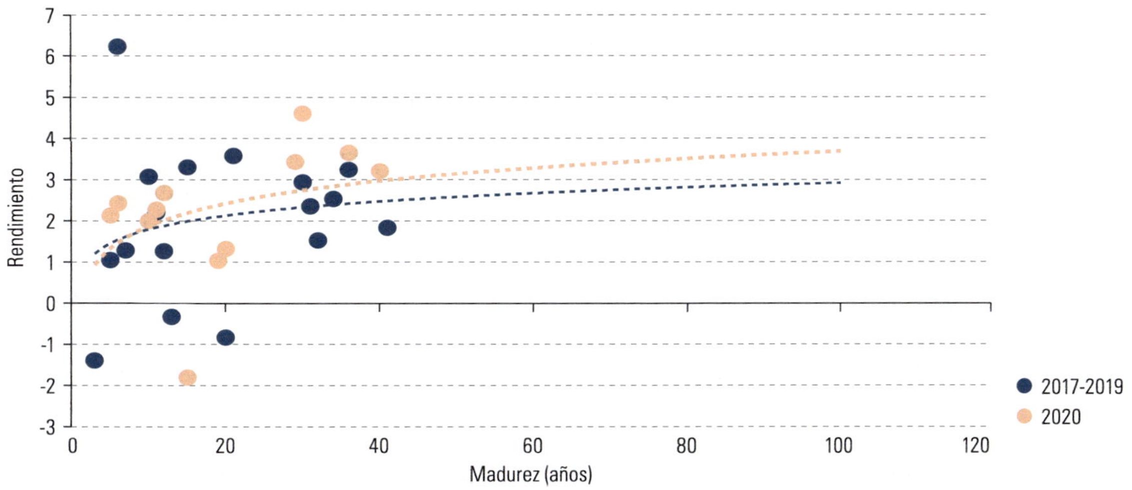

Fuente: Comisión Económica para América Latina y el Caribe, sobre la base de CEPAL, *Estudio Económico de América Latina y el Caribe, 2020* (LC/PUB.2020/12-P), Santiago, 2020.
Nota: El rendimiento se calcula como el diferencial de la tasa de interés sobre los bonos soberanos y la tasa de interés libre de riesgo de un bono del Tesoro de los Estados Unidos con una madurez de diez años.

Estas razones explican que la tasa de variación del acervo de la emisión de bonos en el mercado internacional haya mostrado una clara tendencia al alza, expandiéndose de un 6,6% a un 7,6% entre el primer y el último trimestre de 2020. Esto contrasta con la evolución de los préstamos transfronterizos, cuyas tasas de crecimiento (como se mencionó anteriormente) registraron una importante caída y en algunos casos una contracción debido a los efectos de la pandemia. Como consecuencia del impacto del COVID-19, la tasa de variación de los préstamos pasó del 7,9% al 0,6% entre el primer y el último trimestre de 2020 y registró una contracción del 0,8% en el tercer trimestre de ese año (véase el gráfico I.12).

Gráfico I.12

Evolución de la tasa de variación de los préstamos transfronterizos y de la emisión en el mercado internacional de bonos a nivel global, 31 de marzo de 2019 a 31 de diciembre de 2020

(En porcentajes)

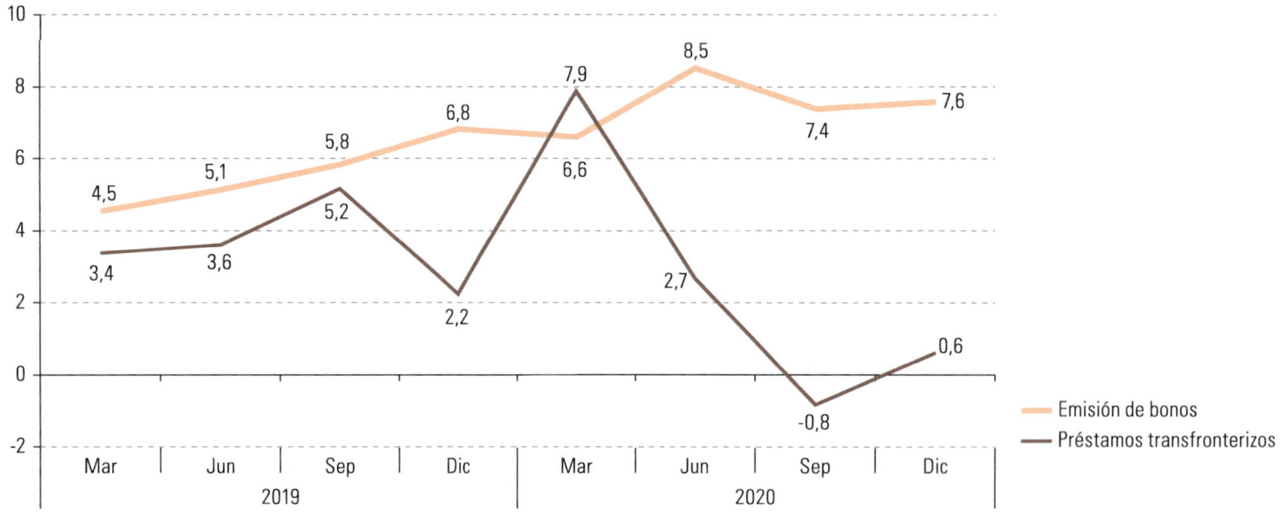

Fuente: Banco de Pagos Internacionales (BPI), Global Liquidity Indicators, 2021 [base de datos en línea] https://www.bis.org/statistics/gli.htm.

Nota: Promedio de la tasa de variación de los préstamos transfronterizos y de la emisión en el mercado internacional de bonos en dólares, euros y yenes.

El financiamiento privado a las economías emergentes y en desarrollo registró un comportamiento similar. La tasa de variación de los préstamos transfronterizos se situó en un 2,0% en el segundo trimestre de 2020, cayó a un 1,0% en el tercer trimestre y presentó una contracción del 1,4% en el cuarto trimestre de ese mismo año. Por su parte, la tasa de variación de la emisión de bonos en el mercado internacional de capitales registró en promedio una tasa cercana al 12%.

De esta manera el mercado de bonos se consolida como el principal proveedor de liquidez transfronteriza a nivel global (con un 53% del total en el último trimestre de 2020). Este mercado también es el principal proveedor de liquidez internacional para las economías emergentes.

El análisis por regiones del mundo en desarrollo muestra que en el caso de África y Oriente Medio la emisión de bonos se concentra en el sector de gobierno (con un 64% del total registrado en el primer trimestre de 2021) y en el caso de Asia y Pacífico en el sector financiero (con un 60%). En cuanto a América Latina y el Caribe, los sectores de gobierno y corporativo no financiero son los principales emisores de bonos (con un 64% y un 23%% del total en el primer trimestre de 2021, respectivamente) (véase el cuadro I.2). En este último caso la comparación entre 2019 y 2020 indica también que la emisión de deuda por parte del gobierno aumentó un 60%.

Cuadro I.2
Regiones del mundo en desarrollo: emisiones brutas de deuda por sector institucional, 2018 a primer trimestre de 2021
(En miles de millones de dólares)

Región	Sector institucional	2018	2019	2020	2020 (primer trimestre)	2021 (primer trimestre)
Economías emergentes y en desarrollo	**Total**	**93,9**	**130,8**	**131,7**	**137,6**	**144,6**
	Gobierno general	36,8	49,0	62,7	52,8	63,9
	Sector financiero	38,6	54,6	37,1	50,4	53,4
	Sector corporativo no financiero	18,5	27,2	31,6	34,5	27,5
África y Oriente Medio	**Total**	**13,7**	**33,8**	**38,5**	**31,4**	**45,3**
	Gobierno general	9,3	23,1	13,0	22,7	29,3
	Sector financiero	3,2	8,1	9,3	8,5	13,2
	Sector corporativo no financiero	1,1	2,6	1,6	0,16	2,8
Asia y el Pacífico	**Total**	**53,8**	**59,7**	**50,8**	**49,7**	**51,5**
	Gobierno general	11,0	13,0	18,5	4,5	5,0
	Sector financiero	29,8	34,6	34,4	31,6	30,8
	Sector corporativo no financiero	13,0	12,0	7,8	13,5	15,7
América Latina y el Caribe	**Total**	**12,7**	**25,7**	**19,7**	**37,8**	**34,0**
	Gobierno general	5,1	9,0	14,4	15,2	21,7
	Sector financiero	4,4	9,8	1,1	4,4	4,4
	Sector corporativo no financiero	3,3	6,9	4,3	18,3	7,9

Fuente: Banco de Pagos Internacionales (BPI), Debt Security Statistics, 2021 [base de datos en línea] https://www.bis.org/statistics/secstats.htm?m=6%7C33%7C615.

4. El contexto monetario y financiero internacional ha permitido un comportamiento anticíclico del mercado de capitales internacional durante la pandemia

La evolución del mercado internacional de bonos en la coyuntura actual contrasta con el comportamiento que se ha observado en otras crisis. De acuerdo con la información disponible correspondiente al período 2000-2020, durante la crisis sistémica anterior a la pandemia, esto es, la crisis financiera mundial (2008-2009), así como en otros episodios de crisis anteriores, el financiamiento otorgado por el mercado internacional de bonos disminuyó fuertemente (véase el gráfico I.13).

De esta manera, la evolución del mercado internacional de bonos en el período marcado por la pandemia se contrapone a la experiencia pasada y al comportamiento procíclico que suele atribuirse a los flujos financieros. Por la importancia que tiene el mercado internacional de bonos en la provisión de liquidez a nivel global, el carácter anticíclico de dicho mercado implica que esta provisión ha suavizado la volatilidad del ciclo económico en el período en que ha estado en curso la pandemia.

Gráfico I.13
Evolución de la tasa de variación de las emisiones en el mercado internacional de bonos, 31 de marzo de 2000 a 31 de diciembre de 2020
(En porcentajes)

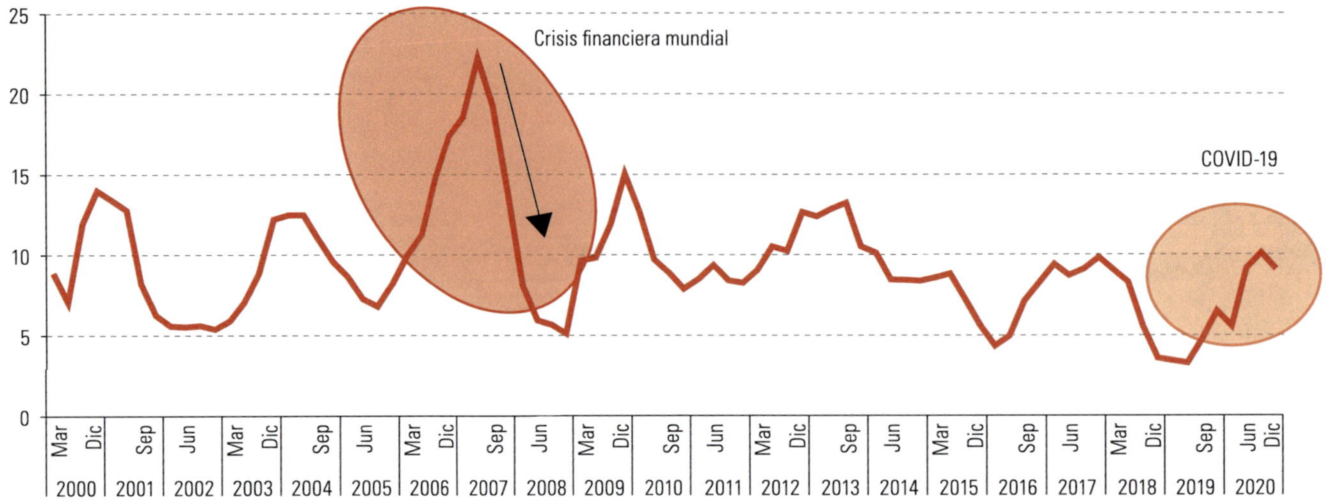

Fuente: Banco de Pagos Internacionales (BPI), Debt Security Statistics, 2021 [base de datos en línea] https://www.bis.org/statistics/secstats.htm?m=6%7C33%7C615.

5. La contrapartida de la mayor importancia del mercado de capitales privado ha sido el aumento de la deuda externa

La contrapartida del mayor protagonismo del mercado internacional de bonos y del mayor apetito por riesgo de los inversionistas privados y su orientación hacia los mercados emergentes y los países en desarrollo, en el contexto de la pandemia de COVID-19, es el aumento de la deuda externa. Como se muestra en el cuadro I.3, en todas las regiones del mundo en desarrollo se ha registrado un aumento de la deuda externa entre 2019 y 2020, ya sea como porcentaje de las exportaciones de bienes y servicios o como porcentaje del PIB. De la misma manera, el costo de la deuda externa (es decir, el servicio de la deuda externa como porcentaje de las exportaciones de bienes y servicios) ha aumentado en todos los casos considerados.

Cuadro I.3
Indicadores de la deuda externa de los mercados emergentes y las economías en desarrollo, 2019-2020
(En porcentajes)

Región	Deuda externa como porcentaje de las exportaciones de bienes y servicios		Deuda externa como porcentaje del PIB		Servicio de la deuda externa como porcentaje de las exportaciones de bienes y servicios	
	2019	2020	2019	2020	2019	2020
Mercados emergentes y economías en desarrollo	116,6	136,4	...	...	42,1	48,2
Economías emergentes y en desarrollo de Asia	86,0	95,7	18,8	19,5	47,2	50,1
Economías emergentes y en desarrollo de Europa	120,9	141,9	46,8	51,7	42,5	49,8
América Latina y el Caribe	192,6	226,7	47,9	56,3	50,9	59,0
Oriente Medio y Asia Central	125,0	176,6	46,8	53,9	22,2	31,8
África Subsahariana	172,5	228,1	42,6	46,1	28,5	35,9

Fuente: Fondo Monetario Internacional (FMI), World Economic Outlook Database, abril de 2021 [en línea] https://www.imf.org/en/Publications/WEO/Issues/2021/03/23/world-economic-outlook-april-2021.

Con la excepción de África Subsahariana, América Latina y el Caribe es la región del mundo en desarrollo que tiene el mayor nivel de endeudamiento externo medido como porcentaje de sus exportaciones de bienes y servicios (226,7%) y la que enfrenta el mayor costo por este nivel de endeudamiento (59% de sus exportaciones de bienes y servicios).

Las condiciones financieras externas han permitido que los países que tienen acceso al mercado de capitales privado financien su deuda con emisión de deuda soberana. En el período 2007-2020, en promedio 11 economías de América Latina y el Caribe accedieron a los mercados internacionales para la emisión de deuda soberana y han podido emitir deuda soberana a tasas históricamente bajas con plazos más largos de madurez (llegando incluso a 50 años de plazo para el repago de la deuda). Los plazos más largos de madurez permiten, en principio, evitar reestructuraciones de deuda que pueden darse con períodos de madurez más cortos y aumentar el riesgo país. A la vez, mayores plazos de madurez y menores tasas de interés se traducen en un mayor valor presente de la deuda.

Aun así, los niveles actuales de deuda pueden plantear problemas de liquidez y sostenibilidad. Estabilizar los niveles de deuda pública implica necesariamente que el crecimiento económico debe ser mayor que la tasa de interés real. Lo importante no es cuan baja sea la tasa de interés en términos absolutos, sino la relación que exista entre esta y la tasa de crecimiento de la economía[10].

La vulnerabilidad financiera de los países puede verse agravada por la calificación crediticia. Un análisis de las calificaciones soberanas provenientes de las tres principales agencias de calificación crediticia (Moody's, Standard & Poor's y Fitch) muestra que más de la mitad de las economías del mundo en desarrollo de las que se dispone de datos están clasificadas con las calificaciones de alto y muy alto riesgo (véase el cuadro I.4). Esto obviamente afecta el acceso a los mercados financieros internacionales y el costo de la emisión de deuda.

Cuadro I.4
Calificaciones crediticias de riesgo para determinadas regiones en desarrollo, 2021
(En número de países y porcentajes)

Riesgo	África		Asia		Oriente Medio		América Latina y el Caribe	
	Número de países	Porcentaje del total	Número de países	Porcentaje del total	Número de países	Porcentaje del total	Número de países	Porcentaje del total
Muy bajo	0	0	0	0	0	0	0	0
Bajo	0	0	10	23	4	21	1	21
Medio	3	6	13	30	5	26	5	26
Alto	24	48	15	34	7	37	17	37
Muy alto	23	46	6	14	3	16	4	16
Total	**50**	**100**	**44**	**100**	**19**	**100**	**27**	**100**

Fuente: Comisión Económica para América Latina y el Caribe (CEPAL), sobre la base de CountryRisk.io, 2021 [en línea] https://www.countryrisk.io/platform.

10 A partir de la restricción presupuestaria el aumento de la deuda se explica ya sea por una tasa de interés real que se sitúa por encima de la tasa de crecimiento o por un mayor déficit primario. Esto se puede expresar formalmente de la siguiente manera:

$$\dot{d}=(r-\dot{y})\, d + \frac{(G-T)}{Y} \qquad (1)$$

Donde d = razón de la deuda pública respecto del PIB; r = tasa de interés real; $\dot{y}$ = tasa de crecimiento del producto real; G= gasto de gobierno total; T= ingreso tributario, e Y= nivel del producto. La estabilidad de la participación de la deuda en el PIB implica que la deuda respecto del PIB (d) es igual al cociente entre el déficit primario ($(G-T)/Y$) y la diferencia entre la tasa de interés (r) y la tasa de crecimiento ($\dot{y}$). Es decir:

$$d= \frac{(G-T)/Y}{\{r-\dot{y}\}} \qquad (2)$$

Dado que tanto r_i como $\dot{y}$ tienen valores pequeños, cualquier cambio en alguna de estas variables tendrá un efecto mucho mayor que cualquier variación en el déficit primario ($(G-T)/Y$) (Taylor y otros, 2012). Además, es posible que los países de la región no puedan controlar el término r_i, debido esencialmente a la existencia de una prima de riesgo, lo que refuerza la idea de que la alternativa más viable para reducir de manera significativa el valor del estado estacionario (*steady-state*) de la deuda en relación con el PIB es aumentar la tasa de crecimiento.

6. La deuda del sector corporativo no financiero también ha tendido al alza

El endeudamiento del sector corporativo no financiero también ha tendido al alza en todas las regiones del mundo en desarrollo. Entre el primer trimestre de 2020 y el mismo período de 2021, la deuda del sector corporativo no financiero ha aumentado del 100,9% al 103,4% del PIB en el conjunto de las economías emergentes y en desarrollo. Por regiones, se registran aumentos del 127,3% al 129,3% del PIB en las economías emergentes de Asia; del 69,3% al 72,6% del PIB en las economías emergentes de Europa; del 44,3% al 49,1% del PIB en África y Oriente Medio, y del 41,7% al 43,9% del PIB en América Latina y el Caribe. Un análisis más detallado por países muestra que el aumento de la deuda del sector corporativo no financiero ha sido generalizado (véase el gráfico I.14).

Gráfico I.14
Países en desarrollo seleccionados: acervo de deuda del sector corporativo no financiero como proporción del PIB, cuarto trimestre de 2019 y cuarto trimestre de 2020
(En porcentajes)

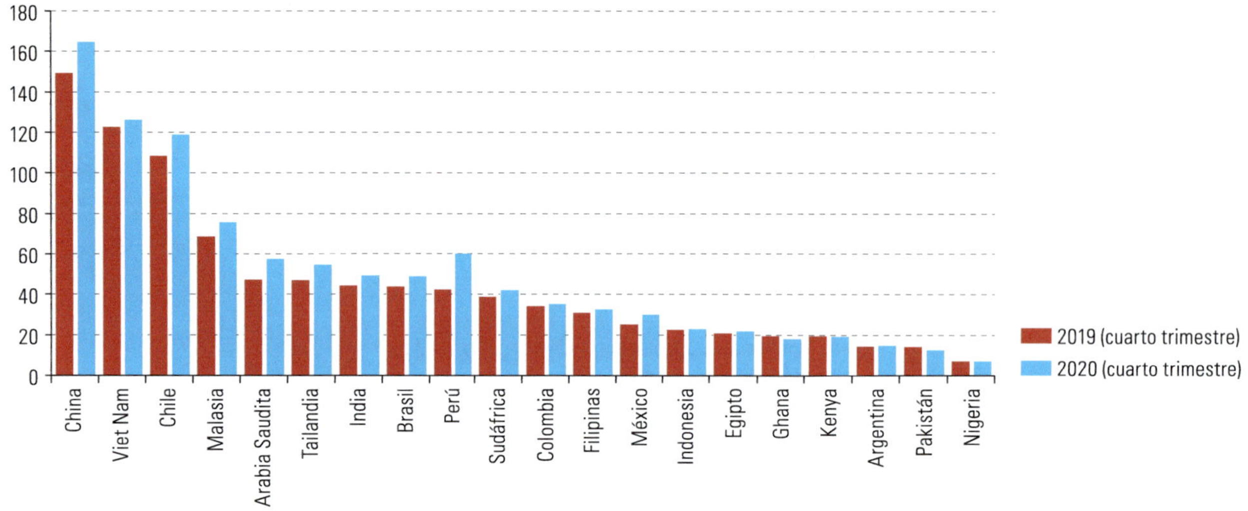

Fuente: Instituto de Finanzas Internacionales (IIF), "Global Debt Monitor: COVID drives debt surge—stabilization ahead?", 17 de febrero de 2020 [en línea] https://www.iif.com/Portals/0/Files/content/Global%20Debt%20Monitor_Feb2021_vf.pdf.

La proporción de la deuda total que está denominada en moneda extranjera varía de un país a otro. De acuerdo con la información disponible sobre países de América Latina, esta proporción es del 23,3% en el caso del Brasil, del 43,5% en el de Chile, del 15,4% en el de Colombia y del 25,6% en el de México[11].

La deuda externa expone la posición financiera de las empresas (así como del sector de gobierno) a los efectos de cambios en el tipo de cambio nominal y en las percepciones del riesgo país y del riesgo corporativo. Estos mecanismos de transmisión son particularmente importantes en el caso del sector corporativo no financiero, ya que este se suele caracterizar por un descalce de monedas (es decir, por el hecho de que los pasivos en moneda extranjera no estén cubiertos plenamente por activos en moneda extranjera (BIP, 2019)). Lo anterior implica que cambios en las condiciones internacionales tales como un aumento de la tasa de interés externa o una depreciación del tipo de cambio nominal pueden incrementar los costos del servicio de la deuda y el peso de la deuda, aumentando así el riesgo crediticio y empeorando la posición financiera.

[11] Los datos corresponden al primer trimestre de 2021. Véase IIF (2021a).

Pero incluso si la deuda está denominada en moneda local las empresas (al igual que el Gobierno) pueden estar expuestas a vulnerabilidades derivadas de variaciones de la tasa de interés externa, el tipo de cambio o el riego país. La cuestión no gira en torno a la moneda en la que se denomina la deuda, sino más bien en torno a si la deuda está en manos de inversionistas locales o extranjeros. Si la deuda se emite en moneda nacional pero es propiedad de inversionistas extranjeros, una depreciación efectiva o esperada puede tener un efecto similar en la economía que si la deuda se emitiera en moneda extranjera. Puede dar lugar a pérdidas de capital esperadas de los inversionistas extranjeros que poseen deuda denominada en moneda nacional. Esto se traducirá en salidas de capital y un aumento de la percepción de riesgo. Si las percepciones de riesgo afectan a su vez el tipo de cambio, este mecanismo puede proporcionar la base para un proceso acumulativo[12].

7. Los efectos de la pandemia podrían aumentar la fragilidad financiera de las empresas, así como la proporción de empresas con deuda en riesgo

La fragilidad financiera se refiere a una situación en la que el endeudamiento creciente genera compromisos de pago de deuda cada vez mayores que eventualmente superarán los flujos efectivos de ingresos[13]. Uno de los indicadores que puede reflejar el grado de fragilidad financiera es el coeficiente de cobertura de intereses (es decir, el monto de ganancias de una empresa antes de intereses e impuestos dividido por sus gastos por intereses).

Este indicador refleja la facilidad con que una empresa puede pagar intereses sobre su deuda pendiente, así como la medida en que una empresa depende de la deuda de corto plazo para pagar sus obligaciones. Aunque no existe un umbral absoluto para el coeficiente de cobertura de intereses, un punto de referencia útil es determinar si la relación está por encima o por debajo de 1. Los valores cercanos a 1 o inferiores a 1 pueden ser una indicación de una posición financiera más débil en comparación con los valores superiores a 1[14].

De acuerdo con la información disponible sobre un conjunto de países seleccionados de América Latina referente a una muestra de 23.820 empresas, más de un cuarto de las empresas presentan un coeficiente de cobertura de intereses igual o menor que 1. De igual manera, el 37% de la deuda de estas empresas tiene asociado un coeficiente de cobertura de intereses igual o menor que 1.

---

12 Una lógica similar se aplica a cambios en la tasa de interés externa.

13 La fragilidad financiera es el resultado del funcionamiento de una economía en que la oferta y la demanda de préstamos se basan en una disminución del tamaño de los márgenes de seguridad. A medida que los márgenes de seguridad disminuyen, los agentes económicos se vuelven más dependientes de los flujos de ingresos para los pagos de deuda y el funcionamiento normal de los mercados financieros para refinanciar posiciones en activos a largo plazo (Minsky, 1986). Como resultado, cualquier interrupción en los ingresos o en los mercados financieros puede llevar a los agentes económicos a experimentar dificultades para pagar su deuda (servicio de la deuda o capital), lo que se traduce en restricciones de liquidez y problemas de insolvencia. El tamaño y la solidez de los márgenes de seguridad de los diferentes sectores en una economía, así como la probabilidad de que pueda amplificarse una perturbación inicial, determinan la robustez o la fragilidad de una economía (Minsky, 1986). El tamaño y la fortaleza de los márgenes de seguridad son "más seguros" cuando los agentes económicos pueden pagar sus compromisos de deuda (intereses y capital) con flujos de efectivo futuros. El tamaño y la solidez de los márgenes de seguridad son "menos seguros" cuando los agentes económicos confían en la expectativa de una apreciación del activo o de los activos subyacentes que sostienen su deuda o de un cambio favorable en las condiciones económicas subyacentes (por ejemplo, una apreciación del tipo de cambio cuando la deuda está denominada en moneda extranjera) para cubrir sus pasivos (intereses y capital). Entre ambos extremos, está el caso en que los agentes económicos esperan que los flujos de ingreso futuros cubran los pagos de intereses, pero no la amortización.

14 El coeficiente de cobertura de intereses también puede utilizarse como indicador del riesgo de liquidez.

Cuadro I.5
América Latina (países seleccionados): proporción de empresas y de deuda de empresas con coeficiente de cobertura de interés igual o menor que 1, 2020
(En porcentajes)

País	Proporción de empresas con coeficiente de cobertura de interés igual o menor que 1	Proporción de deuda de empresas con coeficiente de cobertura de interés igual o menor que 1
Panamá	53,8	39,6
Argentina	52,4	46,6
Brasil	46,3	41,0
Chile	39,8	16,9
Bolivia (Estado Plurinacional de)	35,3	34,6
Perú	29,3	23,3
Colombia	25,0	20,0
Uruguay	21,1	51,4
América Latina	**27,9**	**37,0**

Fuente: R. Taliercio, "Sesión 1: Mesa de Diálogo 'Cambios en la Economía mundial y los desafíos de las Instituciones de Desarrollo ante la Pandemia COVID-19'", presentación efectuada en los Encuentros Virtuales de Economistas Jefe de la Banca de Desarrollo: Desafíos de la Banca de Desarrollo en la Reactivación Económica y el Impulso Regional frente a la Pandemia del COVID-19, 6 y 8 de abril de 2021 [en línea] https://www.alide.org.pe/wp-content/uploads/2021/04/Robert-Taliercio_sesi%C3%B3n-1.pdf.
Nota: La muestra abarca 23.820 empresas, con una deuda total de 19.000 millones de dólares.

8. Propuestas para aumentar la liquidez global

Los mercados de capitales internacionales son altamente sensibles a las condiciones financieras externas y a las percepciones de riesgo de los países emisores, lo que los hace altamente volátiles y los expone a reversiones súbitas. La contraciclicidad que han mostrado los mercados de capitales puede no perdurar en el tiempo.

Por otra parte, no todos los países tienen el mismo acceso al financiamiento y al mismo costo. A su vez, la liquidez proporcionada por las instituciones financieras internacionales ha sido insuficiente para que los países en desarrollo, y en particular los países de ingresos medios-altos, hagan frente a sus necesidades de financiamiento. El apoyo financiero se ha destinado en gran parte a los países de ingresos bajos e ingresos medios-bajos.

Además, la importancia que ha adquirido el mercado de capitales internacional como fuente de financiamiento, sobre todo a partir de la crisis financiera mundial, no se ha traducido en mayor inversión. De hecho, la información disponible apunta en el sentido contrario: la coexistencia del aumento de la deuda y de una disminución de la tasa de crecimiento de la formación bruta de capital fijo entre los períodos 2000-2009 y 2010-2019 (véase el gráfico I.15).

Gráfico I.15
Regiones en desarrollo: tasa de crecimiento de la formación bruta de capital fijo, 2000-2009 y 2010-2019
(En porcentajes)

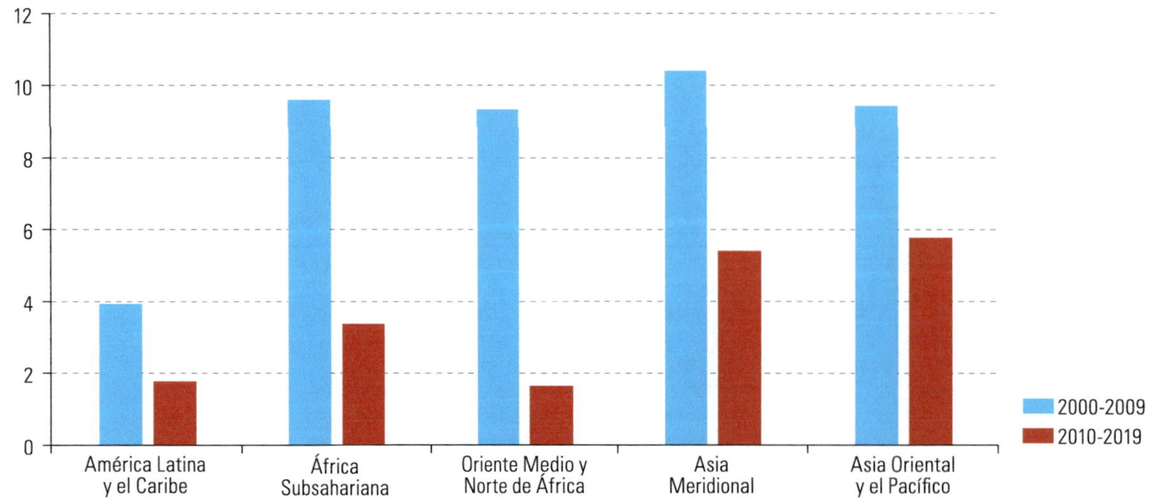

Fuente: Comisión Económica para América Latina y el Caribe (CEPAL), sobre la base de Banco Mundial, Indicadores del Desarrollo Mundial, 2021 [base de datos en línea] https://databank.bancomundial.org/source/world-development-indicators.

En este contexto, el Fondo Monetario Internacional (FMI) puso en marcha en agosto de 2021 una nueva emisión de derechos especiales de giro (DEG) equivalente a 650.000 millones de dólares como medio para aumentar la liquidez a nivel global de manera más expedita y sostenible, menos costosa y disponible para todos los países[15]. Los DEG son un activo de reserva suplementario oficial (reserva en moneda extranjera) creado por el FMI que puede ser convertido en moneda de reserva internacional por sus países miembros. Los DEG se distribuyen (asignan) de manera proporcional según la cuota de cada país en el FMI.

Los DEG son una línea de crédito que tiene cuatro ventajas para el usuario. En primer lugar, son una línea de crédito automática (hasta por el 100% de la cuota de los países) y están disponibles para todos los países independientemente de su nivel de ingresos.

En segundo lugar, los DEG no generan deuda. El préstamo no implica una obligación de reembolso. En este sentido, se diferencian de todos los demás programas financieros y líneas de crédito proporcionados por el FMI, incluidas las líneas de emergencia para apoyar la lucha contra la pandemia, como el Servicio de Crédito Rápido (SCR) o el Instrumento de Financiamiento Rápido (IFR).

En tercer lugar, los DEG no conllevan ninguna condicionalidad. Todos los programas del FMI que no están asociados a la pandemia implican condicionalidades con altos costos sociales y económicos.

En cuarto lugar, el uso de DEG genera una tasa de interés muy baja (0,05%) e inferior a la de mercado, lo que es ventajoso para los países con primas de riesgo elevadas. Del mismo modo, los DEG aumentan los activos de reserva sin que los países deban incurrir en los costos que normalmente están asociados a la acumulación de reservas. La acumulación de reservas es uno de los principales instrumentos anticíclicos que utilizan los países en desarrollo, al menos desde la crisis asiática (1997-1998), pero es un instrumento costoso que tiene importantes ramificaciones macroeconómicas (por ejemplo, déficits cuasifiscales)[16].

En agosto de 2021, el Directorio Ejecutivo del FMI implementó una nueva emisión de 650.000 millones de dólares, que corresponde a la cantidad máxima que los Estados miembros del Fondo pueden emitir sin recurrir a la aprobación del Congreso de los Estados Unidos. El objetivo de dicha emisión es expandir la liquidez global sin aumentar la carga de la deuda, liberar los recursos que tanto necesitan los países miembros en apoyo a la lucha contra la pandemia, incluido el respaldo a los programas de vacunación y otras medidas urgentes (FMI, 2021b y 2021d), fortalecer la posición externa y ampliar el acceso a los mercados de capitales privados, y mitigar los riesgos de estancamiento económico, contribuyendo a estimular el crecimiento mundial.

La nueva emisión de DEG se distribuyó a los miembros del FMI de acuerdo con sus cuotas de participación. Las economías en desarrollo y emergentes recibieron el 42% de la nueva emisión de DEG por 650.000 millones de dólares (275.000 millones de dólares) y el resto (un 58%, equivalente a 375.000 millones) se destinaría a los

15 Existen otras propuestas para aumentar la liquidez global, como el Fondo para Aliviar la Economía COVID-19 (FACE), que tiene por objeto proporcionar un financiamiento extraordinario a los países en desarrollo, incluidos los de ingreso bajo y medio, para mitigar el impacto social y económico que la pandemia ha tenido en los hogares y los sectores productivos. También se prevé financiar la recuperación económica una vez superada la pandemia. No obstante, a diferencia de los derechos especiales de giro, la propuesta del FACE no se ha concretado. La propuesta es financiar este fondo con recursos de las economías desarrolladas y canalizarlos a través de los bancos multilaterales de desarrollo. El fondo constaría de 516.000 millones de dólares (un 3,0% del PIB de los países de ingreso bajo y medio o un 0,7% del PIB de los países desarrollados), que se destinarían a préstamos concesionales con un plazo de 50 años, un período de gracia de 5 años y una tasa de interés equivalente al 0% o a la tasa LIBOR actual (CEPAL, 2021c).

16 La tasa de interés de los DEG es variable y puede aumentar a partir de un cambio en la orientación de la política monetaria de los países desarrollados y especialmente de la Junta de Gobernadores de la Reserva Federal de los Estados Unidos. Sin embargo, dadas las actuales condiciones económicas y sociales, es poco probable que registre un aumento significativo.

países desarrollados. América Latina y el Caribe recibió el equivalente a 51.500 millones de dólares (el 7,9% del total y el 18,7% de los fondos distribuidos a las economías en desarrollo y emergentes).

En la región, la contribución de una nueva emisión de DEG como porcentaje de las reservas internacionales (además de las tenencias existentes) oscilaría entre el 37% en el caso de Guyana y el 3,0% en el caso del Perú. Un análisis detallado a nivel de los países muestra que una nueva asignación de DEG beneficiaría a algunas de las economías más pequeñas de la región, incluidos los pequeños Estados insulares en desarrollo del Caribe, que también son los más vulnerables debido al tamaño de sus economías, las limitaciones estructurales que enfrentan y su exposición a los desastres naturales.

Guyana y Suriname serían las economías más beneficiadas, con tenencias totales de DEG que representarían cerca del 37% y el 30% de sus reservas internacionales totales, respectivamente. Otras economías más pequeñas que también se beneficiarían son las Bahamas, Belice, el Ecuador, El Salvador, Haití, Jamaica y Santa Lucía.

Algunas de estas economías, como Belice, Jamaica y Suriname, también se encuentran entre las economías más endeudadas de la región. En 2020, la deuda pública del gobierno central se situó en un 130,7% del PIB en el caso de Belice, un 103,3% del PIB en el de Jamaica y un 94,8% del PIB en el de Suriname. El consiguiente aumento de las reservas internacionales de estas economías proporcionaría un importante colchón financiero al reducir el riesgo y fortalecer la situación de la balanza de pagos.

El FMI también está contemplando la reasignación de los DEG a las economías en desarrollo. Más concretamente, la reasignación de los DEG podría dar origen a tres tramos. El primero consistiría en aumentar el financiamiento del Fondo Fiduciario para el Crecimiento y la Lucha contra la Pobreza (FFCLP), que ya se financia en gran medida con los préstamos de DEG de los países desarrollados. El segundo tramo consistiría en un fondo fiduciario para financiar la lucha contra el cambio climático, la transformación digital y los gastos relacionados con la salud. El tercer tramo se destinaría a apoyar los préstamos de los bancos multilaterales de desarrollo mediante la creación de otro fondo fiduciario (Wolf, 2021).

Las Naciones Unidas también han defendido la nueva emisión de derechos especiales de giro junto con una reasignación de los DEG de los países desarrollados a los países en desarrollo; sin embargo, reconocen que los mecanismos como el Fondo Fiduciario para el Crecimiento y la Lucha contra la Pobreza se limitan solo a los países de bajos ingresos y de ingreso medio-bajo. Las Naciones Unidas han propuesto la creación de un nuevo fondo fiduciario radicado en el FMI para apoyar a todos los países de ingresos medios, y a los pequeños Estados insulares del Caribe en particular, en sus esfuerzos de respuesta a la pandemia y en la recuperación económica y social (Naciones Unidas, 2021).

C. El sector externo

1. Tras exhibir un pequeño superávit en 2020 —algo que no se producía desde 2007—, el saldo de la cuenta corriente de la balanza de pagos pasaría nuevamente a ser deficitario en 2021, aunque en una magnitud mucho menor que el promedio de la década anterior a la crisis

En 2021, la cuenta corriente de la balanza de pagos de América Latina presentaría un déficit del 0,2% del PIB regional, después de que el año anterior registrara un pequeño superávit (0,2% del PIB), algo que no se veía desde 2007 (véase el gráfico I.16). En todo caso, se trata de un déficit pequeño, muy inferior a los observados en la década de 2010, previo a la crisis, período en que el déficit promedio fue del 2,5% del PIB regional.

Gráfico I.16
América Latina (19 países): cuenta corriente de la balanza de pagos, según componentes, 2009-2021[a]
(En porcentajes del PIB)

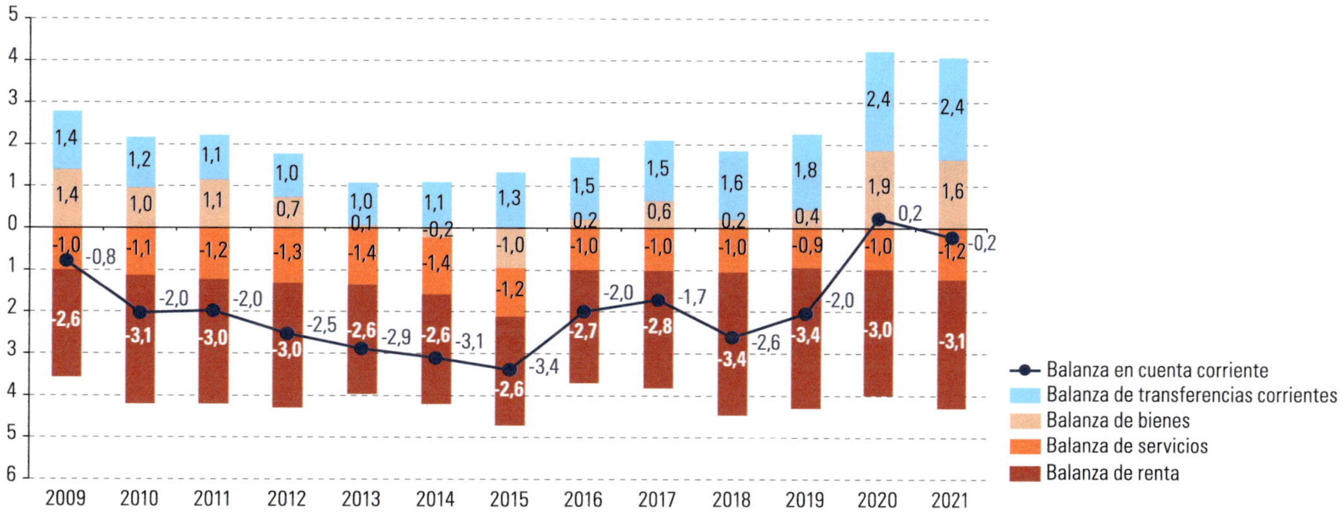

Fuente: Comisión Económica para América Latina y el Caribe (CEPAL), sobre la base de cifras oficiales.
[a] Las cifras de 2021 corresponden a proyecciones.

El resultado previsto para este año es producto de varios factores. Por una parte, se constata una fuerte recuperación de las importaciones, en línea con la recuperación de la actividad económica, que aumentarían por encima de las exportaciones, pese a que estas también mostrarían un marcado dinamismo. De esta forma, el saldo en la balanza de bienes seguiría siendo superavitario, aunque en una magnitud menor que en 2020.

La cuenta de renta, históricamente deficitaria para América Latina, mostraría este año un déficit mayor que en 2020 (un 3,1% del PIB en comparación con un 3% del PIB el año anterior). En la cuenta de servicios, que también ha sido históricamente deficitaria en América Latina, sucedería lo mismo y pasaría de un déficit del 1% del PIB en 2020 a un déficit del 1,2% del PIB en 2021. La única cuenta que en 2021 opera en sentido contrario es la balanza de transferencias, cuyo superávit se espera que aumente este año, aunque como porcentaje del PIB este efecto se reduce y permanece casi estable en relación con el año anterior.

2. Se espera que el superávit de la balanza de bienes se reduzca en 2021, producto de un mayor crecimiento de las importaciones que de las exportaciones

La mejora en la actividad económica de los países de la región en 2021 va acompañada de un marcado incremento de las importaciones de bienes. Para el año completo se proyecta que estas aumenten un 27%[17] en comparación con 2020 (con un 16% de aumento en el volumen importado y un 9% de incremento en los precios de importación) (véase el gráfico I.17.B).

Gráfico I.17
América Latina y el Caribe (países y grupos de países seleccionados): tasa de variación proyectada de las exportaciones y las importaciones de bienes, según volumen y precios, 2021
(En porcentajes)

A. Exportaciones

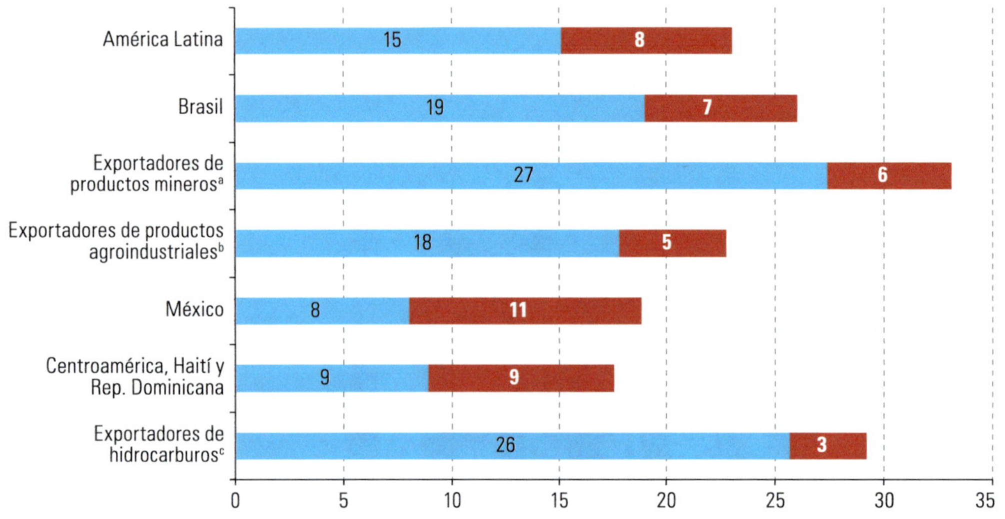

B. Importaciones

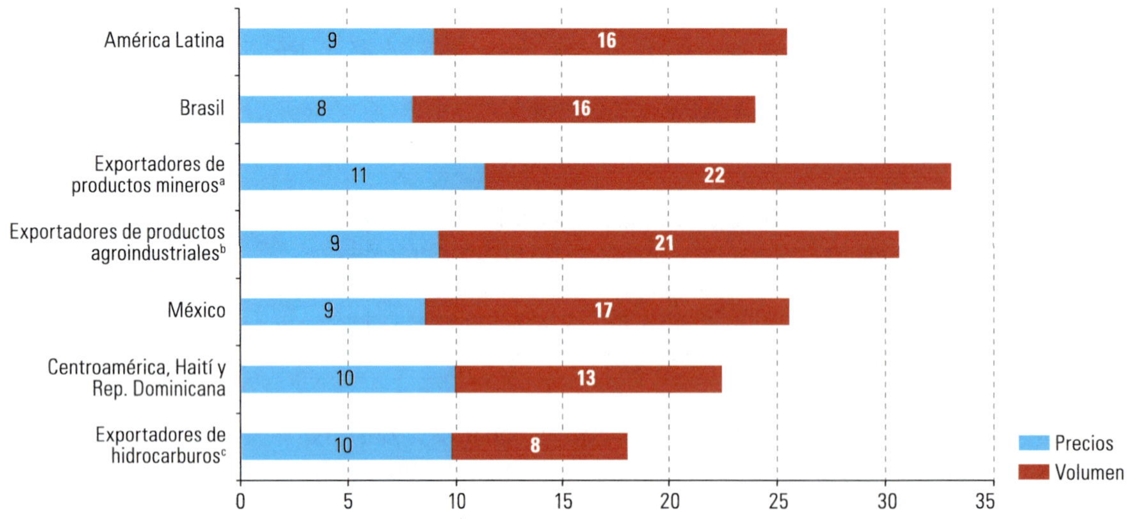

Fuente: Comisión Económica para América Latina y el Caribe (CEPAL).
[a] Chile y Perú.
[b] Argentina, Paraguay y Uruguay.
[c] Bolivia (Estado Plurinacional de), Colombia, Ecuador, Trinidad y Tabago y Venezuela (República Bolivariana de).

[17] Se utiliza la fórmula (1+variación de valor)=(1+variación de precio)*(1+variación de volumen).

Si bien las exportaciones también exhibirían un crecimiento de dos dígitos, este se proyecta algo menor que el de las importaciones —de un 24%[18] producto de un aumento en el volumen exportado del 8% y un alza en los precios de exportación del 15% (véase el gráfico I.17.A). Como consecuencia, para la cuenta de bienes de la región se proyecta un superávit levemente menor al de 2020 (de un 1,6% del PIB, en comparación con el 1,9% del PIB del año anterior).

Cabe destacar que si bien el aumento de las exportaciones que se registraría este año en la región tiene un componente importante de volumen, en la medida en que aumenta la demanda externa por el mayor crecimiento de los socios comerciales, en su mayoría se explica por el incremento de precios (véase el recuadro I.1). Por el contrario, el aumento de las importaciones es, en su mayoría, producto de un incremento del volumen importado, en la medida en que la recuperación de la demanda interna en la región está presionando las importaciones de bienes tanto de consumo como de inversión.

Recuadro I.1

América Latina: crecimiento de los socios comerciales y desempeño del volumen exportado

Tras la caída generalizada de la actividad económica de los principales socios comerciales de la región en 2020, que se acompañó de un descenso de casi un 5% en el volumen exportado por la región, para 2021 se proyecta un crecimiento de casi el 6% en el PIB de los socios comerciales, que se acompañaría de un crecimiento del 8% en el volumen de bienes exportado por la región, en promedio.

América Latina (17 países)[a]: crecimiento del PIB de los socios comerciales y aumento del volumen de exportaciones de bienes, 2005-2021[b]

(En porcentajes)

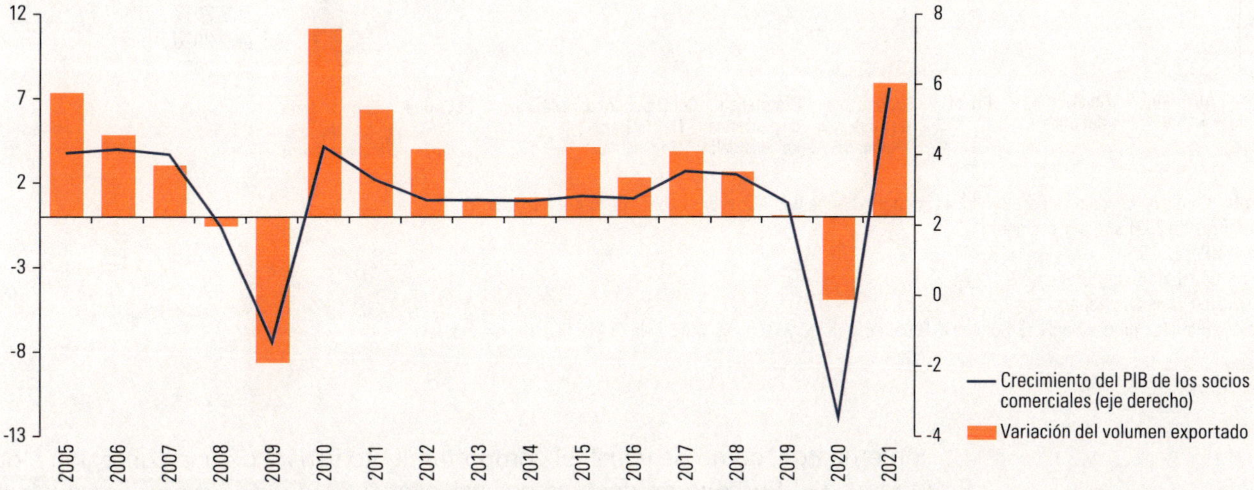

Fuente: Comisión Económica para América Latina y el Caribe (CEPAL), sobre la base de Naciones Unidas, Base de Datos Estadísticos de las Naciones Unidas sobre el Comercio Internacional (para el peso de los socios comerciales) y Fondo Monetario Internacional (FMI), World Economic Outlook Database, abril de 2021 [en línea] https://www.imf.org/en/Publications/WEO/Issues/2021/03/23/world-economic-outlook-april-2021 (para el crecimiento de los socios comerciales).

[a] Los países son: Argentina, Bolivia (Estado Plurinacional de), Brasil, Chile, Colombia, Costa Rica, Ecuador, El Salvador, Guatemala, Honduras, México, Nicaragua, Panamá, Paraguay, Perú, República Dominicana y Uruguay.

[b] Las tasas de crecimiento se han calculado de forma ponderada utilizando el peso de cada socio en las exportaciones totales de bienes del país analizado. Las ponderaciones se calcularon para cada año. En el caso de 2021, se trata de proyecciones.

El indicador de crecimiento del PIB de los socios comerciales se calcula como una aproximación a la demanda de exportaciones que afrontan los países de la región y, en efecto, ha demostrado tener una alta correlación (superior a 0,8 en el período 2000-2020) con la variación de los volúmenes exportados por la región.

Fuente: Comisión Económica para América Latina y el Caribe (CEPAL).

[18] Ídem.

3. Se espera que los términos de intercambio mejoren este año, en promedio, para América Latina, aunque las economías del Caribe y de Centroamérica se verían perjudicadas por el aumento del precio de la energía

Como se mencionó en la sección I.A, se espera que en 2021 los precios de los productos básicos alcancen niveles promedio superiores a los vigentes en 2020. Como resultado, los términos de intercambio, en promedio, para América Latina aumentarían un 5,6% este año (véase el gráfico I.18), en el que sería el mejor registro desde 2010.

Gráfico I.18
América Latina y el Caribe (países y grupos de países seleccionados): tasa de variación de los términos de intercambio, 2019-2021[a]
(En porcentajes)

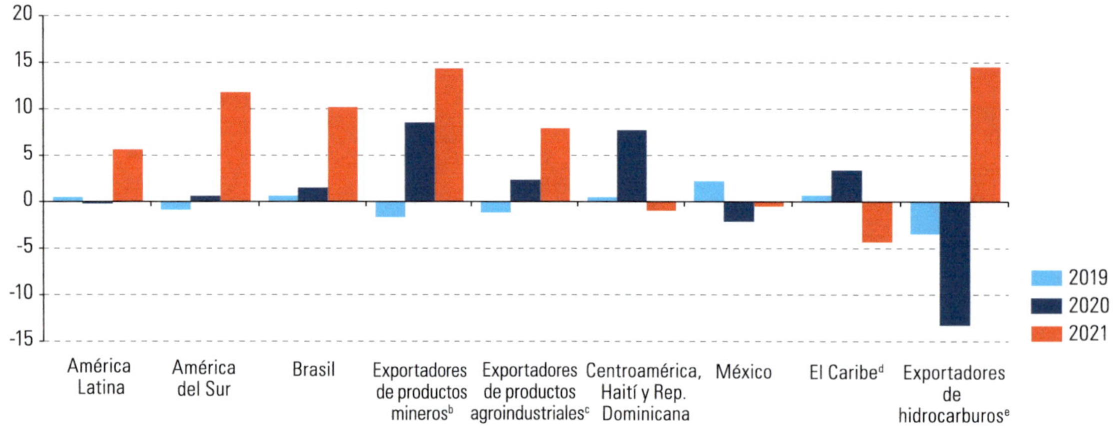

Fuente: Comisión Económica para América Latina y el Caribe (CEPAL), sobre la base de cifras oficiales.
[a] Las cifras de 2021 son proyecciones.
[b] Chile y Perú.
[c] Argentina, Paraguay y Uruguay.
[d] Sin incluir Trinidad y Tabago.
[e] Bolivia (Estado Plurinacional de), Colombia, Ecuador, Trinidad y Tabago y Venezuela (República Bolivariana de).

Sin embargo, como es usual, el comportamiento variará de una subregión a otra. En América del Sur, que se destaca por ser exportadora neta de productos básicos y, por ende, se beneficia con el alza del precio de estos productos, los términos de intercambio crecen casi un 12%. Lo contrario sucede en Centroamérica, que es importadora neta de combustibles y también de alimentos (algunos países), donde los términos de intercambio empeorarían un 1% este año.

En el Caribe (sin incluir Trinidad y Tabago), los términos de intercambio caerían un 4% por ser esta subregión también importadora neta de energía y alimentos.

4. Se espera que el déficit de servicios empeore en 2021, debido a que continúan las restricciones al turismo internacional y a que las importaciones de transporte y otros servicios se recuperarían, en consonancia con el rebote de la actividad

El déficit de la balanza de servicios como porcentaje del PIB aumentó al 1,0% en 2020 (en comparación con el 0,9% registrado en 2019), a pesar de que medido en dólares se redujo[19].

En un contexto de pandemia, tanto las exportaciones como las importaciones de servicios se contrajeron por encima del 30%. Los servicios de viajes fueron el rubro que sufrió el mayor deterioro[20].

Para 2021 se espera que el déficit de servicios se amplíe y ascienda a un 1,2% del PIB, en consonancia con el fuerte rebote de la actividad y, por extensión, de la importación de transporte y otros servicios asociados. Por su parte, los servicios asociados al turismo experimentarán una recuperación a lo largo del año, aunque se mantendrán muy deprimidos con respecto al nivel registrado previo a la pandemia. Esto se debe al mantenimiento de las restricciones y cautelas respecto de los viajes internacionales, a una mayor precaución a la hora de viajar al extranjero y a un probable cambio de patrón en los viajes empresariales durante los próximos años. Estas circunstancias, unidas a la persistencia de tasas de contagio altas en numerosos países de la región y al desigual avance de los procesos de vacunación, tienen una incidencia negativa en América Latina y el Caribe, que tradicionalmente se erige como una región netamente exportadora de servicios de turismo[21]. Según cifras de la Organización Mundial del Turismo (OMT, 2021), durante el primer trimestre de 2021 se observó un desplome de las llegadas de turistas internacionales en relación con igual período del año anterior tanto en América del Sur (-90,9%) como en Centroamérica (-76,3%) y, en menor medida, en el Caribe (-59,5%).

5. El déficit de la balanza de renta aumentaría en 2021, a medida que se incrementan las ganancias de las empresas extranjeras, mientras que la balanza de transferencias, compuesta principalmente por el rubro de remesas, sería más superavitaria en 2021

Contrariamente a lo sucedido el año anterior, en 2021 aumentaría el déficit de la balanza de renta (un 3,1% del PIB frente a un 3% del PIB en 2020), como suele suceder en los años en que se registra un incremento en los precios de exportación de los productos básicos y la actividad interna. El aumento del precio de los productos básicos se traduce en mayores rentas para las empresas extranjeras establecidas en la región, especialmente para aquellas orientadas a la exportación de dichos productos. Estas empresas, a su vez, tienden a remitir mayores utilidades a sus casas matrices en el exterior. En la misma dirección operaría el incremento en el pago de intereses por el aumento en los niveles de deuda de la región, emitida para sufragar los mayores gastos y las necesidades de financiamiento surgidos a raíz de la pandemia.

19 Esto se debe a que la contracción del PIB fue mayor que la contracción en términos absolutos del déficit.

20 Según la Organización Mundial del Turismo (OMT, 2021), en 2020 se desplomaron los ingresos provenientes del turismo internacional en Centroamérica (-68,8%), en América del Sur (-63,2%) y en el Caribe (-56,5%).

21 En particular, las exportaciones del turismo sobre el total de servicios pasaron de representar un 43% en 2019 a un 25% en 2020.

Por su parte, la balanza de transferencias corrientes, que es estructuralmente superavitaria en la región, aumentaría su superávit un 11%, aunque medida como porcentaje del PIB permanecería en un nivel similar al de 2020 (en torno al 2,4% del PIB)[22].

Los flujos de remesas de migrantes hacia la región, que constituyen el principal componente de la cuenta de transferencias corrientes, aumentaron un 32% en los primeros meses de 2021 respecto de igual período de 2020 (véase el gráfico I.19), tras haber crecido un 8% en 2020[23]. Esto es resultado de la continua recuperación económica en las principales economías de origen y de la disminución del ingreso de remesas en el segundo trimestre de 2020[24].

Gráfico I.19
América Latina y el Caribe (países seleccionados): tasa de variación de los ingresos por remesas de emigrados, 2019-2021[a]
(En porcentajes)

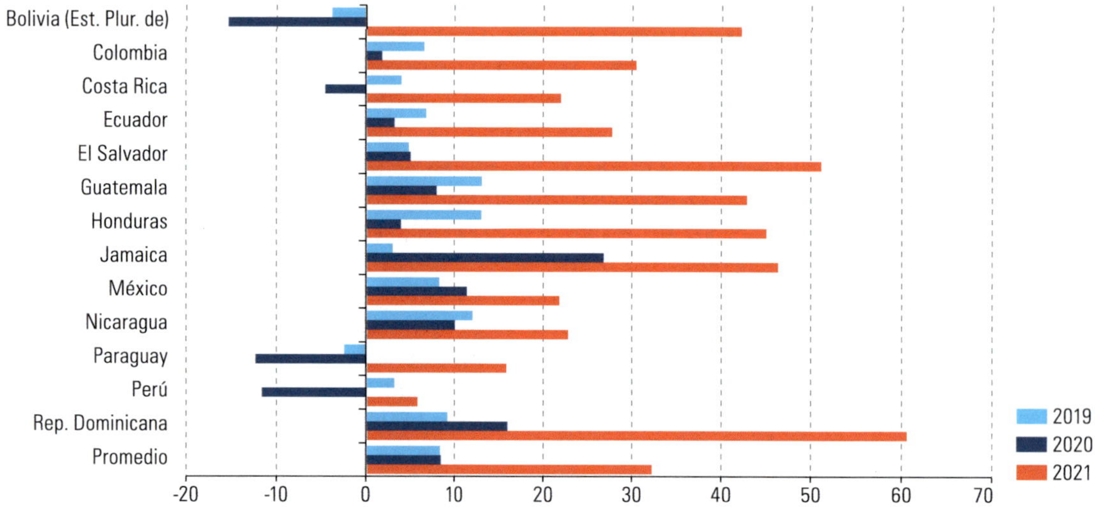

Fuente: Comisión Económica para América Latina y el Caribe (CEPAL), sobre la base de cifras oficiales.
[a] Las cifras de 2021 corresponden al período comprendido entre enero y junio en el caso de Guatemala; entre enero y mayo en los casos de Colombia, El Salvador, Honduras, México, el Paraguay y la Republica Dominicana; entre enero y abril en Bolivia (Estado Plurinacional de), Jamaica y Nicaragua, y entre enero y marzo en Costa Rica, el Ecuador y el Perú.

A nivel de subregiones, en 2020 se observó una gran diferencia entre América del Sur, que sufrió un significativo descenso de las remesas, y Centroamérica y México, donde estas registraron un aumento (véase el recuadro I.2). La diferencia se explica por la mayor resiliencia que mostraron las remesas provenientes de migrantes a los Estados Unidos en comparación con Europa y la propia región (Harris y Vivanco, 2021). En 2021 esta diferencia entre las subregiones parece haber desparecido y las remesas están creciendo de forma significativa en toda la región.

[22] La cuenta de transferencias corrientes es una cuenta cuyo superávit aumenta año a año salvo algunas excepciones, como en 2009 cuando la crisis económica y financiera mundial hizo caer el monto de remesas hacia la región.

[23] Tras haberse pensado, al comienzo de la crisis, que las remesas podían llegar a caer hasta un 20%, se han manejado varias hipótesis respecto de la resiliencia que mostraron en 2020 (véase Banco Mundial, 2020). En primer lugar se destacan los programas de apoyo que implementaron los gobiernos de los países emisores y que también beneficiaron a los migrantes en los países de origen de las remesas. Una segunda hipótesis refiere a que los migrantes contaban con más ahorros, fruto del aprendizaje después de la crisis financiera de 2008 (véase Harris y Vivanco, 2021), y por último está la adopción de formas digitales, y más económicas, como sustituto de los servicios de transferencia presenciales (véase Maldonado Gonzáles, Harris y Vivanco, 2021).

[24] Los Estados Unidos es el principal país de origen para México, Centroamérica y el Caribe, así como algunos países de Europa cumplen ese papel en el caso de América del Sur (véase CEPAL, 2020).

Recuadro I.2
México, Centroamérica y el Caribe: evolución de las remesas, 2019 a 2021

En México, Centroamérica y el Caribe (Cuba, Haití y República Dominicana), donde las remesas son de considerable relevancia para los ingresos, los flujos acumulados mostraron una tendencia al alza en 2020 (10,8%), a diferencia de lo pronosticado al inicio de la pandemia, con un mayor dinamismo que en 2019 (9,1%). Su evolución en el primer semestre de 2021, que se detalla en el cuadro para los países más representativos, permite observar un repunte interanual aún mayor —un promedio ponderado de casi un 32%— que se origina mayormente en la recuperación económica y del empleo en los Estados Unidos. Cabe subrayar que, en el caso de Cuba, si bien no se dispone de estimaciones oficiales para los años analizados (2020 y 2021), puede suponerse que habrá —a diferencia de otros países de la subregión— una disminución de los flujos de remesas en 2020 y 2021, efecto no tanto de la pandemia como del recrudecimiento de las restricciones aplicadas por los Estados Unidos a las transacciones financieras y comerciales con ese país.

México, Centroamérica y el Caribe (países seleccionados): flujos de remesas, 2019-2021
(En millones de dólares)

País	*Acumulado annual*[a]		*Acumulado enero-junio*[b]		Estructura porcentual	*Variación porcentual*	
	2019	2020	2020	2021	2020	Total	Ponderada
El Salvador	5 649	5 930	2 518	3 658	7,4	45,3	3,3
Guatemala	10 508	11 340	4 880	6 966	14,3	42,7	6,1
Haití	3 328	4 013	765	1 108	2,2	44,9	1,0
Honduras	5 522	5 737	2 469	3 477	7,2	40,8	3,0
México	36 439	40 601	19 290	23 618	56,6	22,4	12,7
Nicaragua	1 682	1 851	706	858	2,1	21,6	0,4
República Dominicana	7 087	8 219	3 475	5 263	10.2	51,5	5,2
Total y promedios	**70 215**	**77 692**	**34 101**	**44 949**	**100**	**38,5**	**31,8**

Fuente: Comisión Económica para América Latina y el Caribe (CEPAL), sobre la base de cifras oficiales.
[a] Cifras de Haití informadas según el año fiscal (octubre a septiembre).
[b] Acumulado de enero a abril para Haití y de enero a mayo para Nicaragua.

Fuente: Comisión Económica para América Latina y el Caribe (CEPAL).

6. En línea con las mejores condiciones económicas mundiales y la menor aversión al riesgo, se ha registrado un repunte en los flujos financieros hacia la región

Los flujos financieros netos hacia América Latina han mantenido una tendencia similar a la observada en otras regiones emergentes. Conforme va mejorando la actividad económica en las diferentes regiones del mundo y se reduce la aversión al riesgo, los recursos financieros se van orientando a activos más riesgosos (véase la sección I.A).

Así, los flujos financieros hacia la región, sin incluir la inversión extranjera directa (IED), han continuado su senda de recuperación durante el primer trimestre de 2021, con una salida neta que totalizó 60.700 millones de dólares[25].

Las salidas son un 32% más bajas que en el trimestre anterior, cuando se registró una salida neta de flujos financieros del orden de los 89.000 millones de dólares (véase el gráfico I.20). Los flujos de entrada de inversión extranjera acumulados al primer trimestre de 2021 se han mantenido estables con respecto al trimestre inmediatamente

[25] Se trata de las partidas de inversión de cartera y de otra inversión de la cuenta financiera de la balanza de pagos, acumulada a cuatro trimestres.

anterior. Esto, asociado a una mayor salida de flujos de inversión de residentes, ha reducido la inversión directa neta en la región, que totalizó 84.000 millones de dólares. Con esto, la IED neta compensa con creces los flujos de salida de otros capitales, por lo que en este período se observa un repunte de los flujos financieros totales hacia la región, que se habían visto sumamente diezmados desde el primer trimestre de 2020 debido a la crisis causada por la pandemia.

Gráfico I.20
América Latina (14 países): inversión extranjera directa neta, otros flujos de inversión y flujos financieros totales, primer trimestre de 2008 a primer trimestre de 2021
(En miles de millones de dólares, acumulado de cuatro trimestres)

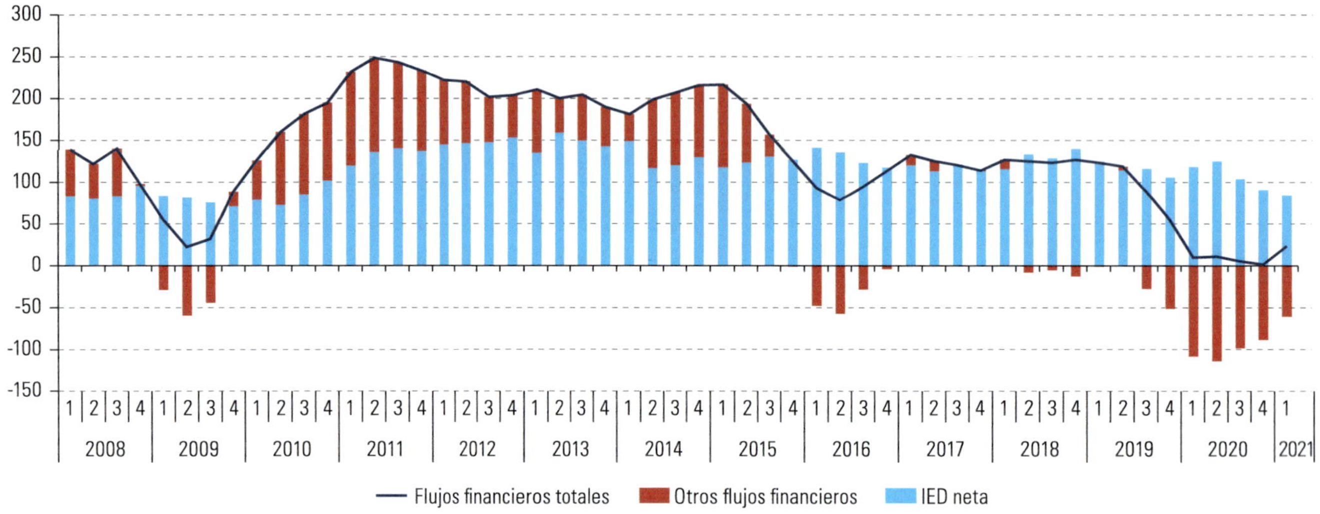

Fuente: Comisión Económica para América Latina y el Caribe (CEPAL), sobre la base de cifras oficiales.
Nota: Se incluye la información disponible de balanza de pagos al primer trimestre de 2021 de la Argentina, Bolivia (Estado Plurinacional de), el Brasil, Chile, Colombia, Costa Rica, el Ecuador, El Salvador, Honduras, México, el Paraguay, el Perú, la República Dominicana y el Uruguay.

La recuperación de los flujos financieros habría continuado en el segundo trimestre del año de acuerdo con el indicador adelantado de flujos de capitales elaborado por la CEPAL (véase Carvallo y otros, 2018) (véase el gráfico I.21). Además, como se mencionó, la menor volatilidad externa, el aumento del apetito de activos de mayor riesgo y un control relativamente mayor de la pandemia y de sus efectos económicos permiten prever que la dinámica de los flujos financieros mantendrá una tendencia positiva durante los próximos trimestres.

Entre los indicadores que permiten sostener la afirmación anterior están los indicadores bursátiles de las principales bolsas de América Latina, medidas por el índice de precios de mercados accionarios MSCI. El índice representativo para América Latina cayó un 44% el primer mes después de haberse declarado la pandemia (entre el 24 de febrero y el 24 de marzo de 2020). A partir de entonces, ha recorrido un lento pero sostenido camino hacia la recuperación, y en la actualidad se encuentra en niveles cercanos a los que registraba antes de la pandemia (véase el gráfico I.22).

Gráfico I.21

América Latina: flujos financieros netos (sin incluir inversión extranjera directa neta) e indicador adelantado de flujos financieros, primer trimestre de 2008 a segundo trimestre de 2021

(Flujos en miles de millones de dólares, acumulado de cuatro trimestres; índice base primer trimestre de 2008=100)

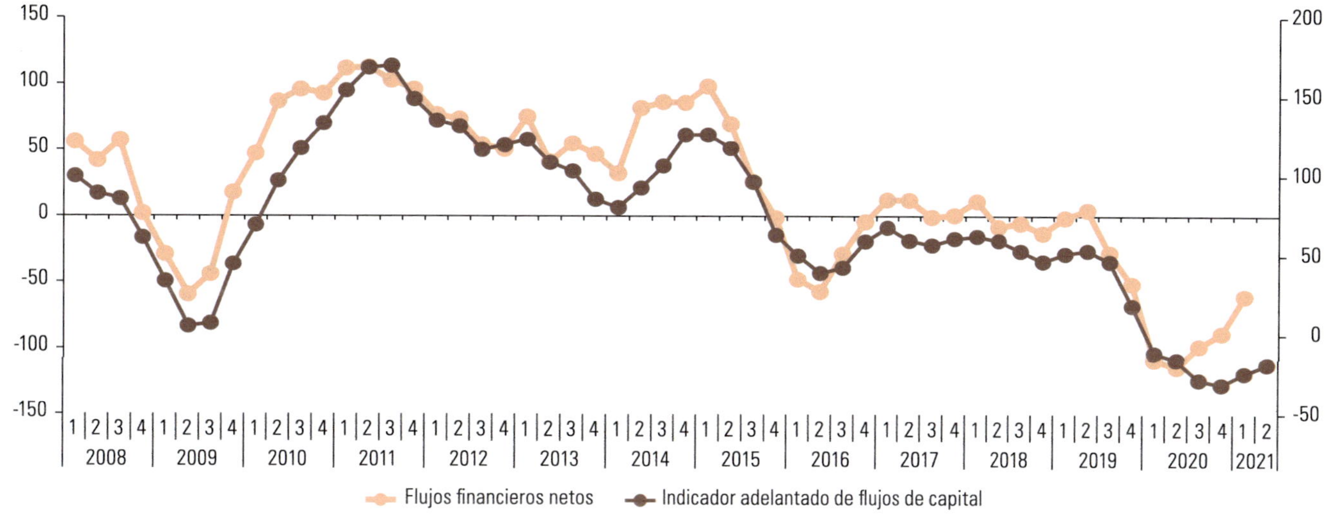

Fuente: Comisión Económica para América Latina y el Caribe (CEPAL), sobre la base de cifras oficiales y de P. Carvallo, Vera, De Camino y Sánchez (2019) y otros, "Metodología para la construcción de un indicador adelantado de flujos de capitales para 14 países de América Latina", *serie Macroeconomía del Desarrollo*, N° 198 (LC/TS.2018/120), Santiago, Comisión Económica para América Latina y el Caribe (CEPAL), 2018.

Nota: El indicador adelantado de flujos financieros permite adelantar el comportamiento futuro de los flujos financieros, ya que se construye con insumos mensuales. De este modo, se puede conocer la dinámica de los flujos, aunque no su nivel, mucho antes que los datos de la balanza de pagos que, al ser trimestrales, aparecen con un rezago mayor.

Gráfico I.22

América Latina (6 países): índice MSCI, 24 de febrero de 2020 a 9 de julio de 2021

(Índice base 24 de febrero de 2020=100)

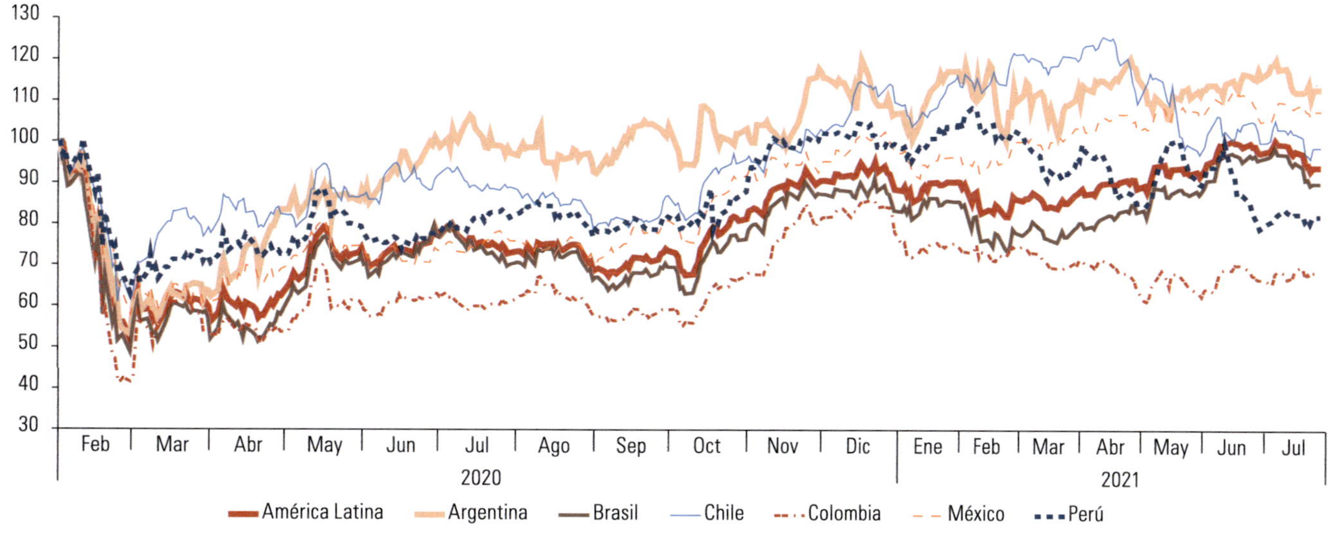

Fuente: Bloomberg.

7. Las emisiones de deuda en los mercados internacionales por parte de la región continúan aumentando en 2021, con una fuerte aceleración en el segmento corporativo

Pese a la caída que se constató en los primeros meses de 2020 debido a la pandemia, ese año las emisiones de deuda en mercados internacionales crecieron un 22,5%, para totalizar más de 145.000 millones de dólares (véase el cuadro I.6). Las mejores condiciones de acceso, referidas básicamente a tasas más bajas y una menor aversión al riesgo por parte de inversionistas internacionales, fueron aprovechadas principalmente por los gobiernos nacionales, lo que contribuyó a financiar los paquetes fiscales y otras medidas de emergencia para dar respuesta a las consecuencias de la pandemia. Las emisiones soberanas representaron el 44,8% del total de emisiones y, al mismo tiempo, fue el sector que más creció respecto del año anterior, con un incremento del 53,7%. *La importancia de las emisiones de deuda por parte de los países, orientadas* básicamente a financiar los planes de ayuda económica para enfrentar la crisis, aumentó en los últimos años y pasó de cerca de un tercio en 2019 a un promedio cercano al 45% del total en 2020 y la primera mitad de 2021[26].

Cuadro I.6
América Latina: emisiones de deuda en mercados internacionales, por sector, total de 2020 y primer semestre de 2021
(En millones de dólares y porcentajes)

	Bancos	Privados	Cuasisoberanos	Soberanos	Supranacional	Total
Total 2020						
Millones de dólares	12 417	37 369	25 438	65 109	4 953	145 286
Crecimiento interanual (porcentaje)	47,9	-15,4	28,6	53,7	27,3	22,5
Participación en el total (porcentaje)	8,5	25,7	17,5	44,8	3,4	100,0
Enero-junio de 2021						
Millones de dólares	4 218	39 124	4 800	39 591	3 607	91 339
Crecimiento interanual (porcentaje)	-58,7	115,7	-75,1	3,5	29,3	3,0
Participación en el total(porcentaje)	4,6	42,8	5,3	43,3	3,9	100,0

Fuente: Comisión Económica para América Latina y el Caribe (CEPAL).

Las emisiones corporativas, pese a caer un 15,4% en el año, representaron un 25,7% del total de emisiones de deuda en 2020. La emisión de deuda realizada por entidades supranacionales creció un 27,3% y representó un 3,4% de la emisión total en la región, en tanto que la emisión por parte de bancos privados se incrementó un 47,9% y representó un 8,5% del total.

Durante el primer semestre de 2021, las emisiones de deuda de los países de la región en los mercados internacionales crecieron un 3% respecto de igual período de 2020. Las emisiones corporativas se duplicaron con creces, tras un 2020 caracterizado por la cautela en los planes de inversión y endeudamiento observada en el sector privado, y gracias a las bajas tasas de interés. Este elevado crecimiento reconfigura la composición de las emisiones totales por sector, de manera que las emisiones desde el sector privado representan un 42,8% del total durante el primer semestre de 2021. En este sector, el grueso de las emisiones corresponde a empresas brasileñas y se destaca la emisión en reales hecha por Vale, por el equivalente a 1.500 millones de dólares, además de las emisiones hechas por Minerva Foods, Pilgrim's Pride, Natura Cosméticos, JBS y Suzano, cada una por un monto de 1.000 millones de dólares. También están las operaciones hechas por empresas mexicanas, donde se destacan América Móvil (2.200 millones de euros), CEMEX (1.750 millones de dólares en enero y 1.000 millones de dólares en junio), y FEMSA (dos operaciones, por 500 millones de euros y 700 millones de euros).

Un 10% del total de emisiones corporativas corresponden a bonos vinculados a la sostenibilidad. Este tipo de emisiones, que corresponden a emisiones realizadas

[26] Véase un análisis completo y detallado de las emisiones de deuda en mercados internacionales en CEPAL (2021d).

también por empresas mexicanas y brasileñas, usan metas de mediano y largo plazo que se aplican a toda la empresa. Si la empresa deudora no cumple con las metas de sostenibilidad establecidas, de acuerdo con una serie de parámetros definidos, la tasa de interés del bono se incrementa.

Con un crecimiento menor, de un 3,5% interanual en el primer semestre de 2021, las emisiones soberanas siguen representando la mayoría de las emisiones en los mercados internacionales. Durante dicho período, los gobiernos emitieron deuda por un total de 39.591 millones de dólares. De este total, un 78%, es decir, casi 31.000 millones de dólares, fueron emitidos por gobiernos que poseen "grado inversor", de acuerdo con las calificaciones de riesgo elaboradas por las principales agencias crediticias[27]. Los países en general siguen beneficiándose de buenas condiciones de endeudamiento, con bajo riesgo soberano, lo que les permite acceder a financiamiento a tasas bajas. Asimismo, en general, las emisiones han despertado gran interés en los inversionistas. En muchos casos, las emisiones soberanas buscan financiar los programas de ayuda para paliar los efectos de la crisis económica, así como también para reestructurar la deuda con mejores condiciones.

Chile, México y Colombia concentran el 54% del total de emisiones soberanas realizadas durante la primera mitad de 2021. En particular, las tres emisiones realizadas por Chile totalizan 7.750 millones de dólares y consisten en varios bonos sostenibles (para financiar proyectos sociales y ecológicos), uno de los cuales es la mayor emisión de este tipo hecha en América Latina (véase cuadro I.7). México también llevó adelante tres operaciones, por un total de 7.676 millones de dólares, destinadas al manejo de pasivos. Entre las emisiones realizadas por Colombia llama la atención la de abril, por 3.000 millones de dólares, la mayor realizada en la historia del país. En general, el objetivo de Colombia en relación con las emisiones de deuda ha sido mejorar el perfil crediticio y lograr ahorros en intereses.

Cuadro I.7
América Latina: emisiones soberanas de deuda

Fecha	País	Monto (en millones de dólares)	Tasa de interés (en porcentajes)	Sobredemanda (en número de veces)[a]
4 de enero de 2021	México	3 000	3,75	3,33
12 de enero de 2021	Colombia[b]	2 840	3,47	-
13 de enero de 2021	República Dominicana[b]	2 500	4,98	4,00
14 de enero de 2021	México[b]	2 176	1,75	3,78
20 de enero de 2021	Chile[b]	4 250	2,08	-
20 de enero de 2021	Panamá[b]	2 450	3,04	-
20 de enero de 2021	Paraguay[b]	825	3,47	6,00
4 de febrero de 2021	Perú	1 000	5,63	2,50
3 de marzo de 2021	Perú[b]	5 000	2,76	2,50
31 de marzo de 2021	Chile	1 500	3,50	2,30
6 de abril de 2021	México	2 500	4,28	5,00
19 de abril de 2021	Colombia[b]	3 000	3,54	3,40
4 de mayo de 2021	Chile[b]	2 000	3,00	3,20
13 de mayo de 2021	Uruguay[b]	1 250	6,70	2,48
8 de junio de 2021	República Dominicana[b]	2 053	8,44	-
23 de junio de 2021	Panamá[b]	2 000	3,79	-
29 de junio de 2021	Brasil[b]	2 250	4,08	-

Fuente: Comisión Económica para América Latina y el Caribe (CEPAL).
[a] La sobredemanda se mide como el número de veces en que el monto demandado excede el monto ofrecido en la emisión.
[b] Emisión hecha en varios tramos.

27 Se utilizan los criterios de grado inversor de las agencias Standard & Poor's y Fitch (calificación BBB- o superior) y Moody's (calificación Baa3 o superior). Los países de la región que poseen grado inversor en la actualidad son Chile, Colombia (solo por parte de Moody's, después de que Standard & Poor's quitara en mayo el grado de inversión a la deuda soberana del país), México, Panamá, el Perú, el Uruguay y Trinidad y Tabago (otorgado únicamente por Standard & Poor's).

Por último, el Perú también ha tenido una activa participación en los mercados internacionales de deuda. En noviembre de 2020 tuvo un importante logro con la emisión de deuda a 100 años. En marzo de 2021, emitió deuda por un total de 5.000 millones de dólares, con tasas bajas y una sobredemanda que superó el doble ofrecido.

8. El riesgo soberano de los países de la región se reduce y se aproxima a los niveles previos a la pandemia

El riesgo soberano en América Latina cerró en 380 puntos básicos el 30 de junio de 2021 (véase el cuadro I.8). Este valor es el más bajo registrado desde el inicio de la pandemia y se acerca a los niveles alcanzados antes de la crisis sanitaria. Este indicador, que mide el diferencial del riesgo en el pago de los compromisos de deuda respecto de los activos del Gobierno de los Estados Unidos considerados seguros, se ha mantenido estable en el transcurso del primer semestre de 2021, lo que contrasta con lo que ocurrió el año anterior. Cuando recién surgió la crisis provocada por la pandemia de COVID-19, la reacción de los mercados fue buscar refugio en zonas de bajo riesgo, lo que hizo que este indicador se disparara de los 346 puntos básicos con los que cerró en 2019 a un máximo de 827 puntos básicos el 23 de marzo de 2020. No obstante, la rápida reacción de los gobiernos y las instituciones financieras en mercados desarrollados permitió lograr una importante calma, que se verificó en la rápida caída del índice de bonos de mercados emergentes (EMBI) en los meses posteriores. Así, tras mantenerse por encima de la barrera de los 700 puntos básicos en marzo y abril, comenzó una sostenida reducción y llegó a 552 puntos básicos en junio, a 476 puntos básicos en septiembre y cerró 2020 en 386 puntos básicos. Como se ha dicho, este último valor se ha mantenido estable durante la primera mitad del año.

Cuadro I.8
América Latina: índice de riesgo soberano medido por el índice de bonos de mercados emergentes de J.P. Morgan (EMBI), 2018-2021
(En puntos básicos)

	2018	2019	Marzo 2020	Junio 2020	Septiembre 2020	Diciembre 2020	Marzo 2021	Junio 2021
Argentina	817	1 744	3 803	2 495	1 300	1 368	1 589	1 596
Bolivia (Estado Plurinacional de)	378	218	645	630	622	461	501	481
Brasil	273	212	389	373	334	250	272	256
Chile	166	135	301	211	183	144	122	135
Colombia	228	161	376	293	262	206	216	247
Ecuador	826	826	4 553	3 373	1 015	1 062	1 201	776
México	357	292	653	526	501	361	351	348
Panamá	171	114	283	212	193	149	155	170
Paraguay	260	203	429	312	267	213	212	216
Perú	168	107	265	182	170	132	152	163
Uruguay	207	148	298	215	186	135	125	129
Venezuela (República Bolivariana de)	6 845	14 740	19 270	30 757	29 608	24 099	26 168	31 091
América Latina	**568**	**346**	**703**	**552**	**476**	**386**	**390**	**380**

Fuente: Comisión Económica para América Latina y el Caribe (CEPAL), sobre la base de información de J.P. Morgan.

Aunque con algunas diferencias, la realidad de los países de la región es similar a lo que se ve a nivel agregado. Por ejemplo, Chile y el Uruguay muestran los menores niveles de riesgo en este período, y ambos países promedian los 133 puntos básicos, sin mayores variaciones en el transcurso de los meses (véase el gráfico I.23). Les siguen el Perú y Panamá, estables en torno a los 160 puntos básicos, y un amplio grupo de países, todos por debajo de los 500 puntos básicos. La Argentina y el Ecuador, aunque presentan niveles elevados, muestran un pronunciado descenso con relación a los 3.800 puntos básicos y 4.500 puntos básicos que, respectivamente, tenían en marzo de 2020.

Gráfico I.23
América Latina: índice de riesgo soberano medido por el índice de bonos de mercados emergentes de J.P. Morgan (EMBI), promedio enero a junio de 2021
(En puntos básicos)

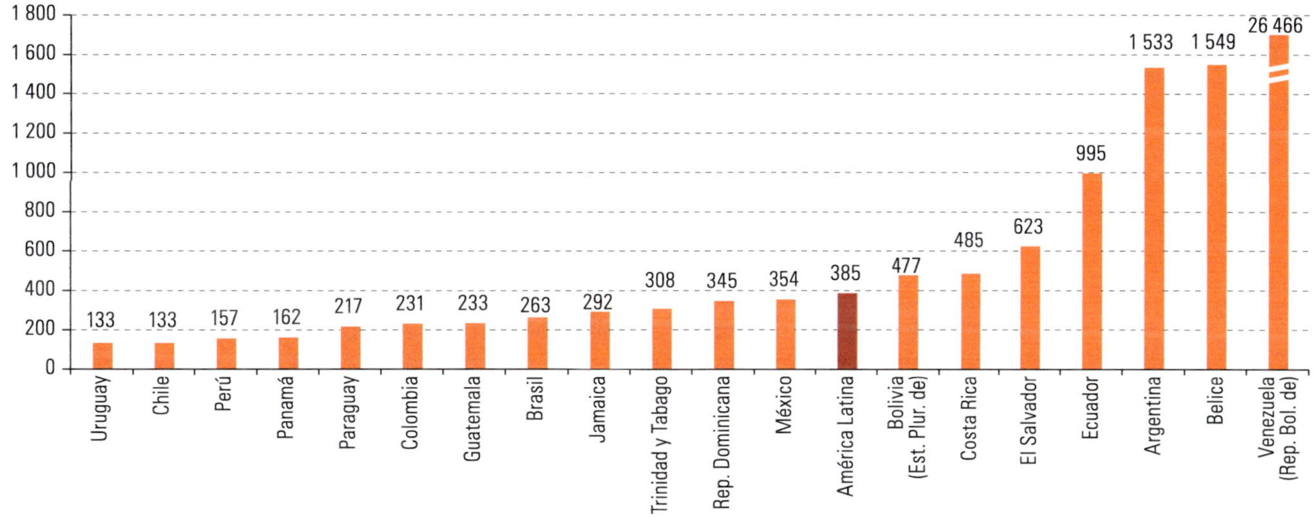

Fuente: Comisión Económica para América Latina y el Caribe (CEPAL), sobre la base de datos de J.P. Morgan.

D. El desempeño interno

1. La prolongación de la pandemia y su intensificación en los primeros meses de 2021 han impedido recuperar con fuerza el nivel de la actividad económica

Al primer trimestre de 2021 se ha recuperado solo el 41% del nivel de la actividad económica perdida en 2020, dado que la combinación de factores que provocaron el desplome de la producción en 2020 sigue parcialmente presente: los desabastecimientos, que interrumpen la cadena de producción de las empresas; el confinamiento de la población y sus consecuencias, y las restricciones impuestas al funcionamiento de determinados sectores de actividad para frenar la expansión del COVID-19.

La intensificación de la pandemia en los primeros meses de 2021 se produjo en un momento en que las empresas ya estaban muy debilitadas tras un largo período de baja actividad. Se han prolongado las dificultades para desarrollar con normalidad las actividades vinculadas a los servicios. Estos son los sectores económicos más castigados, ya que dependen de la interacción entre las personas (algo que contribuye a aumentar los contagios), por lo que se ven más afectados por las restricciones impuestas por las autoridades.

La mayor caída de la actividad económica (del 15,35% anual) se dio en el segundo trimestre de 2020. A partir del tercer trimestre, el producto interno bruto (PIB) de América Latina comenzó a recuperarse con respecto al segundo trimestre, pero en los primeros tres meses de 2021 aún registraba una tasa de variación anual negativa (una contracción del 0,17%) (véase el gráfico I.24).

Gráfico I.24
América Latina: tasa de crecimiento y nivel del PIB, 2018 a primer trimestre de 2021
(En porcentajes y dólares constantes de 2010)

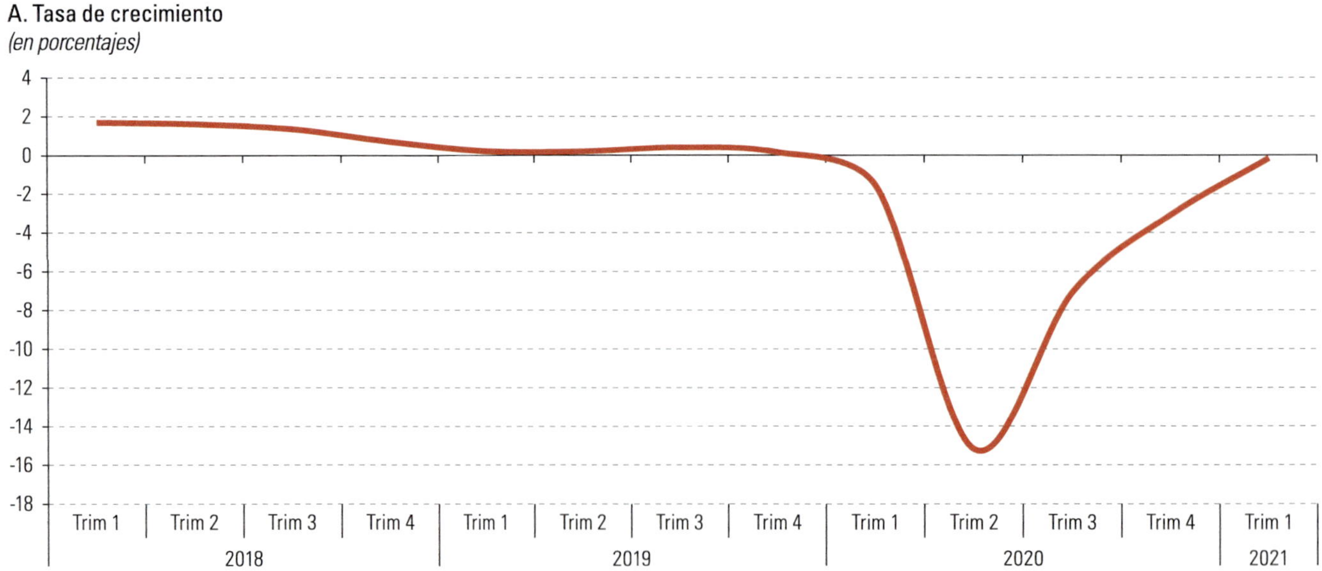

Gráfico I.24 (conclusión)

B. Nivel del PIB
(en miles de millones de dólares constantes de 2010)

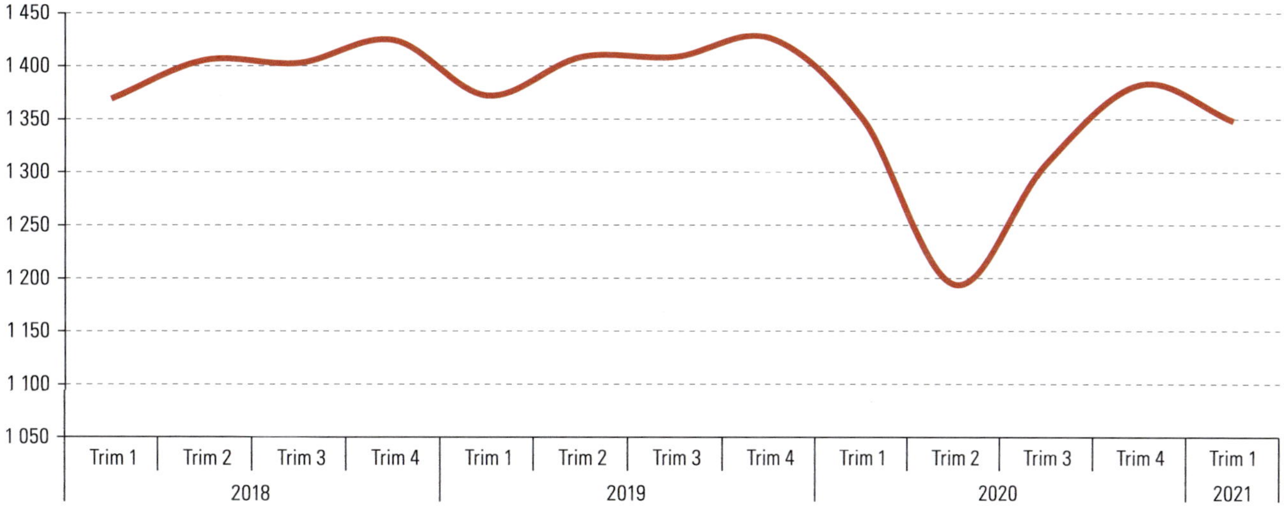

Fuente: Comisión Económica para América Latina y el Caribe (CEPAL), sobre la base de cifras oficiales.

En términos individuales, se observa un comportamiento dispar en el proceso de recuperación de los países: mientras algunos siguen mostrando una fuerte contracción en el primer trimestre de 2021 respecto al mismo trimestre del año anterior, otros registran tasas de crecimiento del PIB positivas (véase el gráfico I.25). Esto depende en gran medida de la especialización de cada país y del grado en que se han visto afectados sus socios comerciales. Los países de la región han acusado los efectos de la evolución de la demanda externa, así como los efectos internos de las medidas sanitarias y ayudas de sus gobiernos para contener la pandemia, que se han traducido en caídas o impulsos de la demanda interna.

Gráfico I.25
América Latina (16 países): tasas de crecimiento del PIB, primer trimestre de 2021
(En porcentajes, base: dólares constantes de 2010)

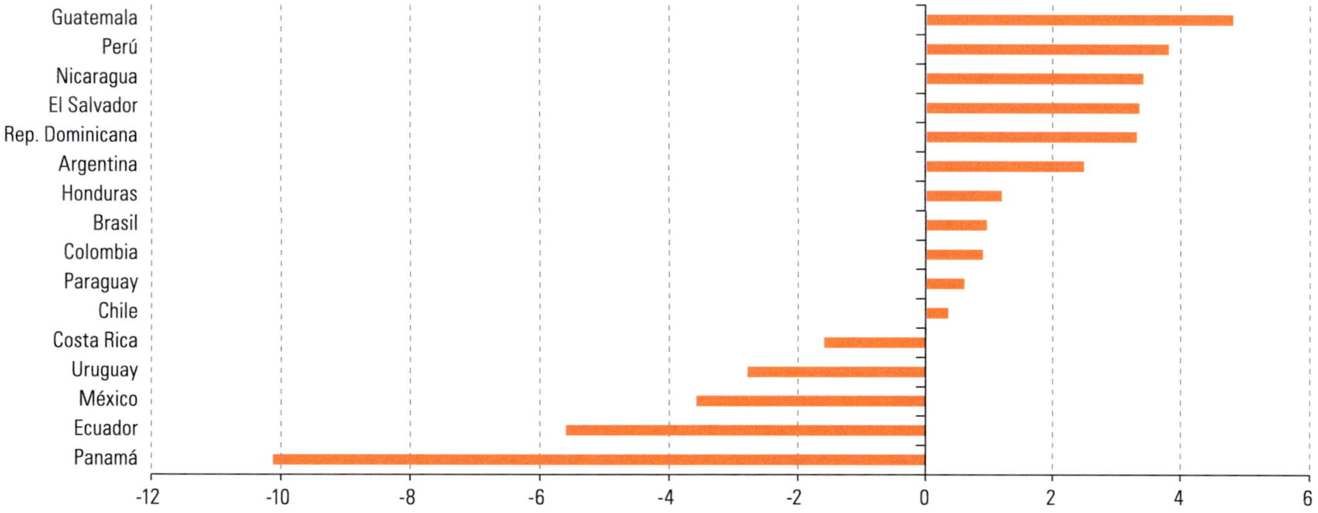

Fuente: Comisión Económica para America Latina y el Caribe (CEPAL), sobre la base de cifras oficiales.

2. La crisis del COVID-19 se ha caracterizado tanto por un choque de oferta como de demanda, lo que ha provocado caídas de la actividad, del nivel de ocupados y de los salarios reales

La falta de insumos que han sufrido las empresas ha impedido que el proceso de producción funcione con normalidad, lo que ha causado un choque de oferta que ha dado lugar a un aumento de los precios y una caída de la producción. De igual forma, en distintos períodos muchas actividades económicas, principalmente los servicios considerados no esenciales, han estado prohibidos o solo han podido reestablecer sus actividades parcialmente, en función de los niveles de incidencia de la enfermedad. Además, en muchas ocupaciones que implican trabajos manuales o para las que la presencia en el puesto de trabajo es esencial las oportunidades de teletrabajar son escasas.

Esto se suma, además, a un choque de demanda provocado por las restricciones impuestas a la movilidad de las personas para frenar el ritmo de contagios, que han implicado una disminución del consumo y el descenso de la inversión a corto plazo (por la parálisis de los proyectos en curso) y a mediano plazo (por el deterioro de las expectativas económicas en un contexto de elevada incertidumbre). La conjunción de ambos tipos de choque ha provocado caídas de la producción, del nivel de ocupados y de los salarios reales (véase el gráfico I.26).

Gráfico I.26
América Latina: tasa de variación del número de ocupados y del salario real, 2019 a primer trimestre de 2021
(En porcentajes)

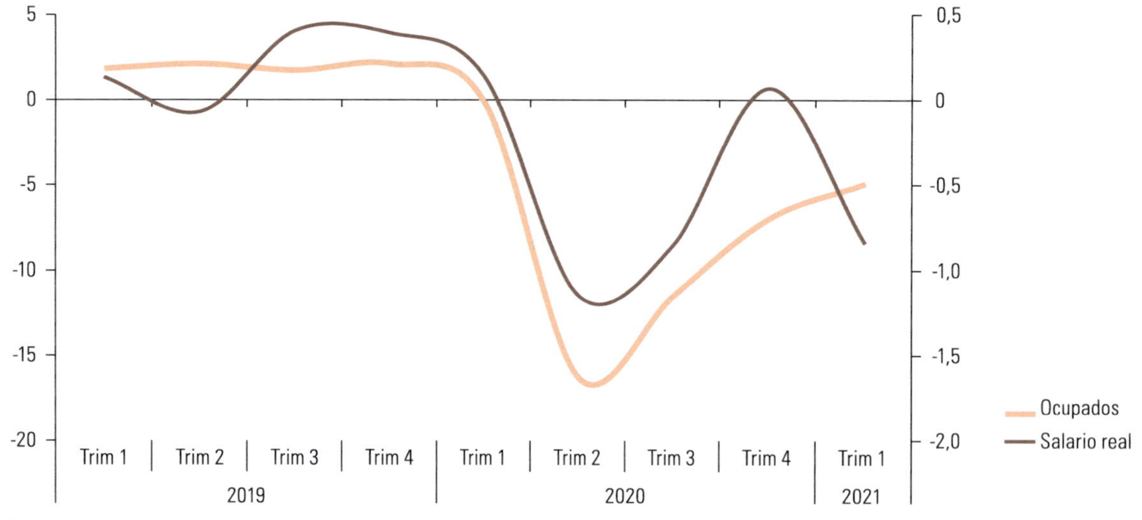

Fuente: Comisión Económica para América Latina y el Caribe (CEPAL), sobre la base de cifras oficiales.

3. El impacto económico del COVID-19 depende tanto de la intensidad de la caída de la actividad como de la duración de la crisis, y existe una elevada heterogeneidad por ramas de actividad en ambas variables

En algunas actividades como los hoteles, restaurantes y otros servicios la caída de la producción ha sido prácticamente total. También ha sido muy intensa, aunque heterogénea, en el comercio mayorista y minorista: en unos casos, el cierre obligado ha supuesto una caída del 100% de la actividad, pero en otros (los relacionados con las actividades esenciales) la actividad apenas se ha resentido. En el transporte, las medidas de confinamiento también han supuesto un drástico descenso de la actividad, aunque aquellos que brindaban servicios a actividades esenciales se han mantenido activos. Por otro lado, sectores como el agropecuario y el de los servicios básicos fueron extremadamente resilientes, y otros como el de las manufacturas se recuperaron rápidamente de las caídas.

El sector agropecuario fue el que menos se contrajo durante el peor momento de la pandemia, y ya en 2021 su producción aumenta. El buen desempeño de este sector puede explicarse por el hecho de que, excepto en casos puntuales, la oferta de alimentos para el consumo interno y las exportaciones se mantuvo incluso en los peores meses de la pandemia. El sector agropecuario y la industria manufacturera fueron los dos únicos sectores de actividad económica cuya producción aumentó en el primer trimestre de 2021, mientras que la actividad del resto de los sectores registró retrocesos (véase el gráfico I.27).

Gráfico I.27
América Latina: tasa de variación del valor agregado por sector de actividad económica, 2019 a primer trimestre de 2021
(En porcentajes)

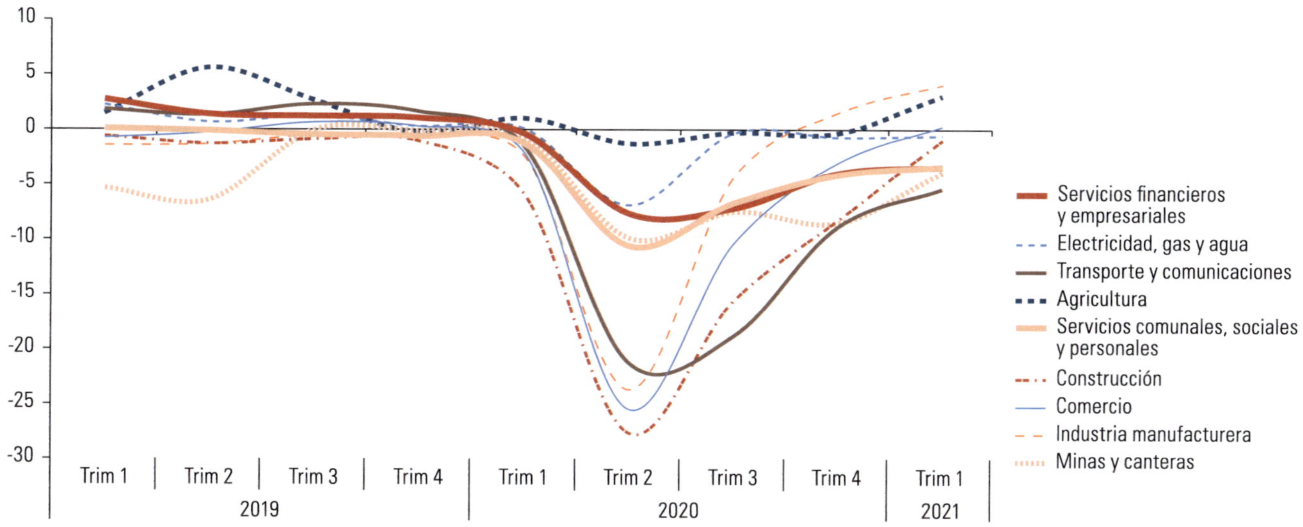

Fuente: Comisión Económica para América Latina y el Caribe (CEPAL), sobre la base de cifras oficiales.

4. El consumo mantiene tasas de crecimiento negativas y la inversión es el único componente del gasto que contribuye al crecimiento del PIB

Al primer trimestre de 2021, la inversión era el único componente del gasto que contribuía al crecimiento del PIB. El consumo total mantenía su contribución negativa, por lo que ya arrastraba cinco trimestres de tasas de crecimiento negativo (véanse los gráficos I.28 y I.29). Su mal desempeño ha sido determinado por la lenta recuperación de los puestos de trabajo perdidos (aún faltan 12,3 millones de empleos para recuperar los niveles de ocupación anteriores a la pandemia) y por la reducción de los salarios reales.

Con respecto al consumo público, ante la persistencia de la pandemia, la mayoría de los países de América Latina anunciaron nuevos planes fiscales de emergencia. Estos esfuerzos buscan mantener los mecanismos de alivio a los segmentos más vulnerables de la sociedad, como las familias de menores ingresos. Destacan numerosos programas de transferencias monetarias directas a los hogares de un alcance similar al de programas equivalentes implementados en 2020. Al tratarse de transferencias monetarias, dichas ayudas se registran en el consumo privado, por lo que se subestima el aumento real del consumo público; en 2020 se anunció un conjunto de medidas fiscales sin precedentes que promediaba el 4,6% del PIB (CEPAL, 2021a).

Gráfico I.28
América Latina: contribución del consumo privado y público y de la inversión al crecimiento del PIB, 2019 a primer trimestre de 2021
(En porcentajes)

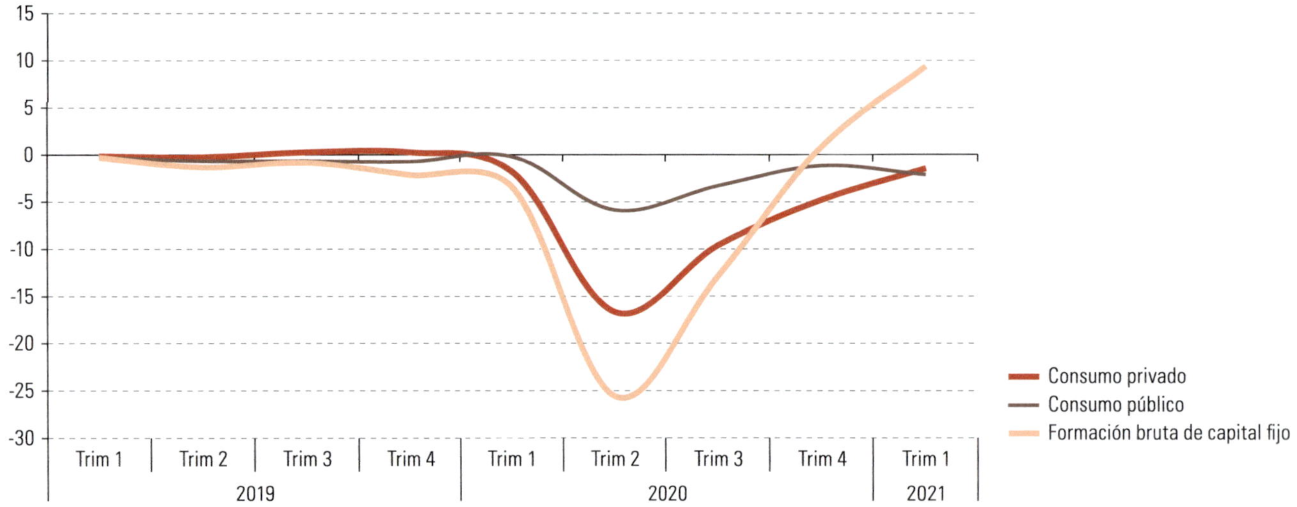

Fuente: Comisión Económica para América Latina y el Caribe (CEPAL), sobre la base de cifras oficiales.

En el primer trimestre de 2021 la inversión mostró un aumento significativo y generalizado del 11% respecto al mismo trimestre del año anterior, tanto a causa de la reactivación de las obras en la construcción, que comienzan a convivir con las cuarentenas, como por el aumento del uso de maquinaria y equipos, que ha llevado a un incremento de su demanda. Sin embargo, aún se mantienen postergados los proyectos de inversión que no se consideren esenciales, dada la necesidad de las empresas de sobrevivir a los problemas de financiamiento de corto plazo. En el primer trimestre de 2021 se registró una variación positiva de las existencias (véase el gráfico I.29). Esto no responde a expectativas positivas a corto plazo que lleven a aumentar la producción (al prever limitaciones de la capacidad productiva ante un incremento de la demanda), sino que, por el contrario, es la falta de demanda actual la que ha provocado acumulación de producción sobrante.

Gráfico I.29
América Latina: tasa de variación del PIB y contribución de los componentes de la demanda agregada al crecimiento, 2018 a primer trimestre de 2021
(En porcentajes)

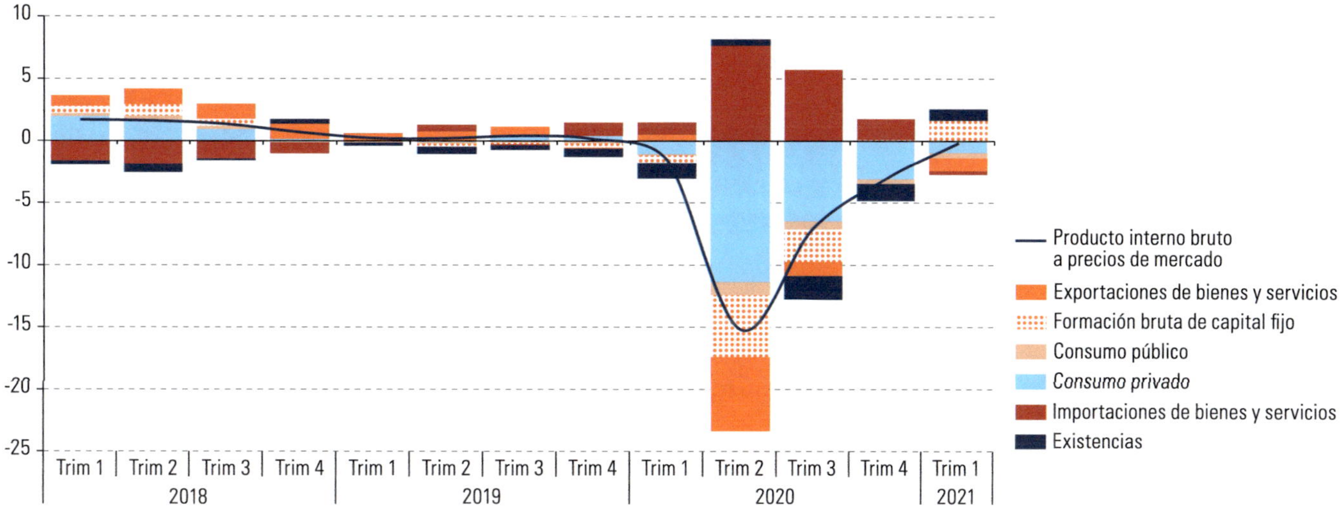

Fuente: Comisión Económica para América Latina y el Caribe (CEPAL), sobre la base de cifras oficiales.

5. Tras el fuerte descenso registrado en el primer semestre de 2020, la inflación ha tendido a aumentar

La fuerte contracción experimentada por la demanda agregada como resultado de la crisis del COVID-19 llevó la inflación regional a niveles históricamente bajos durante 2020. Al cierre del año la inflación promedio de las economías de América Latina y el Caribe era del 3,0%, 0,1 puntos porcentuales inferior a la del cierre de 2019[28]. Este comportamiento de la inflación promedio regional fue impulsado por la caída registrada en las economías de América del Sur y del Caribe, cuyas tasas de inflación se redujeron, respectivamente, 0,3 puntos porcentuales (del 3,3% registrado en 2019) y 0,9 puntos porcentuales (del 3,1% registrado en 2019). Por su parte, la inflación en la agrupación que conforman Centroamérica y México se incrementó 0,3 puntos porcentuales (véase el cuadro I.9).

En total 21 economías registraron un descenso de la inflación en 2020, y en 9 de estos países la caída de la inflación superó el punto porcentual. Además, 9 economías de la región reportaron durante 2020 tasas de inflación negativas, en general economías con tipos de cambio fijos. Por otra parte, en 12 economías la inflación se incrementó durante el año, entre las que destaca el alza superior a un punto porcentual en los casos de Cuba, Guatemala y la República Dominicana.

---

28 De los promedios regionales y subregionales se excluyen la Argentina, Haití, Suriname y Venezuela (República Bolivariana de) por presentar procesos de inflación crónicos (Pazos, 1991)). Si se tuvieran en cuenta esos datos, se vería afectada la representatividad de la dinámica descrita por la inflación a nivel regional.

Cuadro I.9
América Latina y el Caribe: tasas de variación interanual del índice de precios al consumidor (IPC), diciembre de 2019 a abril de 2021
(En porcentajes)

	Diciembre 2019	Diciembre 2020	Junio 2020	Junio 2021
América Latina y el Caribe (excluidos países con inflación crónica)	**3,1**	**3,0**	**2,1**	**5,4**
América del Sur (excluidos países con inflación crónica)	**3,3**	**3,0**	**1,8**	**5,5**
Bolivia (Estado Plurinacional de)	1,5	0,7	1,4	0,2
Brasil	4,3	4,5	2,1	8,3
Chile	3,0	3,0	2,6	3,8
Colombia	3,8	1,6	2,2	3,6
Ecuador	-0,1	-0,9	0,2	-0,7
Paraguay	2,8	2,2	0,5	4,5
Perú	1,9	2,0	1,6	3,3
Uruguay	8,8	9,4	10,4	7,3
Centroamérica y México (excluidos países con inflación crónica)	**2,7**	**3,0**	**2,7**	**5,2**
Costa Rica	1,5	0,9	0,3	1,9
Cuba[a]	-1,3	18,5	1,1	...
El Salvador	0,0	-0,1	-0,2	2,6
Guatemala	3,4	4,8	2,4	3,9
Honduras	4,1	4,0	2,7	4,7
México	2,8	3,2	3,3	5,9
Nicaragua	6,5	2,6	3,8	4,1
Panamá[b]	-0,1	-1,6	-1,6	1,9
República Dominicana	3,7	5,6	2,9	9,3
El Caribe	**3,4**	**2,2**	**2,1**	**2,9**
Antigua y Barbuda	0,7	2,8	1,0	0,6
Bahamas[c]	1,4	1,2	-0,4	1,4
Barbados[b]	7,2	1,3	2,4	1,6
Belice	0,2	0,4	0,2	3,0
Dominica[d]	0,1	-0,7	-1,2	1,8
Granada[d]	0,1	-0,8	-0,9	0,3
Guyana[b]	2,1	1,3	0,5	3,8
Jamaica[b]	6,2	4,5	5,6	5,0
Saint Kitts y Nevis[d]	-0,8	-0.8	-1,4	-0,4
San Vicente y las Granadinas[d]	0,5	-1,0	-0,8	-0,1
Santa Lucía[d]	-0,7	-0,4	-3,0	1,5
Trinidad y Tabago	0,4	0,4	0,7	1,1
Argentina	52,9	34,1	41,3	48,3
Haití[d]	20,8	19,2	24,8	17,2
Suriname	4,2	60,7	35,2	43,6
Venezuela (República Bolivariana de)	9 585,5	2 959,8	2 354,8	2 719,5

Fuente: Comisión Económica para América Latina y el Caribe (CEPAL), sobre la base de cifras oficiales.
Nota: Promedios regionales y subregionales ponderados por el tamaño de la población. Dentro de los promedios regionales y subregionales no se incluyen los datos de economías con inflación crónica (Argentina, Haití, Suriname y Venezuela (República Bolivariana de)).
[a] Datos a diciembre de 2020.
[b] Datos a mayo de 2021.
[c] Datos a febrero de 2021.
[d] Datos a marzo de 2021.

En el gráfico I.30 se muestra la evolución mensual de la tasa interanual de inflación promedio de las economías de América Latina y el Caribe. Destaca la fuerte reducción que experimentó la inflación durante el primer semestre de 2020: a mayo de 2020 la inflación promedio de la región cerró en un 1,9%, el nivel más bajo registrado desde 2006. Adicionalmente, en el gráfico se observa que este comportamiento fue generalizado, pues se dio en las tres subregiones de América Latina y el Caribe. La fuerte reducción que experimentaron la demanda agregada interna y los precios de la energía durante el primer semestre de 2020 fue a la par con la evolución de la inflación en ese lapso, tal como se refleja en la caída de más de un punto porcentual de la tasa de inflación en 14 de las economías de la región entre los meses de diciembre de 2019 y abril de 2020.

Gráfico I.30
América Latina y el Caribe[a]: tasas de variación interanual del índice de precios al consumidor (IPC), promedio ponderado, enero de 2017 a junio de 2021
(En porcentajes)

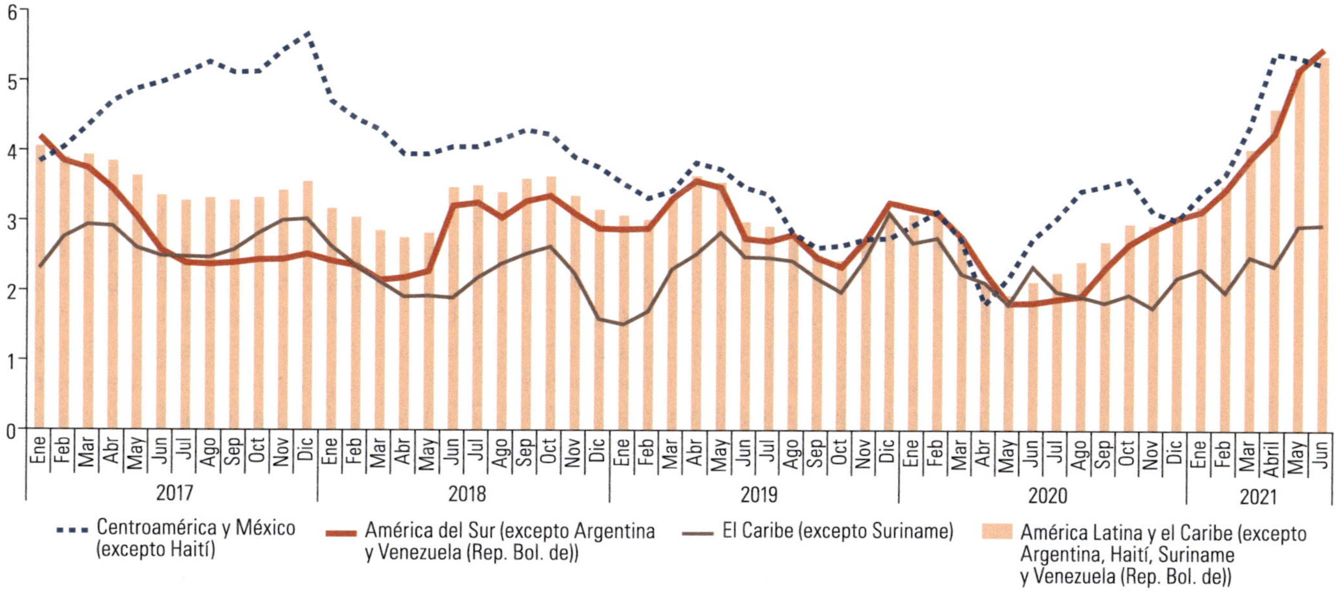

Fuente: Comisión Económica para América Latina y el Caribe (CEPAL), sobre la base de cifras oficiales.
[a] No se incluyen los datos de economías con inflación crónica (Argentina, Haití, Suriname y la República Bolivariana de Venezuela) dentro de los promedios regionales y subregionales.

Sin embargo, desde mayo de 2020 la inflación ha venido incrementándose, como consecuencia del aumento registrado por la demanda agregada interna y el alza de los precios de la energía, de los alimentos y de otros insumos productivos cuyo proceso de comercialización se había visto afectado durante los primeros meses de la pandemia. En el gráfico I.30 también se aprecia cómo la inflación ha venido repuntando desde el segundo semestre de 2020: en junio de 2021, la inflación promedio de las economías de América Latina y el Caribe era de las mayores que se habían observado desde 2016. Entre junio de 2020 y junio de 2021 la inflación se incrementó en 25 países de la región, y la tasa de inflación regional (5,4%) registraba un alza de 3,2 puntos porcentuales con respecto al nivel de junio de 2020 (véase el cuadro I.9).

Si bien se ha dado un mayor dinamismo de la inflación a lo largo de toda la región, las tasas de inflación que registraron los mayores incrementos entre junio de 2020 y junio de 2021 fueron las de la agrupación conformada por las economías de Centroamérica y México (2,5 puntos porcentuales) y las de América del Sur (3,6 puntos porcentuales).

En cuanto a los países no incluidos en los promedios regionales y subregionales, en la Argentina y la República Bolivariana de Venezuela la inflación también se redujo en 2020, en Haití se mantuvo bastante estable y en Suriname se aceleró significativamente. En el caso argentino, la inflación pasó del 52,9% en 2019 al 34,1% en 2020, y en el caso venezolano pasó de un 9.585% en 2019 a un 2.959,1% en 2020. Por otro lado, en Suriname la inflación pasó del 4,2% en 2019 al 60,7% en 2020. A junio de 2021, de este grupo de países, solo la Argentina reflejó un alza en la inflación respecto a los niveles de diciembre de 2020.

6. El repunte observado en la inflación general refleja fundamentalmente el importante incremento de la inflación no subyacente, en especial en el rubro de los alimentos, mientras que la inflación subyacente se mantiene por debajo de sus niveles precrisis

En primer lugar, y tal y como se señaló en CEPAL (2020), la tasa de inflación subyacente ha mantenido una tendencia a la baja desde mayo de 2016, mes en que alcanzó el 4,8%. La fuerte contracción de la demanda agregada hizo que esta tendencia se acentuara en el primer semestre de 2020, y entre febrero y julio de 2020 la inflación subyacente promedio de la región pasó de un 2,9% a un 1,7%, el menor valor registrado en el último decenio. Si embargo, al igual que ocurrió con el índice general de precios, la inflación subyacente ha tendido a incrementarse desde entonces, y entre junio de 2020 y junio de 2021 el alza fue de 1,2 puntos porcentuales (véase el gráfico I.31). A nivel subregional, las economías de América del Sur han mostrado el mayor aumento de la tasa subyacente, 1,6 puntos porcentuales (de un 1,2% en junio de 2020 a un 2,8% en junio de 2021), mientras que en las economías de Centroamérica y México el aumento de la inflación subyacente fue de 0,4 puntos porcentuales, al pasar de un 3,2% a un 3,6% en el mismo lapso.

Gráfico I.31
América Latina y el Caribe: tasas de variación interanual del índice de precios al consumidor (IPC) por tipos de inflación, promedio ponderado, enero de 2017 a junio de 2021
(En porcentajes)

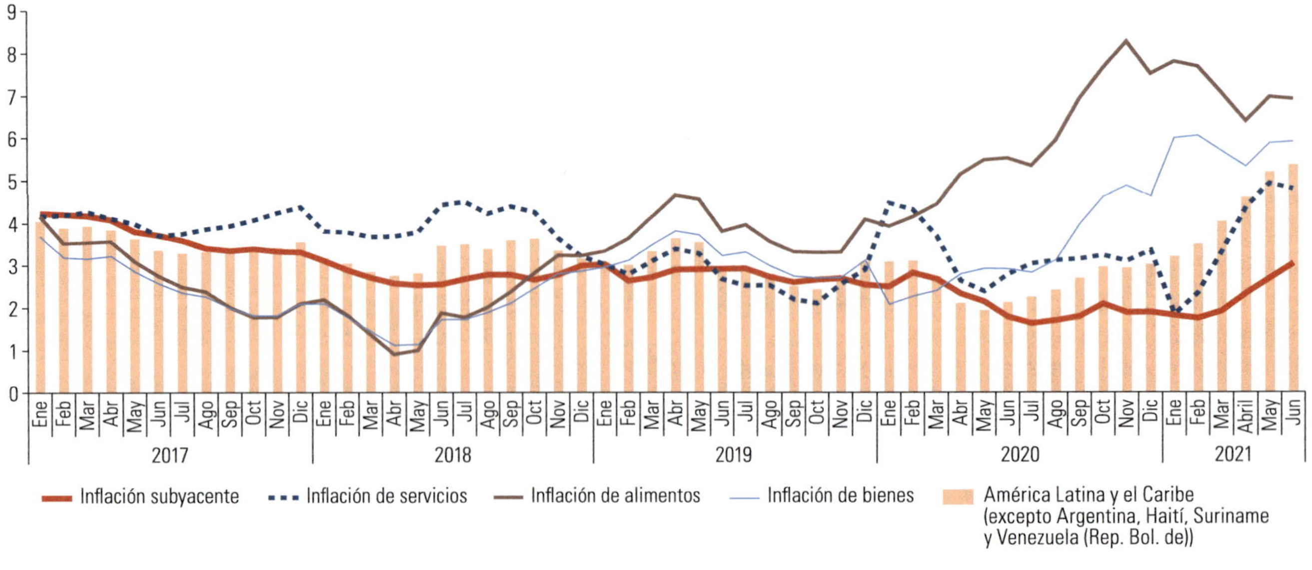

Fuente: Comisión Económica para América Latina y el Caribe (CEPAL), sobre la base de cifras oficiales.

La dinámica mostrada por la inflación subyacente es un buen referente del espacio del que disponen las autoridades monetarias para mantener políticas monetarias expansivas, dado que este indicador aísla el impacto directo que tienen sobre la inflación aquellos componentes cuyos precios exhiben la mayor volatilidad dentro de la canasta del índice de precios al consumidor (IPC), como los alimentos y la energía. La tendencia a la baja que mostró la inflación subyacente hasta julio de 2020 reflejó la fuerte contracción de la demanda agregada a lo largo de la región. Sin embargo, pese a que el repunte que ha mostrado la inflación subyacente desde julio de 2020 señala una ligera recuperación de la demanda agregada, el hecho de que esta variable siga en niveles inferiores a los existentes antes de la pandemia indica que dicha recuperación es débil y que, por lo tanto, se mantiene el espacio para sostener políticas monetarias expansivas.

En el caso de la inflación de alimentos y bebidas no alcohólicas, continuó la tendencia alcista que se venía registrando desde abril de 2018 (véase el gráfico I.31). Así, a diciembre de 2020 el promedio regional de la inflación de alimentos cerró en un 7,5%, lo que supone un incremento de 3,4 puntos porcentuales respecto al valor *del cierre de 2019. Nuevamente, el mayor impulso a la inflación de alimentos regional* proviene de las economías de América del Sur, que entre diciembre de 2019 y diciembre de 2020 vieron incrementar la inflación en este rubro 4,1 puntos porcentuales, un alza mayor a la registrada por las economías de Centroamérica y México, donde la inflación de alimentos aumentó 2,2 puntos porcentuales.

Algunos de los elementos que han impulsado la tendencia al alza en los precios de los alimentos han sido los problemas en las cadenas de suministro de insumos, la creciente volatilidad cambiaria, cambios en los patrones de consumo, mayores estímulos fiscales y factores climáticos. En general, todos estos factores se han vuelto más pronunciados por efecto de las medidas de aislamiento adoptadas para enfrentar la pandemia de COVID-19. Durante 2021 la inflación de alimentos se ha venido reduciendo —aunque sigue siendo significativamente mayor que la inflación general— y a junio de 2021 era del 6,9%, mientras que la inflación general era del 5,4%.

Las restricciones a la movilidad han afectado de manera significativa el funcionamiento normal del sector servicios en la región. Esta situación ha provocado, por un lado, una caída significativa en la actividad económica de este sector y, por otro, una fuerte reducción de la inflación en este rubro. Entre diciembre de 2019 y diciembre de 2020 la inflación de servicios se redujo 1,3 puntos porcentuales, al pasar de un 2,9% a un 1,6% en ese período. En términos regionales, las economías de América de Sur registraron un descenso de la inflación de servicios de 1,4 puntos porcentuales, mientras que en las economías de Centroamérica y México la reducción fue de 1 punto porcentual. En lo transcurrido de 2021, la inflación de servicios ha mostrado un importante incremento (3,2 puntos porcentuales respecto a diciembre de 2020), lo que nuevamente refleja una recuperación de la demanda agregada y la reapertura de las economías, pero también el impacto del aumento que ha experimentado el precio del combustible, así como de la apreciación del dólar en los mercados financieros internacionales. A nivel subregional, en las economías de América del Sur la inflación en servicios se incrementó 3,1 puntos porcentuales entre diciembre de 2020 y junio de 2021, mientras que en las economías de Centroamérica y México el incremento fue de 3,4 puntos porcentuales en el mismo lapso.

7. Durante el primer trimestre de 2021 se recuperaron los principales indicadores laborales, pero aún no han alcanzado los niveles previos a la pandemia, y se ha profundizado la brecha de género

En los primeros meses de 2021 se observa un retorno gradual de las personas al mercado laboral, tras su retiro masivo durante los primeros meses de la pandemia. Sin embargo, al primer trimestre de 2021 la tasa de participación laboral de los 14 países de la región que cuentan con información disponible era 2,6 puntos porcentuales inferior a la del primer trimestre de 2020 (véase el gráfico I.32). Por su parte, la recuperación del empleo ha sido más lenta, en el primer trimestre de 2021 aún se situaba 3,2 puntos porcentuales por debajo de la del primer trimestre de 2020. Esto hizo que la tasa de desocupación regional promedio alcanzara el 10,7%, lo que supone un aumento de 1,7 puntos porcentuales con respecto a comienzos de 2020. Cabe destacar que, a diferencia de crisis anteriores, la tasa de desocupación solo refleja parcialmente las dificultades del mercado laboral, dada la magnitud del retiro de personas de la fuerza laboral. Por su parte, la tasa de ocupación también es solo un reflejo parcial del gran impacto de esta crisis, ya que en algunos casos, pese a mantenerse la relación laboral, se redujeron considerablemente las horas trabajadas. En efecto, la Organización Internacional del Trabajo (OIT) estima que América Latina y el Caribe ha sido la región con la mayor contracción de las horas de trabajo en todo el mundo; se estima que entre 2020 y 2019 se ha producido una pérdida del orden del 16,2%. Esta cifra casi duplica la estimada a nivel mundial, del 8,8% (OIT, 2021; Maurizio, 2021).

Gráfico I.32
América Latina y el Caribe (14 países)[a]: variación interanual de las tasas de ocupación, participación y desocupación, 2019 a primer trimestre de 2021
(En puntos porcentuales)

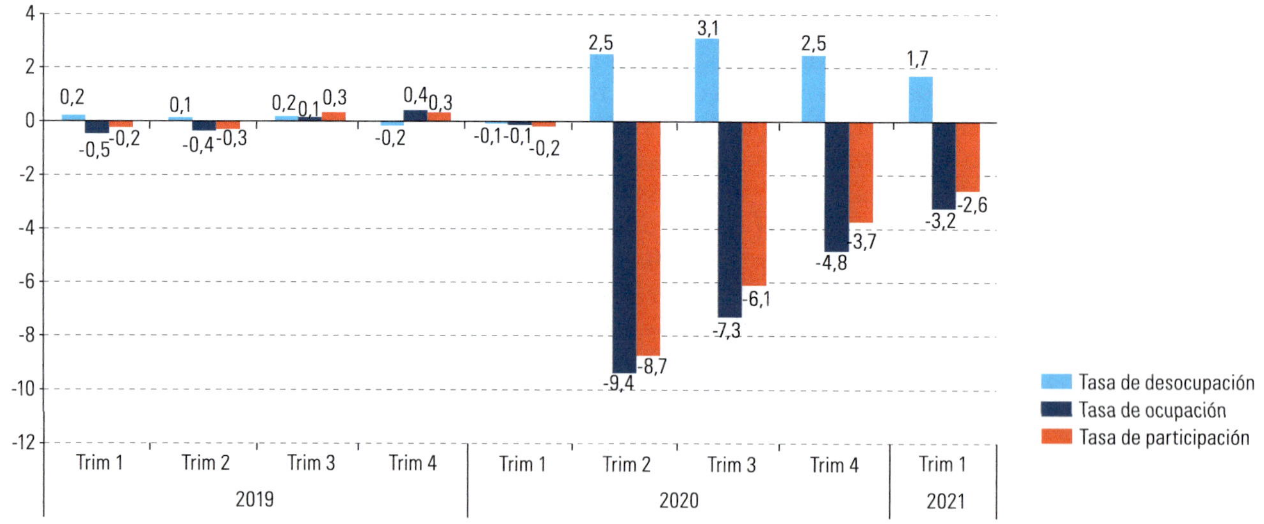

Fuente: Comisión Económica para América Latina y el Caribe (CEPAL), sobre la base de cifras oficiales.
[a] Argentina, Bolivia (Estado Plurinacional de), Brasil, Chile, Colombia, Costa Rica, Ecuador, México, Nicaragua, Jamaica, Paraguay, Perú, República Dominicana y Uruguay.

Los indicadores laborales por sexo siguieron mostrando desventajas para las mujeres durante los primeros meses de 2021. En el promedio de 14 países con información disponible, la tasa de participación de las mujeres en el primer trimestre de 2021 era del 48,2%, es decir, 3,3 puntos porcentuales por debajo de la del mismo trimestre de 2020, mientras que la tasa de participación de los hombres alcanzaba un 71,1%, una cifra unos 2,1 puntos porcentuales inferior a la del mismo período en 2020 (véase el gráfico I.33A). Esto se explica principalmente por el importante retiro de mujeres del mercado laboral, causado tanto por las restricciones vigentes y las menores opciones de empleo como por las necesidades de cuidado en el contexto de la pandemia.

En cuanto a la tasa de ocupación, en el primer trimestre de 2021 la de las mujeres se encontraba unos 3,6 puntos porcentuales más baja que en el primer trimestre de 2020, mientras que la de los hombres registró una caída de 2,8 puntos porcentuales en el mismo lapso. La mayor pérdida de empleo en el caso de las mujeres se deriva principalmente de su mayor representación en categorías ocupacionales como el trabajo independiente, el trabajo doméstico remunerado y el trabajo familiar no remunerado, así como en sectores fuertemente afectados por las restricciones de la pandemia, como el comercio.

Como resultado de estas tendencias, la tasa de desocupación aumentó relativamente más en el caso de las mujeres, lo que implicó un aumento de la brecha de este indicador. En el primer trimestre de 2021, la tasa de desocupación de las mujeres alcanzó un 12,8%, y la de los hombres, un 9%. La brecha de la tasa de desocupación por sexo pasó de 2,8 puntos porcentuales en el primer trimestre de 2020 a 3,8 puntos porcentuales en el mismo período en 2021 (véase el gráfico I.33B).

Gráfico I.33
América Latina y el Caribe (14 países)[a]: tasas de participación, ocupación y desocupación, por sexo, primer trimestre de 2020 y primer trimestre de 2021
(En porcentajes)

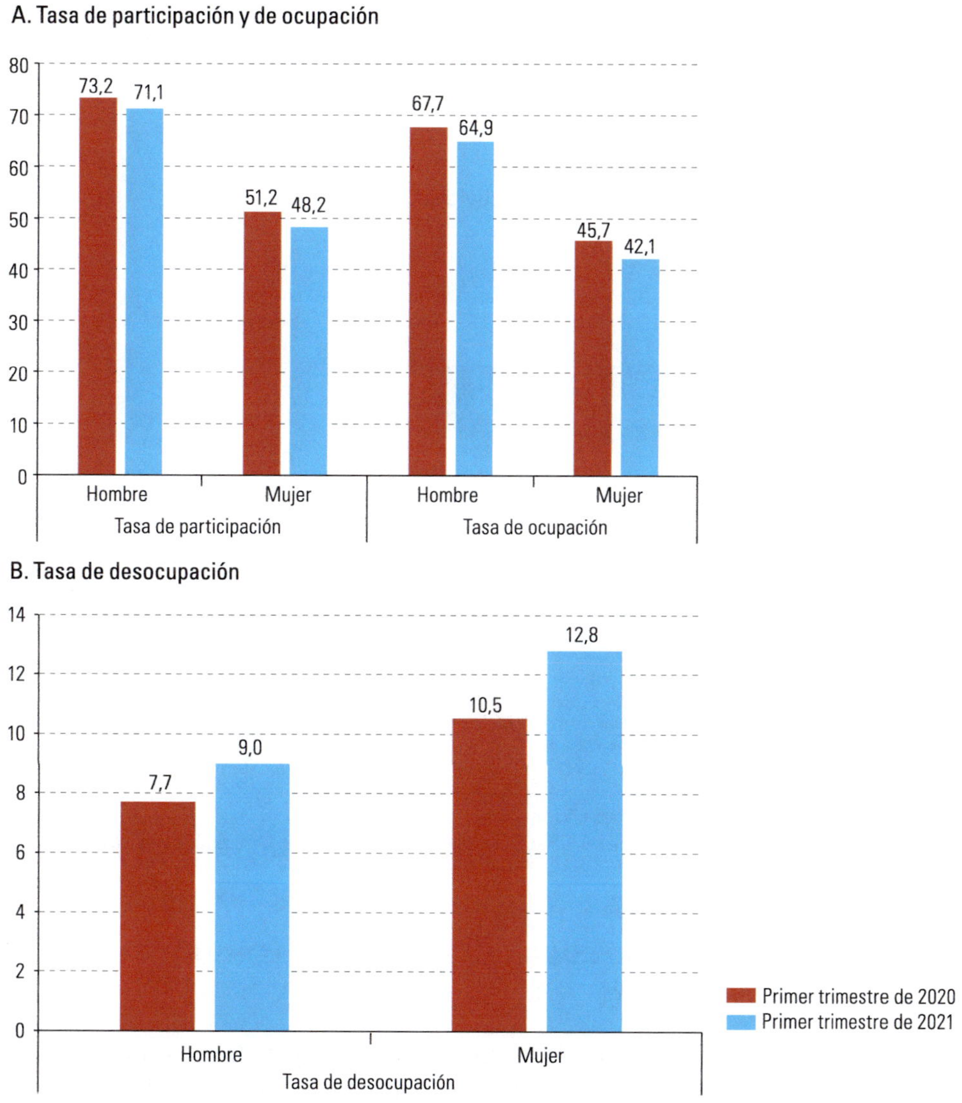

Fuente: Comisión Económica para América Latina y el Caribe (CEPAL), sobre la base de cifras oficiales.
[a] Promedio simple de los siguientes países: Argentina, Bolivia (Estado Plurinacional de), Brasil, Chile, Colombia, Costa Rica, Ecuador, México, Jamaica, Paraguay, Perú y República Dominicana.

8. La recuperación del empleo sectorial ha sido dispar: mientras la construcción ha recuperado sus niveles previos de empleo, los sectores asociados al alojamiento y los restaurantes aún muestran una fuerte contracción

Durante 2020 se observó una contracción generalizada del empleo a nivel sectorial. En el segundo trimestre del año los sectores más afectados fueron la construcción, el comercio y aquellos asociados al turismo, como la hotelería y los restaurantes. En los trimestres siguientes, la recuperación sectorial ha sido dispar. Al primer trimestre de 2021, la construcción había retomado niveles de empleo similares a los que tenía antes de la pandemia; los servicios financieros y empresariales también mostraron buena recuperación, y el empleo en el sector agropecuario registraba una variación positiva. Asimismo, en dicho trimestre se observa una interesante recuperación del empleo en el comercio, posiblemente relacionada con el aumento del trabajo por cuenta propia (véase el gráfico I.34). Sin embargo, se observa una lenta recuperación del empleo en sectores relacionados con la hotelería y los restaurantes: durante el primer trimestre de 2021 su nivel de empleo aún era un 20,2% inferior al de principios de 2020. Los sectores de servicios también muestran niveles de empleo alrededor de un 6% por debajo de los anteriores a la pandemia.

Gráfico I.34
América Latina (12 países)[a]: variación interanual del empleo por rama de actividad, 2020 a primer trimestre de 2021
(En porcentajes)

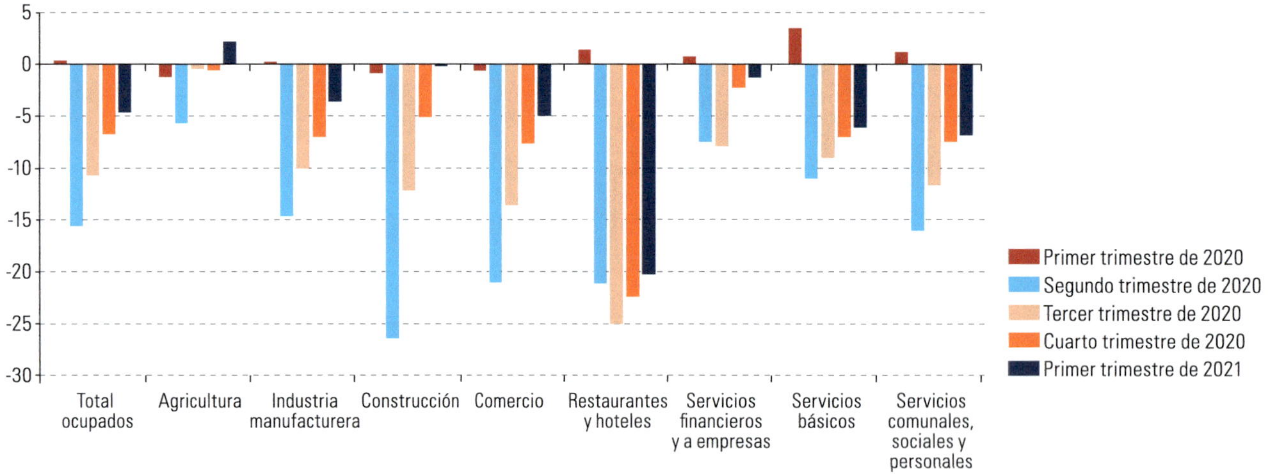

Fuente: Comisión Económica para América Latina y el Caribe (CEPAL), sobre la base de cifras oficiales.
[a] Promedio simple de los siguientes países: Argentina, Bolivia (Estado Plurinacional de), Brasil, Chile, Colombia, Costa Rica, Ecuador, México, Jamaica, Paraguay, Perú y República Dominicana.

9. La recuperación es más rápida en los trabajos de menor calidad

Durante el segundo trimestre de 2020 la pérdida de puestos de trabajo fue generalizada entre las categorías ocupacionales, pero con una incidencia mayor en el caso de los trabajadores domésticos renumerados, los trabajadores familiares no remunerados y los trabajadores independientes. A lo largo de los trimestres siguientes, la recuperación ha sido relativamente más fuerte en las categorías de empleo de relativa menor calidad, como las de los trabajadores por cuenta propia y los trabajadores familiares no remunerados. Durante el primer trimestre de 2021, los niveles de empleo de estas dos categorías eran un 1,7% y un 0,5% inferiores a los del primer trimestre de 2020 (véase el gráfico I.35). La excepción ha sido el trabajo doméstico remunerado, cuyos niveles de empleo aún se encuentran un 20,3% por debajo de los previos a la pandemia. Esta categoría fuertemente feminizada ha sufrido tanto por las características del propio trabajo como por la pérdida de ingresos de muchos hogares empleadores.

Gráfico I.35

América Latina (11 países)[a]: variación interanual del empleo por categoría ocupacional, 2020 a primer trimestre de 2021

(En porcentajes)

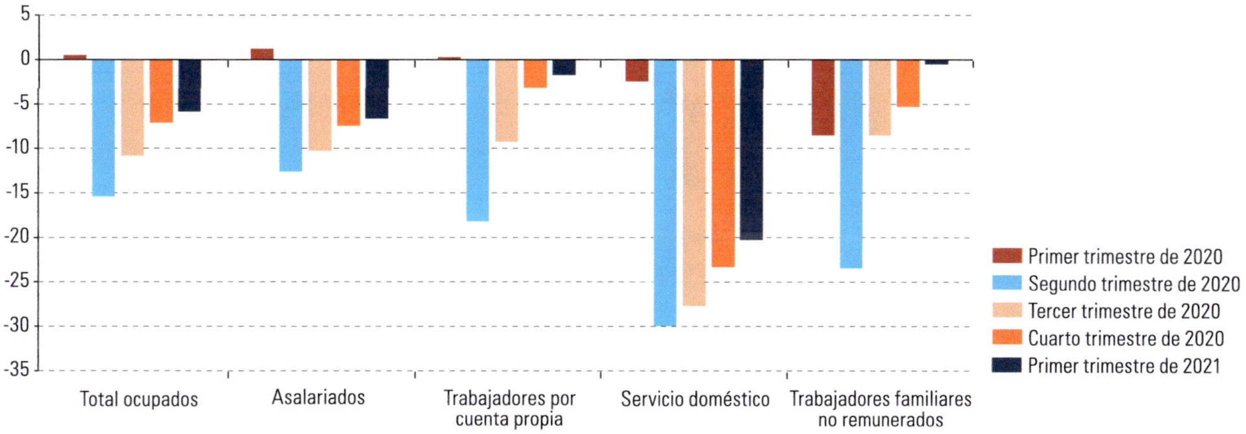

Fuente: Comisión Económica para América Latina y el Caribe (CEPAL), sobre la base de cifras oficiales.

[a] Promedio simple de los siguientes países: Argentina, Bolivia (Estado Plurinacional de), Brasil, Chile, Colombia, Costa Rica, Ecuador, México, Paraguay, Perú y República Dominicana.

Por el momento, la recuperación del producto observada en la segunda mitad de 2020 y el primer trimestre de 2021 no se ha acompañado de una generación de empleo de calidad. En el primer trimestre de 2021, el trabajo asalariado, generalmente asociado con una mayor calidad de empleo, continuaba en niveles un 6,6% menores que los del primer trimestre de 2020 (véase el gráfico I.36). Las estimaciones en algunos países de la región muestran que durante el primer trimestre de 2021 el número de trabajadores ausentes pero con vínculo laboral estaba disminuyendo, y que las horas trabajadas se estaban recuperando, lo que podría apuntar a la necesidad de nuevas contrataciones si las condiciones de reactivación económica se mantienen.

La evolución del empleo registrado también indica que el empleo de calidad se está recuperando lentamente. En efecto, en los países con información disponible se observa que, después de su caída en abril y mayo de 2020, a partir del mes de junio el nivel del empleo formal se estabilizó. En algunos países como Chile y Costa Rica la caída del empleo formal continuó hasta agosto y septiembre de 2020, respectivamente (véase el gráfico I.37). Sin embargo, el aumento del número de asalariados registrados durante los meses siguientes fue muy débil, lo que refleja que la reactivación económica ha sido lenta y que, en términos de empleo, prevalecieron medidas como la reincorporación de los ocupados ausentes y el aumento de las horas trabajadas, antes de contratar o recontratar a trabajadores desocupados.

Gráfico I.36
América Latina (11 países): crecimiento económico y crecimiento interanual del empleo, por categoría de ocupación, 2019 a primer trimestre de 2021
(En porcentajes)

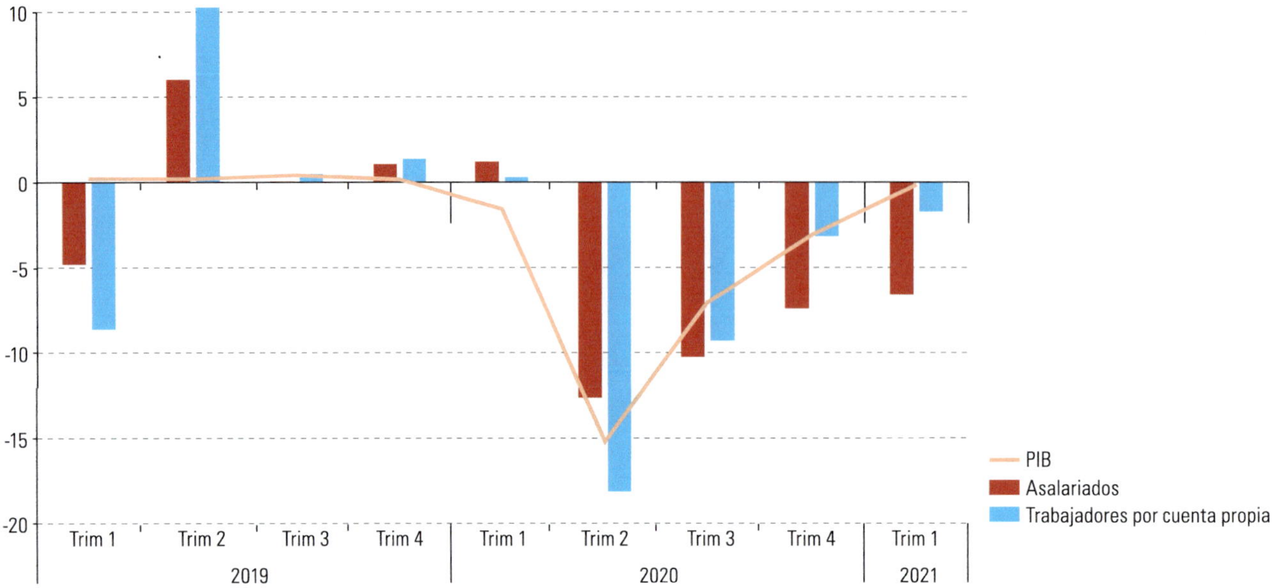

Fuente: Comisión Económica para América Latina y el Caribe (CEPAL), sobre la base de cifras oficiales.
Nota: Los datos de asalariados y trabajadores por cuenta propia corresponden a los siguientes países: Argentina, Bolivia (Estado Plurinacional de), Brasil, Chile, Colombia, Costa Rica, México, Paraguay, Perú, República Dominicana y Uruguay. Los datos del PIB corresponden a América Latina.

Gráfico I.37
América Latina (7 países): empleo registrado, enero 2019 a marzo 2021
(Índice: enero 2019=100)

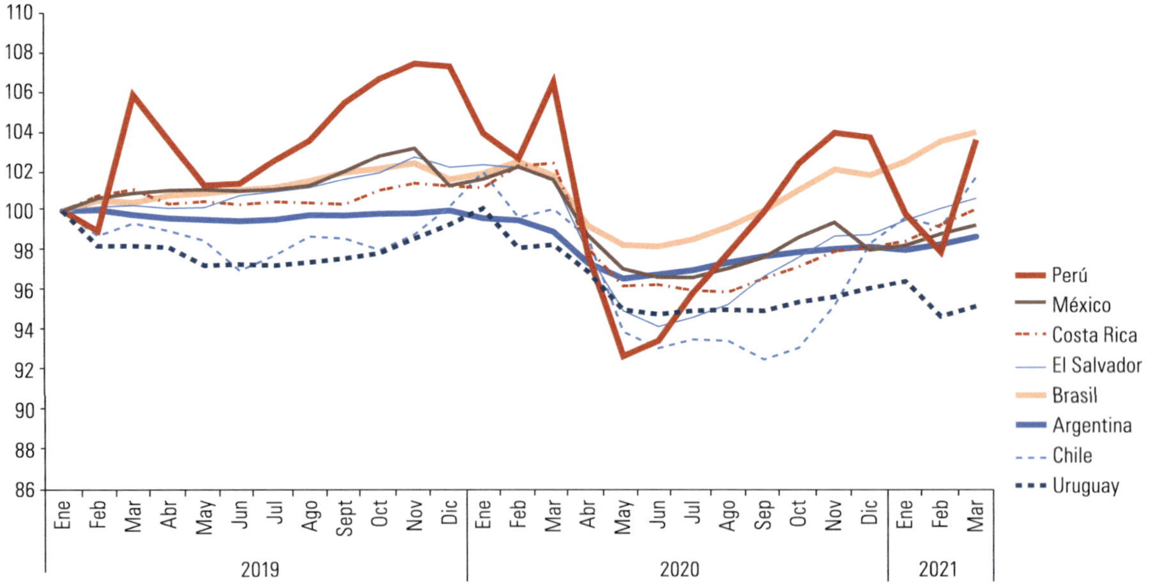

Fuente: Comisión Económica para América Latina y el Caribe (CEPAL), sobre la base de cifras oficiales.

10. En el contexto de la gran pérdida de empleo informal y entre trabajadores de menor nivel educativo se evidencian las limitaciones de indicadores de la calidad del empleo como la tasa de informalidad y los salarios reales

En las situaciones de restricción de la movilidad a muchos trabajadores informales les resultó imposible realizar sus tareas y, ante la falta de mecanismos que les permitieran mantener la relación laboral (como los seguros de desempleo), se retiraron del mercado. A diferencia de lo sucedido en otras crisis, los trabajadores informales no pudieron atenuar las pérdidas de ingresos de los hogares; los puestos informales se contrajeron con aún mayor intensidad que las ocupaciones formales (CEPAL/OIT, 2021). De esta forma, entre el segundo trimestre de 2019 y el segundo trimestre de 2020 se registraron caídas importantes de indicadores de la calidad del empleo como la tasa de informalidad (véase el gráfico I.38). Dichas caídas no reflejan avances en los procesos de formalización, sino el hecho de que las actividades informales se vieron más afectadas por las medidas de contención.

Gráfico I.38
América Latina (países y ciudades seleccionados): variación interanual de la tasa de informalidad laboral, 2019 a primer trimestre de 2021
(En puntos porcentuales)

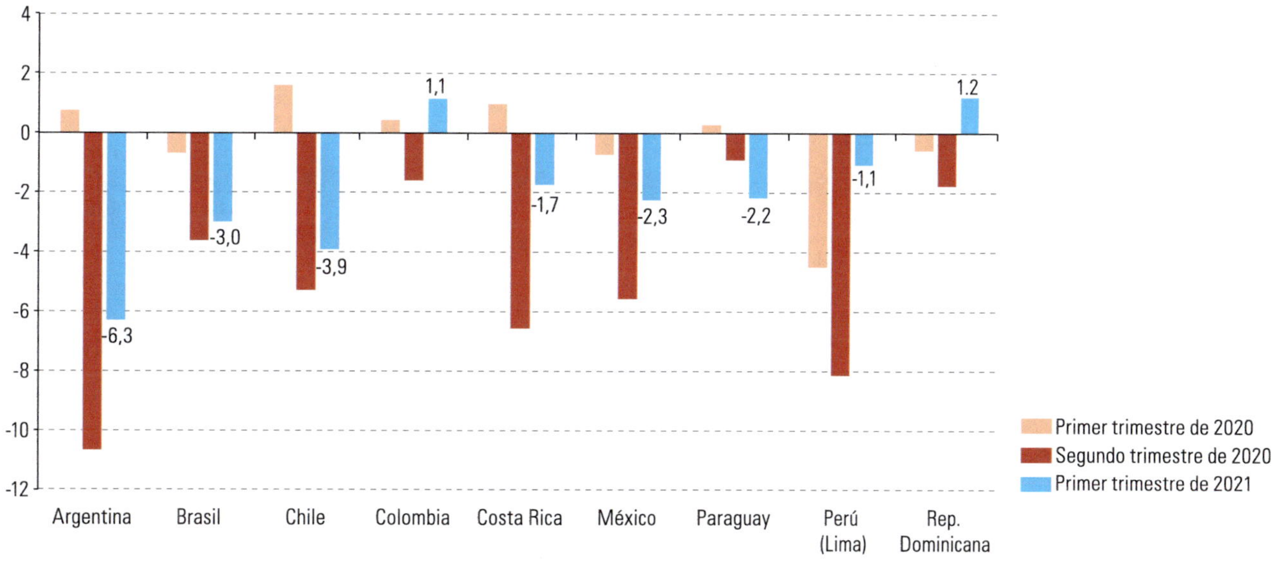

Fuente: Comisión Económica para América Latina y el Caribe (CEPAL), sobre la base de cifras oficiales.

Al primer trimestre de 2021 la tasa de informalidad continuaba mostrando contracciones, aunque mucho más moderadas, en la Argentina, el Brasil, Chile, Colombia, Costa Rica, México, el Paraguay y Lima Metropolitana, y aumentaba en Colombia y la República Dominicana. En un contexto en que el empleo total aún se encuentra en niveles inferiores a los de antes de la pandemia, esta menor caída de la tasa de informalidad confirma el hecho de que la recuperación del empleo ha sido principalmente en condiciones de informalidad.

Durante 2020 las pérdidas de empleo se concentraron principalmente entre los trabajadores con menor nivel educativo formal (CEPAL, 2021e; FMI, 2021e). Esto se debió principalmente a que la mayoría de los trabajadores que pudieron continuar realizando su trabajo de forma remota fueron aquellos que poseían empleos asociados a un mayor nivel educativo. Esta situación se vio potenciada por el efecto que tuvieron las restricciones de la movilidad en el empleo informal. Entre el segundo trimestre de 2019 y el mismo período de 2020 la caída promedio del empleo en ocho países de la región (Argentina, Brasil, Chile, Costa Rica, México, Paraguay, Perú y República Dominicana) fue de cerca del 22% entre los trabajadores de nivel educativo bajo, del 17% entre los de nivel educativo medio y del 8% entre los de nivel educativo alto (véase el gráfico I.39). Al primer trimestre de 2021 aún se observaba un impacto relativamente mayor en aquellos trabajadores de menor nivel educativo.

Gráfico I.39

América Latina (8 países)[a]: variación interanual del total de ocupados según nivel educativo, 2020 a primer trimestre de 2021

(En porcentajes)

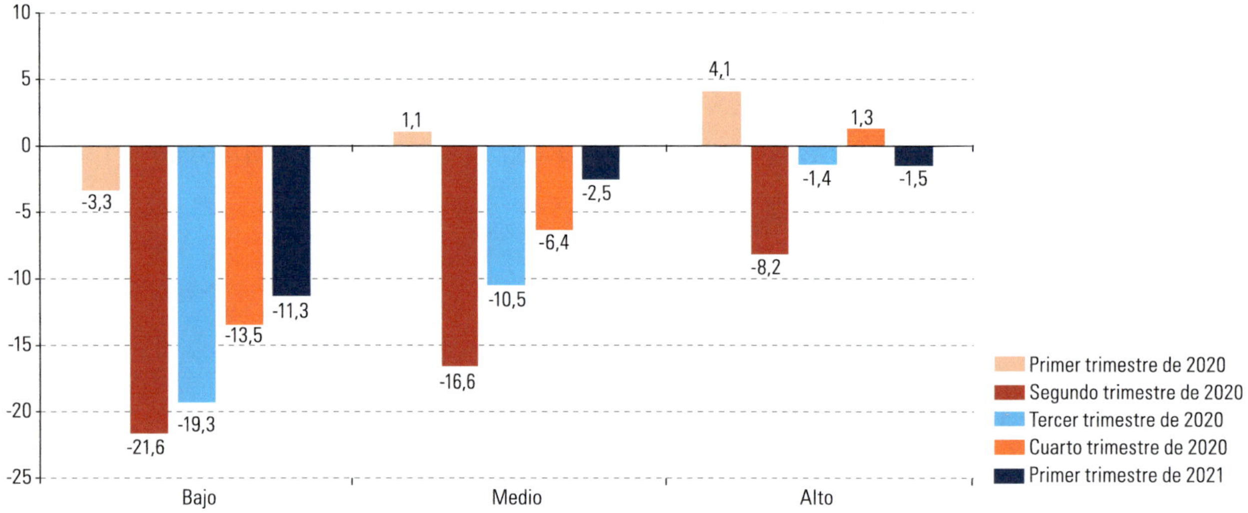

Fuente: Comisión Económica para América Latina y el Caribe (CEPAL), sobre la base de cifras oficiales.

Nota: El nivel educativo bajo incluye la educación primaria completa o menos; el nivel medio incluye la secundaria completa, y el nivel alto incluye la terciaria completa.

[a] Promedio simple de los siguientes países: Argentina, Brasil, Chile, Costa Rica, México, Paraguay, Perú y República Dominicana.

En situaciones de crisis es de esperar que los salarios medios disminuyan. Además, en el contexto de la pandemia, algunos trabajadores tuvieron que aceptar —al menos temporalmente— una reducción de su salario para poder continuar con la relación laboral. Sin embargo, solo 4 de los 12 países de la región con información disponible registraron una caída de los salarios reales durante el segundo trimestre de 2020 (véase el gráfico I.40). Entre los factores que pueden explicar esta situación se encuentran los problemas de medición (los trabajadores pueden seguir reportando el salario habitual y no el efectivo) y problemas de composición. Este último factor implica que, en momentos de crisis, el análisis de los salarios medios puede estar sesgado por el efecto que surge de los cambios en el empleo: cuando la mayoría de las pérdidas de empleo se dan entre trabajadores con menores ingresos, esto puede aumentar el salario medio de la economía, lo que podría reflejarse como una tendencia al alza, pero no por las razones adecuadas[29].

[29] En OIT (2020) pueden encontrarse casos de ambos efectos en varios países del mundo.

Gráfico I.40
América Latina (12 países): variación interanual del salario promedio real del empleo registrado, 2020 a primer trimestre de 2021
(En porcentajes)

Fuente: Comisión Económica para América Latina y el Caribe (CEPAL), sobre la base de cifras oficiales.

Al primer trimestre de 2021, la variación interanual de los salarios reales del empleo registrado mostraba aumentos en 6 países (Brasil, Chile, Colombia, El Salvador, Ecuador y México) de los 12 con información disponible. Sin embargo, por ejemplo en Chile, la proporción de empleados cuyos ingresos se habían reducido alcanzó el 30% en agosto de 2020, e incluso en abril de 2021 casi el 18% de los trabajadores declaraba aún que sus ingresos habían disminuido[30].

11. Perspectivas

La posibilidad de llegar a los niveles de empleo previos a la pandemia en 2021 dependerá de la velocidad de vacunación de los países y de la recuperación de las principales actividades económicas. En muchos países de la región las restricciones han continuado durante 2021 y aún no se ha producido una reactivación plena de todas las actividades, incluidos los servicios de cuidado y la educación. Durante el año es de esperar un retorno gradual de los trabajadores, tanto de aquellos que se vieron forzados a salir del mercado laboral como de nuevos trabajadores que se incorporen para compensar la pérdida de ingreso de los hogares. Esto podría traducirse en un mayor nivel de desocupación o en un empeoramiento de la calidad media del empleo en la región. Entretanto, hay que interpretar con cautela indicadores de la calidad del empleo como la incidencia de la informalidad y los salarios reales. Por otro lado, la crisis provocada por la pandemia ha aumentado sustancialmente el riesgo de mayores desigualdades, tanto dentro de los países como entre ellos. Las políticas deben orientarse a evitar divergencias que profundicen estas desigualdades.

30 Aproximadamente el 60% de los trabajadores que declararon reducciones de sus ingresos indicaron que la caída había sido del 50% o más.

E. Las políticas macroeconómicas

1. La recaudación tributaria se ha reactivado en 2021, aunque persiste el contexto de incertidumbre

Se espera que los ingresos públicos en América Latina repunten en 2021 y alcancen niveles similares a los de 2019, respaldados por la reactivación de la actividad económica y condiciones favorables para los ingresos fiscales provenientes de recursos naturales no renovables en algunos países (véase el gráfico I.41). Las estimaciones oficiales disponibles al cierre de junio de 2021 sugieren que los ingresos totales en América Latina alcanzarían un 18,3% del PIB como promedio del año, ubicándose levemente por debajo de su nivel de 2019. Se constatan mejoras similares en el grupo de países conformado por Centroamérica, México y la República Dominicana, así como en América del Sur. No obstante, estas proyecciones son sensibles a la evolución de las condiciones macroeconómicas en la región, en un contexto de incertidumbre sobre la evolución de la pandemia de COVID-19.

Gráfico I.41
América Latina (16 países)[a] y el Caribe (12 países)[b]: ingresos totales del gobierno central, por componentes, 2019-2021[c]
(En porcentajes del PIB)

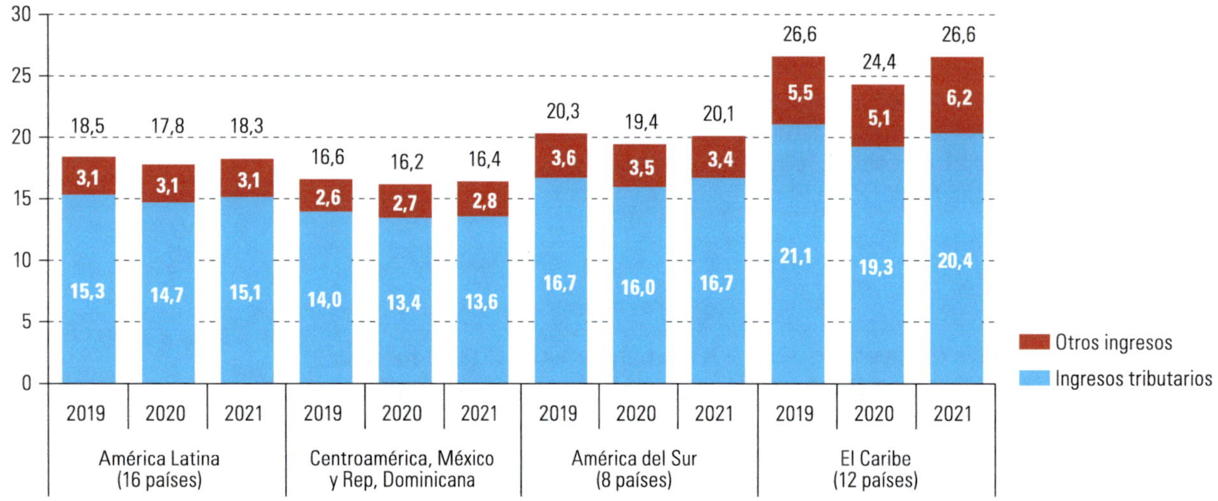

Fuente: Comisión Económica para América Latina y el Caribe (CEPAL), sobre la base de cifras oficiales.

Nota: Debido al redondeo, la suma de las cifras puede no coincidir con el total.

[a] Los países incluidos son: Argentina, Brasil, Chile, Colombia, Costa Rica, Ecuador, El Salvador, Guatemala, Honduras, México, Nicaragua, Panamá, Paraguay, Perú, República Dominicana y Uruguay.

[b] Los países incluidos son: Antigua y Barbuda, Bahamas, Barbados, Belice, Granada, Guyana, Jamaica, Saint Kitts y Nevis, San Vicente y las Granadinas, Santa Lucía, Suriname y Trinidad y Tabago.

[c] Promedios simples. Las cifras de 2021 corresponden a estimaciones oficiales o presupuestos. Las cifras de los siguientes países corresponden a las coberturas institucionales que se indican: Argentina, administración pública nacional; Barbados, sector público no financiero; México, sector público federal; Perú, gobierno general, y Saint Kitts y Nevis, gobierno federal.

La dinámica de los ingresos públicos refleja la recuperación esperada de la recaudación tributaria, después de la considerable contracción que experimentó en 2020. El mayor dinamismo del consumo privado apoyará la recaudación del impuesto sobre el valor agregado (IVA) y otros impuestos sobre el consumo de bienes y servicios, que sumados representan alrededor de la mitad de los ingresos tributarios en la región. En este sentido, destaca el papel del repunte del consumo de hidrocarburos, que ha fortalecido la recaudación del IVA aplicado a la venta de combustibles (por precios y volúmenes) y de impuestos específicos a combustibles (por volúmenes). Los ingresos tributarios en algunos países también han sido impulsados por la implementación de impuestos recurrentes y no recurrentes al patrimonio. En la Argentina, el Aporte Solidario y Extraordinario, que grava por una vez con tasas progresivas los activos de personas físicas que excedan los 200 millones de pesos, recaudó ingresos equivalentes al 0,4% del PIB entre enero y mayo de 2021 (Ministerio de Economía, 2021). Por su parte, en el Estado Plurinacional de Bolivia, la recaudación del nuevo Impuesto a las Grandes Fortunas alcanzó el 0,1% del PIB entre enero y abril de 2021 (SIN, 2021).

Como se muestra en el cuadro I.10, en el primer semestre de 2021 se registraron considerables tasas de crecimiento de la recaudación tributaria y del impuesto sobre el valor agregado, como resultado de la mejora de los fundamentos macroeconómicos y el efecto estadístico positivo derivado de los bajos niveles de entradas al fisco en 2020. No obstante, otro factor importante que explica el repunte de los ingresos tributarios es la regularización de los pagos de impuestos diferidos y el retiro escalonado de las medidas de alivio tributario. Por ejemplo, en Chile se prevé que la reversión de las medidas de alivio del año anterior incidiría en un incremento de la recaudación tributaria de alrededor de 0,4 puntos porcentuales del PIB en 2021 (DIPRES, 2021b). En este sentido, en ausencia de las medidas tributarias aplicadas en 2020, la recaudación tributaria neta en Chile habría crecido un 20,3% en términos reales, frente al crecimiento del 32,5% anual observado a junio de 2021 (DIPRES, 2021c). De forma similar, en el Brasil se estima que a junio de este año, la recaudación habría aumentado un 13,3% en términos reales, en contraste con el 24,6% observado, por efecto de la aplicación de medidas tributarias en 2020 (Secretaría Federal de Impuestos Internos, 2021).

Cuadro I.10
América Latina (15 países): variación interanual de la recaudación tributaria y los ingresos por el impuesto sobre el valor agregado de los gobiernos centrales a precios constantes, enero-junio de 2020 y 2021[a]
(En porcentajes)

País	Ingresos tributarios (excluidas contribuciones sociales)		Impuesto sobre el valor agregado	
	2020 respecto de 2019	2021 respecto de 2020	2020 respecto de 2019	2021 respecto de 2020
Argentina	-14,8	34,0	-16,2	19,3
Brasil	-6,5	24,6	-6,0	19,3
Chile	-17,1	32,5	-12,7	38,4
Costa Rica	-12,7	5,2	-5,8	34,7
Ecuador[b]	-16,9	5,5	-17,6	9,0
El Salvador	-10,4	28,5	-6,8	35,9
Guatemala	-7,0	20,2	-7,8	23,4
Honduras	-26,1	37,9	-21,4	32,3
México	0,1	1,2	-0,6	8,9
Nicaragua[b]	-0,8	21,0	-0,3	28,8
Panamá	-35,7	25,2	-36,3	3,9
Paraguay	-13,4	23,2	...	...
Perú	-21,3	39,1	-20,2	38,6
República Dominicana[b]	-20,4	36,8	-19,1	25,0
Uruguay	-5,4	9,0	-3,5	7,6

Fuente: Comisión Económica para América Latina y el Caribe (CEPAL), sobre la base de cifras oficiales.
[a] En los casos de la Argentina y México, las cifras corresponden a la administración pública nacional y el sector público federal, respectivamente. En el caso del Brasil, las cifras de los ingresos tributarios corresponden a la recaudación de los impuestos administrados por la Secretaría Federal de Impuestos Internos del Brasil y las cifras del impuesto sobre el valor agregado corresponden a la recaudación del impuesto sobre circulación de mercaderías y de servicios (ICMS), que se aplica a nivel de los estados.
[b] Las cifras corresponden al período enero–mayo.

Frente a la necesidad de fortalecer la recaudación tributaria a fin de dar sostenibilidad a los esfuerzos para impulsar una recuperación transformadora, varios países han tomado medidas dirigidas a cerrar los espacios para la evasión fiscal. El Servicio de Impuestos Internos (SII) de Chile anunció una serie de acciones focalizadas en segmentos de los contribuyentes con mayor impacto en la recaudación tributaria, en particular los grupos económicos y empresariales, multinacionales y contribuyentes de alto patrimonio. Se espera que este conjunto de acciones se traduzcan en la recaudación de 2.350 millones de dólares en 2021 (SII, 2021). En la misma línea, en México, con el Plan Maestro de Operación 2021 para la administración general de grandes contribuyentes del Servicio de Administración Tributaria (SAT) se busca extender y profundizar las medidas adoptadas en 2020 para impulsar la recaudación tributaria (SAT, 2021). Por otra parte, en Honduras se están desarrollando medidas contra la evasión fiscal sobre la base de buenas prácticas identificadas en México (PNUD, 2021).

La favorable evolución de los precios internacionales de recursos naturales no renovables también ha incidido en el incremento de los ingresos públicos —tanto tributarios como no tributarios— en países productores. En este sentido, destaca el dinamismo del precio de cobre, que ha alcanzado niveles históricamente altos en 2021, en parte debido a la contracción de las existencias de dicho metal en el mundo. En el período comprendido entre enero y junio de 2021, los ingresos provenientes del sector minero en Chile y el Perú se duplicaron en comparación con los registrados en el mismo período de 2020, superando también los niveles observados en el primer semestre de 2019 (véase el cuadro I.11). Resulta interesante destacar el alza de los ingresos por concepto del impuesto sobre la renta y regalías basadas en utilidades operativas en el caso minero, que refleja su alta elasticidad con respecto a variaciones de los precios. Por su parte, los ingresos por hidrocarburos —principalmente rentas de la propiedad— muestran señales de recuperación, pero siguen por debajo de los niveles de 2019. Los mayores ingresos provenientes de recursos naturales no renovables han representado una proporción importante del aumento de los ingresos totales observado en el primer semestre de 2021 en Chile (dicha proporción llega al 30% de los ingresos totales), el Ecuador (90%), México (20%) y el Perú (21%).

Cuadro I.11
América Latina (4 países): variación interanual y nivel de los ingresos fiscales provenientes de recursos naturales no renovables a precios constantes, enero-junio de 2019, 2020 y 2021[a]
(En porcentajes e índice: enero-junio de 2019 a precios constantes=100)

	País	Variación interanual		Nivel (índice)		
		2020 respecto de 2019	2021 respecto de 2020	2019	2020	2021
Minería	Chile	-38,8	182,9	100	61	173
	Perú	-23,5	215,3	100	77	241
Hidrocarburos	Ecuador[b]	-37,7	53,8	100	62	96
	México	-52,3	33,8	100	48	64

Fuente: Comisión Económica para América Latina y el Caribe (CEPAL), sobre la base de cifras oficiales.
[a] En los casos de Chile y el Perú, las cifras corresponden al gobierno central, y en los casos del Ecuador y México al sector público no financiero.
[b] Las cifras corresponden al período enero-mayo.

En el Caribe, se prevé que los ingresos totales se recuperen significativamente en 2021, pero estas proyecciones son sensibles a las condiciones macroeconómicas propias de cada país (véase el gráfico I.41). Aunque se espera que la recaudación tributaria retome su nivel de 2019, con respecto al producto, los resultados son variados en el primer trimestre (véase el cuadro I.12). Se observa un dinamismo importante de los ingresos tributarios en los países productores de recursos naturales no renovables, Guyana y Trinidad y Tabago, vinculado en parte a la mejora de los precios de estos bienes. En cambio, en el caso de los países exportadores de servicios, que han sido muy golpeados por la caída del turismo, la recaudación tributaria se contrajo fuertemente. Otro factor que podría ser importante en la recuperación de los ingresos totales es un incremento esperado de las donaciones, particularmente las vinculadas a programas de inversión, en varios países.

Cuadro I.12
El Caribe (6 países): variación interanual de la recaudación tributaria y los ingresos por el impuesto sobre el valor agregado de los gobiernos centrales a precios constantes, enero-marzo de 2020 y 2021
(En porcentajes)

País	Ingresos tributarios (excluidas contribuciones sociales)		Impuesto sobre el valor agregado	
	2020 respecto de 2019	2021 respecto de 2020	2020 respecto de 2019	2021 respecto de 2020
Bahamas	-11,0	-17,7	9,0	-18,9
Barbados	-17,5	-22,5	-8,9	-29,8
Guyana	6,7	6,4	20,0	-6,7
Jamaica	1,3	-7,5	0,3	-16,3
San Vicente y las Granadinas	12,5	-2,3	26,6	-17,7
Trinidad y Tabago	-22,2	21,0	-4,2	62,7

Fuente: Comisión Económica para América Latina y el Caribe (CEPAL), sobre la base de cifras oficiales.

2. Según las proyecciones oficiales, en general, se prevé una contracción de las erogaciones públicas

El gasto público desempeñó un papel central en la respuesta a la pandemia de COVID-19 durante 2020. La crisis expuso las grandes brechas estructurales de la región, incluidas la fragmentación de los sistemas de protección social y la debilidad de los estabilizadores automáticos. Los países requirieron compensar estas lagunas, y para ello realizaron considerables esfuerzos dirigidos a fortalecer los sistemas de salud pública, apoyar a las familias y proteger la estructura productiva (CEPAL, 2021a). Las acciones que se emprendieron conllevaron un fuerte crecimiento del gasto primario, lo que proporcionó un impulso significativo y palió en parte la contracción del producto. En contraste con 2020, en el primer semestre de 2021 se observa una dinámica opuesta, con tasas de crecimiento negativas (véase el gráfico I.42). No obstante, en algunos países se observa una expansión importante del gasto primario, particularmente en Chile, Nicaragua y el Perú.

En este contexto, se prevé que las erogaciones totales en América Latina y sus subregiones se contraigan en 2021 (véase el gráfico I.43). Esta caída se debería, principalmente, a la disminución del gasto corriente primario —compuesto por erogaciones en sueldos y salarios, bienes y servicios y transferencias corrientes, entre otras—, que fue el principal componente del gasto que se expandió en respuesta a la pandemia en 2020. Por su parte, los gastos de capital y los pagos de intereses se mantendrían relativamente estables. Resulta importante subrayar que estas proyecciones se basan en escenarios que consideran una reducción progresiva de las demandas de acciones del sector público para afrontar la pandemia. En este sentido, varios países de América Latina han anunciado nuevos planes de emergencia, equivalentes al 2,2% del PIB, frente a la persistencia de la pandemia. Estos paquetes de medidas incluyen el reforzamiento de los sistemas de salud y la mantención de mecanismos de alivio para familias vulnerables, así como para microempresas y pequeñas y medianas empresas (mipymes). No obstante, la incidencia de estos esfuerzos en el gasto total no es lineal y, en varios casos, pueden coexistir con una contracción del presupuesto del gobierno central, como resultado de reasignaciones presupuestarias y recortes en otros programas, entre otros factores.

Gráfico I.42

América Latina (14 países): variación interanual del gasto primario a precios constantes, enero-junio de 2020 y 2021[a]

(En porcentajes)

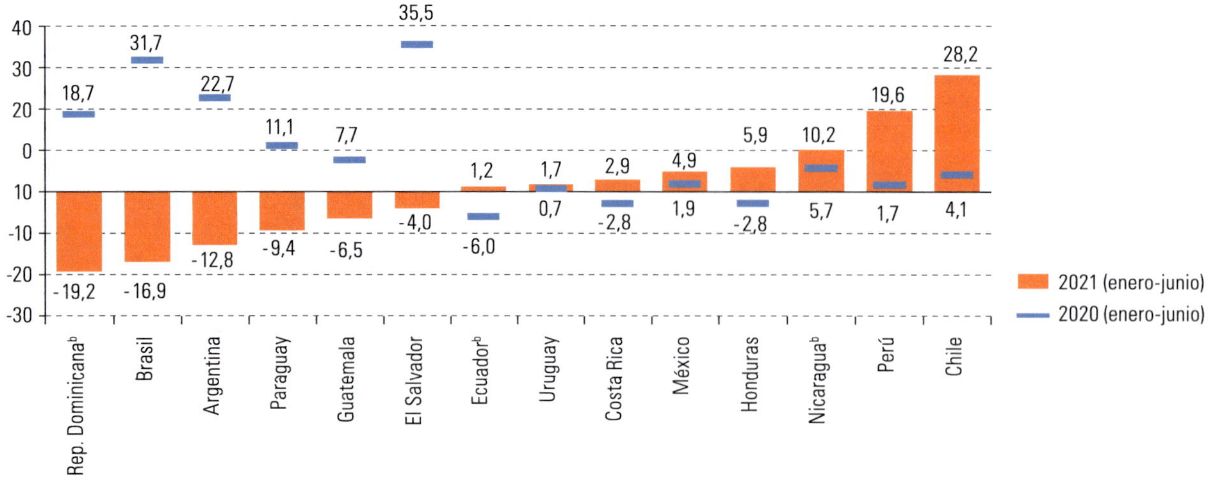

Fuente: Comisión Económica para América Latina y el Caribe (CEPAL), sobre la base de cifras oficiales.

[a] En los casos de la Argentina y México, las cifras corresponden a la administración pública nacional y al sector público federal, respectivamente.

[b] Las cifras corresponden al período enero-mayo.

Gráfico I.43

América Latina (16 países)[a] y el Caribe (12 países)[b]: composición del gasto total del gobierno central, por componentes, 2019-2021[c]

(En porcentajes del PIB)

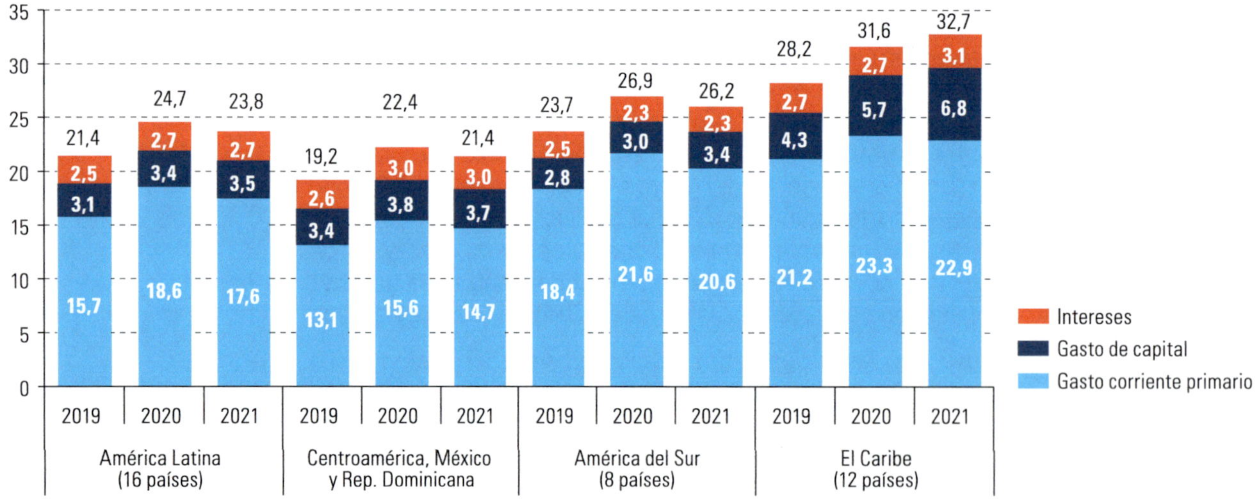

Fuente: Comisión Económica para América Latina y el Caribe (CEPAL), sobre la base de cifras oficiales.

Nota: Debido al redondeo, la suma de las cifras puede no coincidir con el total.

[a] Los países incluidos son: Argentina, Brasil, Chile, Colombia, Costa Rica, Ecuador, El Salvador, Guatemala, Honduras, México, Nicaragua, Panamá, Paraguay, Perú, República Dominicana y Uruguay.

[b] Los países incluidos son: Antigua y Barbuda, Bahamas, Barbados, Belice, Granada, Guyana, Jamaica, Saint Kitts y Nevis, San Vicente y las Granadinas, Santa Lucía, Suriname, Trinidad y Tabago.

[c] Promedios simples. Las cifras de 2021 corresponden a estimaciones oficiales o presupuestos. Las cifras de los siguientes países corresponden a las coberturas institucionales que se indican: Argentina, administración pública nacional; Barbados, sector público no financiero; México, sector público federal; Perú, gobierno general, y Saint Kitts y Nevis, gobierno federal.

La reducción prevista del gasto corriente primario se debe principalmente a la evolución de las transferencias corrientes y los subsidios. Estas erogaciones registraron un alza importante en 2020 y representaron la gran mayoría del incremento del gasto total, como resultado de programas transitorios de transferencias monetarias para apoyar el consumo de las familias, particularmente las más vulnerables, y para cubrir una porción del pago de la nómina de empresas del sector formal[31]. Estos programas en general consideraron un período de vigencia establecido, lo que implica un retiro programado del gasto en el tiempo. No obstante, como se resaltó anteriormente, la dinámica de las transferencias corrientes y los subsidios, con vistas al cierre del año, dependerá de las condiciones epidemiológicas, macroeconómicas y fiscales de cada país.

En concordancia con lo anterior, se observa una contracción relativamente generalizada de las erogaciones por transferencias corrientes y subsidios en América Latina (véase el cuadro I.13). A pesar de esta contracción, en muchos casos estos gastos siguen estando por encima de los valores de 2019, debido en parte a la continuidad de ciertos programas emprendidos en 2020. En contraste con esta tendencia general, se *observa una expansión de los gastos en transferencias corrientes en varios países*. En Chile, destaca el dinamismo que ha significado el fortalecimiento del Ingreso Familiar de Emergencia (IFE) —con mayor cobertura y un incremento del valor del subsidio—, así como el nuevo Bono Clase Media (DIPRES, 2021a). De forma similar, en el Perú las transferencias corrientes fueron impulsadas en parte por la entrega de subsidios a las familias más vulnerables en las regiones del país con restricciones sanitarias más rígidas (Ministerio de Economía y Finanzas, 2021a).

Cuadro I.13

América Latina (14 países): variación interanual y nivel de las erogaciones por concepto de transferencias corrientes y subsidios a precios constantes, enero-junio de 2019, 2020 y 2021[a]

(En porcentajes e índice: enero-junio de 2019 a precios constantes=100)

País	Variación interanual		Nivel (índice)		
	2020 respecto de 2019	2021 respecto de 2020	2019	2020	2021
Argentina	32,2	-16,8	100	132	110
Brasil	35,1	-15,7	100	135	114
Chile	7,9	42,8	100	108	154
Costa Rica	0,1	-5,4	100	100	95
Ecuador[b]	5,9	-0,4	100	106	105
El Salvador	94,9	-17,7	100	195	160
Guatemala	11,5	-22,6	100	112	86
Honduras	4,9	2,9	100	105	108
México	0,6	2,1	100	101	103
Nicaragua[b]	15,5	6,5	100	115	123
Paraguay	34,9	-21,7	100	135	106
Perú	31,7	10,2	100	132	145
República Dominicana[b]	34,7	-9,7	100	135	122
Uruguay	1,5	-1,5	100	102	100

Fuente: Comisión Económica para América Latina y el Caribe (CEPAL), sobre la base de cifras oficiales.

[a] En los casos de la Argentina y México, las cifras corresponden a la administración pública nacional y al sector público federal, respectivamente.

[b] Las cifras corresponden al período enero-mayo.

[31] Resulta importante señalar que en algunos países las transferencias del gobierno central a otras entidades públicas son relevantes.

Se proyecta un leve aumento de los gastos de capital en América Latina, principalmente por la evolución de estas erogaciones en América del Sur (véase el gráfico I.43). Varios países han incorporado nuevos programas de inversión pública en su planificación presupuestaria de 2021 con el fin de crear empleo y promover el crecimiento económico. Como reflejo de esta intencionalidad, los gastos de capital se han acelerado de forma importante en la primera mitad del año en varios países, incluidos la Argentina, Chile, Costa Rica, el Ecuador, México, Nicaragua y el Perú. En Chile, destaca el avance de los proyectos vinculados con el plan de reactivación, así como transferencias de capital para proyectos de vivienda (DIPRES, 2021a). En Nicaragua este resultado refleja el significativo crecimiento en lo referente a obras públicas y construcciones en el primer trimestre de 2021, impulsado principalmente por la alta ejecución de proyectos de transporte (Ministerio de Hacienda y Crédito Público, 2021). En el Perú la ejecución de inversión pública en el primer semestre alcanzó su récord histórico, como reflejo del efecto de base producido por la paralización de obras en 2020, la puesta en marcha de proyectos del programa Arranca Perú y los esfuerzos para capacitar a las autoridades de todos los niveles de gobierno a fin de facilitar el cumplimiento del plan de inversión (Ministerio de Economía y Finanzas, 2021a).

Se prevé que los pagos de intereses se mantengan estables, con respecto al PIB, en 2021. Sin embargo, este promedio oculta una alta heterogeneidad de resultados en los distintos países. Como se observa en el gráfico I.44, los pagos de intereses están ejerciendo una presión mayor sobre las cuentas públicas en los primeros meses de 2021. En la mayoría de los países esta dinámica se explica por el aumento de la deuda pública en 2020, sumado a factores exógenos tanto financieros (tasas de interés) como cambiarios. No obstante, destaca la contracción de los pagos de intereses en la Argentina y el Ecuador —con respecto tanto al nivel de 2020 como de 2019—, como resultado de las reestructuraciones de deuda acordadas con sus acreedores en 2020.

Gráfico I.44

América Latina (14 países): nivel de los pagos de intereses a precios constantes, enero-junio de 2020 y 2021[a]

(Índice: enero-junio de 2019 a precios constantes=100)

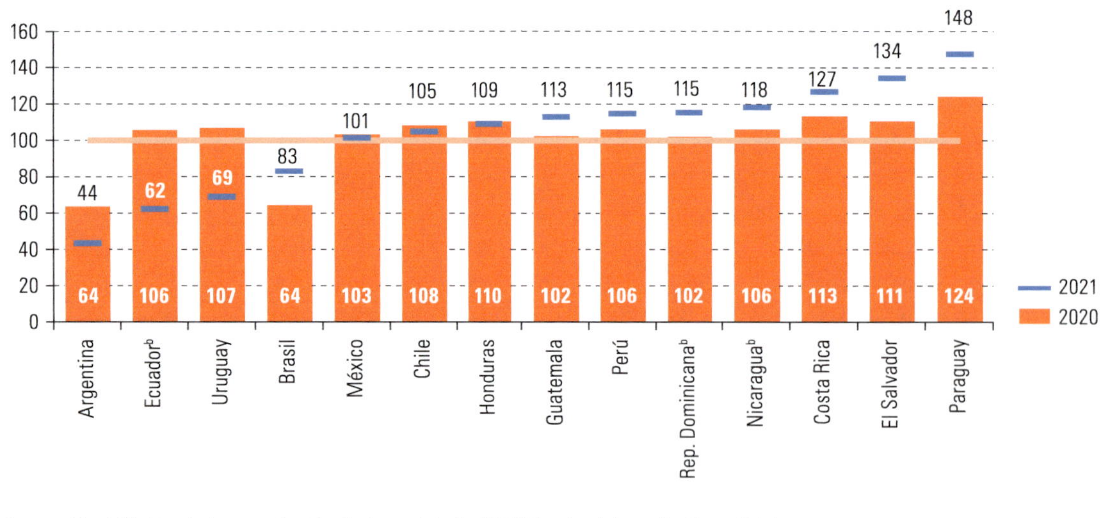

Fuente: Comisión Económica para América Latina y el Caribe (CEPAL), sobre la base de cifras oficiales.

[a] En los casos de la Argentina y México, las cifras corresponden a la administración pública nacional y al sector público federal, respectivamente.

[b] Las cifras corresponden al período enero-mayo.

En el Caribe se proyecta que el gasto total aumente en 2021, en comparación con 2020, impulsado principalmente por mayores gastos de capital. La mayoría de los países de la subregión han presupuestado un incremento de sus planes de inversiones públicas, apuntando a la creación de empleo y la reactivación de la actividad económica. Por ejemplo, en San Vicente y las Granadinas destacan las erogaciones relacionadas con el proyecto de infraestructura de comunicación regional del Caribe, el programa de formación y apoyo al empleo y el proyecto de renovación portuaria (Ministerio de Finanzas, Planificación Económica y Tecnología de la Información, 2021). Los pagos de intereses también se incrementarían, en concordancia con el aumento de la deuda pública observado en 2020. Por otra parte, se prevé una reducción del gasto corriente primario, liderada por menores gastos asociados con transferencias corrientes y subsidios. No obstante, en el primer trimestre se observa un crecimiento importante de las transferencias monetarias. Por ejemplo, en las Bahamas las prestaciones de bienestar social se duplicaron (al presentar un aumento del 110,9%), en el marco de los programas establecidos para responder a la pandemia (Banco Central de las Bahamas, 2021).

3. Los balances fiscales en América Latina mejorarían en un contexto de mayores ingresos públicos y una contracción del gasto total

El aumento de los ingresos públicos y la disminución de los gastos totales tendrían efectos en el comportamiento de los balances fiscales. Se prevé que estos, después de haber alcanzado el déficit global más pronunciado desde 1950, registren una mejora significativa en 2021. Al cierre del año se espera que el resultado global promedio de los países de América Latina alcance un −5,5% del PIB, en comparación con un −6,9% del PIB en 2020 (véase el gráfico I.45). Al mismo tiempo, el resultado primario se ubicaría en un −2,9% del PIB, frente a un −4,2% del PIB en 2020. Aunque de menor magnitud que los del año anterior, estos déficits todavía implicarían importantes presiones para el financiamiento de las operaciones de los gobiernos centrales y para cubrir el servicio de la deuda pública. Adicionalmente, el déficit primario continúa incidiendo de forma negativa en la dinámica de la deuda pública, si bien el repunte del crecimiento económico atenuaría la trayectoria de esta en 2021.

Gráfico I.45

América Latina (16 países)[a]: indicadores fiscales del gobierno central, 2010-2021[b]

(En porcentajes del PIB)

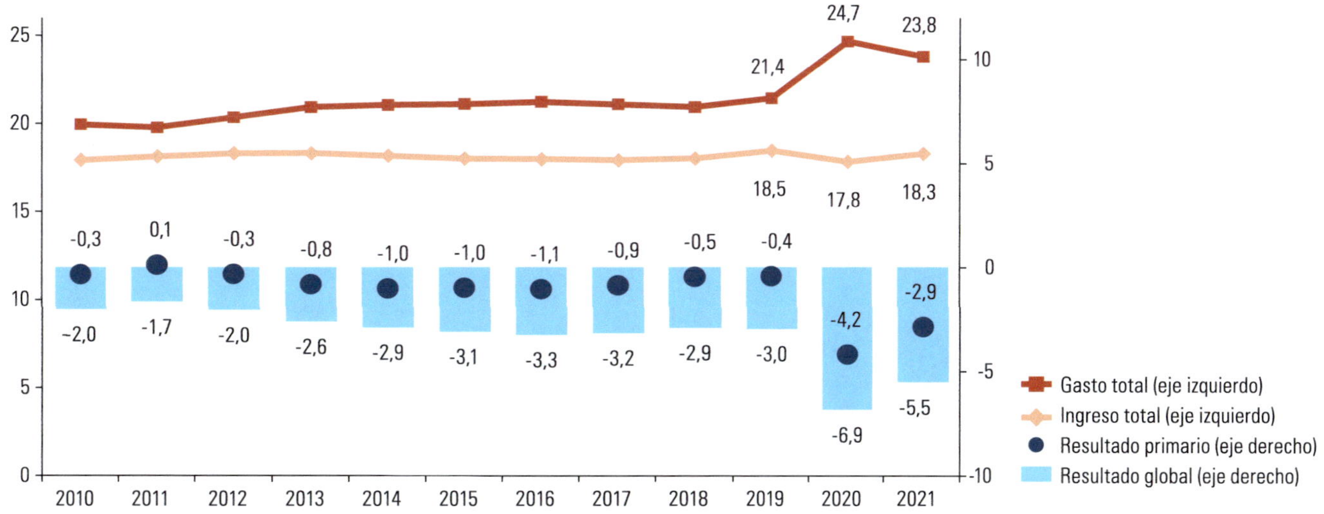

Fuente: Comisión Económica para América Latina y el Caribe (CEPAL), sobre la base de cifras oficiales.

Nota: Debido al redondeo, la suma de las cifras puede no coincidir con el total.

[a] Los países incluidos son: Argentina, Brasil, Chile, Colombia, Costa Rica, Ecuador, El Salvador, Guatemala, Honduras, México, Nicaragua, Panamá, Paraguay, Perú, República Dominicana y Uruguay.

[b] Promedios simples. Las cifras de 2021 corresponden a estimaciones oficiales o presupuestos. En los casos de la Argentina, México y el Perú, las cifras corresponden a la administración pública nacional, el sector público federal y el gobierno general, respectivamente.

Las tendencias observadas para América Latina en su conjunto se replican a nivel subregional, aunque con ciertos matices. En el grupo de países conformado por Centroamérica, México y la República Dominicana los resultados global y primario en promedio se mantendrían con déficits de menor magnitud que los que se esperan para los países de América del Sur (véase el gráfico I.46). Aunque el resultado global mejoraría en una medida similar en ambas subregiones (1,4 puntos porcentuales del PIB), el repunte más fuerte esperado de los ingresos totales en América del Sur, en el que destaca el incremento de los ingresos fiscales provenientes de recursos naturales no renovables, compensaría la menor reducción esperada del gasto público. En ambos, casos estos déficits globales conllevan necesidades de financiamiento importantes, pero el acceso a financiamiento en términos favorables no es igual para los distintos países, lo que ha generado mayores presiones para ajustar las cuentas públicas en algunos de ellos.

Gráfico I.46
América Latina: indicadores fiscales del gobierno central, por subregión, 2015-2021[a]
(*En porcentajes del PIB*)

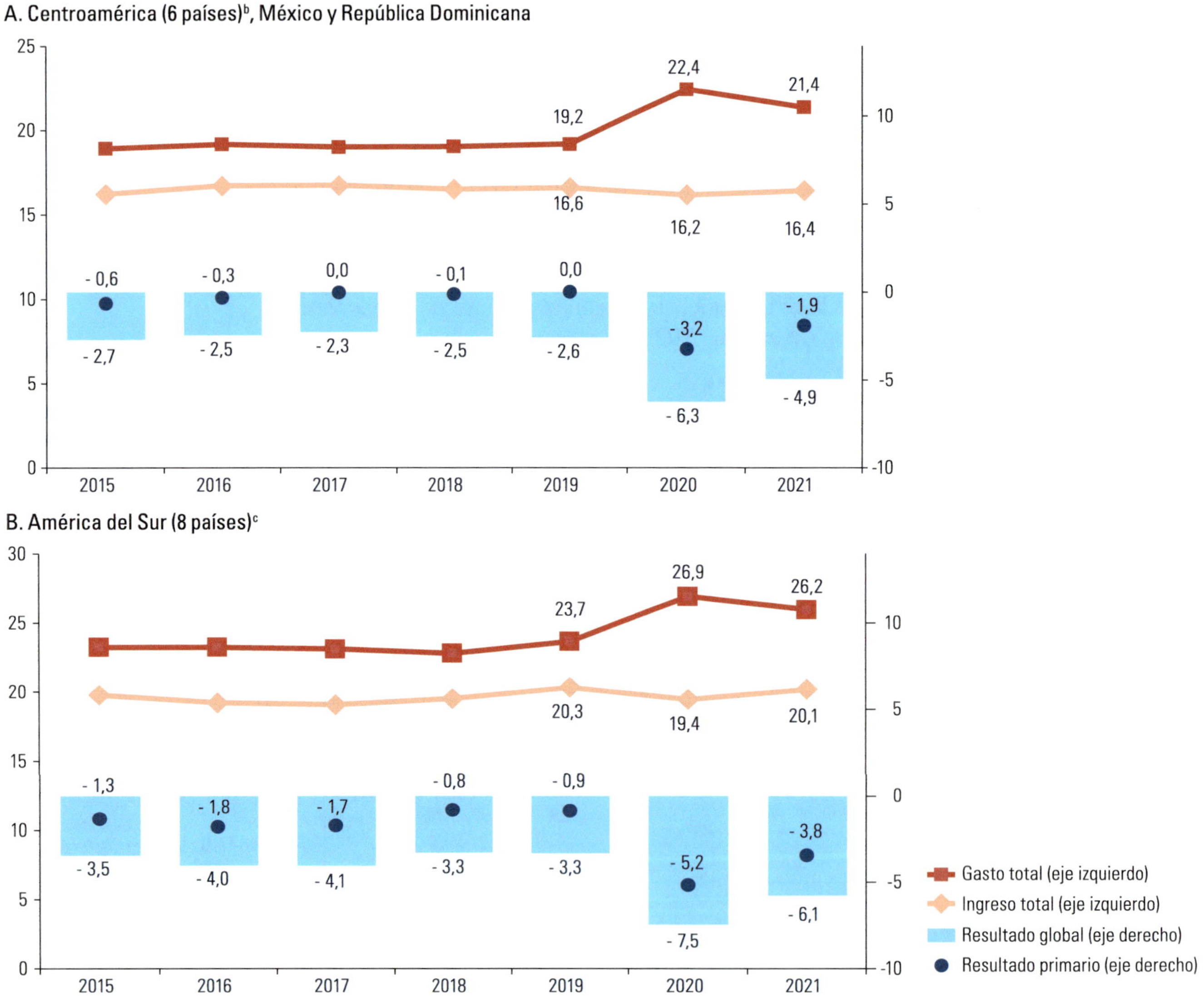

Fuente: Comisión Económica para América Latina y el Caribe (CEPAL), sobre la base de cifras oficiales.
Nota: Debido al redondeo, la suma de las cifras puede no coincidir con el total.
[a] Promedios simples. Las cifras de 2021 corresponden a estimaciones oficiales o presupuestos. En los casos de la Argentina, México y el Perú, las cifras corresponden a la administración pública nacional, el sector público federal y el gobierno general, respectivamente.
[b] Los países incluidos son: Costa Rica, El Salvador, Guatemala, Honduras, Nicaragua y Panamá.
[c] Los países incluidos son: Argentina, Brasil, Chile, Colombia, Ecuador, Paraguay, Perú y Uruguay.

Se prevé que las cuentas fiscales del Caribe registren déficits menores en 2021 debido a un repunte de los ingresos públicos (véase el gráfico I.47). No obstante, el crecimiento de los gastos totales —vinculado en buena medida a programas de inversión pública para crear empleo e impulsar el crecimiento económico— implicaría que los déficits fiscales se mantuvieran elevados. El déficit primario estimado para el año, aunque menor que el observado en 2020, representa un desafío importante en el esfuerzo por contrarrestar la dinámica de la deuda pública. Adicionalmente, el elevado déficit del balance global conllevaría necesidades brutas de financiamiento considerables en un contexto más complejo para conseguir financiamiento en términos favorables.

Gráfico I.47
El Caribe (12 países)[a]: indicadores fiscales del gobierno central, 2010-2021[b]
(En porcentajes del PIB)

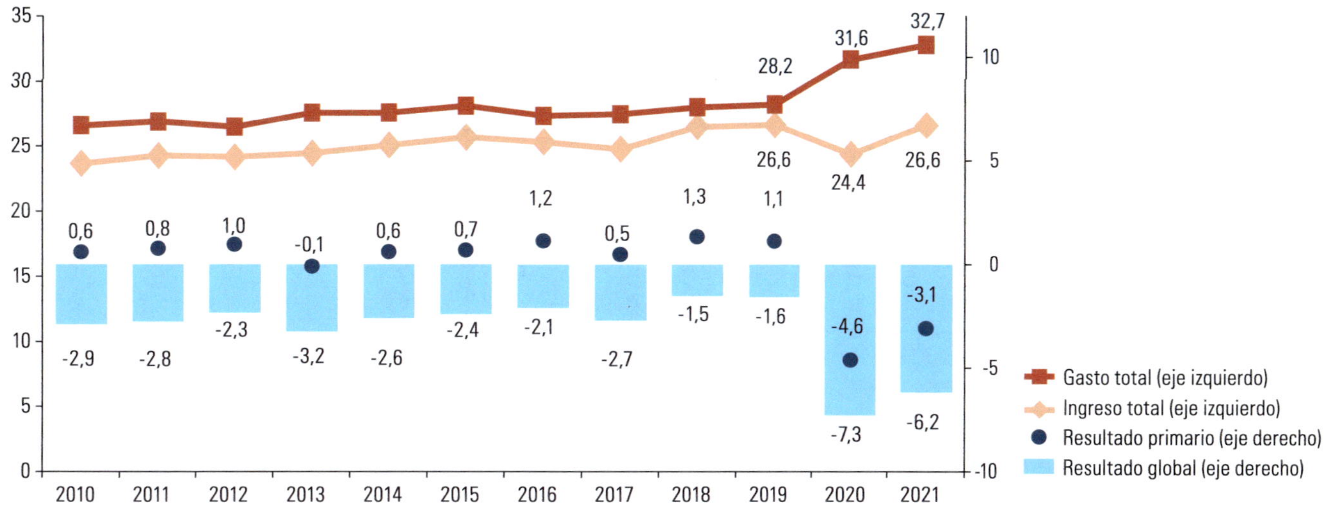

Fuente: Comisión Económica para América Latina y el Caribe (CEPAL), sobre la base de cifras oficiales.
Nota: Debido al redondeo, la suma de las cifras puede no coincidir con el total.
[a] Los países incluidos son: Antigua y Barbuda, Bahamas, Barbados, Belice, Granada, Guyana, Jamaica, Saint Kitts y Nevis, San Vicente y las Granadinas, Santa Lucía, Suriname y Trinidad y Tabago.
[b] Promedios simples. Las cifras de 2021 corresponden a estimaciones oficiales o presupuestos. En los casos de Barbados y Saint Kitts y Nevis las cifras corresponden al sector público no financiero y el gobierno federal, respectivamente.

4. La deuda pública se mantiene en niveles históricamente altos

Los rebrotes de la pandemia han aumentado la incertidumbre respecto a la magnitud del incremento de la deuda pública en el mediano plazo y las presiones sobre las cuentas fiscales se han mantenido durante los primeros meses de 2021. Las condiciones favorables de los mercados internacionales han permitido a aquellos países con grado de inversión emitir deuda soberana no solo con el objeto de financiar los paquetes fiscales asociados al COVID-19, sino también para refinanciar deuda por vencer a tasas más bajas, extendiendo los plazos de los servicios de la deuda pública, lo que ha impulsado a muchos países de la región a realizar una gestión activa de su porfolio de deuda.

Sobre la base de datos oficiales preliminares, en junio de 2021 la deuda pública bruta del gobierno central en América Latina alcanzó un promedio del 55,3% del PIB (véase el gráfico I.48). En cuanto a las subregiones, los niveles de endeudamiento público de América del Sur y del grupo formado por Centroamérica, México y la República Dominicana al segundo trimestre de 2021 alcanzaron un 57,5% y un

53,2% del PIB, respectivamente. Entre los países, la Argentina presentó un nivel de endeudamiento público del 101,5% del PIB (al primer trimestre de 2021), seguida del Brasil, con un 84,0% del PIB, Costa Rica, con un 70,1% del PIB, y Panamá, con un 66,8% del PIB. Por el contrario, los países con menores niveles de deuda pública son Guatemala, con un 26,8% del PIB, y el Paraguay y el Perú, con un 30,2% y un 30,6% del PIB, respectivamente.

Gráfico I.48
América Latina (16 países): deuda pública bruta del gobierno central, diciembre de 2020 y junio de 2021[a]
(En porcentajes del PIB)

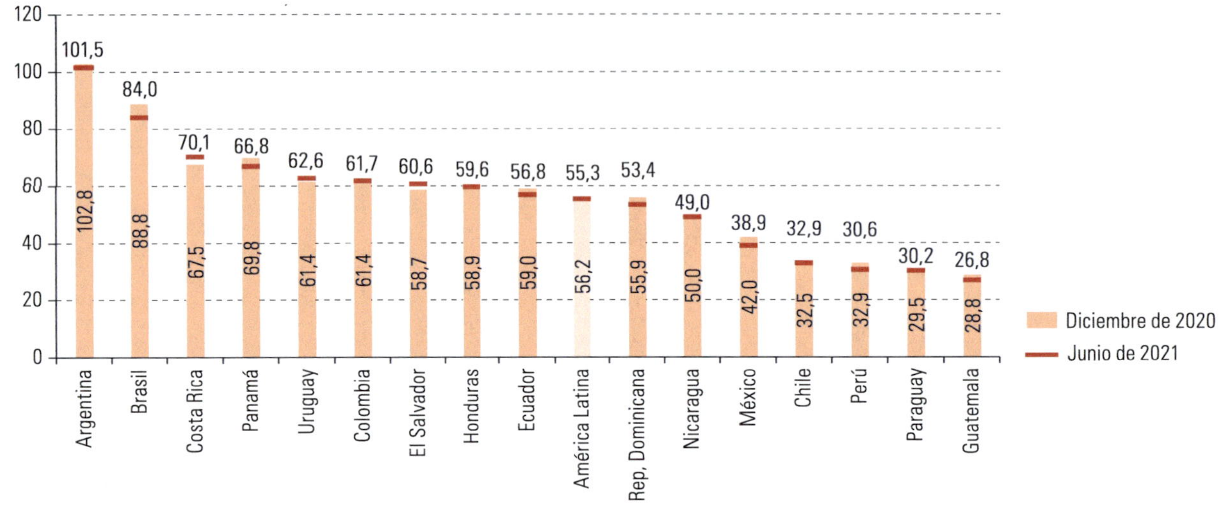

Fuente: Comisión Económica para América Latina y el Caribe (CEPAL), sobre la base de cifras oficiales.
[a] En los casos de la Argentina, Chile, Honduras, Nicaragua y el Perú, se presentan cifras a marzo de 2021. Las cifras del Brasil corresponden al gobierno general.

En el Caribe, la deuda pública bruta del gobierno central de algunos países se ubica en niveles sustancialmente elevados (véase el gráfico I.49). De estos países, Barbados presentó el mayor nivel de deuda de la subregión, con un 152,5% del PIB, seguido de Belice, con un 121,5% del PIB, Jamaica, con un 102,2% del PIB, y las Bahamas, con un 96,4% del PIB. En 2020 el nivel de endeudamiento de la mayoría de los países del Caribe se incrementó significativamente, alcanzando en promedio un 88,0% del PIB, frente a un 70,6% del PIB en 2019. Los países de la subregión han financiado los costos asociados a la crisis del COVID-19 principalmente a través de préstamos provenientes de organismos multilaterales e incluso de la Iniciativa de Suspensión del Servicio de la Deuda en el caso de aquellas economías con menores ingresos[32].

La acumulación de la deuda pública depende de un conjunto de factores internos y externos, como el déficit fiscal primario, la tasa de crecimiento del producto, la tasa de interés implícito y el tipo de cambio. En este sentido, en los países de América Latina la composición según tipo de moneda y residencia del acreedor desempeña un papel importante en la dinámica de la deuda pública. Como se observa en el gráfico I.50, en varios países una parte importante de la deuda pública se encuentra denominada en dólares. Los países con endeudamiento principalmente en moneda nacional son Chile, Colombia y Costa Rica, que presentan bajos niveles de endeudamiento con el sector externo y mantienen una participación de la deuda denominada en dólares menor que el 40%.

[32] La Iniciativa de Suspensión del Servicio de la Deuda es patrocinada por el Fondo Monetario Internacional (FMI), el Banco Mundial y los países miembros del Grupo de los 20 (G20).

Gráfico I.49

El Caribe (13 países): deuda pública bruta del gobierno central, diciembre de 2020 y marzo de 2021[a]

(En porcentajes del PIB)

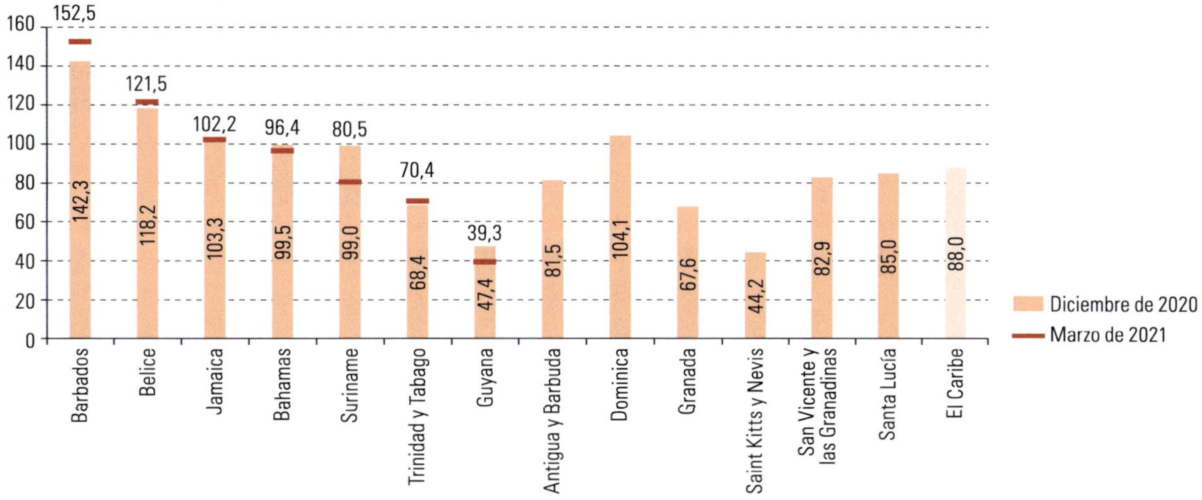

Fuente: Comisión Económica para América Latina y el Caribe (CEPAL), sobre la base de cifras oficiales.

[a] En los casos de Guyana y Jamaica, la cobertura corresponde al sector público.

Gráfico I.50

América Latina (11 países): deuda pública bruta de los gobiernos centrales por tipo de moneda, junio de 2021[a b]

(En porcentajes del total)

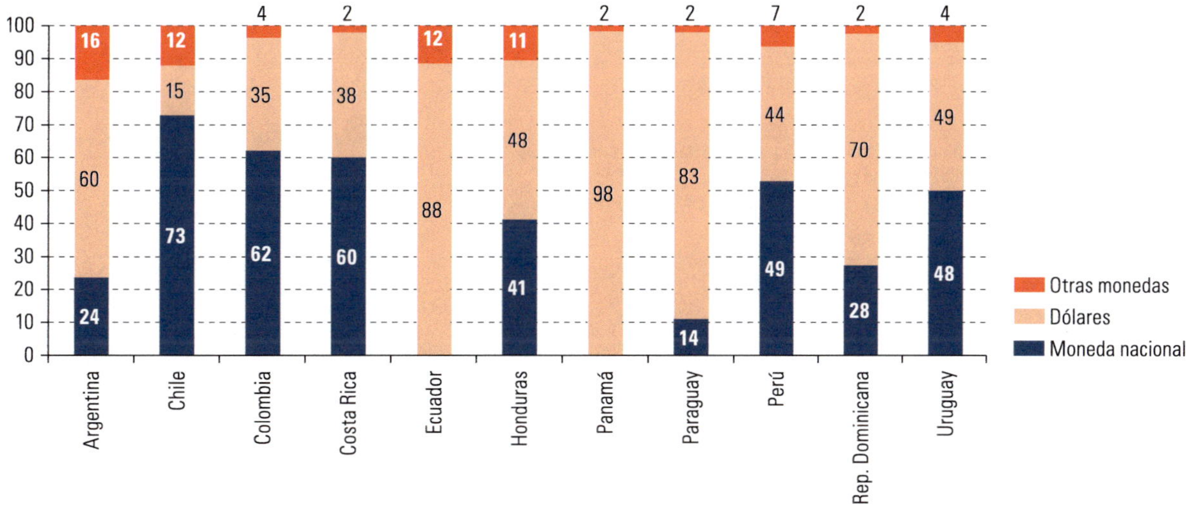

Fuente: Comisión Económica para América Latina y el Caribe (CEPAL), sobre la base de cifras oficiales.

[a] En los casos de la Argentina, Chile, Costa Rica, Honduras y el Uruguay, la deuda pública corresponde al gobierno central; en el caso de Colombia, al gobierno nacional central; en los casos del Ecuador, Panamá, el Paraguay y el Perú, al sector público, y en el caso de la República Dominicana, al sector público no financiero.

[b] Las cifras de la Argentina, Chile, Honduras y el Perú corresponden a marzo de 2021.

Otro factor importante es la composición de la deuda pública del gobierno central clasificada por residencia del acreedor. Esto ha tomado particular relevancia en los últimos años, lo que se ha reflejado en los acuerdos entre países de la región y sus acreedores para reestructurar su deuda o lograr un alivio en el servicio de la deuda. Pueden mencionarse como ejemplos los recientes acuerdos firmados por la Argentina y el Ecuador, así como los concluidos en Barbados y Suriname. Como se observa en el gráfico I.51, ocho países cuentan con un nivel de deuda pública con acreedores internos superior al 50% de su deuda pública bruta total.

Gráfico I.51
América Latina (16 países): deuda pública bruta del gobierno central y promedios subregionales por residencia del acreedor, junio de 2021[a b]
(En porcentajes del total)

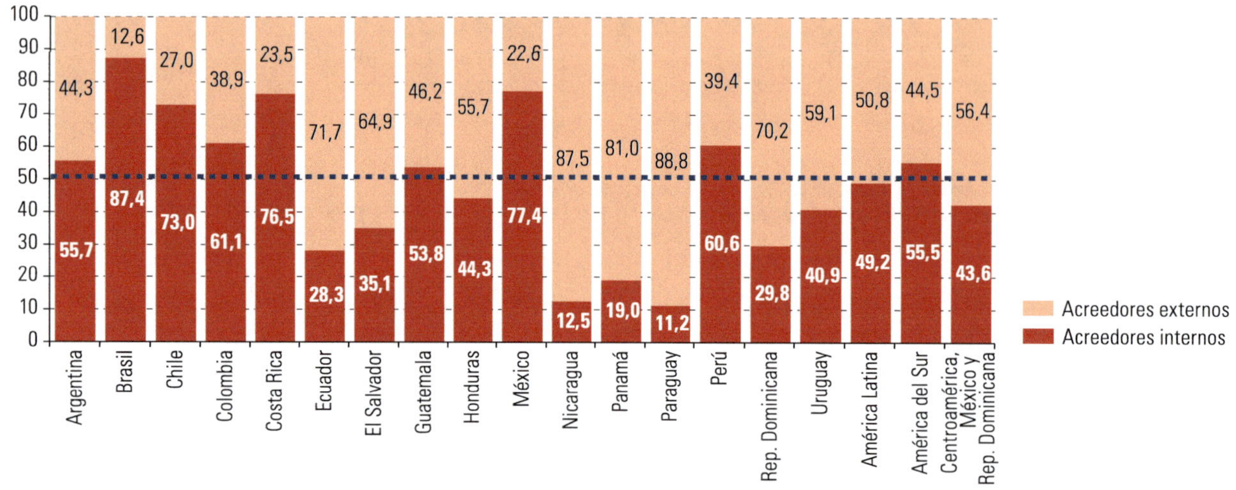

Fuente: Comisión Económica para América Latina y el Caribe (CEPAL), sobre la base de cifras oficiales.
[a] En el caso del Brasil, las cifras corresponden al gobierno general.
[b] En los casos de la Argentina, Chile, Honduras, Nicaragua y el Perú, las cifras corresponden a marzo de 2021.

5. Desde la llegada de la pandemia a la región, las autoridades monetarias han adoptado un enfoque pragmático para impulsar políticas expansivas, pero el espacio para mantener este tipo de políticas durante el proceso de recuperación podría estar disminuyendo

La pandemia generada por el COVID-19 ha desencadenado una crisis sin precedentes en la historia moderna de la región. Se trata de una crisis de naturaleza muy particular, pues, si bien comenzó como un choque de demanda externa, las medidas de distanciamiento físico y de restricciones a la movilidad que se adoptaron para combatir la propagación del virus en la región desencadenaron un prolongado choque de oferta que ha afectado de manera significativa el funcionamiento de muchos sectores productivos y, sin duda, de los mercados laborales de la región. Esta crisis ha venido acompañada de importantes fluctuaciones en los precios de los bienes primarios como la energía en los mercados financieros internacionales, lo que ha creado un ambiente de elevada incertidumbre y volatilidad.

En un entorno como el descrito, los gestores de políticas públicas de la región centraron sus esfuerzos primero en preservar vidas y después en evitar el colapso de las economías. Se adoptaron políticas fiscales y monetarias expansivas para atender la emergencia sanitaria y sostener la demanda agregada interna. Al mismo tiempo, se ha recurrido a un manejo activo de las normas macroprudenciales para evitar que las condiciones macroeconómicas se traduzcan en un profundo deterioro de los balances de las instituciones financieras, que pueda desencadenar una crisis financiera y atentar contra el buen funcionamiento del sistema de pagos. Con los cambios en la normativa macroprudencial (incluido el fortalecimiento de la regulación de los flujos de capitales) también se buscaba mantener la estabilidad macrofinanciera en un ambiente altamente volátil, tratando de aminorar el impacto de los crecientes riesgos sistémicos sobre el desempeño de las economías de la región. La necesidad de acometer estas políticas expansivas y el alto grado de incertidumbre llevaron a las autoridades de la región a fortalecer su posición de liquidez internacional. Sin embargo, el principal reto de las autoridades monetarias en 2021 ha sido tratar de preservar el espacio con el que cuentan a fin de sostener políticas expansivas para impulsar un proceso de recuperación transformadora en las economías de América Latina y el Caribe.

6. La reducción experimentada por la inflación en 2020 permitió a los bancos centrales de la región adoptar medidas convencionales y no convencionales para estimular la demanda agregada, pero el reciente aumento de la inflación ha reducido el espacio para sostener estas políticas y, en algunos países, las tasas de política se han incrementado en 2021

Durante 2020, la mayoría de los bancos centrales de la región ajustaron la tasa de política monetaria a la baja para estimular la alicaída actividad económica producto de la pandemia. Los bajos niveles de inflación y las menores perspectivas de crecimiento llevaron a que los bancos centrales que usan este instrumento como principal herramienta la redujeran. De hecho, más de la mitad de los bancos centrales de la región que usan la tasa de política monetaria como su principal instrumento la recortaron tres veces durante 2020. Se destacan los casos de Colombia y México, que bajaron la tasa en siete ocasiones, y el del Brasil, que la redujo en cinco oportunidades. Las tasas de política monetaria alcanzaron un mínimo histórico en 10 de los 12 países que usan este instrumento, y en los casos de Chile y el Perú casi llegaron a cero (0,5% y 0,25%, respectivamente). Jamaica fue el único país de este grupo que no redujo la tasa de política monetaria, pues ya se encontraba en un nivel bajo (0,5%) (véase el gráfico I.52).

Gráfico I.52

América Latina y el Caribe (países seleccionados): tasa de política monetaria, enero de 2019 a junio de 2021

(*En porcentajes*)

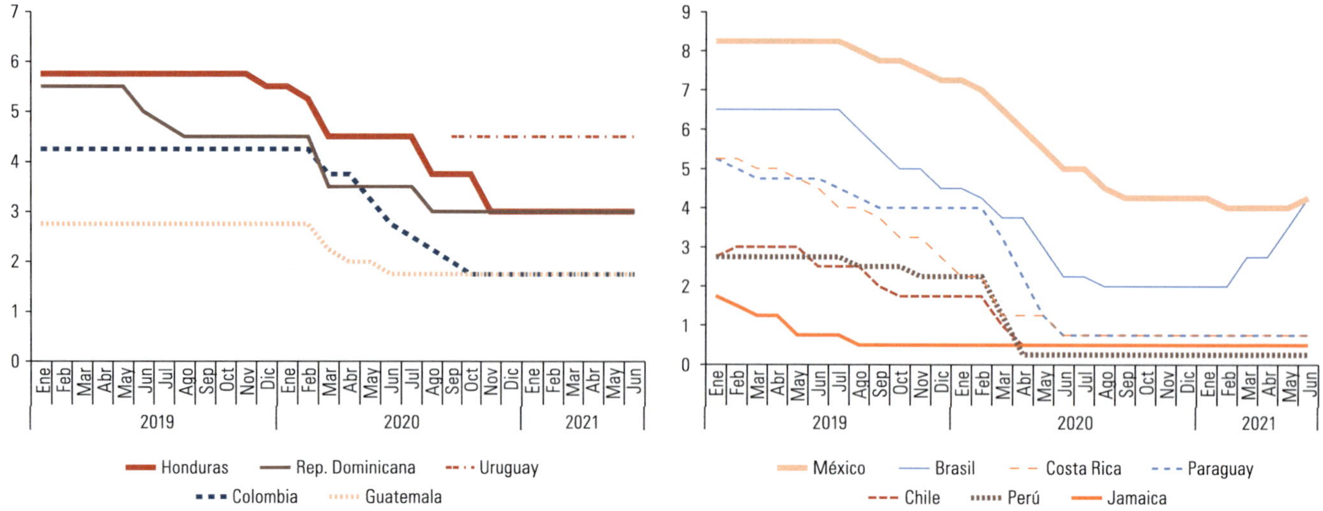

Fuente: Comisión Económica para América Latina y el Caribe (CEPAL), sobre la base de cifras oficiales.

Los bajos niveles alcanzados por las tasas de política monetaria, el aumento registrado por la inflación entre mayo de 2020 y junio de 2021, y la apreciación que se ha observado en el dólar en este período han limitado el espacio para seguir reduciendo las tasas de política. De hecho, mientras que en los casos de Colombia, Costa Rica, Guatemala, Honduras, Jamaica, el Paraguay, el Perú, la República Dominicana y el Uruguay las tasas de referencia de la política monetaria no se han modificado desde noviembre de 2020, en el Brasil y México se incrementaron en el primer semestre de 2021, y en Chile se aumentaron en julio del mismo año[33]. Las autoridades de los bancos centrales del Brasil, Chile y México han tomado en cuenta las presiones que ha puesto sobre los precios la disparidad de recuperación que muestran la oferta de bienes y servicios y el consumo: mientras la oferta sigue estando limitada por problemas en las cadenas de suministro y por el alza en el precio del combustible, la recuperación en la actividad y los impulsos fiscales han redundado en un incremento del consumo desde el tercer trimestre de 2020, que podría estimular una mayor inflación.

33 A partir del 4 de septiembre de 2020, el Banco Central del Uruguay (BCU) adoptó nuevamente una política monetaria con objetivo de inflación y comenzó a utilizar la tasa de política monetaria como tasa de referencia, que no se ha modificado desde esa fecha.

7. Tras un acelerado ritmo de expansión de los agregados monetarios en 2020, este dinamismo se ha moderado en 2021

La mayoría de los países presentaron en 2020 un crecimiento tanto en la base monetaria como en los agregados M1 y M2, lo que da cuenta de los esfuerzos de las autoridades para proveer liquidez a las economías y así estimular la demanda interna. Estos esfuerzos comenzaron en marzo de 2020 y se siguen observando hasta el segundo trimestre del presente año en la mayoría de las agrupaciones de países (véase el gráfico I.53). Sin embargo, la tasa de crecimiento de la base monetaria presenta una disminución considerable desde el tercer trimestre en los países en que el manejo de agregados monetarios es el principal instrumento de política (la Argentina, Bolivia (Estado Plurinacional de), Haití y Nicaragua). La desaceleración en la velocidad de expansión de la base monetaria también se aprecia en el Caribe y en los países con *objetivos de inflación, aunque al segundo trimestre de 2021 estas tasas de aumento* continúan siendo más altas que al comienzo de la crisis sanitaria.

Gráfico I.53
Grupos de países seleccionados: base monetaria, primer trimestre de 2019 a segundo trimestre de 2021
(Tasa de variación interanual)

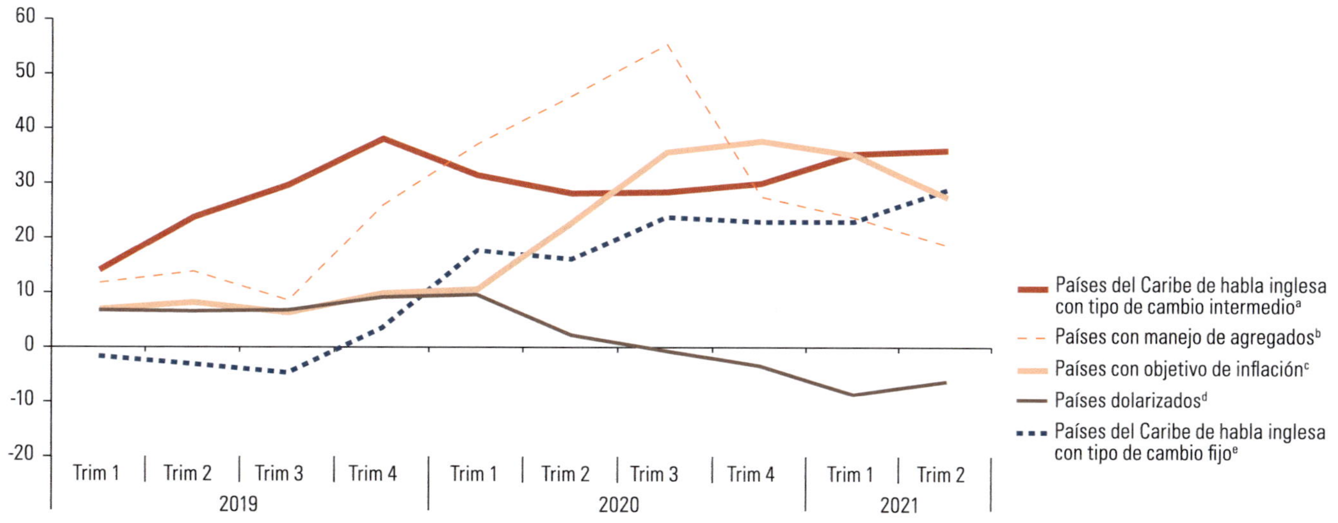

Fuente: Comisión Económica para América Latina y el Caribe (CEPAL), sobre la base de cifras oficiales.
[a] Guyana, Suriname y Trinidad y Tabago.
[b] Argentina, Bolivia (Estado Plurinacional de), Haití y Nicaragua.
[c] Brasil, Chile, Colombia, Costa Rica, Guatemala, Honduras, Jamaica, México, Paraguay, Perú, República Dominicana y Uruguay.
[d] Ecuador, El Salvador y Panamá.
[e] Bahamas, Barbados y Belice.

Por su parte, la agrupación de países dolarizados ha mostrado, en promedio, una caída en la variación interanual de la base monetaria desde el primer trimestre de 2020 y en el tercer trimestre de ese año ha llegado a un decrecimiento que se ha mantenido en 2021. El hecho de que este grupo de países necesite un aumento en las divisas para poder expandir la base monetaria dificulta la posibilidad de impulsar una política monetaria más expansiva.

Para expandir la liquidez, los bancos centrales han recurrido a reducciones en las tasas de encaje legal y han realizado compras significativas de títulos en poder del sistema financiero. Por otra parte, el mayor financiamiento otorgado al sector público también ha significado un aumento considerable de los agregados monetarios.

En el caso de la República Bolivariana de Venezuela, que no se incluye en las agrupaciones antes mencionadas, las variaciones de la base monetaria se movieron en la dirección contraria al resto de la región, ya que desde 2019 la base monetaria del país se ha venido desacelerando para tratar de controlar el proceso hiperinflacionario que se enfrenta. Sin embargo, la base monetaria se mantiene creciendo a tasas interanuales superiores al 1.000%.

8. Los impulsos monetarios provocaron una caída de tasas de interés activas a lo largo de la región y una recuperación del crédito durante el segundo trimestre de 2020, pero este efecto se ha diluido en el tiempo

Las tasas de interés activas se redujeron para la gran mayoría de las economías de la región en 2020 respecto del nivel informado al cierre de 2019, y se han observado caídas en los promedios anuales de las tasas activas representativas en 23 de las 26 economías de las que se dispone de información. La reducción promedio fue de 2,4 puntos porcentuales, y solo en los casos del Ecuador, Suriname y Venezuela (República Bolivariana de) se registraron aumentos de las tasas activas. La situación cambió en los primeros cuatro meses de 2021 y las tasas activas se han incrementado en 14 economías de la región, con un alza promedio de 2,2 puntos porcentuales. Sin embargo, pese al aumento reciente que han registrado las tasas en algunos países, en 20 de 26 economías de las que se dispone de información los niveles de abril de 2021 se mantienen más bajos que los observados en diciembre de 2019.

Las medidas adoptadas por los gobiernos y los bancos centrales de la región para estimular el crédito tuvieron un impacto positivo sobre el crédito real al sector privado en el corto plazo. En el cuadro I.14 se observa cómo el crédito otorgado al sector privado mejoró la tasa de variación en el segundo o tercer trimestre de 2020 en 18 de las 25 economías de las que se cuenta con información. En nueve de esos casos, la tasa de crecimiento se aceleró en el segundo trimestre de 2020, respecto del crecimiento observado en el primer trimestre del mismo año. En siete casos, el crédito interno logró continuar creciendo en el segundo trimestre de 2020, aunque a tasas menores que en el trimestre previo. Para siete economías, si bien el crédito interno se contrajo en términos reales en el segundo trimestre de 2020, las tasas de contracción de dicho trimestre fueron inferiores a las observadas el trimestre anterior. De las economías incluidas en el cuadro I.14, solo en el caso de Suriname la contracción del crédito se acentúo en el segundo trimestre de 2020.

El cuadro I.14 también muestra cómo a partir del tercer trimestre de 2020 este impulso perdió fuerza, posiblemente a causa tanto de impulsos más bajos provenientes de los programas crediticios como de la menor capacidad o disposición de las empresas y personas naturales para seguir endeudándose ante la expectativa de una prolongación de la crisis. Es así como entre el primer y el segundo trimestre de 2021 se observan caídas del crédito real al sector privado en 15 países respecto de los mismos períodos de 2020. Solo Belice, el Brasil, Costa Rica, el Ecuador, El Salvador, el Paraguay, el Perú y Venezuela (República Bolivariana de) registran variaciones interanuales positivas para esta variable en los períodos señalados.

Cuadro I.14
América Latina y el Caribe (países seleccionados): variación interanual del crédito interno real al sector privado, primer trimestre de 2020 a segundo trimestre de 2021
(*En porcentajes*)

	2020				2021	
	Primer trimestre	Segundo trimestre	Tercer trimestre	Cuarto trimestre	Primer trimestre	Segundo trimestre
Argentina	-18,6	-11,7	-10,1	-3,6	-1,5	-7,7
Bahamas	-1,8	0,1	0,1	-2,4	-2,5	
Barbados	-5,0	-3,0	-1,6	-1,9	-3,3	-4,1
Belice	11,0	9,4	8,9	7,4	0,6	0,3
Bolivia (Estado Plurinacional de)	4,5	2,7	1,7	3,6		
Brasil	7,3	8,0	8,8	7,6	8,2	7,8
Chile	7,4	9,4	6,3	1,8	-0,9	
Colombia	6,2	8,3	7,4	1,1		
Costa Rica	-3,2	-0,9	2,1	2,3	2,2	
Ecuador	11,1	6,2	4,1	3,5	3,9	6,9
El Salvador	7,5	7,9	5,5	3,6	2,0	1,0
Guatemala	4,1	5,5	2,1	1,2	0,6	-0,3
Guyana	8,5	8,2	6,4	2,6	-0,3	0,1
Haití	-11,8	-11,6	-14,3	-20,5	-16,3	
Honduras	4,4	5,5	2,9	0,9	-0,3	
México	8,5	2,6	1,1	-3,1	-7,3	
Nicaragua	-15,8	-11,5	-9,9	-9,8	-10,0	
Panamá	2,7	4,7	2,7	0,8	-1,2	
Paraguay	5,1	4,7	6,8	6,2	6,5	7,6
Perú	6,3	10,8	13,8	12,0	8,5	9,3
República Dominicana	8,1	11,8	4,4	0,9	-2,4	-5,4
Suriname	-6,1	-21,8	-21,8	-17,2	-19,5	-11,0
Trinidad y Tabago	3,5	1,1	-0,4	-1,9	-1,9	
Uruguay	4,8	3,9	4,0	2,1	1,1	-0,2
Venezuela (República Bolivariana de)	-66,6	-45,3	-35,0	6,8	44,2	5,2

Fuente: Comisión Económica para América Latina y el Caribe (CEPAL), sobre la base de cifras oficiales.

Las menores tasas de interés activas y los programas de crédito condicionados y dirigidos a empresas se tradujeron en incrementos significativos en el crédito adquirido por los sectores industrial y comercial, que a partir del segundo trimestre de 2020 incrementaron su tasa de crecimiento (véase el gráfico I.54). Este aumento en el crédito no solo se destinó a mantener el flujo de caja y capital de trabajo, sino que también sirvió para el pago de deudas a proveedores y prestamistas, lo que podría explicar por qué el aumento en el crédito no se vio reflejado en un incremento del nivel de actividad.

Otro elemento para destacar del gráfico I.54 es la contracción que experimentó el crédito al consumo a nivel regional desde el tercer trimestre de 2020, lo que puede reflejar tanto la merma en el ingreso de los hogares, dado el importante deterioro de los mercados de trabajo, como la menor capacidad o disposición de aumentar el endeudamiento de las familias.

Gráfico I.54
América Latina y el Caribe (25 países): evolución del crédito industrial, comercial, hipotecario y al consumo, promedio de las tasas anualizadas, primer trimestre de 2018 a primer trimestre de 2021
(En porcentajes)

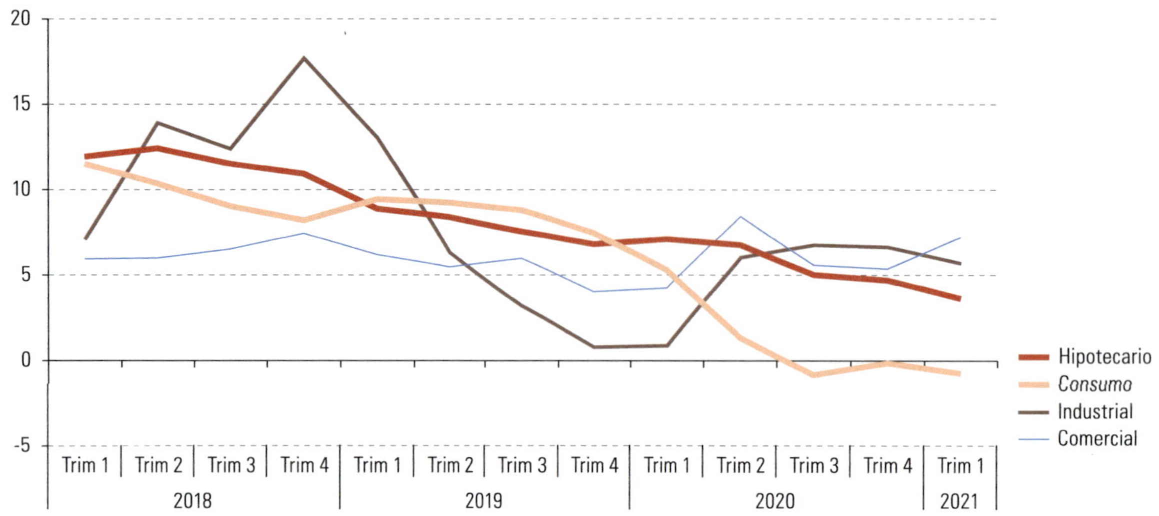

Fuente: Comisión Económica para América Latina y el Caribe (CEPAL), sobre la base de cifras oficiales.

9. En 2020, la mayor volatilidad de los mercados financieros internacionales se expresó en significativas fluctuaciones en los tipos de cambio de la región

Durante 2020 se incrementó la volatilidad de las cotizaciones de las monedas de la región respecto de la cotización del dólar, comportamiento que fue especialmente exacerbado en el primer semestre de 2020. En el gráfico I.55 se muestra un indicador semestral de la volatilidad cambiaria entre el primer semestre de 2015 y el primer semestre de 2021, medida como el promedio de la variación interdiaria (en valor absoluto). El indicador para el primer semestre de 2020 suele estar dentro de los mayores observados desde 2015. De hecho, es el mayor registrado en cinco países y está dentro del 25% más elevado en 12 de los 18 países considerados.

Gráfico I.55
América Latina y el Caribe (18 países): volatilidad del tipo de cambio nominal, promedio del valor absoluto de las variaciones diarias, primer semestre de 2015 a primer semestre de 2021
(En porcentajes)

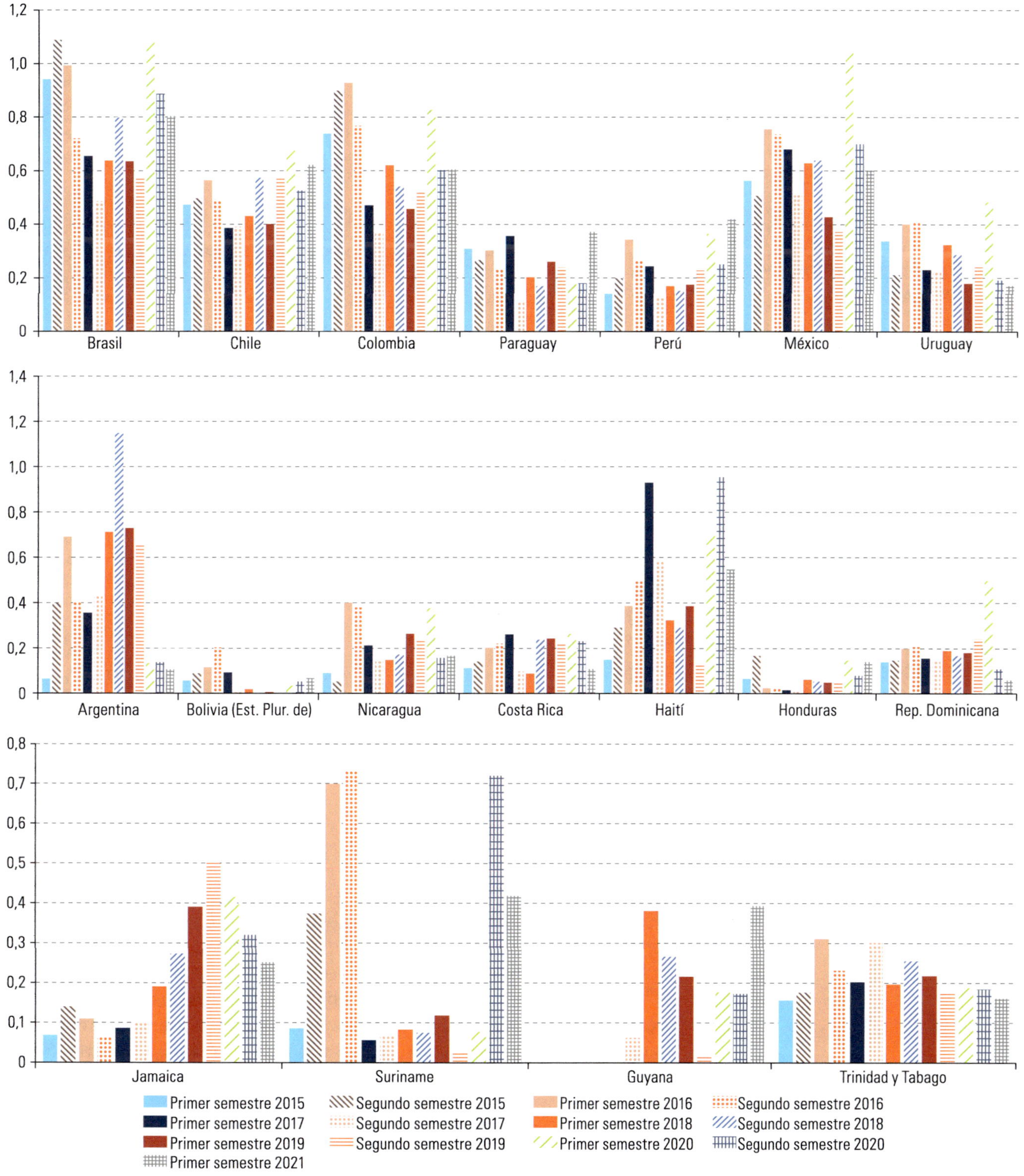

Fuente: Comisión Económica para América Latina y el Caribe (CEPAL), sobre la base de cifras oficiales.

En este contexto de mayor volatilidad cambiaria, un total de 14 economías de la región registraron depreciaciones de sus monedas en 2020, mientras que 5 registraron una apreciación. La mayor volatilidad se expresó en una dinámica intertrimestral del tipo de cambio muy variada durante 2020: 14 países de la región registraron depreciaciones en el primer trimestre de 2020, mientras que 10 países observaron apreciaciones durante el cuarto trimestre del año (véase el cuadro I.15). Se destacan los casos de las monedas del Brasil, Chile, Colombia y México, que durante el primer trimestre de 2020 promediaron una depreciación del 22,9%, mientras que en el cuatro trimestre de ese año registraron una apreciación del 9,3%. Un caso similar es el de la gourde haitiana, que mientras en el segundo trimestre de 2020 experimentó una depreciación del 16%, en el tercer trimestre de 2020 tuvo una apreciación del 39%.

Cuadro I.15
América Latina y el Caribe (países seleccionados): variación del tipo de cambio nominal respecto del dólar, primer trimestre de 2019 a segundo trimestre de 2021
(En porcentajes)

	Argentina	Brasil	Chile	Colombia	Paraguay	Perú	Jamaica	México	Nicaragua	Suriname	Guyana	Trinidad y Tabago	Uruguay	Costa Rica	Haití	Honduras	República Dominicana
Primer trimestre 2019	15,0	1,0	-2,1	-2,0	3,8	-1,5	-2,2	-1,1	0,8	0,3	-0,2	-0,1	3,3	-1,2	8,1	1,0	0,6
Segundo trimestre 2019	-1,9	-1,8	-0,1	0,7	0,1	-0,7	3,9	-1,1	2,0	-1,8	-0,8	-1,4	5,1	-2,8	11,5	0,1	0,5
Tercer trimestre 2019	35,6	8,0	7,4	8,3	2,9	2,3	-0,9	2,7	0,5	0,0	0,0	1,5	5,1	-0,4	2,5	0,5	3,0
Cuarto trimestre 2019	4,0	-3,2	3,3	-5,5	1,3	-1,7	1,7	-4,1	1,4	0,0	0,0	-0,2	1,1	-1,5	0,4	-0,3	1,1
Primer trimestre 2020	7,6	29,3	13,4	23,7	1,5	3,6	2,5	25,1	-0,2	0,8	0,9	-0,1	16,1	1,3	-1,2	0,5	3,0
Segundo trimestre 2020	9,4	5,0	-3,8	-7,6	3,9	3,2	3,6	-2,9	1,5	4,1	0,1	-0,3	-2,6	0,2	16,0	-0,1	6,5
Tercer trimestre 2020	8,1	2,6	-4,5	1,9	2,5	1,7	1,1	-3,8	0,5	71,6	-1,0	0,3	0,8	4,4	-39,0	-0,5	0,4
Cuarto trimestre 2020	10,5	-7,4	-9,4	-10,5	-1,1	0,4	0,2	-9,9	0,7	5,8	1,0	-0,1	-0,7	1,3	-6,7	-2,0	-0,5
Primer trimestre 2021	9,3	8,5	1,2	6,9	-8,7	3,5	2,8	2,6	0,1	0,2	0,4	0,1	4,7	-0,1	18,3	-0,2	-2,2
Segundo trimestre 2021	4,1	-11,8	2,1	2,5	7,0	3,3	3,4	-2,4	0,2	47,8	-0,4	0,2	-1,5	1,2	22,6	-0,6	0,3

Fuente: Comisión Económica para América Latina y el Caribe (CEPAL), sobre la base de cifras oficiales.

La volatilidad se ha mantenido elevada en 2021, y en tres países (Guyana, Paraguay y Perú), el indicador de volatilidad del primer semestre del año es el mayor del período analizado, mientras que en los casos de Chile y Honduras, el indicador de ese período está dentro del 25% más elevado observado en estos países. De igual forma, se han registrado depreciaciones de las monedas en 12 países, entre los que se destacan los casos de la Argentina, Colombia, Haití y Suriname, con depreciaciones mayores al 9%. Cuatro países registraron una apreciación de sus monedas en el primer semestre de 2021, y el Brasil y el Paraguay fueron los que presentaron las mayores apreciaciones en este período.

10. Desde el inicio de la crisis, el manejo de las reservas internacionales ha sido fundamental para preservar el espacio de la política monetaria y la estabilidad macrofinanciera de las economías de la región

En el contexto de crisis sanitaria y socioeconómica provocada por el COVID-19, y a fin de mantener el espacio para políticas expansivas, las autoridades monetarias de la región pusieron especial énfasis en el manejo de las reservas internacionales para responder de manera pragmática, flexible y rápida a posibles factores desestabilizadores que podrían acentuar la volatilidad cambiaria, impulsar una reversión en los influjos de capital o aumentar la posibilidad de crisis bancarias. Para ello, las autoridades monetarias decidieron fortalecer su posición de liquidez internacional, con lo que las reservas de la región se incrementaron un 4,6% durante 2020, es decir 39.318 millones de dólares en total.

En 2020, 22 de las 32 economías de las que se dispone de información registraron incrementos en sus reservas internacionales, con alzas superiores al 20% en 11 casos. Se destacan países como Barbados, el Ecuador y Panamá, cuyas reservas se incrementaron más de un 70% entre diciembre de 2019 y diciembre de 2020. Por otra parte, en diez países las reservas experimentaron una contracción, destacándose las caídas en siete de los países que emplean los agregados como principal instrumento de política monetaria y en los casos de Antigua y Barbuda, Bolivia (Estado Plurinacional de), Costa Rica y El Salvador, donde las reservas cayeron más del 18%.

El establecimiento de líneas de canje y líneas de liquidez con la Reserva Federal de los Estados Unidos y con instituciones financieras internacionales, así como las emisiones en los mercados voluntarios, fueron algunas de las herramientas empleadas para fortalecer la posición de activos externos de los países.

En lo que va de 2021, las autoridades de la región han tratado tanto de mantener el fortalecimiento de la posición de las reservas internacionales, como de realizar intervenciones en los mercados cambiarios para atenuar la volatilidad cambiaria. Así, en los primeros seis meses del año las reservas de la región crecieron un 0,7% (véase el gráfico I.56), con incrementos en 14 casos y aumentos mayores al 10% en los casos de Chile, Granada, Nicaragua, la República Dominicana y Suriname. En tanto, las reservas se contrajeron en 17 países, con caídas mayores al 10% en Bolivia (Estado Plurinacional de), el Ecuador y Santa Lucía.

Gráfico I.56

América Latina y el Caribe: evolución de las reservas internacionales brutas, 2015-2021[a]

(*En miles de millones de dólares*)

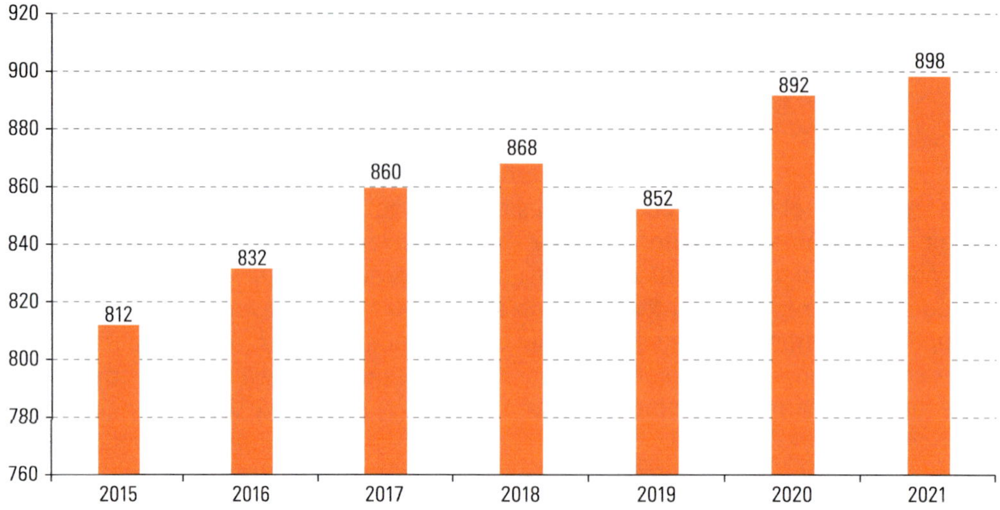

Fuente: Comisión Económica para América Latina y el Caribe (CEPAL), sobre la base de cifras oficiales.

[a] Información disponible al 30 de junio de 2021.

11. Las medidas macroprudenciales y de regulación de los flujos de capital se han convertido en uno de los principales instrumentos empleados por las autoridades monetarias de la región para atenuar los riesgos macrofinancieros derivados de la crisis sanitaria, respaldar la postura expansiva de la política económica y atenuar la volatilidad cambiaria

A comienzos de 2020, los bancos centrales tuvieron que hacer frente a episodios críticos de salidas masivas y repentinas de capitales, excesivas fluctuaciones en las monedas e incrementos de las primas por riesgo mientras debían evitar el colapso de la actividad económica. En tales circunstancias, las autoridades desplegaron un conjunto amplio de herramientas de política para preservar la estabilidad macroeconómica y financiera frente a la acumulación de altos riesgos que se gestaban en los sectores reales, financieros y externos de las economías de la región.

Como se muestra en el gráfico I.57, se han identificado 409 acciones de política específicas implementadas por las autoridades monetarias en la región durante 2020, de las cuales el 41% corresponde a herramientas macroprudenciales y de regulación de flujos de capital que complementaron las acciones en materia de acceso a líneas de liquidez de emergencia (27%) y de reducción de las tasas de interés (14%).

Frente a la percepción del mayor riesgo sistémico, las actuaciones macroprudenciales de los bancos centrales fueron esencialmente motivadas por un triple propósito: i) contrarrestar la tendencia procíclica de los créditos para respaldar los programas implementados en respuesta a la emergencia sanitaria y reactivar la economía; ii) consolidar la capacidad de préstamo de los intermediarios financieros mientras se preserve su solvencia, y iii) crear incentivos para que el sector bancario pueda cumplir su papel de intermediación financiera. Bajo esta óptica, las medidas macroprudenciales fueron implementadas de manera pragmática y flexible según las circunstancias específicas de cada país y en función de las herramientas disponibles, en un contexto en que el sistema bancario mostró ser resiliente.

Gráfico I.57
América Latina y el Caribe (22 países)[a]: composición de las medidas por áreas de intervención, 2020
(*En porcentajes*)

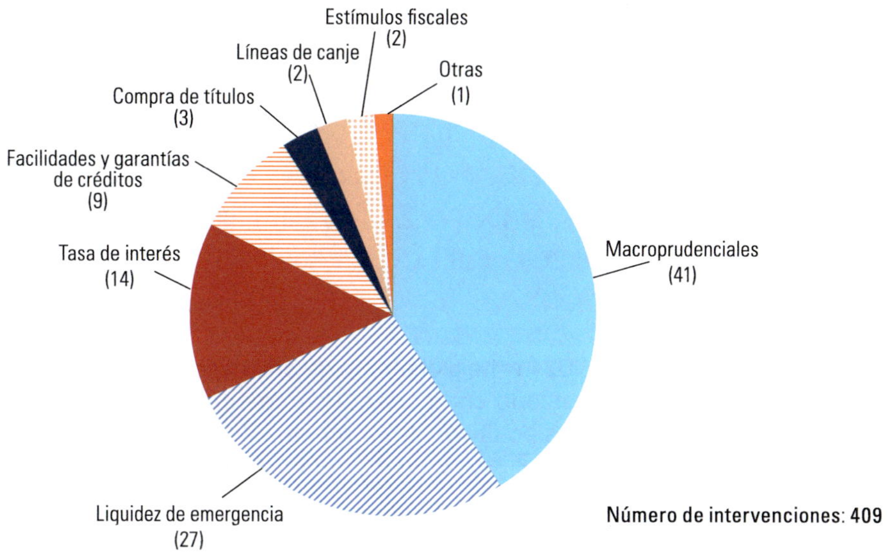

Fuente: Comisión Económica para América Latina y el Caribe (CEPAL), sobre la base de datos oficiales de los países y de "COVID-19 Financial Response Tracker Visualization (CFRTV)" [en línea] https://som.yale.edu/faculty-research-centers/centers-initiatives/program-on-financial-stability/covid-19-tracker.

Nota: No representa un conteo exhaustivo de las intervenciones de los bancos centrales. La categoría "otras" incluye intervenciones como garantías para préstamos, liquidez de mercado y garantías para depósitos.

[a] Antigua y Barbuda, Argentina, Barbados, Bolivia (Estado Plurinacional de), Brasil, Chile, Colombia, Costa Rica, Cuba, Ecuador, El Salvador, Guatemala, Guyana, Honduras, Jamaica, México, Paraguay, Perú, República Dominicana, Suriname, Uruguay y Venezuela (República Bolivariana de).

Por una parte, se adecuaron los respaldos (*buffer*) de capital previamente constituidos para suavizar el ciclo financiero de tal manera que las instituciones financieras pudieran absorber pérdidas e impedir que se restringiera la oferta de créditos como suele ocurrir en fases recesivas. En particular, se desactivaron respaldos de capital contracíclico, fijando el porcentaje requerido en el 0%, como, por ejemplo, en los casos del Brasil y Colombia.

Además, se hizo un uso ampliado de la flexibilidad de las normas macroprudenciales permitiendo a las entidades operar por debajo de los umbrales de los requisitos de capital y otras reservas de capital de naturaleza acíclicos, modificando incluso las ponderaciones de riesgo, y permitiendo no incluir ciertos créditos vinculados a los programas de apoyo en el cálculo de los requisitos de capital o en el límite de apalancamiento de los bancos. Se recurrió en ciertas ocasiones a la liberación de provisiones dinámicas o se procedió a una suspensión de distribución de dividendos o de aumento de salarios de los gestores de entidades financieras.

Asimismo, se acentuaron las medidas para acrecentar la liquidez de las instituciones financieras, como los cambios relacionados a los encajes legales según distintas modalidades —en términos de tasa, moneda local o divisas, o en función de depósitos específicos, entre otros— o relacionados al coeficiente de cobertura de liquidez. Según la naturaleza de los riesgos percibidos, se mantuvieron medidas para la regulación de los flujos de capital, por ejemplo, en el mercado cambiario, para no inducir mayores perturbaciones en la posición de las reservas internacionales. Por último, se aplicaron diferentes modalidades con respecto al tratamiento del riesgo de crédito, como la reprogramación de créditos, la modificación de criterios relativos a la clasificación de personas deudoras, entre otros, a fin de no ponderar en mayor medida las provisiones de las entidades financieras.

F. Perspectivas para América Latina y el Caribe en 2021 y 2022

1. La proyección de crecimiento de 2021 para América Latina y el Caribe se ha revisado al alza, a un 5,9%, y para 2022 se proyecta una desaceleración del crecimiento, que llegaría al 2,9%

La dinámica de crecimiento en 2021 refleja el efecto de una base de comparación baja por la caída de 2020 y de un marcado componente de arrastre estadístico (véase el recuadro I.3), junto con los efectos positivos del contexto internacional y de la gradual apertura de las economías y la flexibilización de las medidas de distanciamiento físico.

El crecimiento del 5,9% proyectado para 2021 (véase el gráfico I.58) no será suficiente para recuperar el nivel de 2019. La dinámica y la persistencia del crecimiento de 2021 hacia adelante están sujetas a las incertidumbres derivadas de los avances desiguales en los procesos de vacunación y la capacidad de los países para revertir los problemas estructurales detrás de la baja trayectoria de crecimiento que exhibían antes de la pandemia.

Gráfico I.58
América Latina y el Caribe (33 países): proyección de la tasa de crecimiento del PIB, 2021
(En porcentajes)

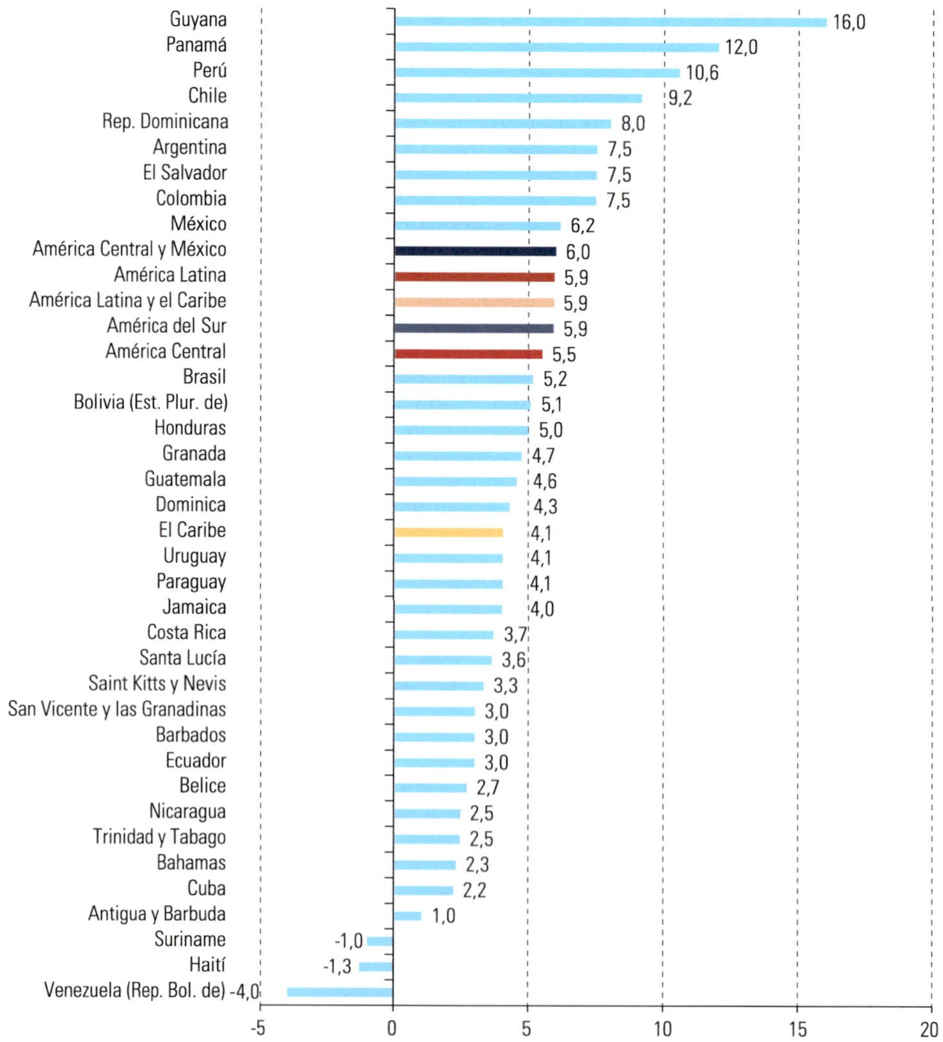

Fuente: Comisión Económica para América Latina y el Caribe (CEPAL), sobre la base de cifras oficiales.

Recuadro I.3
América del Sur: crecimiento anual del PIB real, efecto de arrastre estadístico en comparación con la dinámica

El crecimiento anual del PIB real se puede descomponer en dos partes: el efecto arrastre estadístico y la dinámica.

El efecto arrastre estadístico en un año específico es la tasa de crecimiento del PIB resultante de una situación en la que el nivel del PIB de todos los trimestres de ese año crece a una tasa del 0% por trimestre. Este concepto se calcula con el PIB real trimestral desestacionalizado, igualando el nivel del último trimestre del año anterior a todos los trimestres del año en curso. En consecuencia, se crea un año en el que todos los trimestres permanecen al mismo nivel que el cuarto trimestre del año anterior. Por tanto, existe una situación de crecimiento trimestral nulo y todo el crecimiento respecto del año anterior proviene del crecimiento que se arrastra del cuarto trimestre de ese año anterior.

La dinámica, por su parte, corresponde a la diferencia que se produce entre la tasa anual de crecimiento del PIB menos el efecto arrastre estadístico.

El grafico 1 muestra la evolución del arrastre estadístico y la dinámica en América del Sur para el período 2007-2021.

Gráfico 1
América del Sur: descomposición de la tasa de crecimiento, arrastre estadístico en comparación con la dinámica, 2007-2021[a]
(En porcentajes)

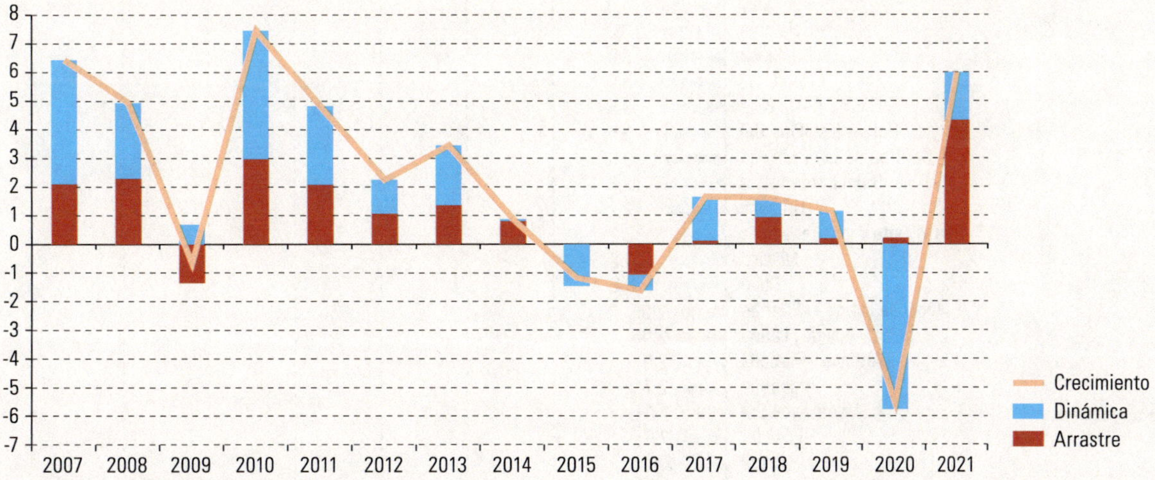

Fuente: Comisión Económica para América Latina y el Caribe (CEPAL).
Nota: No incluye la República Bolivariana de Venezuela. Las tasas de crecimiento son promedios ponderados.
[a] Las tasas de crecimiento de 2021 son proyecciones.

América del Sur entró un período de bajo crecimiento en 2014. Cuando se compara el período 2007-2013 y 2014-2019, tanto la contribución del efecto arrastre estadístico como la de la dinámica disminuyeron de manera importante. El promedio del efecto arrastre y la dinámica fue del 1,5% y el 2,6%, respectivamente, en 2007-2013, y solo de un 0,2% en ambos casos en 2014-2019.

Cuando se comparan las dos crisis mundiales que ocurrieron en el período 2007-2021, es decir la crisis financiera mundial y la crisis del COVID-19, se observan diferencias pronunciadas. Ambas provocaron una caída del PIB de la región, en 2009 y 2020, respectivamente, aunque mucho más significativa en este último año. Aparte de la diferencia en el tamaño de la crisis, el arrastre estadístico negativo en 2009 confirma el hecho de que la región ya venía sufriendo los efectos de la crisis desde la segunda mitad del año anterior. Por otra parte, el resultado positivo de la dinámica en 2009 muestra la recuperación relativamente rápida en el caso de América del Sur. La crisis económica provocada por la pandemia muestra una imagen diferente. La región tenía un arrastre levemente positivo en 2020 pero una dinámica sumamente negativa.

Además, con respeto a la recuperación en el año siguiente, se observa una dinámica mayor en 2010 (4,5%) en comparación con la dinámica proyectada para 2021 (1,7%). Por otra parte, se estima una contribución del efecto arrastre al crecimiento en 2021 (4,3%) mayor a la observada en 2010 (3,0%). Las diferencias observadas en la recuperación entre ambas crisis reflejan la complejidad y heterogeneidad de la situación sanitaria interna que actualmente enfrentan las economías de la región. A pesar de las condiciones externas favorables (véase el capítulo sobre contexto internacional y sector externo), también presentes en 2010, las condiciones internas limitan la recuperación en la dinámica de la región.

Fuente: Comisión Económica para América Latina y el Caribe (CEPAL).

Para 2022, se proyecta para América Latina y el Caribe una disminución de la tasa de crecimiento, que llegaría al 2,9% en promedio. América del Sur crecería un 2,6%, mientras que Centroamérica y México crecerían un 3,5% y el Caribe un 7,8% (véase el gráfico I.59).

Gráfico I.59
América Latina y el Caribe (33 países): proyección de la tasa de crecimiento del PIB, 2022
(En porcentajes)

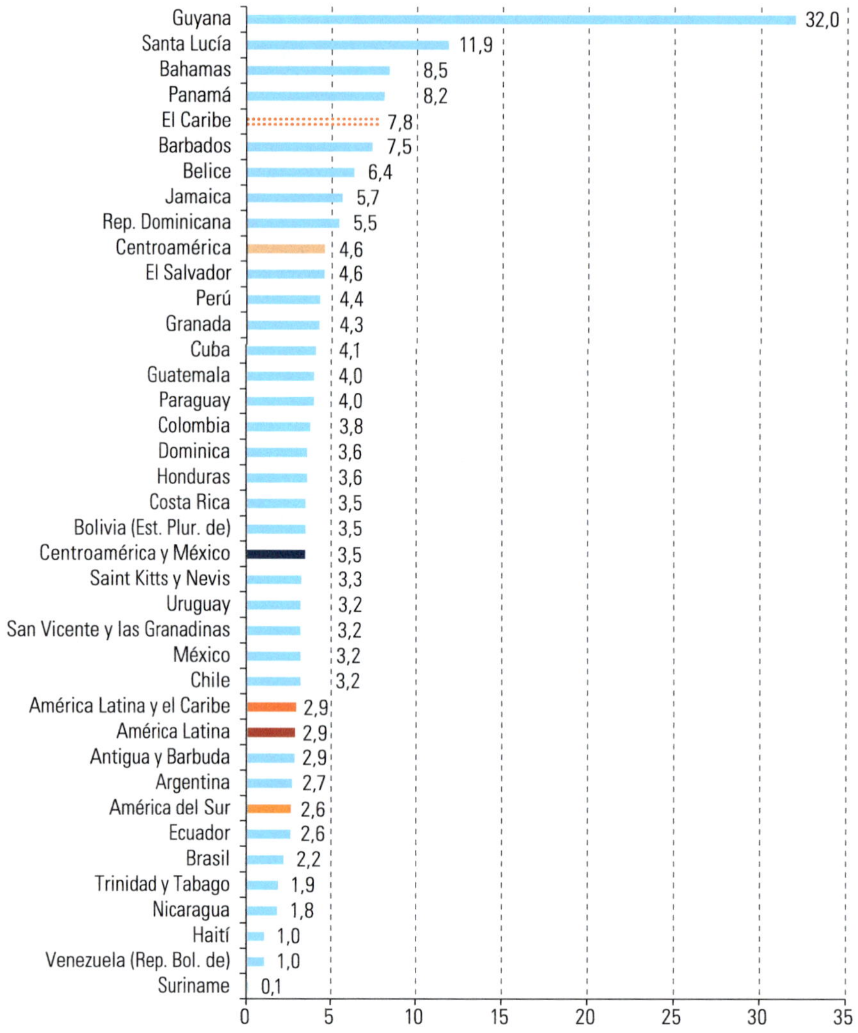

Fuente: Comisión Económica para América Latina y el Caribe (CEPAL), sobre la base de cifras oficiales.

A nivel de componentes del gasto, el consumo privado es el que más impulsa el crecimiento del PIB tanto este año 2021 como en 2022. A él corresponde más de la mitad del incremento de la actividad económica. En mucha menor medida se encuentra la contribución del consumo público, ya que, a pesar del conjunto de medidas fiscales de emergencia sin precedentes que han implementado los Gobiernos de la región, muchas de estas corresponden a numerosos programas de transferencia monetarias directas a los hogares cuyos efectos contablemente se registran como aumento del consumo privado.

La dinámica de la inversión se incrementará gracias a la reactivación de la construcción y al inicio de proyectos que habían sido suspendidos tanto por la incertidumbre sobre el futuro como por la necesidad que tuvieron las empresas de dar respuesta a problemas de financiamiento. La reactivación de la demanda interna, junto con el restablecimiento de la cadena de abastecimiento, incrementará los niveles de importación de bienes y servicios, deteriorados en 2020 tanto por el choque de demanda como de oferta que sufrió la región.

Por último, después de desplomarse en 2020, las exportaciones de la región aportarán positivamente al crecimiento del PIB tanto en 2021 como en 2022, con niveles de contribución similares a los de la inversión. La expansión de las exportaciones se explicaría tanto por la recuperación de la demanda extrarregional como intrarregional dada la mayor actividad económica a nivel mundial (véase el gráfico I.60).

Gráfico I.60
América Latina: tasa de variación del PIB y contribución de los componentes del gasto al crecimiento, 2008-2022[a]
(En porcentajes)

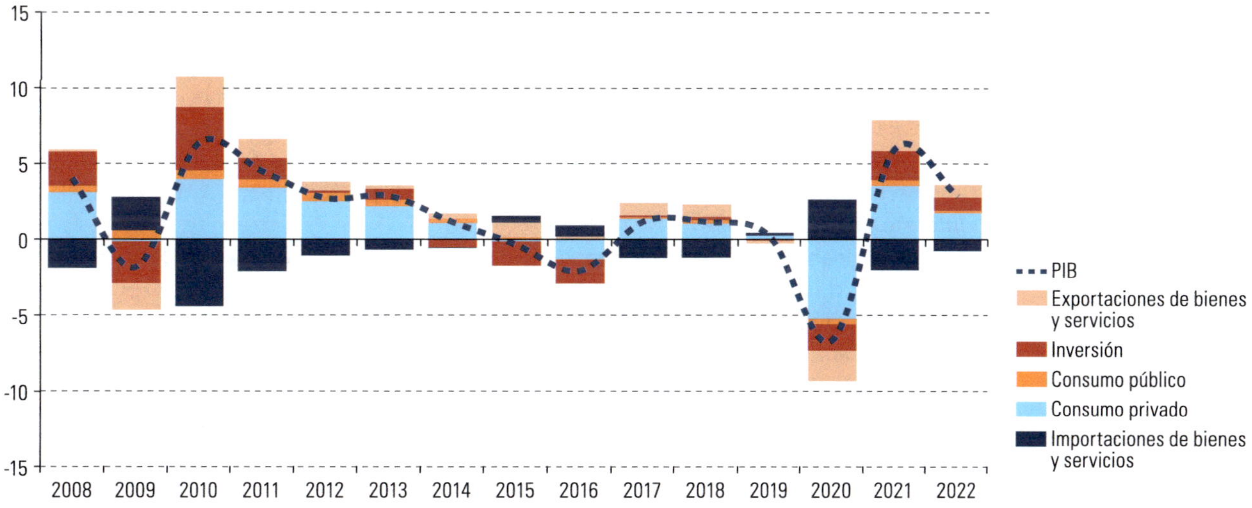

Fuente: Comisión Económica para América Latina y el Caribe (CEPAL), sobre la base de cifras oficiales.
[a] Los datos de 2021 corresponden a proyecciones.

Después de 2022, nada permite anticipar que la dinámica de bajo crecimiento previa a la crisis vaya a cambiar. Los problemas estructurales que limitaban el crecimiento de la región antes de la pandemia se agravaron y afectarán negativamente la actividad económica y los mercados laborales más allá del repunte del crecimiento de 2021 y 2022 (CEPAL, 2021b).

Bibliografía

Banco Central de las Bahamas (2021), *Quarterly Economic Review: March 2021*, vol. 30, N° 1, Nassau.

Banco Central de Reserva del Perú (2021), *Reporte de inflación: panorama actual y proyecciones macroeconómicas 2021-2022*, Lima, junio.

Banco de la Reserva Federal de St. Louis (2021), Federal Reserve Economic Data (FRED) [base de datos en línea] https://fred.stlouisfed.org/.

Banco Mundial (2021), Indicadores del Desarrollo Mundial [base de datos en línea] https://databank.bancomundial.org/source/world-development-indicators.

___(2020), "El Banco Mundial prevé la mayor caída de remesas de la historia reciente", 22 de abril [en línea] https://www.bancomundial.org/es/news/press-release/2020/04/22/world-bank-predicts-sharpest-decline-of-remittances-in-recent-history.

BCE (Banco Central Europeo) (2021), "Balance consolidado del Eurosistema a 31 de diciembre de 2020" [en línea] https://www.ecb.europa.eu/pub/annual/balance/html/ecb.eurosystembalancesheet2020~0da47a656b.es.html.

BIP (Banco de Pagos Internacionales) (2021a), Global Liquidity Indicators [base de datos en línea] https://www.bis.org/statistics/gli.htm.

___(2021b), Debt Security Statistics [base de datos en línea] https://www.bis.org/statistics/secstats.htm?m=6%7C33%7C615.

___(2019), "Monetary policy frameworks in EMEs: inflation targeting, the exchange rate and financial stability", *BIS Annual Economic Report 2019*, Ginebra.

Capital Economics (2021a), "Recovery in world trade continues, for now", 25 de junio [en línea] https://www.capitaleconomics.com/clients/publications/global-economics/global-trade-monitor/recovery-in-world-trade-continues-for-now/.

___(2021b), "Rising risks to supply of agriculturals", *Commodities Weekly Wrap*, 23 de abril [en línea] https://research.cdn-1.capitaleconomics.com/c0edd3/rising-risks-to-supply-of-agriculturals.pdf.

___(2021c), "Coffee prices to get a kick from vaccine rollouts", 28 de enero [en línea] https://www.capitaleconomics.com/publications/commodities-overview/commodities-update/coffee-prices-to-get-a-kick-from-vaccine-rollouts/.

Carvallo, P. y otros (2018), "Metodología para la construcción de un indicador adelantado de flujos de capitales para 14 países de América Latina", *serie Macroeconomía del Desarrollo*, N° 198 (LC/TS.2018/120), Santiago, Comisión Económica para América Latina y el Caribe (CEPAL).

CEPAL (Comisión Económica para América Latina y el Caribe) (2021a), *Panorama Fiscal de América Latina y el Caribe, 2021* (LC/PUB.2021/5-P), Santiago.

___(2021b), "La paradoja de la recuperación en América Latina y el Caribe. Crecimiento con persistentes problemas estructurales: desigualdad, pobreza, poca inversión y baja productividad", *Informe Especial COVID-19*, N° 11, Santiago, julio.

___(2021c), "Financiamiento para el desarrollo en la era de la pandemia de COVID-19 y después: prioridades de América Latina y el Caribe en la agenda de políticas mundial en materia de financiamiento para el desarrollo", *Informe Especial COVID-19*, N° 10, Santiago, marzo.

___(2021d), *Capital flows to Latin America and the Caribbean: first four months of 2021* (LC/WAS/TS.2021/5), Santiago.

___(2021e), *Panorama Social de América Latina, 2020* (LC/PUB.2021/2-P), Santiago.

___(2020), *Estudio Económico de América Latina y el Caribe, 2020* (LC/PUB.2020/12-P), Santiago.

CEPAL/OIT (Comisión Económica para América Latina y el Caribe/Organización Internacional del Trabajo) (2021), "Trabajo decente para los trabajadores de plataformas en América Latina", *Coyuntura Laboral en América Latina y el Caribe*, N° 24 (LC/TS.2021/71), Santiago.

Chui, M., E. Kuruc y P. Turner (2018), "Leverage and currency mismatches: non-financial companies in the emerging markets", *The World Economy*, vol. 41, N° 12, febrero.

___(2016), "A new dimension to currency mismatches in the emerging markets - non-financial companies", *BIS Working Papers*, N° 550, Basilea, Banco de Pagos Internacionales (BIP).

Clarida, R., B. Duygan-Bump y C. Scotti (2021), "The COVID-19 crisis and the Federal Reserve's policy response", *Finance and Economics Discussion series*, N° 2021-035, Washington D.C., Junta de Gobernadores de la Reserva Federal.

CountryRisk.io (2021), "Sovereign Risk" [en línea] https://www.countryrisk.io/platform.

Credit Suisse Research Institute (2021), *Global Wealth Report 2021*, Zurich.

DIPRES (Dirección de Presupuestos) (2021a), "Boletín de Ejecución Presupuestaria Mensual: a mayo de 2021", Ministerio de Hacienda [en línea] https://www.dipres.gob.cl/598/articles-229556_doc_pdf_boletin.pdf.

___(2021b), *Informe de Finanzas Públicas: primer trimestre 2021*, Santiago.

___(2021c), "Informe de Ejecución del Gobierno Central: segundo trimestre 2021", julio [en línea] https://www.dipres.gob.cl/598/articles-221801_doc_pdf_Presentacion_IT.pdf.

El-Erian, M. (2021), "Ensuring a stronger and fairer global recovery", 2 de abril [en línea] https://www.project-syndicate.org/commentary/policies-for-rapid-inclusive-sustainable-global-recovery-by-mohamed-a-el-erian-2021-04.

FMI (Fondo Monetario Internacional) (2021a), *Fiscal Monitor: A Fair Shot*, Washington, D.C., abril.

___(2021b), "Los directores ejecutivos del FMI debaten una nueva asignación de DEG de USD 650.000 millones para reforzar las reservas y contribuir a la recuperación mundial tras la COVID-19", *Comunicado de Prensa*, N° 21/177, 23 de marzo [en línea] https://www.imf.org/es/News/Articles/2021/03/23/pr2177-imf-execdir-discuss-new-sdr-allocation-us-650b-boost-reserves-help-global-recovery-covid19.

___(2021c), World Economic Outlook Database, abril [en línea] https://www.imf.org/en/Publications/WEO/Issues/2021/03/23/world-economic-outlook-april-2021.
___(2021d), "Kristalina Georgieva, Directora Gerente del FMI, celebra el apoyo del Directorio Ejecutivo a una nueva asignación de DEG por USD 650.000 millones", *Comunicado de Prensa*, N° 21/208, 9 de julio [en línea] https://www.imf.org/es/News/Articles/2021/07/08/pr21208-imf-managing-director-kristalina-georgieva-executive-board-backing-new-us650b-sdr-allocation.
___(2021e), "Recessions and recoveries in labor markets: patterns, policies, and responses to the COVID-19 shock", *World Economic Outlook: Managing Divergent Recoveries*, Washington, D.C., abril.
___(2020), *Global Financial Stability Report: Bridge to Recovery*, Washington, D.C., octubre.
Harris, J. y F. Vivanco (2021), "¿Hay razones para el optimismo en las remesas a América Latina y el Caribe?", Banco Interamericano de Desarrollo (BID), 8 de abril [en línea] https://blogs.iadb.org/migracion/es/hay-razones-para-el-optimismo-en-las-remesas-a-america-latina-y-el-caribe/.
Hofmann, B., I. Shim y H. S. Shin (2020), "Emerging market economy exchange rates and local currency bond markets amid the COVID-19 pandemic", *BIS Bulletin*, N° 5, Basilea, Banco de Pagos Internacionales (BIP), abril.
IIF (Instituto de Finanzas Internacionales) (2021a), "Global Debt Monitor: chipping away at the mountain?", 13 de mayo [en línea] https://www.iif.com/Portals/0/Files/content/Global%20Debt%20Monitor_May2021_vf.pdf.
___(2021b), "Global Debt Monitor: COVID drives debt surge—stabilization ahead?", 17 de febrero [en línea] https://www.iif.com/Portals/0/Files/content/Global%20Debt%20Monitor_Feb2021_vf.pdf.
Junta de Gobernadores de la Reserva Federal (2020), "2020 Statement on Longer-Run Goals and Monetary Policy Strategy" [en línea] https://www.federalreserve.gov/monetarypolicy/review-of-monetary-policy-strategy-tools-and-communications-statement-on-longer-run-goals-monetary-policy-strategy.htm.
Maldonado Gonzáles, R., J. Harris y F. Vivanco (2021), "La pandemia del COVID19 y las remesas a Latinoamérica y el Caribe en 2020", *Notas de Remesas*, N° 4, Centro de Estudios Monetarios Latinoamericanos (CEMLA).
Maurizio, R. (2021), "Transitando la crisis laboral por la pandemia: hacia una recuperación del empleo centrada en las personas", s*erie Panorama Laboral en América Latina y el Caribe 2021*, Organización Internacional del Trabajo (OIT).
Ministerio de Economía (2021), "Resultado fiscal - Mayo 2021", 22 de junio [en línea] https://www.argentina.gob.ar/noticias/resultado-fiscal-mayo-2021.
Ministerio de Economía y Finanzas (2021a), *Reporte Fiscal Trimestral: Seguimiento de las Reglas Macrofiscales*, Lima.
___(2021b), "La ejecución de la inversión pública alcanzó los S/15 776 millones al primer semestre manteniendo los récord mensuales durante el 2021", 1 de julio [en línea] https://www.gob.pe/institucion/mef/noticias/503741-la-ejecucion-de-la-inversion-publica-alcanzo-los-s-15-776-millones-al-primer-semestre-manteniendo-los-record-mensuales-durante-el-2021.
Ministerio de Finanzas, Planificación Económica y Tecnología de la Información (2021), "Summary of fiscal operations of the central government of St. Vincent and the Grenadines for the period ended March 31, 2021" [en línea] http://finance.gov.vc/finance/images/PDF/Publications/GOSVG_Fiscal_for_Publication_Mar_2021.pdf.
Ministerio de Hacienda y Crédito Público (2021), *Informe de Finanzas Públicas: I Trimestre 2021*, Managua.
Minsky, H. (1986), *Stabilizing an Unstable Economy*, New Haven, Yale University Press.
Naciones Unidas (2021), *Liquidity and Debt Solutions to Invest in the SDGs: The Time to Act is Now*, Nueva York, marzo.
OIT (Organización Internacional del Trabajo) (2021), *Observatorio de la OIT: la COVID-19 y el mundo del trabajo*, séptima edición, 25 de enero.
___(2020), *Informe Mundial sobre los Salarios 2020-2021*: *los salarios y el salario mínimo en tiempos de la COVID-19*, Ginebra.
OMC (Organización Mundial del Comercio) (2021), "El comercio mundial listo para una recuperación sólida, aunque desigual, después de la pandemia de COVID-19", *Comunicado de Prensa*, N° 876, 31 de marzo [en línea] https://www.wto.org/spanish/news_s/pres21_s/pr876_s.htm.

OMT (Organización Mundial del Turismo) (2021), *World Tourism Barometer*, vol. 19, N° 3, mayo.
Pazos, F. (1991), "La inflación crónica en América Latina", *Medio siglo de política económica latinoamericana*, tomo III, F. Pazos, Caracas, Academia Nacional de Ciencias Económicas.
PNUD (Programa de las Naciones Unidas para el Desarrollo) (2021), "Honduras y México unen fuerzas para combatir la evasión fiscal", 9 de junio [en línea] https://www.hn.undp.org/content/honduras/es/home/presscenter/articles/2021/honduras-y-mexico-unen-fuerzas-para-combatir-la-evasion-fiscal.html.
SAT (Servicio de Administración Tributaria) (2021), "Administración General de Grandes Contribuyentes: Plan Maestro de Operación 2021" [en línea] https://www.gob.mx/cms/uploads/attachment/file/617610/AGGCH_Plan_Maestro_Presentacion_Camaras.pdf.
Secretaría Federal de Impuestos Internos (2021), *Análise da Arrecadação das Receitas Federais: Junho/2021*, Brasilia, junio.
SII (Servicio de Impuestos Internos) (2021), "SII focaliza acciones en segmentos con mayor impacto tributario y alto riesgo de incumplimiento para recaudar más de US$ 2.350 millones en 2021", 5 de marzo [en línea] https://www.sii.cl/noticias/2021/050321noti01aav.htm.
SIN (Servicio de Impuestos Nacionales) (2021), *Ecos Tributarios*, N° 5-1, mayo [en línea] https://www.impuestos.gob.bo/ckeditor/plugins/imageuploader/uploads/4586c7a39f.pdf.
Taliercio, R. (2021), "Sesión 1: Mesa de Diálogo 'Cambios en la Economía mundial y los desafíos de las Instituciones de Desarrollo ante la Pandemia COVID-19'", presentación efectuada en los Encuentros Virtuales de Economistas Jefe de la Banca de Desarrollo: Desafíos de la Banca de Desarrollo en la Reactivación Económica y el Impulso Regional frente a la Pandemia del COVID-19, 6 y 8 de abril [en línea] https://www.alide.org.pe/wp-content/uploads/2021/04/Robert-Taliercio_sesi%C3%B3n-1.pdf.
Taylor, L. y otros (2012), "Fiscal deficits, economic growth and government debt in the USA", *Cambridge Journal of Economics*, vol. 36, N° 1, Oxford University Press.
Wolf, M. (2021), "A windfall for poor countries is within reach", *Financial Times*, 1 de junio.

Dinámica laboral y políticas de empleo para una recuperación sostenible e inclusiva más allá de la crisis del COVID-19

Introducción

Esta segunda parte del *Estudio Económico, 2021* consta de cuatro capítulos. En el primero (capítulo II del documento), se examinan las repercusiones de la crisis generada por el COVID-19 en los mercados laborales de la región y se hace una comparación con la trayectoria histórica de esos mercados. Se contrastan las reacciones del mercado de trabajo en la actualidad con la dinámica exhibida en otros episodios de crisis (sistémicas o específicas) para comparar las dimensiones de crisis anteriores y de la crisis actual, y también para caracterizar los procesos de recuperación de la actividad económica en esos episodios y el desempeño que mostró el mercado de trabajo.

En el segundo capítulo (capítulo III del documento) se describe el impacto desigual de la pandemia en la situación laboral de mujeres y jóvenes. Si bien estos grupos suelen ser los perdedores principales y tradicionales de las crisis económicas, algunas peculiaridades de la actual crisis los ha hecho más vulnerables. Las políticas de recuperación deben tomar en consideración especialmente a estos grupos para generar mercados laborales más resilientes.

En el tercer capítulo (capítulo IV del documento) el objetivo es analizar las perspectivas de los mercados laborales regionales en un contexto de profundas transformaciones tecnológicas, económicas y sociales, y poner de relieve los desafíos políticos correspondientes. Se examinan los riesgos y las oportunidades que provienen de la introducción de las nuevas tecnologías, así como los desafíos y las características del trabajo relacionado con plataformas digitales y el teletrabajo. En el capítulo se pone el énfasis en la necesidad de desarrollar políticas destinadas a mitigar los riesgos de que aumente la desigualdad (brechas digitales y precarización laboral) debido a estas transformaciones.

Por último, en el cuarto capítulo (capítulo V del documento) se analizan las políticas laborales implementadas desde el inicio de la crisis y los desafíos de política para una recuperación transformadora con empleo decente. Los mercados laborales se encuentran en una difícil situación como consecuencia de la informalidad, la baja productividad y las nuevas tendencias que pueden comprometer la generación de puestos de trabajo. En este capítulo se hace hincapié en la importancia de las políticas integradas, que incluyan políticas fiscales monetarias destinadas a promover la demanda y el apoyo a las empresas, y políticas industriales y laborales activas que fomenten el empleo de calidad y el aumento de la productividad. En este sentido, se señala la relevancia de apoyar a las microempresas y pequeñas y medianas empresas (mipymes) como eje central de la estrategia para preservar el empleo, dinamizar el mercado laboral e incrementar la productividad media de las economías de la región.

CAPÍTULO II

Impacto de la crisis del COVID-19 en los mercados de trabajo en América Latina y el Caribe: una comparación con crisis anteriores

Introducción

Este segundo capítulo del *Estudio Económico de América Latina y el Caribe, 2021* tiene varios propósitos. En primer lugar, se busca contextualizar la magnitud de los efectos de la crisis de la pandemia de enfermedad por coronavirus (COVID-19) sobre los mercados laborales de la región y mostrar que, pese a que la pandemia afectó a todas las economías del mundo, América Latina y el Caribe fue, indudablemente, la región que experimentó la mayor contracción del PIB y del empleo.

Esta crisis tiene un carácter muy diferente a otras que se han producido en el pasado reciente. Las crisis anteriores, en general, habían sido crisis de demanda, por lo que afectaban de manera relativamente similar a todos los sectores productivos. Esta vez también existió un componente de demanda importante en un principio, cuando la crisis sanitaria aún no se había extendido en América Latina y el Caribe. Sin embargo, cuando la crisis llegó a los países de la región, rápidamente comenzó un choque de oferta sin precedentes. La pandemia, junto con las medidas administrativas adoptadas para combatirla, ha dañado de manera muy heterogénea diversos sectores de las economías y ha afectado los mercados de trabajo como ninguna otra crisis lo había hecho en la historia de la región. Diferentes sectores económicos se han visto perjudicados con distintos grados de intensidad y, por lo tanto, han mostrado un comportamiento muy diferenciado, lo cual ha significado cambios tanto en los niveles de empleo de la región como en su composición.

En segundo lugar, este documento muestra que, en 2020, los mercados laborales de la región experimentaron un choque sin precedentes, con caídas históricas en los niveles de ocupación y participación, e incrementos igualmente históricos en las tasas de desocupación. Si bien los Gobiernos de América Latina y el Caribe han impulsado políticas fiscales y monetarias expansivas para mitigar los efectos de la crisis, la magnitud y la persistencia del choque han hecho que la región experimente la mayor contracción del PIB de los últimos 100 años, y una caída del empleo no vista desde 1950, año desde el que existe información al respecto. En 2020, en la región se observó un marcado retroceso de la participación laboral, que la llevó a cifras similares a las observadas al comienzo de la década de los noventa. Por su parte, en el mismo período, la tasa de desocupación escaló a niveles que no se registraban desde 1990, pese a que la masiva salida de personas de la fuerza de trabajo amortiguó el impacto de la crisis sobre este indicador.

En tercer lugar, este capítulo contribuye a mostrar cómo la crisis ha aumentado la desigualdad en la región, afectando más gravemente a las mujeres y a los jóvenes, tanto por la misma crisis como por las secuelas que pueden experimentar los mercados laborales a mediano plazo. Por ejemplo, la caída de la participación femenina registrada durante 2020 pone fin al crecimiento de esta variable que se venía observando desde 1990, y que había permitido reducir la brecha de género en los niveles de participación. La salida significativa de las mujeres del mercado laboral refleja la gran carga que recae sobre ellas en lo que se refiere a las labores de cuidado en el hogar (de niños, ancianos y enfermos), que se intensificó en tiempos de pandemia —debido, entre otras cosas, al cierre de escuelas—, y la elevada concentración del empleo femenino en las actividades que más se han restringido durante la pandemia (comercio y turismo), tema que se tratará más a fondo en el capítulo III de esta publicación.

En cuarto lugar, en este capítulo se pretende identificar los factores condicionantes del proceso de recuperación poscrisis en los mercados laborales de la región. En este sentido, se muestra cómo la crisis llegó en un momento en que el crecimiento del empleo se había reducido significativamente. También se plantea que la crisis, dada su dimensión, podría acelerar cambios estructurales que ya venían produciéndose en los mercados laborales de América Latina y el Caribe, algunos de los cuales están vinculados a las transformaciones tecnológicas, como se abordará en el capítulo IV. En general, estos cambios en el mercado de trabajo podrían implicar una mayor subutilización y precarización de la fuerza de trabajo en la región, que en principio podría explicar por qué la actividad económica ha recuperado sus niveles precrisis más rápido de lo que se ha recuperado el número de ocupados. Pero el impacto heterogéneo en los sectores productivos, la magnitud de la crisis y los elementos de riesgo sanitario inherentes a cada sector son factores que incidirán en el proceso de recuperación e imprimirán distintas velocidades de recuperación factibles a los diferentes sectores; es decir, que afectarán la evolución de la estructura económica y del cambio estructural pospandemia.

Este segundo capítulo del *Estudio Económico* de 2021 se estructura de la siguiente manera. En la sección A, se describen los principales efectos de la crisis del COVID-19 en los mercados laborales de la región y se hace hincapié en sus repercusiones sobre el número de ocupados, la tasa de participación laboral y la tasa de desocupación, tanto a nivel agregado como a nivel de los principales sectores productivos. La sección B muestra el proceso de recuperación de los mercados laborales que se ha observado después del fuerte impacto registrado en el segundo trimestre de 2020. Se destaca en esta parte que, a diferencia de lo que sucedió en crisis anteriores, en la presente, el número de ocupados se ha recuperado más lentamente que el producto. Asimismo, se plantea un posible escenario preocupante en el cual los mercados laborales podrían tender hacia un nuevo equilibrio con un menor grado de utilización de la fuerza de trabajo (y, en consecuencia, crecientes tasas de desocupación) y hacia sistemas que impliquen una mayor precarización del empleo. Por último, en la sección C se ofrecen algunas reflexiones finales sobre el contenido del capítulo y se plantea la necesidad de impulsar políticas que permitan crear un nuevo futuro pos-COVID-19 en la región mediante una recuperación transformadora del desarrollo, con mayor igualdad y sostenibilidad (CEPAL, 2020a).

A. En 2020, el COVID-19 desencadenó la mayor crisis que han experimentado los mercados laborales de América Latina y el Caribe desde 1950

Como la Comisión Económica para América Latina y el Caribe (CEPAL) ha documentado en ocasiones anteriores (CEPAL, 2020b, 2020c y 2021), en 2020 la pandemia de COVID-19 provocó la mayor contracción de la actividad económica que ha experimentado América Latina y el Caribe en más de un siglo, con una caída del 6,8% del PIB regional y del 7,7% del PIB per cápita regional. Pero esta crisis también ha afectado de manera significativa el comportamiento de los mercados laborales de la región: ese mismo año se registraron una contracción del número de ocupados del 9,0%, una caída de la tasa de participación global de 4,9 puntos porcentuales y un aumento de la tasa de desempleo de 2,5 puntos porcentuales[1].

[1] Las estimaciones para 2020 se efectuaron a partir de la información publicada por los siguientes países: Argentina, Belice, Bolivia (Estado Plurinacional de), Brasil, Chile, Colombia, Costa Rica, Ecuador, Honduras, Jamaica, México, Nicaragua, Panamá, Paraguay, Perú, República Dominicana y Uruguay.

1. A nivel mundial, los mercados laborales de América Latina y el Caribe fueron los más afectados por la crisis generada por el COVID-19

Si bien la economía mundial se vio afectada por esta crisis en 2020, no existen dudas de que la región fue la que registró la mayor contracción de la actividad y del empleo (véase el gráfico II.1). Existen diversas razones que pueden justificar la gravedad con que la crisis afectó a América Latina y el Caribe[2], pero la magnitud de la crisis sanitaria y las históricas limitaciones estructurales de la zona indudablemente se han conjugado para causar grandes estragos en las economías de la región.

Gráfico II.1
Mundo y regiones seleccionadas: variación del PIB y del número de ocupados, 2020
(En porcentajes)

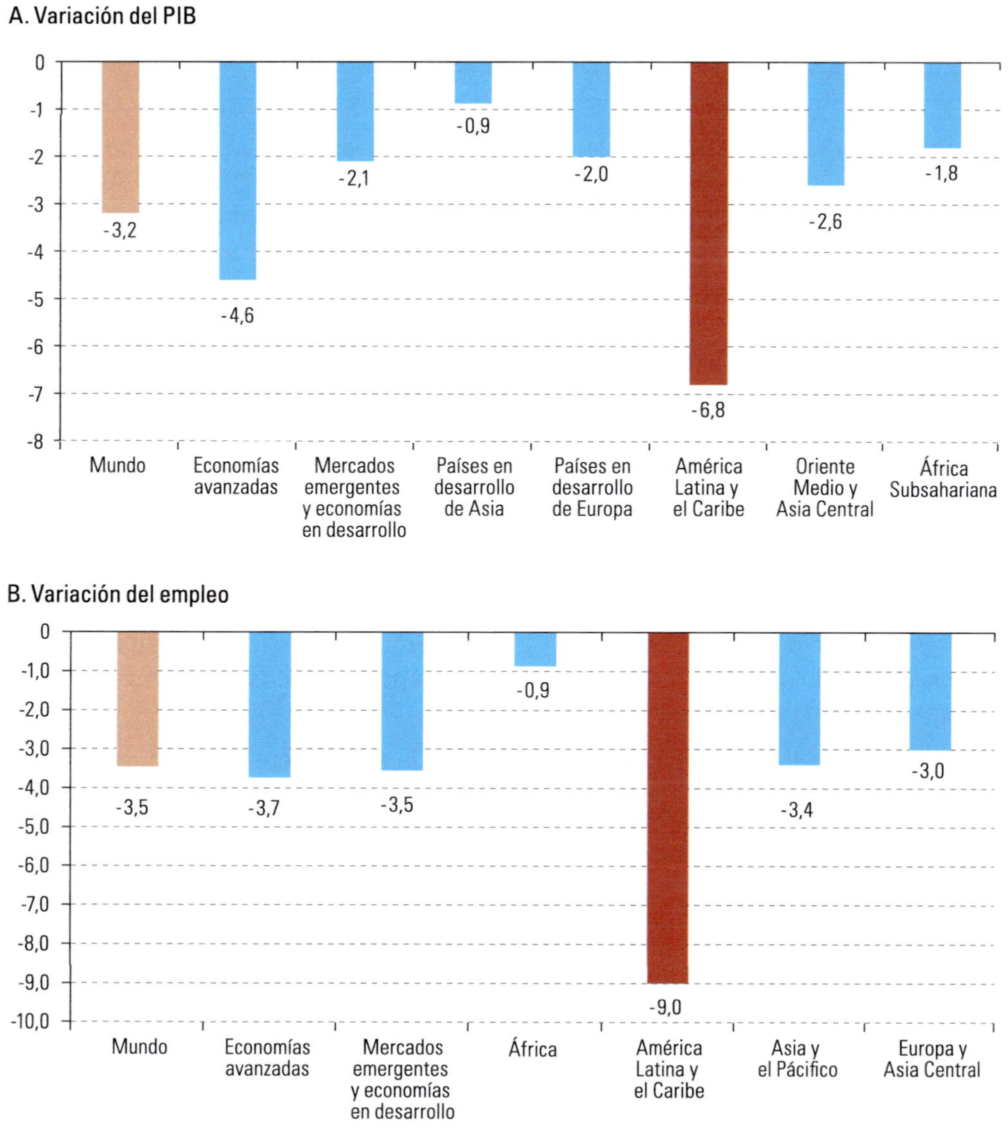

Fuente: Fondo Monetario Internacional (FMI), *World Economic Outlook Update*, julio de 2021 [en línea] https://www.imf.org/-/media/Files/Publications/WEO/2021/Update/July/English/text.ashx; Organización Internacional del Trabajo (OIT), *World Employment and Social Outlook: Trends 2021*, Ginebra, 2021 y Comisión Económica para América Latina y el Caribe (CEPAL), sobre la base de cifras oficiales.

2 En CEPAL (2021) se muestra que, a 28 de junio de 2021, más de 1.260.000 personas habían muerto en América Latina y el Caribe a causa del COVID-19, lo que equivale a un 32% del total de muertes a nivel mundial, a pesar de que la población de la región representa solo un 8,4% de la población mundial.

Asimismo, la severidad de las medidas de restricción de la movilidad adoptadas en muchas de las economías de la región para enfrentar la pandemia ha conllevado interrupciones en el desarrollo de las actividades productivas más largas que en otros lugares, donde las medidas han sido menos estrictas o se han flexibilizado más temprano. Por otro lado, hay que señalar que las vulnerabilidades estructurales de la región pueden haber disminuido el impacto de los diversos programas de estímulos fiscales y monetarios que se han adoptado para paliar los efectos de la crisis (CEPAL, 2020a).

2. La crisis del COVID-19 afectó a la región en un momento de bajo crecimiento del empleo y desencadenó la primera contracción del número de ocupados desde 1950[3]

Diversos estudios muestran que la región es una de las de mayor volatilidad real a nivel mundial (Gavin y Haussman, 1996; Céspedes y Poblete, 2011; CEPAL, 2009), pues presenta fluctuaciones del PIB continuas y pronunciadas y tiene grandes limitaciones para sostener las fases expansivas del ciclo del producto (Hausmann, Pritchett y Rodrik, 2005; Perez-Caldentey y Pineda, 2010; Titelman, Perez-Caldentey y Carvallo, 2013).

Como resultado de esta elevada volatilidad, los mercados laborales de la región también suelen experimentar importantes fluctuaciones, con episodios de aceleración y desaceleración del crecimiento del empleo, las cuales guardan estrecha relación con las fluctuaciones experimentadas por la actividad económica, especialmente en episodios de carácter sistémico.

Pero, sin duda alguna, la crisis que se ha generado a causa de la pandemia ha sido la más significativa que se ha documentado en la región —dado que ha causado la primera contracción del número de ocupados en las economías de América Latina y el Caribe en más de siete décadas— y la crisis más generalizada de su historia (al menos desde 1950), ya que ha afectado simultáneamente a todos los países que, hasta el momento, han proporcionado datos de 2020.

En el gráfico II.2 se muestra la evolución de la tasa de crecimiento del nivel de ocupados desde 1951, y se aprecia en toda su magnitud la dimensión del choque que ha supuesto la crisis del COVID-19 en los mercados laborales de América Latina y el Caribe[4].

En primer lugar, en el gráfico es posible apreciar la trayectoria que ha exhibido la tasa de crecimiento de los niveles de ocupación de la región en las últimas siete décadas. Destaca el hecho de que, hasta la década de 1970, dicha tasa exhibió una tendencia al alza, lo que se explica fundamentalmente por el crecimiento demográfico y la mayor participación. Sin embargo, ha tendido a descender desde la década de 1980[5].

3 Información disponible desde ese año.

4 Para la elaboración de este indicador, entre 1950 y 1989, se ha empleado la información contenida en las Penn World Table, versión 10.0, y, para el período 1990-2021, se ha empleado información recopilada a partir de fuentes nacionales y estimaciones propias.

5 Weller (1998) destaca que el crecimiento observado en la década de los noventa fue insatisfactorio, en especial, a la luz de las diversas reformas introducidas en la región en ese período y el mayor crecimiento económico que se observó.

Gráfico II.2
América Latina y el Caribe: variación de las tasas de crecimiento de los niveles de ocupación y promedios por décadas, 1951-2020
(En porcentajes)

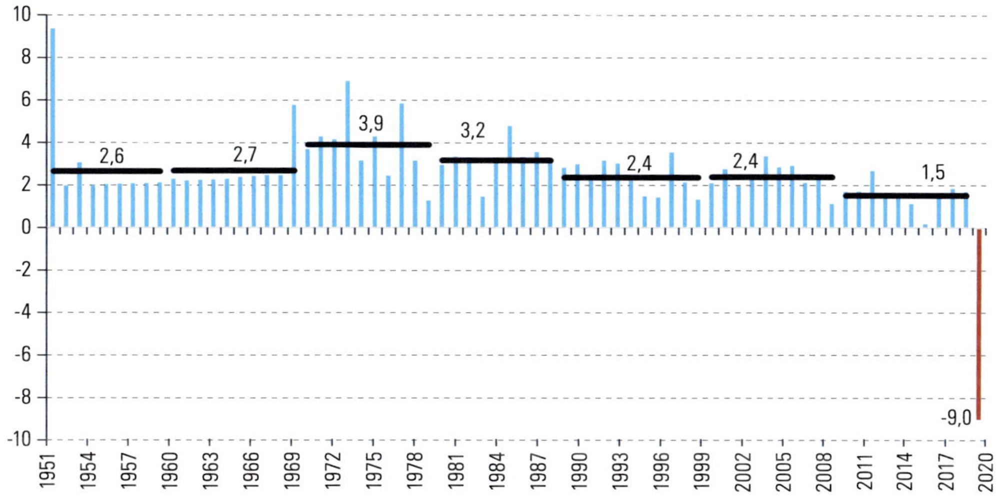

Fuente: Comisión Económica para América Latina y el Caribe (CEPAL), sobre la base de Universidad de Groningen, Penn World Table [base de datos en línea] https://www.rug.nl/ggdc/productivity/pwt/, y cifras oficiales.

Un segundo elemento destacable es que la década de 2010 es la que exhibe el menor crecimiento promedio del nivel de ocupados desde 1950 (un 1,5%), lo que sugiere que la crisis del COVID-19 llegó a la región en un momento de baja generación de empleo. En el cuadro II.1, se muestra la evolución de la relación entre el número de ocupados y la población total, lo que permite apreciar que la capacidad de generación de empleos de la economía, más allá del crecimiento poblacional, es menor en la década de 2010 que en la década de 2000, y es una de las menores desde la década de 1970[6].

Cuadro II.1
América Latina y el Caribe: variación de la relación del número de ocupados respecto a la población total, 1950-2019
(En porcentajes)

	Crecimiento acumulado por década	Tasa de crecimiento anual promedio
1950-1959	-6,7	-0,7
1960-1969	-3,3	-0,3
1970-1979	14,7	1,4
1980-1989	10,5	1,0
1990-1999	3,9	0,4
2000-2009	12,3	1,2
2010-2019	5,5	0,5

Fuente: Comisión Económica para América Latina y el Caribe (CEPAL), sobre la base de Universidad de Groningen, Penn World Table [base de datos en línea] https://www.rug.nl/ggdc/productivity/pwt/, y cifras oficiales.

Un tercer elemento que cabe destacar sobre la evolución de los niveles de ocupación (véase el gráfico II.2) es que, pese al menor dinamismo que había exhibido el crecimiento regional del número de ocupados, esta variable nunca se había contraído desde 1950; los niveles de ocupación regional solo disminuyen a partir de la crisis del COVID-19.

6 Este indicador permitiría corregir la variación del número de ocupados segun la variación de la población, por lo que un aumento de este indicador mostraría que el número de ocupados está creciendo a un ritmo mayor que el del crecimiento de la población; es decir, que la capacidad de generar empleos de una economía va más allá del crecimiento demográfico.

3. La crisis provocada por el COVID-19 ha sido la más generalizada que ha experimentado la región en las últimas siete décadas

Otro elemento que es preciso subrayar es que la crisis registrada en los mercados laborales en 2020 no solo ha sido la mayor en términos de magnitud, sino también la más generalizada en términos del número de países de la región que han registrado una reducción simultánea de sus niveles de ocupación. En el gráfico II.3, se puede apreciar el número de países que han experimentado una contracción de los niveles de ocupación entre 1950 y 2020 en la región.

Gráfico II.3
América Latina y el Caribe: países que han experimentado una caída en los niveles de ocupación, 1951-2020
(En número de países)

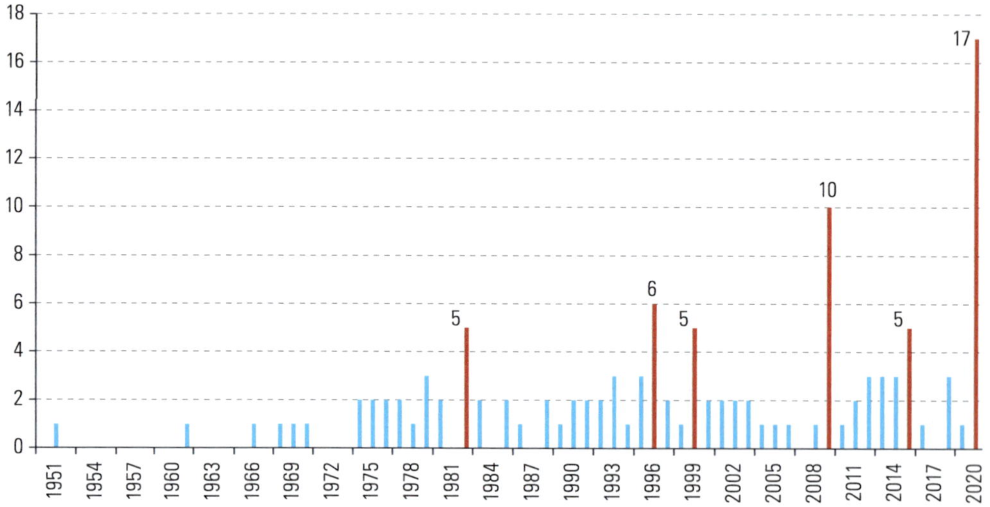

Fuente: Comisión Económica para América Latina y el Caribe (CEPAL), sobre la base de Universidad de Groningen, Penn World Table [base de datos en línea] https://www.rug.nl/ggdc/productivity/pwt/, y cifras oficiales.

En el gráfico se observa que el número de países que experimentan una caída en los niveles de ocupación suele incrementarse en episodios de crisis "sistémicas"[7], y que la crisis de las hipotecas de alto riesgo había sido la de mayores repercusiones en los niveles de ocupación de la región hasta 2020. En 2009, estos se habían contraído en 10 economías de la región, con una caída promedio de un 0,7%. En 2020, las 17 economías sobre las que se dispone de datos hasta el momento registraron caída del número de ocupados que promedió el 9,0%.

4. Si bien la caída de la actividad ha sido generalizada, las mayores contracciones se han registrado en aquellas áreas donde se concentra el empleo

Durante 2020, la actividad económica de la región se vio afectada negativamente en todos los sectores productivos, lo cual refleja, por un lado, interrupciones en las cadenas productivas, y por otro, restricciones impuestas tanto a la movilidad de las personas como

7 Para los fines de este documento, consideramos los mismos episodios de crisis sistémicas establecidos en Titelman, Pérez-Caldentey y Pineda (2009), es decir, la crisis mexicana (1994-1995), la crisis asiático-rusa (1997- 1999) y la crisis argentina (2001-2002). Además, añadimos a los mencionados episodios la crisis de las hipotecas de alto riesgo (2008-2009) y la crisis griega (2015-2016).

al normal funcionamiento de ciertos establecimientos de venta y producción de bienes no considerados esenciales. Esta situación provocó choques de magnitud y duración heterogénea en los distintos sectores productivos. Sin embargo, los sectores que registraron el mayor retroceso de la actividad —es decir, construcción (−14,3%), transporte y comunicaciones (−12,3%), comercio, hoteles y restaurantes (−10,0%), industria manufacturera (−7,0%) y servicios comunales, sociales, personales y otros (−5,4%)— son también aquellos donde se concentra la mayor proporción del total de ocupados (71,4%).

En el gráfico II.4, el panel A muestra la evolución trimestral del PIB sectorial durante los años 2019 y 2020, mientras que el panel B muestra la evolución sectorial del empleo. En este gráfico se evidencia la fuerte interrelación sectorial que ha existido entre el empleo y el producto durante 2020. Allí se aprecia cómo ambas variables reflejaron la mayor contracción en el segundo trimestre de 2020 y cómo se inició el proceso de recuperación a partir del tercer trimestre de 2020, cuando comenzaron las aperturas parciales de las economías.

Gráfico II.4
América Latina: tasa de crecimiento interanual del valor agregado y número de ocupados por sector de actividad económica, primer trimestre de 2019 a cuarto trimestre de 2020
(En porcentajes)

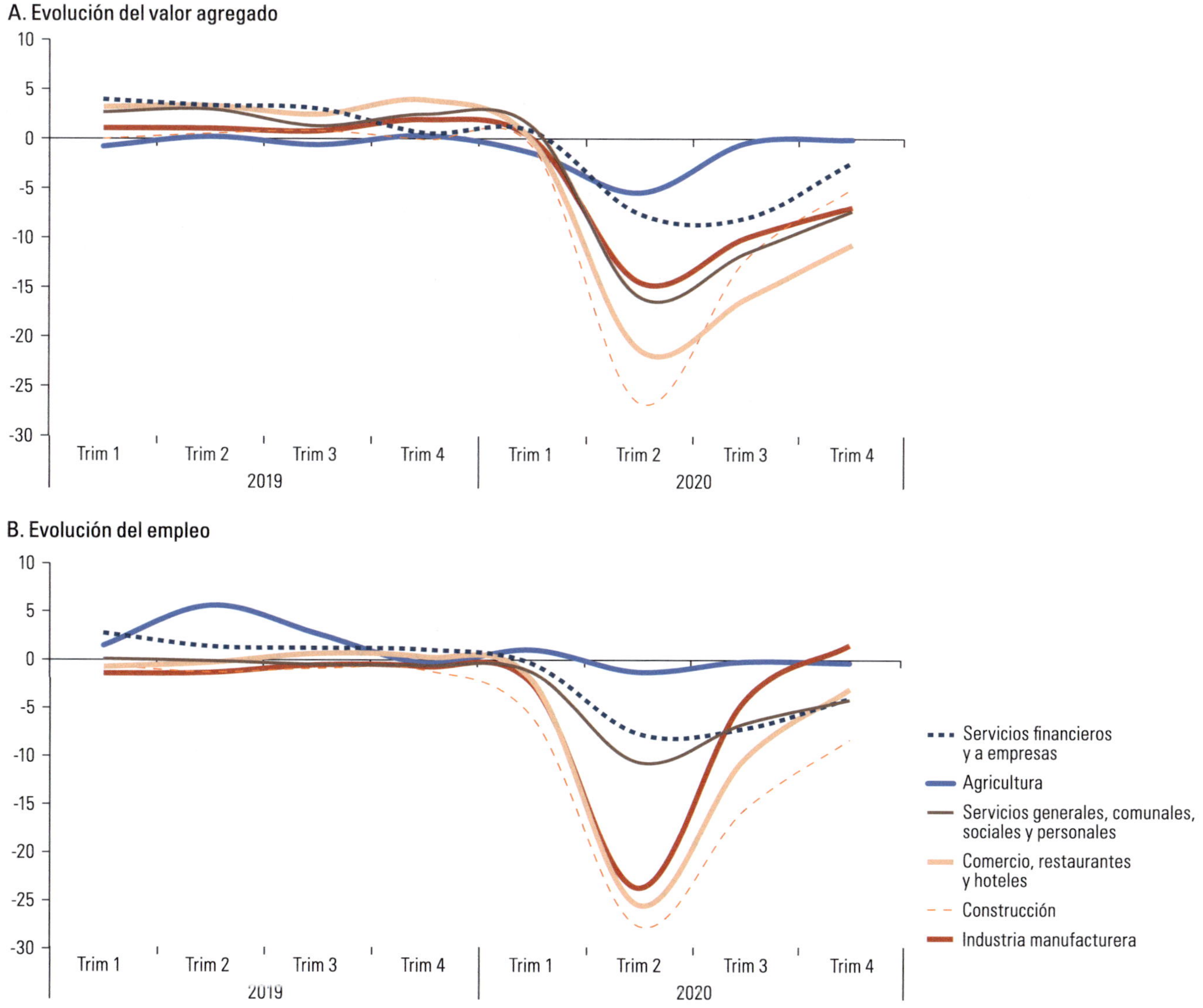

Fuente: Comisión Económica para América Latina y el Caribe (CEPAL), sobre la base de cifras oficiales.

Un segundo hecho que destaca en el gráfico es que, en algunos sectores de actividad, como la agricultura y los servicios financieros y a empresas, las caídas registradas en los niveles de ocupación durante el segundo trimestre del año son superiores a las contracciones observadas en el producto. Por último, también cabe subrayar que, en sectores como la industria manufacturera; comercio, restaurantes y hoteles, y servicios generales, comunales, sociales y personales, las tasas de crecimiento durante la recuperación del empleo han tendido a ser más bajas que las del PIB.

5. La crisis del COVID-19 y las restricciones adoptadas para combatir la propagación del virus provocaron una fuerte caída de los niveles de participación

Una de las principales características de la crisis desencadenada por el COVID-19, que la diferencia de crisis anteriores, fue la simultaneidad de los choques de oferta y de demanda que afectaron a las economías de la región (CEPAL, 2020c). Con respecto al choque de oferta, destacan las restricciones a la movilidad de las personas y al funcionamiento de ciertas actividades consideradas como no esenciales que se establecieron para evitar la propagación del virus.

Como consecuencia de dichas restricciones, un elevado número de personas salió de la fuerza de trabajo, lo cual indujo otro de los cambios históricos de los mercados laborales de la región en 2020: la fuerte caída de la tasa global de participación promedio de la región[8]. En el gráfico II.5, que muestra la evolución de la tasa global de participación entre 1990 y 2020, se aprecia, en primer lugar, el rápido crecimiento que experimentó dicha tasa entre 1990 y 1999, con un notorio aumento de más de 12 puntos porcentuales de la participación femenina. Un segundo elemento destacable es que, si bien la participación siguió en ascenso, el ritmo de crecimiento disminuyó de manera significativa entre 2000 y 2019, con un aumento de 3,2 puntos porcentuales. Un tercer elemento que cabe mencionar es que la crisis del COVID-19 ha supuesto un retroceso de 30 años en lo que respecta a la tasa global de participación de América Latina y el Caribe, dado que la cifra de 2020 (57,7%) es la más baja que se ha registrado en la región desde 1991 (58,0%).

Gráfico II.5
América Latina y el Caribe: tasa global de participación, 1990-2020[a]
(En porcentajes)

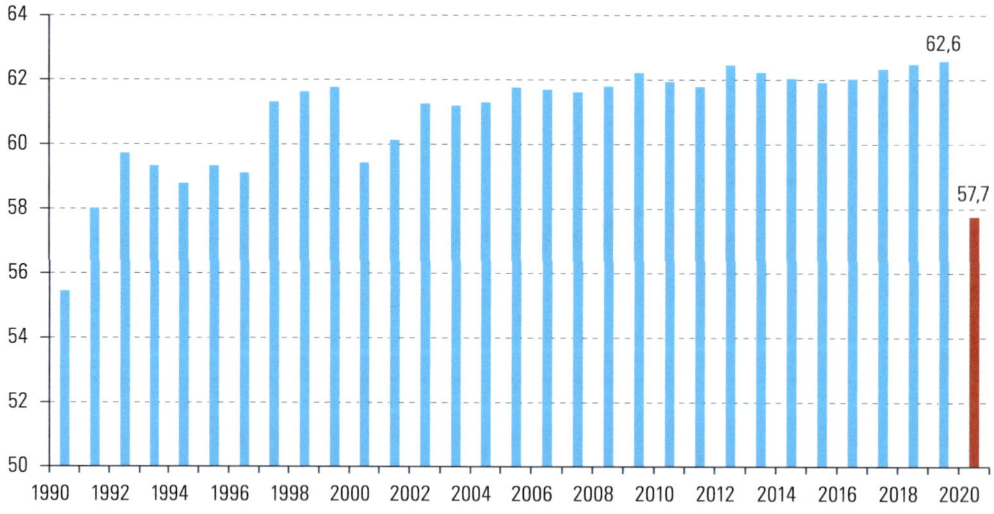

Fuente: Comisión Económica para América Latina y el Caribe (CEPAL), sobre la base de cifras oficiales.
[a] Las estimaciones para 2020 se efectuaron a partir de la información proporcionada por los siguientes países: Argentina, Belice, Bolivia (Estado Plurinacional de), Brasil, Chile, Colombia, Costa Rica, Ecuador, Honduras, Jamaica, México, Nicaragua, Panamá, Paraguay, Perú, República Dominicana y Uruguay.

8 Es el cociente entre la población económicamente activa y la población en edad de trabajar.

La caída de la tasa global de participación conllevó una gran reducción de la tasa de participación femenina, que la llevó a niveles similares a los observados en 2001, mientras que, en el caso de los hombres, los niveles observados al cierre de 2020 eran inferiores a los de 1990. En el capítulo III de esta segunda parte del *Estudio Económico*, se abordará con mayor detalle el impacto de la crisis en el mercado laboral femenino.

6. En 2020, la tasa de desocupación regional alcanzó su nivel más elevado desde 1990

La crisis del COVID-19 también provocó un incremento de la tasa de desocupación regional en 2020. Esta alcanzó el 10,5%, la más elevada que se ha registrado en la región desde 1990. Si bien la tasa de desocupación había mostrado una tendencia al alza desde 2014, cuando alcanzó el 6,1%, no había llegado a los niveles registrados entre 1999 y 2001, cuando superaba el 9% (véase el gráfico II.6).

Gráfico II.6
América Latina y el Caribe: tasa de desocupación, 1990-2020[a]
(En porcentajes)

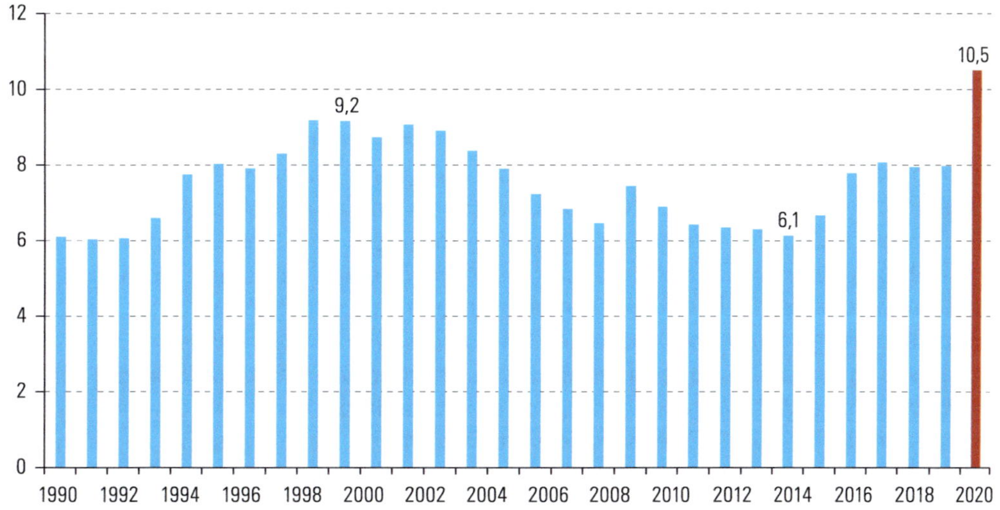

Fuente: Comisión Económica para América Latina y el Caribe (CEPAL), sobre la base de cifras oficiales.
[a] Las estimaciones para 2020 se efectuaron a partir de la información proporcionada por los siguientes países: Argentina, Belice, Bolivia (Estado Plurinacional de), Brasil, Chile, Colombia, Costa Rica, Ecuador, Honduras, Jamaica, México, Nicaragua, Panamá, Paraguay, Perú, República Dominicana y Uruguay.

Es preciso mencionar que la fuerte caída registrada en la tasa global de participación, equivalente a 4,9 puntos porcentuales, provocó una "subestimación" de la tasa de desocupación, pues, de no haberse producido la salida de cerca de 20 millones de personas del mercado laboral en América Latina y el Caribe, y de haberse observado niveles de participación similares a los de 2019, como podía suponerse por la trayectoria reciente de la tasa (véase el gráfico II.5), la tasa de desocupación de 2020 hubiese sido de un 17,3%, es decir, 6,9 puntos porcentuales superior al valor observado.

7. A diferencia de lo ocurrido en crisis anteriores, el empleo informal no actuó como amortiguador en el mercado laboral, sino que, por el contrario, experimentó mayores fluctuaciones que el empleo formal

Entre los sectores más afectados por la crisis del COVID-19 en las economías de la región, destaca el empleo informal[9], el cual, de acuerdo con la OIT (2018), representa cerca de un 50% del total de los ocupados en América Latina y el Caribe. Si bien esta proporción es significativamente menor que la de otras regiones emergentes, es más del doble de la que exhiben las economías desarrolladas[10].

En la bibliografía existente sobre el tema, hay consenso con respecto al hecho de que la participación del empleo informal en el empleo total ha tendido a reducirse en la región, especialmente desde la década de 2000. Esta situación responde al mejor desempeño macroeconómico que ha experimentado la región, al menos en parte, durante este período. Por otra parte, la caída del empleo informal puede reflejar las políticas dirigidas a incrementar la formalización del empleo con el objetivo de ampliar la base imponible de impuestos, así como la cobertura de los sistemas de protección social de los trabajadores en la región (OIT, 2018; Kluger, 2019; David, Pienknagura y Roldos, 2020).

Otro hecho que se describe en buena parte de los trabajos referidos a la región, como los de Loayza y Rigolini (2006), Fiess, Fugazza y Maloney (2010), Amarante y Gómez (2016) y Fernández (2020), es la existencia de una correlación negativa entre el ciclo del producto y el ciclo del empleo informal, lo que parece indicar que, en momentos de crisis económicas, el empleo informal actúa como un amortiguador en el mercado de trabajo. El gráfico II.7 muestra la evolución del número de ocupados en seis países de la región de los que se cuenta con cifras desagregadas de ocupados formales e informales, y que, además, experimentaron una contracción del PIB en 2009. En el panel A se aprecia cómo, por efecto de la caída del PIB durante la crisis financiera mundial de 2009, el ritmo de crecimiento del empleo formal experimentó una fuerte desaceleración, dinámica que contrasta con la evolución que experimentó esta variable en los dos años previos a la crisis.

El panel B muestra la dinámica de los ocupados informales durante el episodio de contracción del PIB mencionado. Como sugieren los estudios citados, el empleo informal aumentó durante el episodio de crisis. Este papel amortiguador del empleo informal logró atenuar el impacto de la caída de la ocupación formal, y en los casos de Honduras, México, el Paraguay y Venezuela (República Bolivariana de), impulsó un incremento del número de ocupados totales, como se aprecia en el panel C. En el caso de El Salvador, el aumento del sector informal no revirtió completamente el impacto de la caída del empleo formal sobre los niveles de ocupación total, pero sí lo redujo.

---

9 Una de las principales limitaciones para medir el empleo informal son las múltiples definiciones de informalidad que existen. De acuerdo con la OIT, el empleo informal está compuesto por tres categorías: empleo informal en el sector informal, empleo informal en el sector formal y empleo informal en el sector de los hogares. Es decir, además del empleo en empresas del sector informal, se incluye el empleo con características de informalidad (sin protección ni derechos de asociación, entre otros) no solo en empresas del sector formal, sino también, y con mucha frecuencia, en el trabajo doméstico (véase el blog de Martínez e Infante (2019)). Sin bien cada país recoge información sobre el empleo informal y las definiciones usadas suelen variar, en general, este se compone de trabajadores y dueños de pequeñas empresas, que normalmente no tienen acceso a sistemas de protección social ni a contratos y que, en ocasiones, carecen de condiciones de trabajo dignas.

10 De acuerdo con la OIT (2018), la participación del empleo informal respecto al total de ocupados sería de entre el 59,5% y el 69,6% en el promedio de las economías en desarrollo y emergentes, dependiendo si se excluye o no el empleo agrícola. A nivel de regiones, los valores se situarían entre un 71,9% y un 85,8% en el caso de África, entre un 62,8% y un 71,4% en el de Asia y el Pacífico, entre un 49,6% y un 53,8% en el de los Estados Árabes, y entre un 30% y un 36,8% en el de Europa y Asia Central. En el caso de las economías desarrolladas, estos valores estarían entre un 17,1% y un 18,3%.

Gráfico II.7
América Latina y el Caribe (6 países): evolución del número de ocupados formales e informales y total de ocupados durante la crisis financiera mundial, 2009
(En porcentajes)

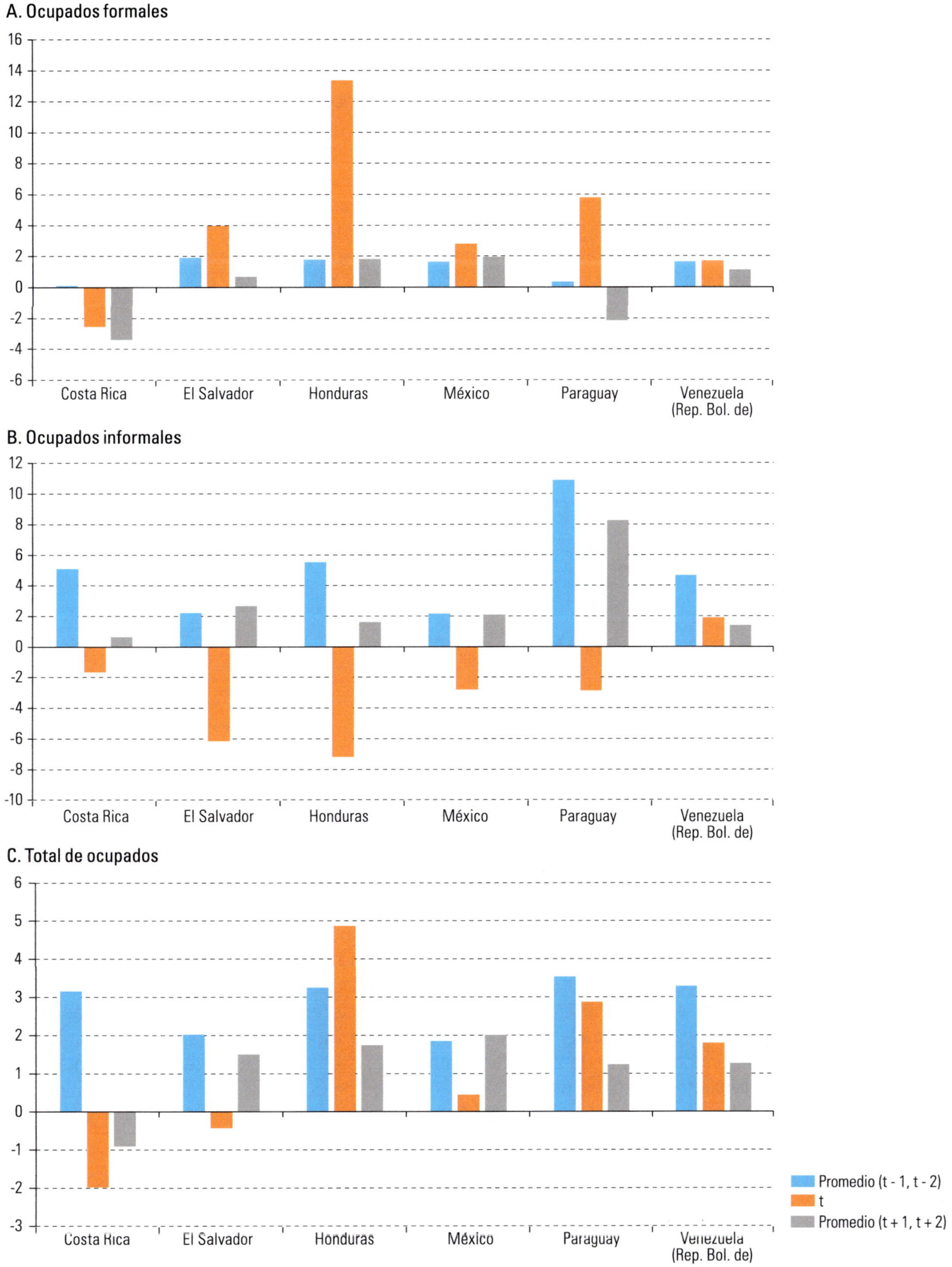

Fuente: Comisión Económica para América Latina y el Caribe (CEPAL), sobre la base de cifras oficiales.
Nota: t = 2009.

Pero, al igual que ocurre con otros aspectos de los mercados laborales en la región, el COVID-19 ha afectado de manera considerable la dinámica del sector informal y, en esta oportunidad, las diversas restricciones a la movilidad adoptadas en toda la región para combatir la pandemia, que sin duda inhibieron el "normal" funcionamiento de muchas actividades productivas muy relacionadas con el sector informal, como el comercio y los servicios, parecen haber reducido el papel amortiguador que desempeña el sector informal en episodios de crisis[11].

En el gráfico II.8, se muestra lo que ha ocurrido con la cantidad de ocupados informales entre el primer trimestre de 2019 y de 2021 en los siete países sobre los que se dispone de información trimestral entre los años 2018 y 2021. Se observa que, como ocurrió con la actividad económica, en el segundo trimestre de 2020, el número de ocupados informales cayó de manera significativa en seis de estos países[12]. Otro hecho que se desprende del gráfico es que, hasta el primer trimestre de 2021, la tasa de crecimiento interanual del número de ocupados en el sector informal se mantuvo en terreno negativo, con la excepción del caso del Ecuador, que, al cuarto trimestre de 2020, había crecido un 8% con respecto al mismo período de 2019.

Gráfico II.8
América Latina y el Caribe (7 países): tasa de variación interanual del número de ocupados informales, primer trimestre de 2019 a primer trimestre de 2021
(En porcentajes)

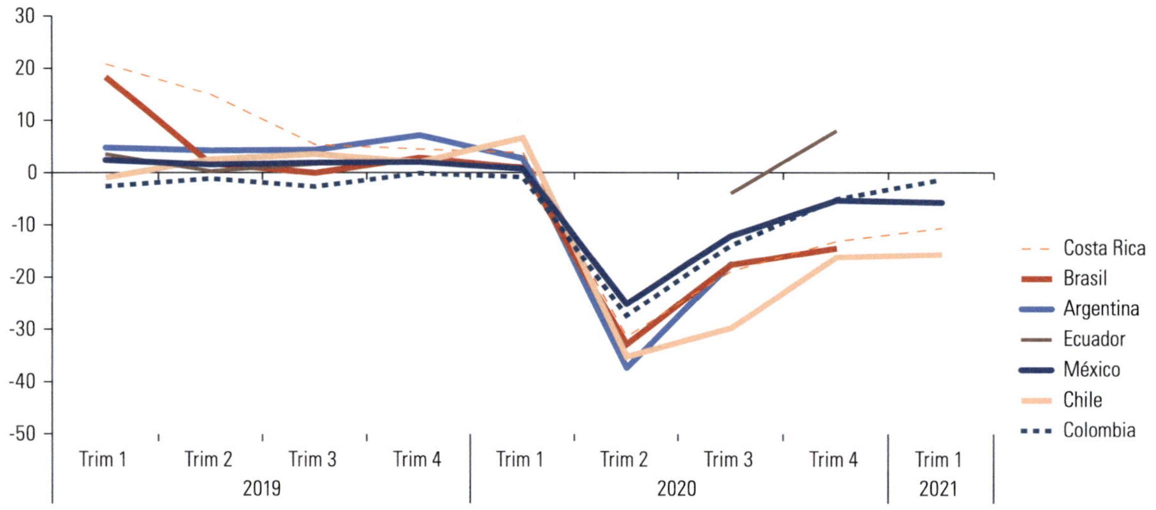

Fuente: Comisión Económica para América Latina y el Caribe (CEPAL), sobre la base de cifras oficiales.

Este comportamiento del empleo en el sector informal difiere del observado durante la crisis financiera mundial de 2009 y, sin duda, contribuye a explicar la intensidad de la caída del número de ocupados a nivel regional. De hecho, el gráfico II.9 muestra la evolución del número de ocupados formales e informales y del total de ocupados en las economías del Brasil, Chile, Colombia y México[13]. En él se aprecia, en primer lugar, que en estas cuatro economías, la caída de la ocupación informal fue superior a la de la ocupación formal en el segundo trimestre de 2020. Sin embargo, existen notorias diferencias en la magnitud del impacto, las cuales se reflejan en el hecho de que Chile y México experimentaron contracciones mayores —de un 32,2% y un 25,1%, respectivamente— que las observadas en los casos del Brasil (13,5%) y Colombia (15,6%).

11 De acuerdo con la OIT (2018), más del 56% de los trabajadores informales de la región se dedican a labores del sector de los servicios.

12 En el caso del Ecuador, el instituto de estadísticas no proporcionó información sobre el segundo trimestre de 2020.

13 Los institutos de estadística de estas cuatro economías han sido los únicos de la región que han brindado información sobre estas tres variables en todo el período en estudio.

Gráfico II.9

Brasil, Chile, Colombia y México: evolución del número de ocupados formales e informales y total de ocupados, primer trimestre de 2019 a cuarto trimestre de 2020

(En porcentajes)

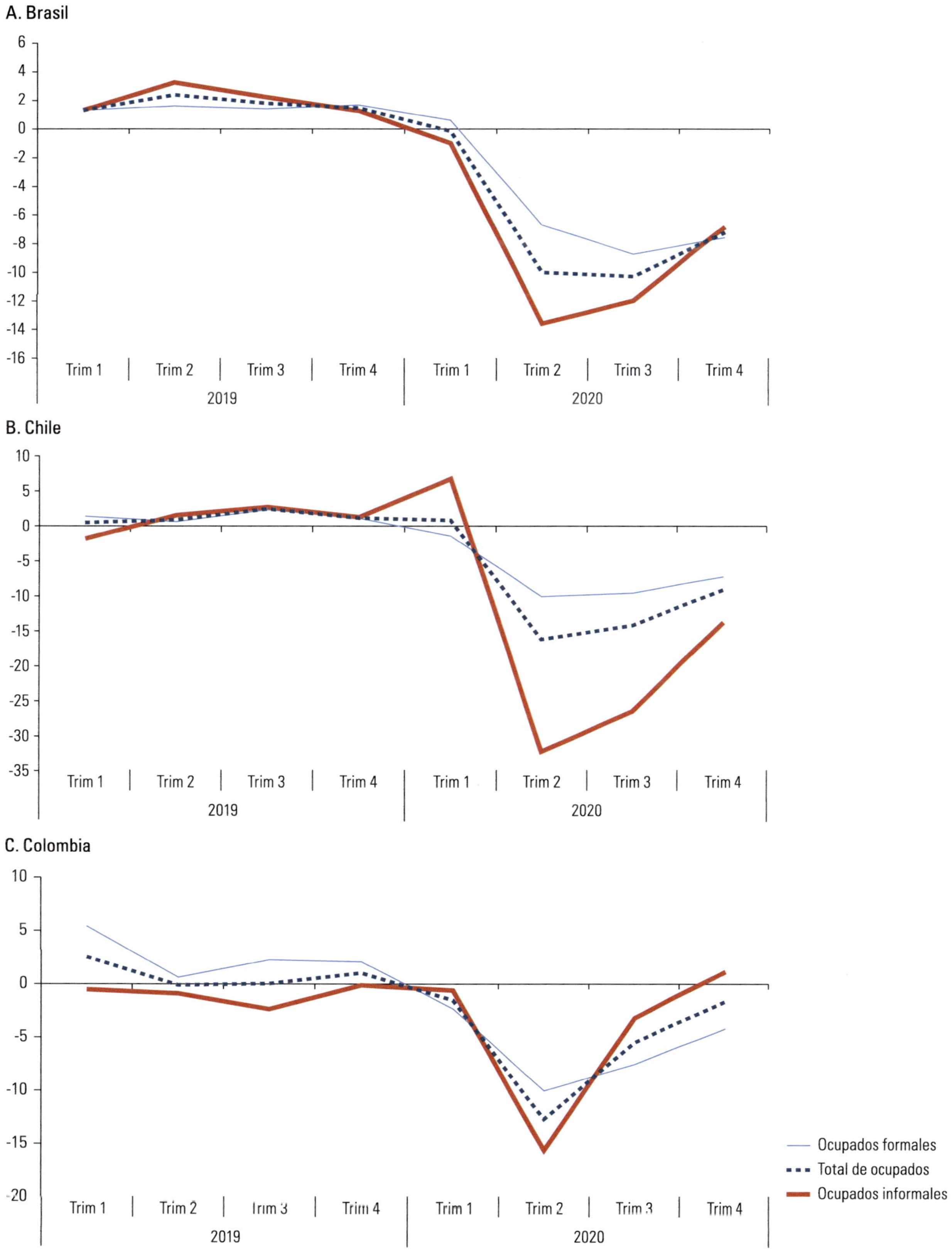

Gráfico II.9 (conclusión)

D. México

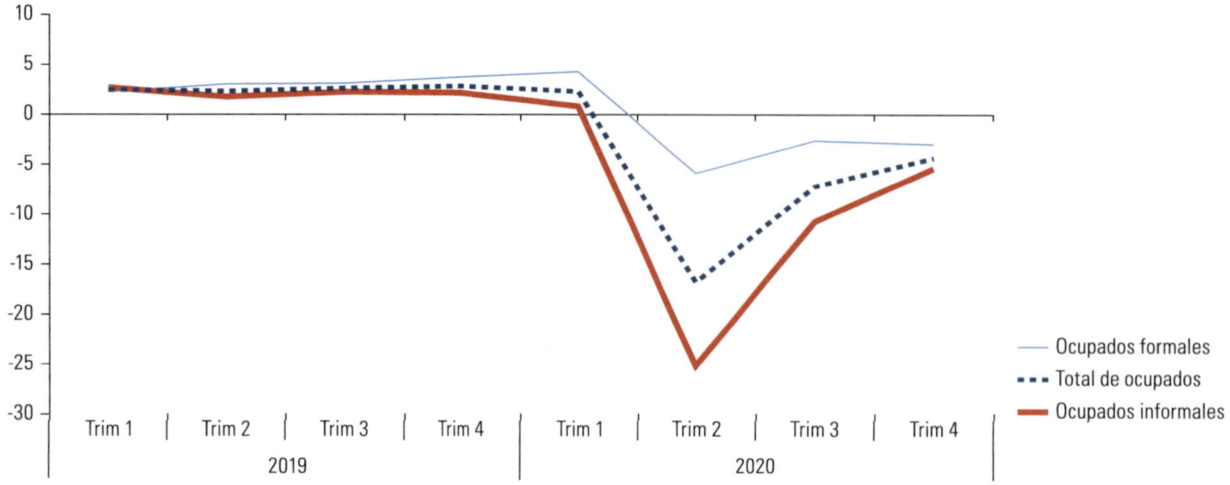

Fuente: Comisión Económica para América Latina y el Caribe (CEPAL), sobre la base de cifras oficiales.

En segundo lugar, se observa que el ritmo de recuperación del sector informal ha sido diferente en estas cuatro economías. Mientras que, al cuarto trimestre de 2020, el nivel de ocupación informal mostraba una cifra creciente y positiva en el caso de Colombia, en los casos del Brasil, Chile y México, las tasas de crecimiento se mantenían en terreno negativo.

B. La recuperación del mercado laboral será lenta y, pese a que se espera una mejora en 2021, los niveles de empleo y participación serán inferiores a los de 2019

Las proyecciones sobre el crecimiento de la actividad económica de la región presentadas en la sección I.D.1. de esta publicación implican que, en 2021, solo nueve de las economías de la región recuperarán la actividad económica perdida en 2020 dado que aún persisten algunos de los factores que provocaron el desplome en ese año[14]. Todos los sectores de la actividad económica registrarán tasas de crecimiento positivas con respecto a 2020; sin embargo, la recuperación será muy heterogénea en los distintos sectores.

En lo que se refiere al empleo regional, para 2021 se espera una recuperación del 6,7% del número de ocupados con respecto al cierre de 2020. Sin embargo, esta mejora será insuficiente para alcanzar el nivel de ocupados anterior a la pandemia. Durante el primer año de la crisis del COVID-19, el número de ocupados se redujo en 25,3 millones de personas, de las cuales 17,3 millones (un 68%) volverán a la fuerza laboral en 2021. En este escenario, el número de ocupados de la región sería un 2,8% inferior en 2021 al registrado en 2019.

[14] Entre estos factores, destacan problemas de desabastecimiento de insumos que no permiten la normalización de la cadena de producción de las empresas y el mantenimiento de medidas destinadas a frenar la expansión del COVID-19 (confinamiento de la población y otras medidas o situaciones que restringen el normal funcionamiento de determinados sectores de actividad).

El aumento del número de ocupados irá acompañado de una tasa global de participación superior, pero todavía por debajo de los niveles registrados antes de la pandemia (un 61,1% en 2021 frente a un 62,5% en 2019). La tasa de participación de los hombres volverá a niveles muy similares a los de 2019, mientras que la de las mujeres quedará más rezagada: se espera una cifra de participación similar a la registrada en 2008 (49,1%) (véase el cuadro II.2).

Cuadro II.2
América Latina y el Caribe: indicadores laborales totales y por sexo, 2019-2021
(En porcentajes y número de personas)

	Total			Hombres			Mujeres		
	2019	2020[a]	2021[b]	2019	2020[a]	2021[b]	2019	2020[a]	2021[b]
Tasa de participación	62,5	57,7	61,1	74,7	69,6	73,9	51,4	46,9	49,1
Tasa de desocupación	8,0	10,5	11,0	6,9	9,3	9,7	9,3	11,9	12,7
Número de desempleados	24 491 206	30 033 248	33 467 112	12 322 009	15 861 630	17 402 898	12 169 901	14 171 619	16 064 214
Número de ocupados	282 519 867	257 145 459	274 463 775	164 709 887	151 378 952	163 044 602	117 809 980	105 766 507	111 419 174

Fuente: Comisión Económica para América Latina y el Caribe (CEPAL), sobre la base de cifras oficiales y proyecciones.
[a] Las estimaciones para 2020 se efectuaron a partir de la información proporcionada por los siguientes países: Argentina, Belice, Bolivia (Estado Plurinacional de), Brasil, Chile, Colombia, Costa Rica, Ecuador, Honduras, Jamaica, México, Nicaragua, Panamá, Paraguay, Perú, República Dominicana y Uruguay.
[b] Valores proyectados para 2021.

El gráfico II.10 muestra un perfil trimestral de la evolución regional del PIB y del número de ocupados entre el primer trimestre de 2018 y el primer trimestre de 2021, así como estimaciones para los demás trimestres de 2021. En él puede apreciarse que ambas variables se vieron afectadas significativamente por la crisis en el segundo trimestre de 2020 y que comenzaron un proceso de recuperación a partir del tercer trimestre del mismo año.

Gráfico II.10
América Latina: producto interno bruto (PIB) y número de ocupados, primer trimestre de 2018 a cuarto trimestre de 2021
(Índice: primer trimestre de 2018=100)

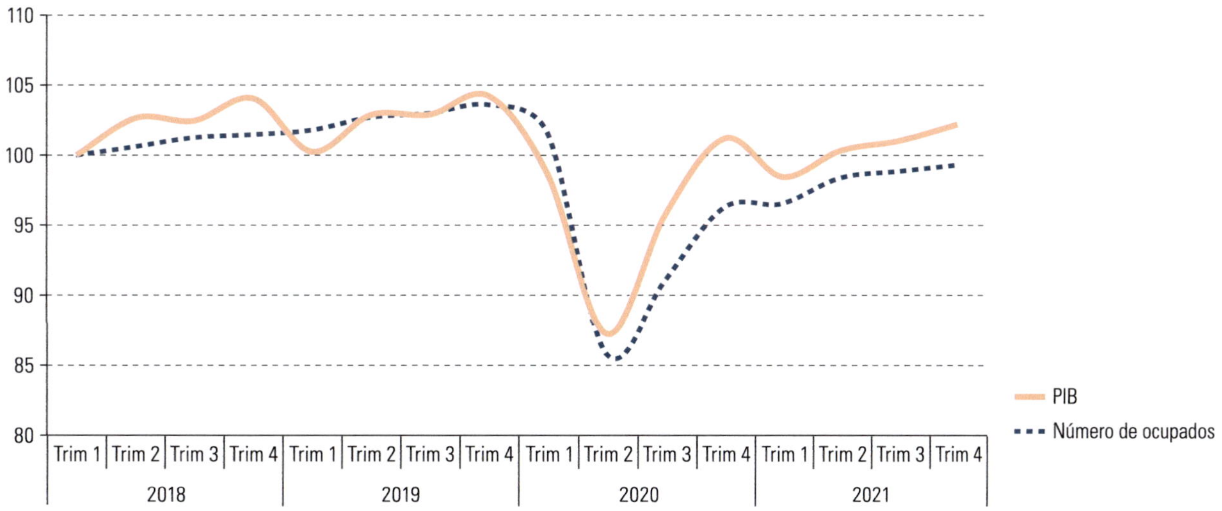

Fuente: Comisión Económica para América Latina y el Caribe (CEPAL), sobre la base de cifras oficiales y proyecciones.

Sin embargo, en el gráfico también se observa que la caída fue más pronunciada en el caso del número de ocupados, y que la curva que refleja la evolución del número de ocupados se mantiene casi siempre por debajo de la curva que refleja el comportamiento de la actividad económica. Otro elemento que cabe destacar es que, además de que en 2021 ninguna de las variables lograría alcanzar los niveles existentes al cierre del cuarto trimestre de 2019, en todos los trimestres de 2021, los niveles de ocupación permanecerían incluso por debajo de los valores observados en el primer trimestre de 2018.

Este retraso en el proceso de recuperación del empleo, en comparación con la recuperación de la actividad, constituye un elemento distintivo en relación con lo ocurrido en crisis anteriores. El gráfico II.11 da cuenta del tiempo que tomó a la actividad económica y al empleo recuperar sus niveles precrisis durante las crisis sistémicas pasadas. En él se aprecia que los países que experimentaron una contracción del PIB en 1995, 1999, 2009 o 2016 demoraron 1,0; 3,1; 1,5, y 1,3 años, respectivamente, en recuperar su nivel de actividad económica, mientras que los niveles de ocupación se recuperaron en menos tiempo en los episodios de 1999, 2009 y 2016, y de manera simultánea en 1995.

Gráfico II.11
América Latina (14 países): dinámicas de recuperación del producto interno bruto (PIB) y el empleo en crisis regionales con respecto a los niveles precrisis
(En cantidad de años)

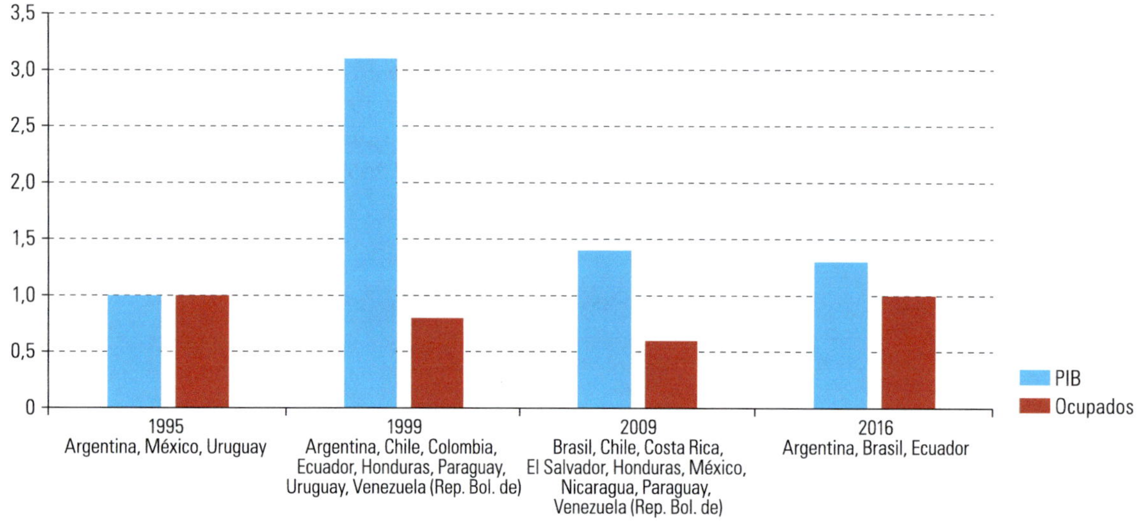

Fuente: Comisión Económica para América Latina y el Caribe (CEPAL), sobre la base de cifras oficiales.

1. La crisis del COVID-19 podría acelerar el proceso de cambio estructural que se venía observando en los mercados laborales en la región

En el capítulo IV de esta segunda parte del *Estudio Económico* se abordan algunos de los cambios que ha provocado el proceso de innovación y automatización sobre los mercados laborales de la región, y se señala que, tras considerar algunos aspectos estructurales de las economías de la región, la pérdida de empleos podría ser menor a la que sugieren ciertos estudios. Sin embargo, una de las principales conclusiones del capítulo es que gran parte de los puestos de trabajo que podrían no ser destruidos debido a la introducción de las nuevas tecnologías se encuentran en sectores de baja productividad y son de peor calidad.

Una pregunta válida en el contexto actual es si las diferencias observadas entre la velocidad de recuperación de la actividad económica y la del número de ocupados podrían estar reflejando decisiones que han tomado las empresas para ganar eficiencia (ya sea mediante nuevas tecnologías o a través de adaptaciones de los procesos para producir con menos trabajadores, dadas las restricciones impuestas durante la pandemia). De igual forma, muchos negocios se han visto en la necesidad de redefinir su escala para cumplir con las normas sanitarias que podrían perdurar a mediano plazo (algo particularmente relevante para sectores como el turismo, los restaurantes y parte del comercio). Situaciones como estas podrían hacer que, a futuro, se experimente un cambio en la relación entre empleo y producto, en especial en aquellos sectores que ya han iniciado este proceso de "transformación productiva" durante la pandemia.

Por otro lado, los efectos sanitarios de la pandemia sobre la población también pueden hacer que las personas decidan mantenerse fuera de la fuerza de trabajo para poder cuidar a los miembros de su familia cuya salud se haya visto afectada.

2. Las tasas de desocupación se incrementarán de manera sostenida en los próximos años, lo que refleja insuficiencias en la generación de empleo en la región

En un escenario como el descrito anteriormente, el crecimiento previsto del número de ocupados será demasiado débil para ofrecer suficientes oportunidades a quienes perdieron su empleo o abandonaron la fuerza laboral durante la pandemia, así como a los segmentos más jóvenes, que se incorporarán al mercado laboral y que han sufrido importantes interrupciones en sus trayectorias de estudio y formación. Por consiguiente, muchos trabajadores inactivos (o nuevos participantes) se incorporarán a la fuerza laboral, pero no podrán encontrar empleo. Esto dará lugar a un aumento sostenido de la tasa de desocupación más allá del incremento que se estima en 2021, con lo cual esta llegaría a un 11,0% (véase el cuadro II.2). Los grupos más afectados por esta situación serían las mujeres, los jóvenes y las personas con menor nivel educativo. La principal razón serían los cambios en la demanda de trabajo, puesto que empezarían a exigirse habilidades distintas y más relacionadas con la tecnología.

Uno de los problemas que podría conllevar este escenario sería que un elevado número de personas afectadas se transformaran en desempleados de larga duración (personas que buscan empleo durante más de un año), ya que esta situación conduce a la obsolescencia del capital humano acumulado y a la pérdida creciente de competencias a medida que aumenta el tiempo en situación de desempleo. Este proceso en sí mismo dificultaría su eventual reincorporación al mercado de trabajo, al acentuarse el desajuste entre las habilidades de los individuos desempleados y aquellas que demanda el mercado. Desde el punto de vista social, las consecuencias también son graves, pues el desempleo de larga duración se traduce en pobreza y exclusión social.

Lamentablemente, los grupos de la población más vulnerables al desempleo de larga duración son los jóvenes, las personas mayores y las personas con menor nivel educativo, precisamente parte de los grupos más afectados por la crisis actual. Por ello, es especialmente preocupante que estas personas no pasen a formar parte de los desempleados de larga duración, puesto que, con el paso del tiempo, será cada vez más difícil reinsertarlas, lo que reforzará el cambios estructural.

3. Si bien el número de ocupados muestra una recuperación, la calidad del empleo se ha deteriorado y se ha observado un descenso del salario real en la región

El gráfico II.12 muestra la evolución reciente de los ocupados por categoría ocupacional entre el primer trimestre de 2018 y el primer trimestre de 2021. Se observa que, si bien todas las categorías se vieron afectadas por la crisis y se contrajeron fuertemente en el segundo trimestre de 2020, fueron los asalariados quienes registraron el menor descenso, mientras que el trabajo doméstico experimentó la mayor caída.

Gráfico II.12
América Latina: ocupados por categoria ocupacional, primer trimestre de 2019 a primer trimestre de 2021
(Índice: primer trimestre de 2019=100)

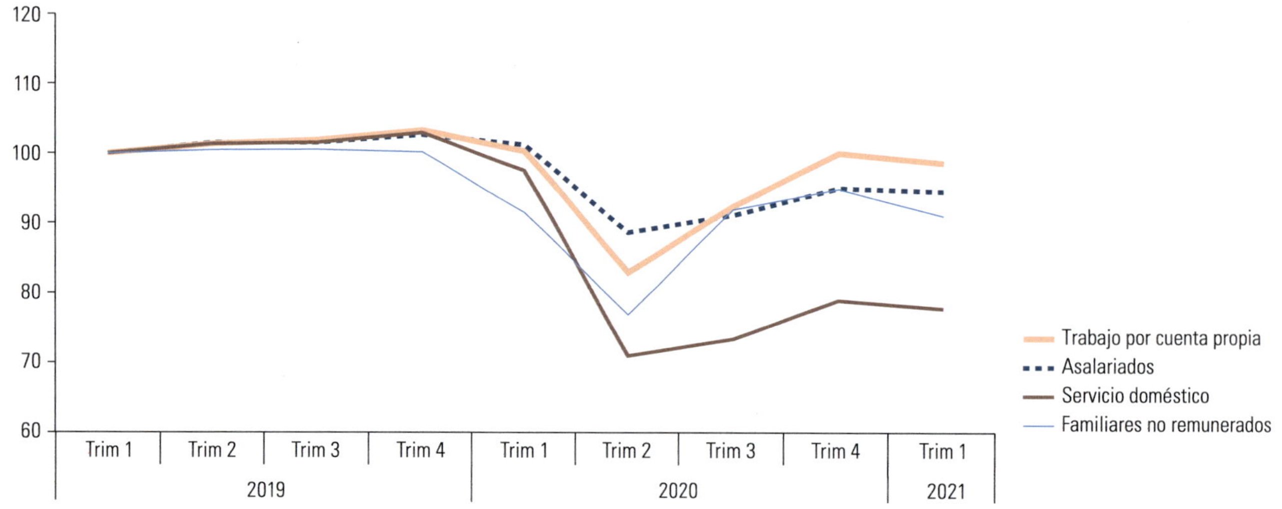

Fuente: Comisión Económica para América Latina y el Caribe (CEPAL), sobre la base de cifras oficiales.

Esta situación refleja, por un lado, el hecho de que ciertos trabajadores asalariados y por cuenta propia tuvieron más posibilidades de desarrollar actividades de manera remota (teletrabajo), situación que contrasta con la de los trabajadores de sectores como los servicios y el comercio. Por otro lado, las restricciones de movilidad disminuyeron la posibilidad de que las trabajadoras domésticas siguieran desempeñando sus funciones, situación que también se vio reforzada por la salida de muchas de ellas de la fuerza laboral por la pérdida de su fuente de trabajo o para asumir actividades de cuidado debido a la pandemia. Asimismo, muchos de los planes adoptados por los Gobiernos de la región para sostener el empleo, incluidos los programas de financiamiento de nóminas y otros subsidios, posiblemente estuvieron dirigidos fundamentalmente a los asalariados, teniendo en cuenta los requisitos exigidos.

Otro hecho que se desprende del gráfico II.12 es que han sido los trabajadores por cuenta propia los que han experimentado la recuperación intertrimestral más rápida, ya que, en el cuarto trimestre de 2020, estos alcanzaron niveles similares a los de antes de la crisis. Hay que destacar que esta categoría de ocupación suele tener menores ingresos laborales y niveles de protección social que la de los asalariados; es decir, que la recuperación del empleo se ha dado, hasta el momento, sobre todo en puestos de baja calidad. Por otra parte, el mayor rezago lo exhiben los trabajadores domésticos, cuyos indicadores, pese a mostrar cierta recuperación, distan mucho de los valores observados antes de la crisis.

En el gráfico se aprecia también que, en comparación con el segundo trimestre de 2020, la recuperación de los niveles de ocupación se debe fundamentalmente a la recuperación de los trabajadores por cuenta propia y los familiares no remunerados.

Otro elemento que cabe mencionar es que, ante un eventual aumento de la tasa global de participación en los próximos años, y de persistir las insuficiencias en materia de generación de empleos de calidad que se han venido observando en la región, se podría producir un incremento de los niveles de empleo informal y de la tasa de desocupación.

En lo que se refiere a los salarios reales promedio en América Latina, la crisis del COVID-19 llegó en un momento en el cual estos experimentaban una caída respecto a los niveles observados en 2017. En el gráfico II.13, que muestra la evolución de los salarios reales promedio de la región en los últimos 20 años, es posible identificar tres fases: una de estancamiento, entre 2000 y 2008, en la cual los salarios no crecieron; una de aumento, entre 2009 y 2017, en la cual los salarios se incrementaron en torno al 22%, y una entre 2018 y 2019, en la cual los salarios presentaron una fase de declinación, que se vio reforzada con la caída experimentada por el salario real promedio en 2020.

Gráfico II.13
América Latina: evolución del salario real promedio, 2000-2020
(Índice: 2010=100)

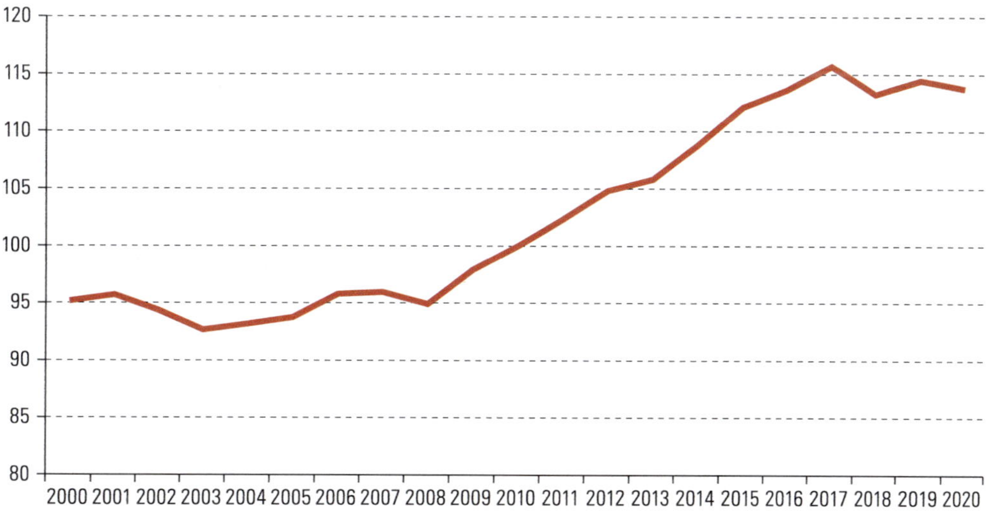

Fuente: Comisión Económica para América Latina y el Caribe (CEPAL), sobre la base de cifras oficiales.

Un hecho destacable es que, durante 2020, el salario real promedio de la región experimentó una caída que parece pequeña en comparación con la magnitud del choque que la crisis generó en los mercados laborales de la región. Sin embargo, esta caída en el salario posiblemente esté siendo "amortiguada" por la salida del mercado laboral, al menos temporalmente, de aquellos con empleos de menores salarios. No obstante, en la medida en que las personas dedicadas a este tipo de trabajo se reincorporen al mercado laboral, posiblemente generarán una presión adicional a la baja en los salarios promedio de la región, como sugiere la correlación negativa entre la tasa de desempleo y los salarios reales en América Latina en los últimos 20 años (véase el gráfico II.14).

Por otra parte, cabe destacar el impacto negativo que tiene el aumento del desempleo sobre los ingresos de las personas que pierden su puesto de trabajo. En el recuadro II.1 se muestran los efectos fuertes y diferenciados que se producen sobre la trayectoria del ingreso de los trabajadores peruanos al entrar en paro. Así, en el período considerado, entrar en un episodio de desempleo supone una pérdida de ingresos cercana al 20% para los trabajadores que han estado desempleados, y este impacto es todavía mayor en el caso de las mujeres y de las personas de mediana edad.

Gráfico II.14
América Latina: variación de la tasa de desempleo y del salario real, 2000-2020
(En porcentajes)

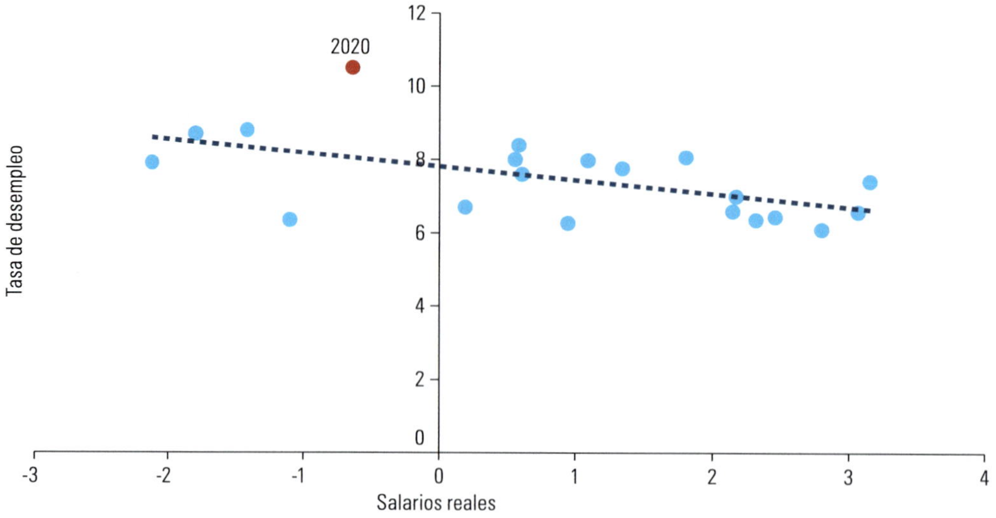

Fuente: Comisión Económica para América Latina y el Caribe (CEPAL), sobre la base de cifras oficiales.

Recuadro II.1
"Castigo por desempleo" y efectos del COVID-19 sobre la masa salarial: el caso peruano a corto y mediano plazo

Las recesiones suelen tener efectos fuertes y diferenciados sobre el ingreso de los trabajadores. Después de la crisis financiera mundial del período 2008-2009, se realizaron diversos trabajos para estudiar los efectos de la crisis sobre los mercados laborales en las economías desarrolladas, prestando especial atención a los efectos de corto y mediano plazo sobre los ingresos de los trabajadores (Silva y Toledo, 2009; Burgess y Turon, 2010; Davis y von Wachter, 2011; Wachter, Song y Manchester, 2011). En general, en estos estudios se encuentran reducciones considerables en el ingreso de los trabajadores que perdieron su empleo durante el episodio de crisis y, además, se documenta que estas pérdidas suelen ser persistentes.

Recientemente, Zambrano (2020) realizó una aproximación empírica a los efectos agregados de mediano plazo que habría tenido la pandemia de enfermedad por coronavirus (COVID-19) sobre el mercado laboral del Perú en términos de los ingresos que percibieron, o dejaron de percibir, los trabajadores de ese país. El trabajo distingue entre los trabajadores que permanecen activos y los que no, tomando en cuenta las diferencias existentes en la población entre subgrupos por género, edad y nivel educativo. Para aproximarse a las pérdidas totales atribuibles a la pandemia de COVID-19 en términos de ingresos salariales, el estudio presenta proyecciones agregadas para el período 2020-2024 sobre la masa salarial total, incorporando supuestos sobre el crecimiento de la economía y parámetros para las trayectorias de los niveles de empleo, subempleo, informalidad y participación laboral.

En este trabajo se aplica una estrategia empírica de dos niveles. En primer lugar, en concordancia con lo planteado por Yamada (2008), se estima el "castigo del desempleo" que suele exhibir la economía peruana, definido como la pérdida salarial promedio que afecta los ingresos de aquellas personas que, después de atravesar un período de desempleo, se reincorporan al mercado laboral. Esto responde al hecho de que las pérdidas asociadas al desempleo no se detienen cuando la persona vuelve a conseguir empleo, pues la información empírica disponible sugiere que quienes atraviesan episodios de desempleo se encuentran con ingresos más bajos que aquellos trabajadores con continuidad laboral cuando consiguen un nuevo empleo. Para cuantificar el "castigo" asociado a episodios de desempleo, el autor estima un modelo de diferencias en diferencias (DID). La formulación DID asume que el efecto promedio del tratamiento (desempleo) es la diferencia en la diferencia entre los ingresos de la población que ha experimentado un episodio de desempleo (población de tratamiento) y otra que no lo ha experimentado (población de control), antes y después de dicho episodio. Para obtener la población de tratamiento, se utilizó la información de los paneles de datos de la Encuesta Nacional de Hogares (ENAHO) correspondiente al período 2007-2019[a]. A partir de la información de panel, se construyó una base de datos para cada trienio dentro del período considerado y se asignó al grupo de tratamiento a aquellas personas que en el primer año declararon que estaban ocupadas; en el segundo, desempleadas, y en el tercero, ocupadas nuevamente[b].

De acuerdo con los resultados del estimador DID sobre los ingresos laborales de los trabajadores peruanos, el pasar por un episodio de desempleo se traduce en una reducción de los ingresos laborales futuros, lo que corrobora

Recuadro II.1 (conclusión)

la existencia de lo que se ha denominado un castigo por desempleo. De acuerdo con la estimación, la caída asociada al castigo por desempleo equivale, en promedio, a un 19,0% de los ingresos del grupo de estudio antes de atravesar el episodio de desempleo.

Los resultados de la estimación del castigo por desempleo son heterogéneos en los diversos subgrupos de la muestra. El castigo por desempleo resulta proporcionalmente más alto para las mujeres que para los hombres, con niveles de un 18,4% frente a un 15,6%, y, en el caso de las mujeres, esto supone incluso una caída absoluta en el nivel de ingreso, tras un episodio de desempleo, con respecto a los ingresos percibidos antes de dicho episodio (véase el cuadro siguiente). Asimismo, el grupo etario intermedio sufre una pérdida de un 19,5%, superior a la estimada para los más jóvenes (17,7%) y para el grupo de mayor edad (11,0%).

Pérdidas de ingresos debido al "castigo por desempleo", grupos de tratamiento y de control, 2007-2019
(En soles a precios de 2017 y porcentajes)

Grupo	*n*	Ingreso inicial	Ingreso final	Diferencia	Diferencias en diferencias	Castigo respecto al ingreso inicial *(en porcentajes)*
General						
Control	1 915	989,1	1 190,5	201,5	187,5	19,0
Tratamiento	640	983,3	997,3	14,0		
Solo hombres						
Control	1 123	1 115,5	1 369,9	254,4	159,3	15,6
Tratamiento	376	1 022,2	1 117,3	95,1		
Solo mujeres						
Control	792	779,3	900,4	121,1	159,4	18,4
Tratamiento	264	866,3	828,1	-38,3		
Solo personas de 14 a 25 años						
Control	614	763,2	1 029,8	266,6	130,6	17,7
Tratamiento	225	737,1	873,1	136,0		
Solo personas de 25 a 45 años						
Control	903	1 195,1	1 282,1	177,0	227,8	19,5
Tratamiento	278	1 167,4	1 115,7	-50,8		
Solo personas de más de 45 años						
Control	398	1 022,3	1 118,5	96,2	112,3	11,0
Tratamiento	136	1 014,4	998,3	-16,1		

Fuente: O. Zambrano, "La pandemia de COVID-19 y sus impactos sobre el mercado laboral: evidencia basada en microdatos", 2020, inédito.

La segunda estrategia empírica utilizada en Zambrano (2020) es la estimación de modelos de elasticidad de largo plazo para proyectar la evolución de los niveles de empleo, subempleo, informalidad y participación laboral, a fin de estimar de esa manera la masa salarial agregada del Perú para el período 2020-2024, a partir de las proyecciones de crecimiento del Fondo Monetario Internacional (FMI) antes y después del inicio de la pandemia. Aplicando ambas estrategias empíricas, el autor construye un escenario de base de las pérdidas totales estimadas en la masa salarial atribuibles a la pandemia de COVID-19. Según sus estimaciones, en 2020, año de inicio de la pandemia y de la implementación de medidas extremas de confinamiento y restricción de la movilidad, las pérdidas estimadas en la masa salarial de los trabajadores peruanos alcanzan el equivalente al 6,5% del PIB total del país. El estudio proyecta que, en caso de cumplirse las proyecciones de crecimiento del FMI, las pérdidas de masa salarial agregada con respecto al escenario contrafactual sin COVID-19 se reducirán lentamente conforme se produce una recuperación del empleo, pero se mantendrán elevadas, y se estima que en 2024 serán aproximadamente de un 4,5% del PIB. Esta situación implica un reto para las autoridades del Perú en términos de los esfuerzos de política que serán necesarios para amortiguar el impacto que representa esta importante pérdida en materia de bienestar y equidad en los próximos años.

Fuente: Comisión Económica para América Latina y el Caribe (CEPAL), sobre la base de S. Burgess y H. Turon, "Worker flows, job flows and unemployment in a matching model", *European Economic Review*, 54, N° 3, abril de 2010; S. Davis y M. von Wachter, "Recessions and the cost of job loss", *Working Paper*, N° 17638, 2011 [en línea] http://www.nber.org/papers/w17638; J. Silva y M. Toledo, "Labor turnover costs and the behavior of vacancies and unemployment", *Macroeconomic Dynamics*, vol. 13, N° S12009; T. von Wachter, J. Song y J. Manchester, "Long-term earnings losses due to mass-layoffs during the 1982 recession: an analysis using longitudinal administrative data from 1974 to 2008", Columbia University, 2011; G. Yamada, *Reinserción laboral adecuada: dificultades e implicancias de política*, Universidad del Pacífico, 2008, y O. Zambrano, "La pandemia de COVID-19 y sus impactos sobre el mercado laboral: evidencia basada en microdatos", 2020, inédito.

[a] A partir de 2007, la ENAHO presenta un panel rotativo que permite hacer seguimiento al mismo grupo de hogares por un período de hasta cinco años.

[b] Solo se tomó en cuenta el desempleo abierto para la conformación del grupo de tratamiento o estudio.

C. Conclusiones

En 2020, los mercados laborales de la región experimentaron un choque sin precedentes en al menos las últimas siete décadas, que provocó caídas históricas del número de ocupados y de la participación e incrementos igualmente históricos de las tasas de desocupación.

La conjunción de un choque de demanda (externa e interna) y un choque de oferta (fundamentalmente interno y generado por las medidas de confinamiento y la restricción de ciertas actividades) fue la causa de la grave disrupción de la actividad económica y el posterior trastorno de los mercados laborales de la región. Si bien los Gobiernos han impulsado políticas expansivas para mitigar los efectos de la crisis, la magnitud y la persistencia del choque han hecho que una región que venía experimentando tasas de crecimiento bajas registrara la mayor contracción del PIB de los últimos 100 años y una caída del empleo no vista en las últimas siete décadas.

Tradicionalmente, América Latina y el Caribe ha estado expuesta a choques externos, lo cual, sumado a sus características estructurales, la ha convertido en una de las de mayor volatilidad en el mundo. La crisis actual ha puesto esto nuevamente de manifiesto, pues ha sido la región que ha experimentado la mayor contracción del empleo y del producto en el mundo.

La gravedad de la crisis ha hecho que la región registrara marcados retrocesos en el ámbito de la participación laboral, especialmente de la femenina. Con ello se puso fin a más de 30 años de crecimiento continuo de la participación laboral de las mujeres. Al cierre de 2021, esta tasa podría llegar a situarse en los niveles de 2008. El fuerte impacto de la crisis sobre el empleo femenino refleja la elevada participación de las mujeres en actividades que han sido muy restringidas durante la pandemia, como el comercio y el turismo, pero también el mayor peso asignado a las mujeres en labores no remuneradas vinculadas al cuidado del hogar (de niños, ancianos y enfermos).

Antes de la crisis, la región ya mostraba un agotamiento del ritmo de crecimiento del empleo: la década de 2010 fue la de menor crecimiento en términos de número de ocupados desde 1950. A nivel mundial, la región ha tendido a ser una de las que exhiben menores niveles de crecimiento del empleo, pero esta situación se ha hecho más notoria en la última década, lo que podría indicar que en ella existen ciertas limitaciones estructurales que dificultan la generación de empleo.

La crisis del COVID-19 podría acelerar los cambios estructurales en los mercados laborales de la región, lo que implicaría cambios en la relación entre el producto y el empleo que supondrían una mayor subutilización del factor trabajo. Esta situación podría explicar por qué, a diferencia de lo que ha ocurrido en oportunidades anteriores, la recuperación del empleo ha sido más lenta que la del PIB.

La relación entre producto y empleo podría verse afectada por cambios en la oferta laboral inducidos por la gran cantidad de personas que decidieron salir de la fuerza de trabajo (quienes actualmente no buscan empleo por los efectos del COVID-19), algunos de los cuales podrían decidir mantenerse fuera, al menos temporalmente. Por otro lado, la demanda de trabajo podría experimentar algunos cambios, dados los incentivos que tendrían las empresas para lograr una mayor eficiencia, ya sea mediante nuevas tecnologías o a través de mejoras en sus procesos, adaptándolos para producir con menos trabajadores debido a las restricciones impuestas. Todas estas situaciones, sin duda, han acelerado la transformación de los mercados laborales de la región que ya habían desencadenado los procesos de innovación y automatización.

En todo caso, los grupos más afectados por estos posibles choques sobre la demanda de trabajo serían las personas con menor nivel educativo, los jóvenes y las personas mayores, puesto que, de darse este cambio, se necesitarían habilidades distintas y más relacionadas con la tecnología.

La crisis actual también puede generar cambios significativos en la trayectoria de los salarios en la región y, con ello, acentuar la desigualdad. En líneas generales, es de esperar que la situación de exceso de oferta de trabajo que ha generado la crisis del COVID-19 genere presiones a la baja sobre el salario promedio de la región, especialmente en aquellos sectores más afectados por la crisis a corto y mediano plazo.

También es de esperar que se acentúe la desigualdad salarial entre los distintos sectores productivos y entre trabajadores de diferentes niveles de capital humano. Por un lado, los trabajadores de los sectores productivos menos afectados por la crisis o que logren recuperarse más rápido y, en especial, los trabajadores con mayores niveles de capital humano, podrían experimentar una tendencia al alza de sus salarios a mediano plazo, a raíz del posible aumento de la demanda de sus servicios una vez que se consolide la recuperación de estos sectores productivos.

Sin embargo, los trabajadores vinculados a sectores que se vieron significativamente afectados durante la crisis y, en especial, aquellos que cuentan con menor nivel de calificación, podrían experimentar una reducción permanente de sus salarios, en la medida en que la demanda de sus servicios disminuya por el posible cierre de las empresas en las que trabajan, los cambios en los procesos productivos adoptados por las empresas que sobrevivieron a la crisis o la obsolescencia de sus conocimientos específicos como resultado de una situación de desempleo de larga duración.

Desde el punto de vista económico, las consecuencias del desempleo de larga duración son especialmente relevantes, pues este conduce a la obsolescencia del capital humano acumulado y a la pérdida creciente de competencias a medida que aumenta el tiempo en situación de desempleo. Este proceso dificulta la reincorporación al mercado de trabajo, al acentuarse el desajuste entre las habilidades de los individuos desempleados y las que demanda el mercado, entre otros motivos. Desde el punto de vista social, las consecuencias también son graves, pues el desempleo de larga duración conlleva pobreza y exclusión social.

Bibliografía

Amarante, V. y M. Gómez (2015), "El proceso de formalización en el mercado laboral uruguayo", *serie Estudios y Perspectivas*, N° 20 (LC/L.4137), Montevideo, Oficina de la CEPAL en Montevideo.

CEPAL (Comisión Económica para América Latina y el Caribe) (2021), "La paradoja de la recuperación en América Latina y el Caribe. Crecimiento con persistentes problemas estructurales: desigualdad, pobreza, poca inversión y baja productividad", *Informe Especial COVID-19*, N° 11, 8 de julio.

___(2020a), *Construir un nuevo futuro: una recuperación transformadora con igualdad y sostenibilidad* (LC/SES.38/3-P/Rev.1), Santiago.

___(2020b), "Sectores y empresas frente al COVID-19: emergencia y reactivación", *Informe Especial COVID-19*, N° 4, 2 de julio.

___(2020c), *Estudio Económico de América Latina y el Caribe 2020: principales condicionantes de las políticas fiscal y monetaria en la era pospandemia de COVID-19* (LC/PUB.2020/12-P), Santiago.

___(2009), *Estudio Económico de América Latina y el Caribe 2008-2009: políticas para la generación de empleo de calidad* (LC/G.2410-P), Santiago.

Céspedes, L. y S. Poblete (2011), "Política fiscal en países exportadores de bienes primarios: la experiencia chilena", *Volatilidad macroeconómica y respuestas de políticas*, J. Fanelli, J. Jiménez y O. Kacef (comps.), Documentos de Proyectos (LC/W.396), Santiago, Comisión Económica para América Latina y el Caribe (CEPAL), agosto.

David, A., S. Pienknagura y J. Roldos (2020), "Labor market dynamics, informality, and regulations in Latin America", *IMF Working Paper*, N° 20/19, Fondo Monetario Internacional (FMI).

Feenstra, R., R. Inklaar y M. P. Timmer (2013), "The next generation of the Penn World Table", inédito.

Fernández, C. (2020), "Empleo y COVID-19 en Colombia", inédito.

Fiess, N, M. Fugazza y W. Maloney (2010), "Informal self-employment and macroeconomic fluctuations", *Journal of Development Economics*, vol. 91, N° 2, Elsevier, marzo.

FMI (Fondo Monetario Internacional) (2021), *World Economic Outlook Update*, julio [en línea] https://www.imf.org/-/media/Files/Publications/WEO/2021/Update/July/English/text.ashx.

Gavin, M. y R. Hausmann (1996), "Macroeconomic volatility and economic development", *The Political Dimension of Economic Growth*, S. Borner y M. Paldam (eds.), Londres.

Hausmann, R., L. Pritchett y D. Rodrik (2005), "Growth accelerations", *Journal of Economic Growth*, vol. 10, N° 4.

Kluger, A. (2019), "Impacts of labor market institutions and demographic factors on labor markets in Latin America", *IMF Working Paper*, N° 19/155, Fondo Monetario Internacional (FMI).

Loayza, N. V. y J. Rigolini (2006), "Informality trends and cycles", *Policy Research Working Paper*, N° 4078, Washington, D.C., Banco Mundial.

Martínez, D. y R. Infante (2019), "La informalidad en la visión de la OIT: evolución y perspectivas para América Latina", Blog [en línea] https://www.ilo.org/santiago/publicaciones/reflexiones-trabajo/WCMS_729999/lang--es/index.htm.

OIT (Organización Internacional del Trabajo) (2021), *World Employment and Social Outlook: Trends 2021*, Ginebra.

___(2018), *Women and Men in the Informal Economy: A Statistical Picture*, Ginebra.

Perez-Caldentey, E. y R. Pineda (2010), "Does Latin America lag behind due to shaper recessions and/or slower recoveries?", *MPRA Paper*, N° 25036, University Library of Munich.

Titelman, D., E. Perez-Caldentey, P. Carvallo (2013), "Weak expansions: a distinctive feature of the business cycle in Latin America and the Caribbean", *serie Financiamiento del Desarrollo*, N° 243, Santiago, Comisión Económica para América Latina y el Caribe (CEPAL).

Titelman, D., E. Pérez-Caldentey y R. Pineda (2009), "¿Cómo algo tan pequeño terminó siendo algo tan grande?: crisis financiera, mecanismos de contagio y efectos en América Latina", *Revista CEPAL*, N° 98 (LC/G.2404-P/E), Comisión Económica para América Latina y el Caribe (CEPAL), agosto.

Weller, J. (1998), "Los mercados laborales en América Latina: su evolución en el largo plazo y sus tendencias recientes", *serie Reformas Económicas*, N° 11 (LC/L.1160), Santiago, Comisión Económica para América Latina y el Caribe (CEPAL).

CAPÍTULO III

Impacto de la crisis del COVID-19 en la inserción laboral de mujeres y jóvenes

Introducción

La crisis provocada por la pandemia de enfermedad por coronavirus (COVID-19) ha tenido un fuerte impacto en la inserción laboral de los trabajadores que, por diversas razones, ya se encontraban en situación de vulnerabilidad en el mercado laboral. En este capitulo se presentan las características de la inserción laboral de las mujeres y de los jóvenes en la región antes de la pandemia y se describe el impacto que ha tenido la crisis en estos grupos en 2020.

En el caso de las mujeres, si bien su participación laboral en la región había crecido constantemente hasta 2019, esta era significativamente inferior a la de los hombres y aún persistían brechas significativas en lo referente a la calidad de su inserción laboral, pues presentaban mayores niveles de desempleo e informalidad, percibían salarios menores por ejercer las mismas labores y su acceso a puestos jerárquicos era escaso. La crisis ha exacerbado muchas de las desigualdades de género preexistentes, no solo debido al aumento de la precariedad, sino también por la necesidad de servicios de cuidado que trajo aparejada. Las trabajadoras más afectadas han sido aquellas con bajos niveles educativos, con hijos pequeños y en ocupaciones más precarias, asociadas al trabajo informal o a sectores en los que el impacto de la crisis ha sido más fuerte.

Por su parte, muchos hombres y mujeres jóvenes de la región también debieron hacer frente a la crisis con condiciones laborales preexistentes precarias, lo que, sumado al cese de las actividades de formación y capacitación, podría perjudicar su trayectoria laboral en los próximos años. En efecto, antes de la pandemia, la duración media de la transición entre la escuela y la plena inserción laboral triplicaba la de los países desarrollados y la tasa de desocupación promedio de los jóvenes de 15 a 24 años triplicaba la de los adultos en la región. Asimismo, cerca del 40% de los jóvenes en el mercado laboral estaba desocupado, trabajaba menos horas de las que deseaba o no estaba buscando trabajo por creer que no había oportunidades, lo que apunta a la existencia de dificultades para aprovechar el pleno potencial de la población joven en la región.

Las políticas de empleo destinadas a mejorar las condiciones de inserción laboral de los grupos más vulnerables son esenciales tanto para contrarrestar el efecto desigual de la pandemia en los distintos colectivos como para desarrollar mercados laborales más resilientes que permitan avanzar hacia el logro del Objetivo de Desarrollo Sostenible 8 sobre trabajo decente y crecimiento económico. Los desafíos son considerables y para superarlos es necesaria la colaboración de diversas áreas de gobierno.

A. Impacto del COVID-19 en la inclusión laboral de las mujeres

1. En América Latina, la participación laboral femenina ha aumentado gradualmente desde la década de 1990 hasta 2019, aunque aún existen brechas significativas

En los últimos 30 años, la cantidad de personas en la fuerza laboral aumentó en la mayoría de los países de América Latina, y la tasa de participación laboral promedio se incrementó aproximadamente 5 puntos porcentuales (de un 59,8% a un 64,8%). Este aumento ha sido el resultado de una significativa incorporación de las mujeres al mercado laboral. La tasa de participación laboral de las mujeres de 15 años o más aumentó casi 12 puntos porcentuales, pasando del 41,0% a principios de los años noventa a un promedio de cerca del 52,8% en 2019 en 18 países de la región (véase el gráfico III.1).

Gráfico III.1
América Latina (18 países)[a]: evolución de la tasa de participación laboral de la población de 15 años o más, por sexo, 1990-2019[b]
(En porcentajes)

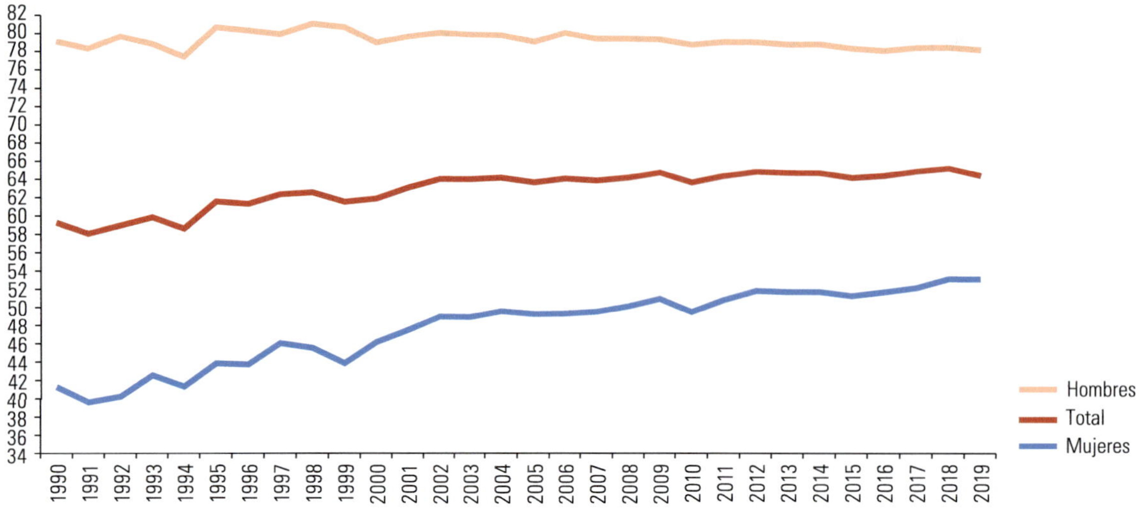

Fuente: Comisión Económica para América Latina y el Caribe (CEPAL), sobre la base de encuestas de hogares publicadas en Organización Internacional del Trabajo (OIT), ILOSTAT [base de datos en línea] https://ilostat.ilo.org/es/.

a Promedio simple de los siguientes 18 países: Argentina, Bolivia (Estado Plurinacional de), Brasil, Chile, Colombia, Costa Rica, Ecuador, El Salvador, Guatemala, Honduras, México, Nicaragua, Panamá, Paraguay, Perú, República Dominicana, Uruguay y Venezuela (República Bolivariana de).

b El análisis temporal de este indicador debe realizarse con cautela, debido a las diferencias operativas (en términos de cobertura) y conceptuales que existen en la forma de medir la participación laboral en los diferentes países.

Esa mayor participación laboral de las mujeres, junto con la leve tendencia decreciente de este indicador en el caso de los hombres, sobre todo a partir de comienzos de la década de 2000, se tradujo en una disminución de la brecha de la participación laboral por sexo. En los últimos 30 años, esta brecha pasó de casi 40 puntos porcentuales a principios de la década de 1990 a 26 puntos porcentuales a fines de la década de 2010. Esta tendencia se concentra sobre todo en las edades medias de entre 24 y 54 años y responde a diferentes razones, que se detallarán en secciones posteriores.

Pese al gran avance que se produjo en términos de acceso a actividades remuneradas, la región sigue caracterizándose por presentar diferencias significativas entre hombres y mujeres a lo largo del ciclo de vida que repercuten en la autonomía económica de las mujeres (CEPAL, 2019; OIT, 2019b; Marchionni, Gasparini y Edo, 2019; Gasparini y Marchionni, 2015; Martinez Gómez, Miller y Saad, 2013).

Si bien existen diferencias entre los países, el ritmo promedio de incorporación de las mujeres al mercado laboral parece haberse ralentizado a partir de 2010, y la brecha con respecto tanto a la tasa de participación de los hombres en la región como a la tasa de participación de las mujeres en los países desarrollados es aún considerable (CEPAL/OIT, 2019). En 2019, mientras que la tasa de participación laboral promedio de las mujeres de 15 años o más era del 52,4%, en el caso de los hombres, esta alcanzó el 78,3% (véase el gráfico III.2). En promedio, la tasa de participación laboral de las mujeres en los países desarrollados fue del 57,8% en 23 países desarrollados[1].

Entre las mujeres económicamente activas, también se observan brechas con respecto a sus pares hombres en diversos indicadores laborales. En primer lugar, la proporción de mujeres desocupadas —es decir, que buscan activamente empleo y están disponibles para trabajar— es sistemáticamente superior a la de los hombres en todos los países de la región. En 2019, la tasa de desocupación regional promedio de las mujeres alcanzó el 9,3%, mientras que la de los hombres fue del 6,9%, lo que equivale a una brecha de 2,4 puntos porcentuales (véase el gráfico III.3).

1 Esta diferencia es mucho mayor en el caso de las mujeres de 15 a 64 años de edad (15 puntos porcentuales en 2018) y en el de las que viven en los países nórdicos (Dinamarca, Finlandia, Islandia, Noruega y Suecia), cuya tasa de participación promedio fue del 64,9% en 2019.

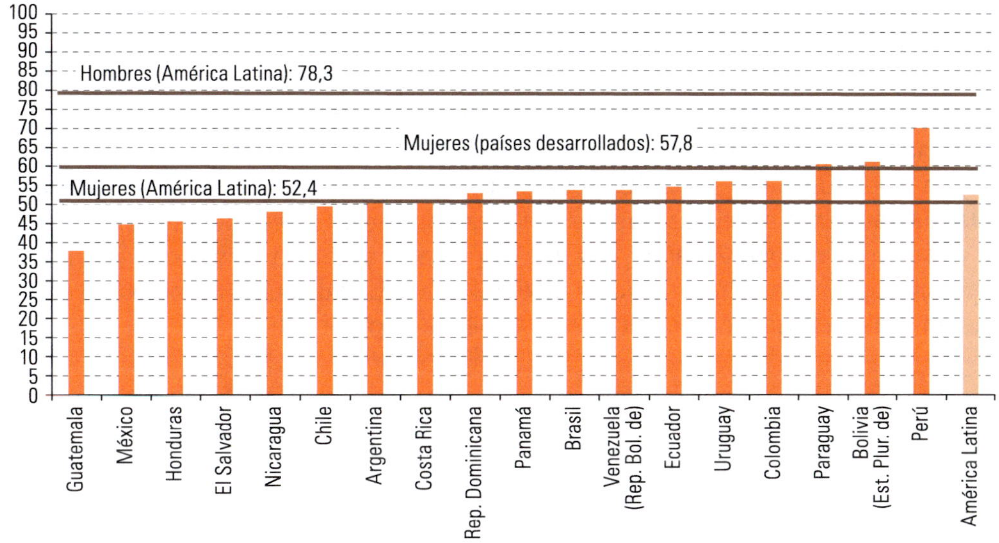

Gráfico III.2
América Latina (18 países) y países desarrollados (22 países)[a]: tasa de participación laboral de la población femenina de 15 años o más, 2019
(En porcentajes)

Fuente: Comisión Económica para América Latina y el Caribe (CEPAL), sobre la base de encuestas de hogares publicadas en Organización Internacional del Trabajo (OIT), ILOSTAT [base de datos en línea] https://ilostat.ilo.org/es/.

[a] Australia, Austria, Bélgica, Canadá, Dinamarca, España, Estados Unidos, Estonia, Finlandia, Francia, Irlanda, Islandia, Italia, Japón, Noruega, Nueva Zelandia, Países Bajos, Polonia, Portugal, Reino Unido, Suecia y Suiza.

Gráfico III.3
América Latina (18 países): tasa de desocupación de la población de 15 años o más, por sexo y país, 2019
(En porcentajes)

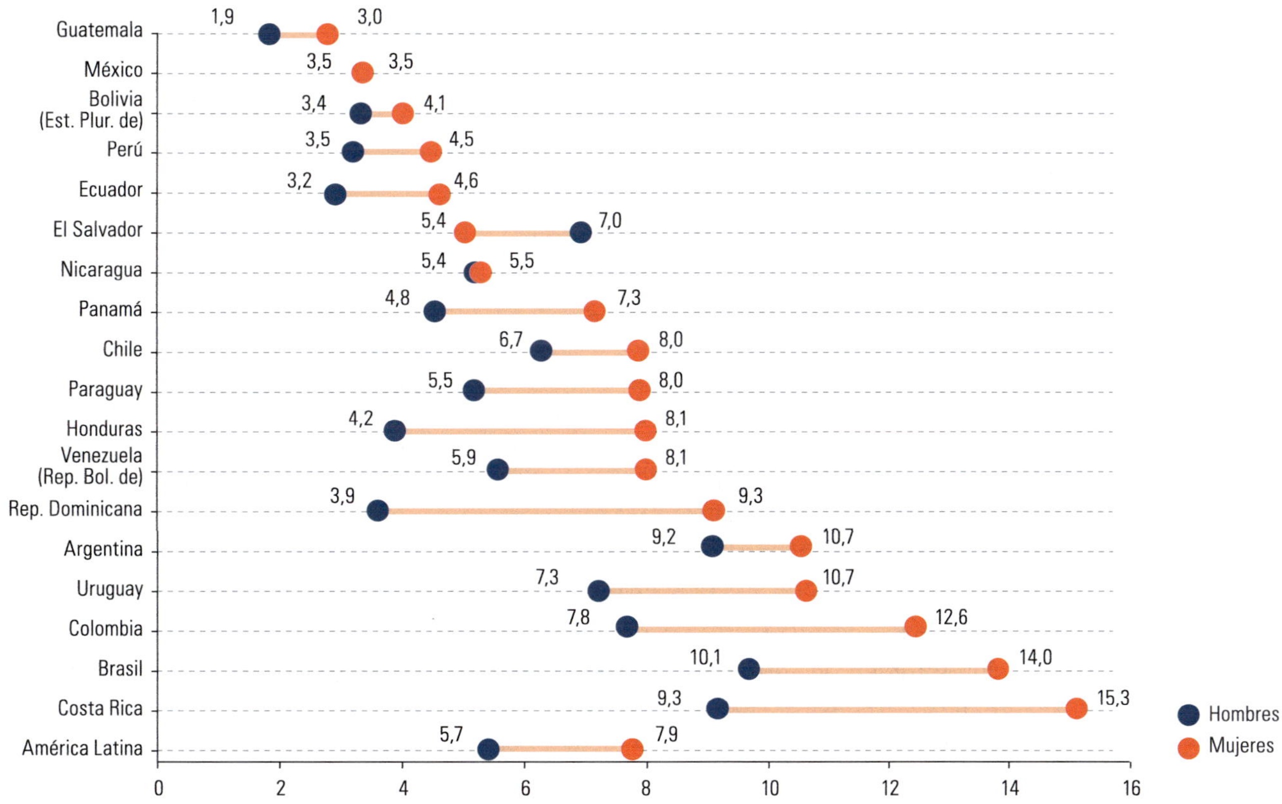

Fuente: Comisión Económica para América Latina y el Caribe (CEPAL), sobre la base de encuestas de hogares publicadas en Organización Internacional del Trabajo (OIT), ILOSTAT [base de datos en línea] https://ilostat.ilo.org/es/.

En segundo lugar, la brecha salarial entre hombres y mujeres continúa siendo significativa. En 2019, el ingreso medio de una mujer de 15 de edad o más años en la zona urbana equivalía al 78% del de los hombres. Esta brecha se ha ido reduciendo con el tiempo: mientras que, a principios de la década de 2000, una mujer con 13 o más años de estudio ganaba en promedio un 72% del salario de un hombre con el mismo nivel educativo, en 2019, esta cifra había aumentado al 84%. La mejora ha sido más evidente en el caso de las mujeres con mayor nivel educativo. En efecto, se observa que, hace 20 años, las que contaban con entre seis y nueve años de educación, ganaban en promedio un 74% del salario de sus pares hombres, mientras que en 2019 alcanzaban apenas el 76,5% (véase el gráfico III.4).

Gráfico III.4
América Latina (18 países): relación entre el salario medio urbano de hombres y mujeres, según el número de años de estudio aprobados, 2001-2019
(En porcentajes)

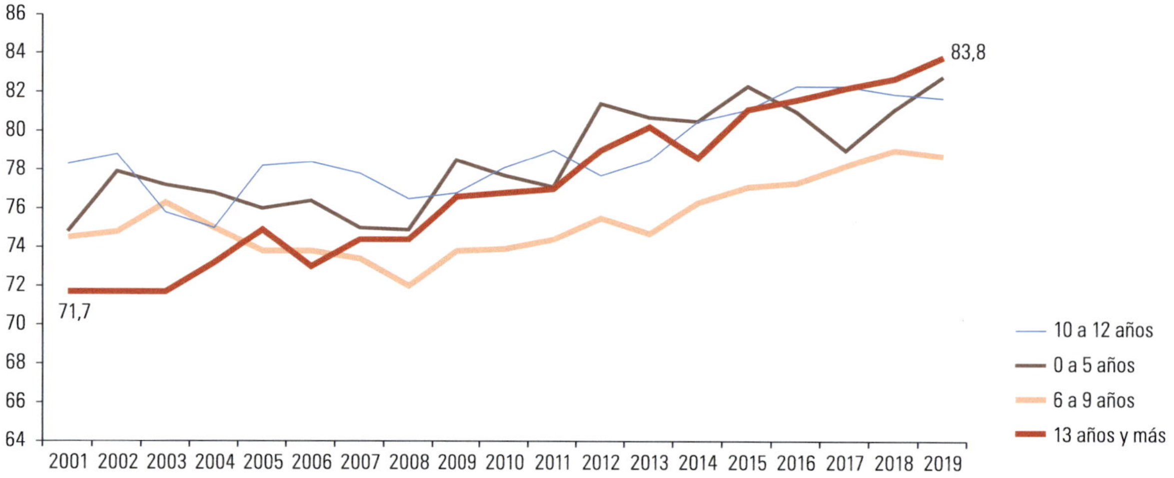

Fuente: Comisión Económica para América Latina y el Caribe (CEPAL), sobre la base de CEPALSTAT [base de datos en línea] https://estadisticas.cepal.org/cepalstat/portada.html.
Nota: Los datos se refieren a la proporción del salario medio de las mujeres asalariadas urbanas, de 20 a 49 años de edad, que trabajan 35 horas o más por semana, respecto del salario de los hombres de iguales características.

A pesar de que la presencia de las mujeres en las empresas de la región se ha incrementado, aún es escasa su representación en los cargos directivos, lo que se hace más patente cuanto más elevado es el cargo. Una encuesta realizada por la Organización Internacional del Trabajo (OIT) en 2018 muestra que la proporción más elevada de empresas (27,5%) declaró que solo entre el 1% y el 10% de sus altos cargos directivos están ocupados por mujeres, y que el 21,9% de las empresas no cuentan con mujeres en puestos ejecutivos (OIT, 2019a) (véase el gráfico III.5).

Las brechas entre hombres y mujeres no solo se dan en el ámbito salarial, sino también en términos de calidad del empleo. En promedio, una de cada dos mujeres trabaja sin cobertura social en la región, y la proporción de mujeres ocupadas en el sector informal (56,4%) es ligeramente superior a la proporción de hombres (54,6%). Cabe destacar la gran heterogeneidad que existe entre los países (véase el gráfico III.6). Por su parte, la proporción de trabajadores por cuenta propia de 15 a 64 años —condición que, en general, se asocia a una menor calidad del empleo—, se encontraba en 2019 en torno al 28% en promedio, cifra que era similar entre hombres y mujeres, pero que presentaba grandes diferencias de un país a otro (véase el gráfico III.6). Con respecto a la incidencia del trabajo a tiempo parcial —es decir, de menos de 35 horas semanales—, también se observa una diferencia entre mujeres y hombres. Esta forma de empleo atípico puede responder a una opción personal por diversos motivos, como responsabilidades relacionadas con los estudios o con tareas de cuidado. En la región, en promedio, aproximadamente un 39% de las mujeres de 15 a 64 años que trabajan lo hacen a tiempo parcial, en comparación con casi un 23% de los hombres. Por último, el subempleo horario, que mide la proporción de los ocupados que trabajan menos horas de las que quisieran, fue, en promedio, superior en el caso de las mujeres (15,5%) que en el de los hombres (7,8%).

En síntesis, además de presentar tasas de participación laboral mucho más bajas que los hombres, cuando las mujeres participan en el mercado laboral, en promedio, perciben menores ingresos y tienen menos posibilidades de desarrollo en su carrera, trabajan menos horas y experimentan más inestabilidad laboral.

Gráfico III.5
América Latina y el Caribe: porcentaje de empresas según proporción de mujeres en los cuatro niveles de puestos directivos, 2018
(En porcentajes)

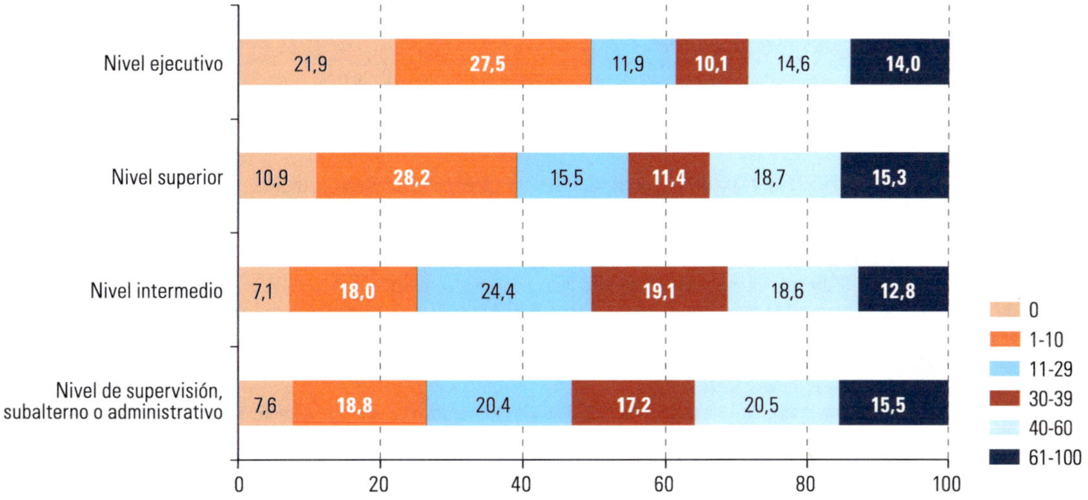

Fuente: Comisión Económica para América Latina y el Caribe (CEPAL), sobre la base de Organización Internacional del Trabajo (OIT), *Las mujeres en la gestión empresarial: argumentos para un cambio*, Ginebra, 2019.

Gráfico III.6
América Latina (18 países): indicadores de calidad del empleo (tasa de informalidad[a] e incidencia del trabajo por cuenta propia[b], del empleo a tiempo parcial[c] y del subempleo horario[d]), por sexo, 2019
(En porcentajes)

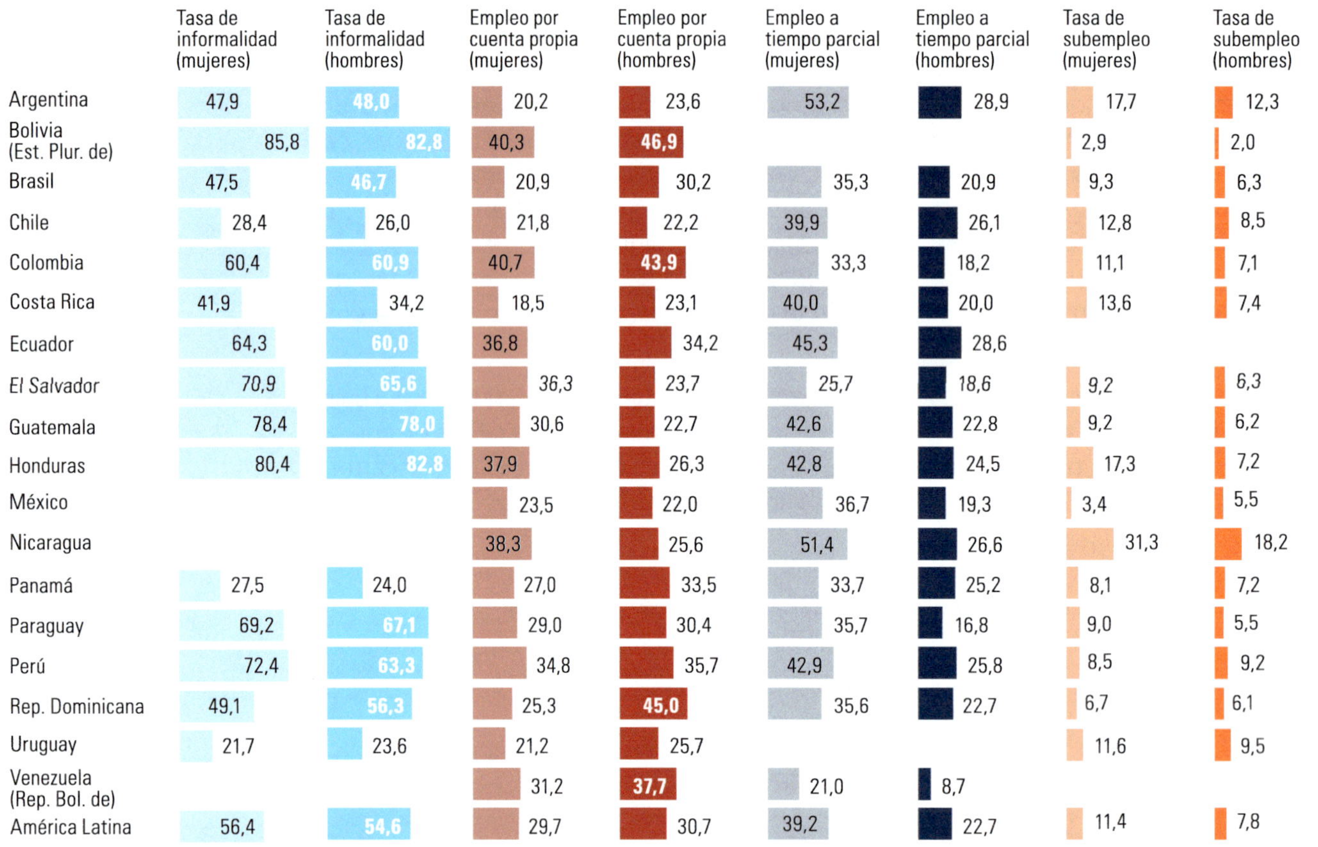

Fuente: Comisión Económica para América Latina y el Caribe (CEPAL), sobre la base de encuestas de hogares publicadas en Organización Internacional del Trabajo (OIT), ILOSTAT [base de datos en línea] https://ilostat.ilo.org/es/.

[a] La serie armonizada para el empleo informal (población de 15 a 64 años) se obtiene utilizando el mismo conjunto de criterios en todos los países. Estos se basan en la situación laboral, el sector institucional, el destino de la producción, la contabilidad, el registro de la empresa, la cotización a la seguridad social, los lugares de trabajo y el tamaño de la empresa. Los datos corresponden a 2019, excepto en el caso de Honduras, que corresponden a 2017.

[b] Proporción de trabajadores por cuenta propia sobre el total de ocupados por sexo (población de 15 a 64 años). Los datos corresponden a 2019, excepto en los casos de Nicaragua (2014) y la República Bolivariana de Venezuela (2017).

[c] Proporción de los ocupados que trabaja menos de 35 horas semanales reales. Los datos corresponden a 2019, excepto en los casos de Colombia (2017), Guatemala (2015), Nicaragua (2012), el Paraguay (2015) y la República Bolivariana de Venezuela (2012).

[d] La tasa de subempleo por tiempo se refiere a las personas ocupadas de 15 a 64 años que cumplen los tres criterios siguientes durante el período de referencia: i) están dispuestas a trabajar horas adicionales, ii) están disponibles para trabajar horas adicionales y iii) trabajaron por debajo de un umbral relativo al tiempo de trabajo. Los datos corresponden a 2019 excepto en los casos de México (2014) y Nicaragua (2012).

2. En 2020, la pandemia de COVID-19 produjo una fuerte caída de la ocupación y la participación laboral femenina

Las medidas de restricción a la movilidad aplicadas en la mayoría de los países para evitar los contagios de COVID-19 hicieron que numerosas empresas tuvieran que detener sus actividades e impidieron a muchos trabajadores poder continuar realizando sus tareas. El cierre de las escuelas y el paso a la educación a distancia también tuvieron un impacto disruptivo en la sociedad. Todos estos factores implicaron cambios en los modelos familiares, en la forma de trabajar y en la asignación de tareas dentro del hogar, que afectaron de diferente manera a hombres y mujeres (CEPAL, 2021b; Karkee y Sodergren, 2021; OIT, 2020a; Gutiérrez, Martin y Ñopo, 2020; Alan y otros, 2020; Biroli y otros, 2020; Andrew y otros, 2020; Del Boca y otros, 2020).

Si bien en general se produjo una contracción significativa de la población ocupada, esta fue más fuerte en el caso de las mujeres (−10,1%) que en el de los hombres (−7,4%) (véase el gráfico III.7). Esta situación tuvo su origen en la elevada participación de las mujeres en sectores que se vieron fuertemente afectados por la contracción mencionada, como el trabajo remunerado en hogares, el trabajo no remunerado y las actividades relacionadas con el comercio. Debido a la disminución de las oportunidades de empleo y las restricciones de movilidad, un gran número de trabajadores se retiró del mercado laboral, y esta cifra también fue mayor entre las mujeres. En total, la población activa de mujeres cayó un 7,6% en los once países sobre los cuales se dispone de información, en comparación con el 5,3% en el caso de los hombres (véase el gráfico III.7). Las causas principales fueron el cierre de los establecimientos escolares y de los servicios de cuidado tanto formales como informales (de amistades, familiares o comunitarios) que obligaron a los padres, y especialmente a las madres, a asumir responsabilidades adicionales en sus hogares (CEPAL/ONU-Mujeres, 2020). Esto impidió que, como sí ha ocurrido en otras crisis, las mujeres aumentaran su participación laboral como proveedoras de ingresos secundarios (Alon y otros, 2020; CEPAL/OIT, 2021).

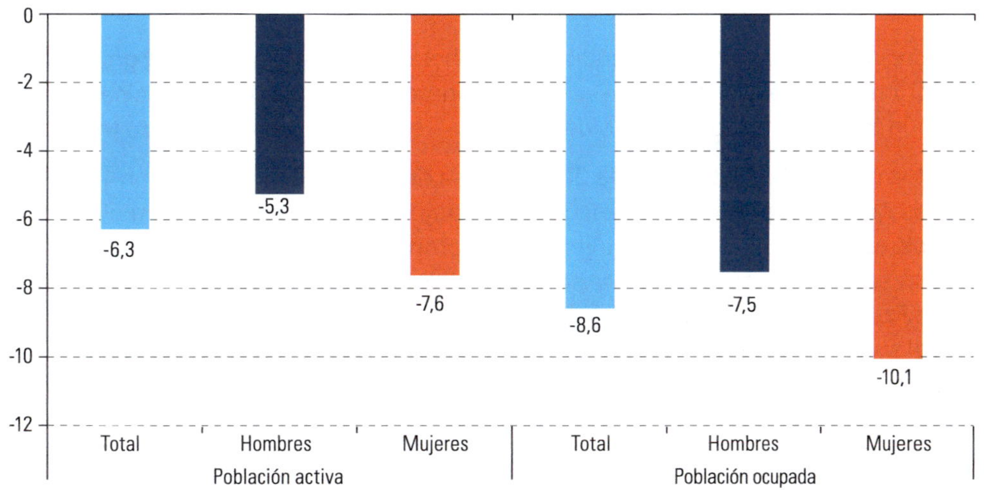

Gráfico III.7
América Latina (11 países)[a]: variación de la población activa y la población ocupada, por sexo, 2019-2020
(En porcentajes)

Fuente: Comisión Económica para América Latina y el Caribe (CEPAL), sobre la base de las encuestas de hogares de los países.
[a] Argentina, Bolivia (Estado Plurinacional de), Brasil, Chile, Colombia, Costa Rica, México, Paraguay, Perú, República Dominicana y Uruguay.

La caída de la población ocupada superó el promedio en el Perú, Colombia, Costa Rica y Chile. En casi todos los países se registró un mayor impacto en el empleo femenino, con la excepción del Uruguay y la Argentina, donde la ocupación disminuyó en mayor medida en el caso de los hombres (véase el gráfico III.8).

Gráfico III.8
América Latina (13 países): variación de la población ocupada, por sexo y por país, 2019-2020
(En porcentajes)

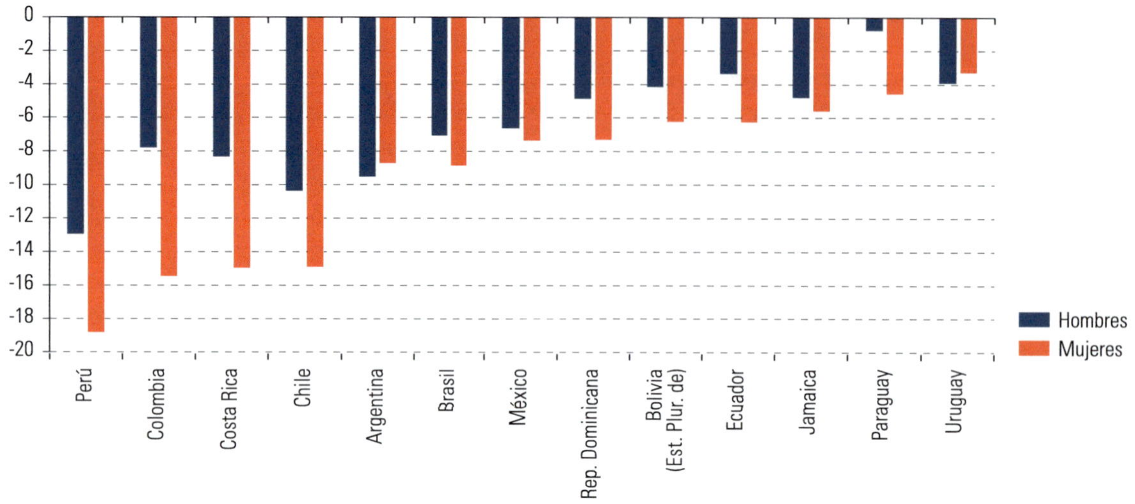

Fuente: Comisión Económica para América Latina y el Caribe (CEPAL), sobre la base de las encuestas de hogares de los países.

a) El mayor impacto de la pandemia se registró en el segundo trimestre de 2020 y, en los trimestres siguientes, se observó una recuperación

La dinámica de los principales indicadores laborales muestra que, a lo largo de 2020, el mayor impacto de la pandemia —si nos referimos a la caída de la participación y la ocupación tanto de hombres como de mujeres— se produjo en el segundo trimestre.

En los meses de abril y junio de 2020, la tasa de ocupación promedio en 12 países sobre los que se dispone de información se redujo abruptamente tanto en el caso de los hombres como en el de las mujeres. En comparación con el último trimestre de 2019, la tasa de ocupación femenina se redujo 10,3 puntos porcentuales hasta alcanzar el 40,1% y la masculina disminuyó 11,2 puntos porcentuales, hasta llegar al 60,5% (véase el subgráfico III.9B). Esta tendencia fue acompañada de un retiro de trabajadores del mercado laboral. En el segundo trimestre, la tasa de participación femenina cayó a un 45,8% y la masculina, a un 67,7% (véase el subgráfico III.9A). Como resultado de estas tendencias, la tasa de desocupación de ambos sexos aumentó abruptamente en el segundo trimestre (véase el subgráfico III.9C).

A partir del tercer trimestre, se observó una recuperación tanto de la ocupación como de la participación laboral en ambos sexos, aunque esta fue relativamente más rápida entre los hombres, por lo que la tasa de desocupación femenina alcanzó su nivel máximo recién en el tercer trimestre (14,5%).

En el último trimestre de 2020, la población activa femenina era todavía 3,0 puntos porcentuales inferior a la cifra registrada en el cuarto trimestre de 2019 y la masculina, 2,7 puntos porcentuales menor. El empleo parece haberse recuperado más lentamente que la oferta laboral, por lo que la tasa de ocupación femenina se encontraba 4,7 puntos porcentuales por debajo de la del mismo período de 2019 y la de los hombres era un 4,4 puntos porcentuales inferior. Como resultado, las tasas de desocupación también se encuentran varios puntos porcentuales por encima de las del inicio de la pandemia, en un 13,0% en el caso de las mujeres y un 8,8% en el de los hombres.

Gráfico III.9
América Latina (12 países)[a]: evolución de las tasas de participación, ocupación y desocupación, cuarto trimestre de 2019 a cuatro trimestre de 2020
(En porcentajes)

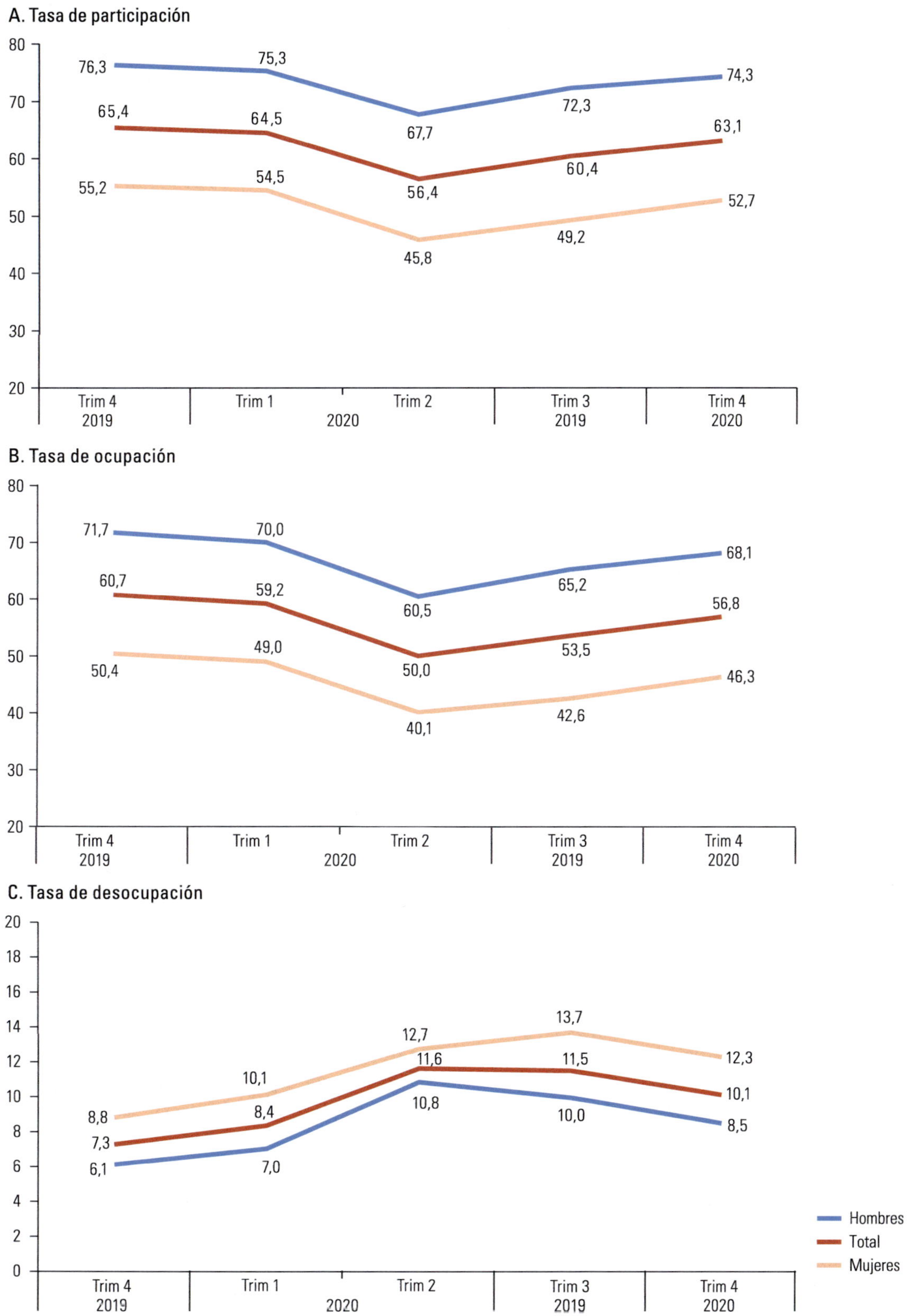

Fuente: Comisión Económica para América Latina y el Caribe (CEPAL), sobre la base de las encuestas de hogares de los países.

[a] Promedio simple de los siguientes 12 países: Argentina, Bolivia (Estado Plurinacional de), Brasil, Chile, Colombia, Costa Rica, México, Nicaragua, Paraguay, Perú, República Dominicana y Uruguay.

b) La pérdida de empleo en 2020 fue mayor en los niveles educativos más bajos

Una de las características de la pandemia de COVID-19 fue el hecho de que afectó en mayor medida a los sectores más intensivos en mano de obra menos calificada (CEPAL, 2021b; FMI, 2021). La mayoría de los trabajadores que pudieron continuar realizando su trabajo de manera remota fueron aquellos que tenían empleos asociados a un mayor nivel educativo[2] (véase el recuadro III.1). Esta situación se observó en otros países del mundo, pero en América Latina se vio potenciada por el efecto de las restricciones de movilidad en el empleo informal. Del promedio de ocho países de la región, se desprende que la reducción del empleo entre 2019 y 2020 fue mayor entre las mujeres de menor nivel educativo (17,4%) que entre los hombres del mismo grupo (12,8%) (véase el gráfico III.10). En el caso de los niveles educativos medios, la contracción fue de un 10,6% entre las mujeres y de un 6,5% entre los hombres. Por el contrario, entre los trabajadores con mayor nivel educativo, la contracción del número de ocupados fue muy pequeña en promedio; es decir, que tuvieron una mayor probabilidad de conservar sus empleos. Esta tendencia posiblemente esté relacionada con la incidencia de la informalidad entre los trabajadores de bajo nivel educativo, que se vieron afectados significativamente por las restricciones y por la reducción de la actividad económica.

Recuadro III.1

La expansión del teletrabajo abre opciones para conciliar las actividades remuneradas y de cuidados

Uno de los recursos que se han utilizado durante la pandemia de enfermedad por coronavirus (COVID-19) para poder continuar con las actividades productivas es el del trabajo remoto o a distancia. Ello ha supuesto importantes esfuerzos de adaptación por parte de las empresas, de los trabajadores y también del Estado, que ha tenido que establecer marcos regulatorios adecuados[a]. La probabilidad de poder trabajar a distancia depende de la ocupación y de la disponibilidad de conexión a Internet y de las tecnologías necesarias, así como la posibilidad de acceder a ellas, lo que a su vez está relacionado con el nivel de ingresos (Weller, 2020; Garrote Sánchez, 2020; Gottlieb y otros, 2020). Los estudios indican que la posibilidad de teletrabajar es mayor, en general, entre los trabajadores con un nivel de educación superior y entre los asalariados formales. Sin embargo, no existe información concluyente sobre este tema en el caso concreto de las mujeres, ya que su situación dependerá de la distribución ocupacional por sexo de cada país y de las características antes mencionadas.

De los datos disponible en la región, se desprende que las mujeres tienen más probabilidades de trabajar a distancia. En un estudio llevado a cabo con datos del Programa para la Evaluación Internacional de las Competencias de los Adultos sobre 35 países, incluidos 4 de la región (Chile, Ecuador, México y Perú) se concluyó que las mujeres, en promedio, tienen mayores probabilidades que los hombres de realizar actividades que se adaptan a la modalidad de teletrabajo.

En un estudio de la Comisión Económica para América Latina y el Caribe (CEPAL) elaborado sobre la base de información de Chile, Ecuador, El Salvador, México, la Republica Dominicana y el Uruguay, se indica que, en teoría, por el tipo de ocupaciones en que se desempeñan las mujeres, la proporción de las que podrían continuar trabajando en modalidad remota sería mayor que la de los hombres. Sin embargo, debido al nivel de conectividad de los países y a las brechas de género que continúan existiendo en materia de acceso a las tecnologías digitales y de uso de estas, el porcentaje de mujeres ocupadas que podrían teletrabajar se reduce de forma significativa (CEPAL, 2021b). Otro estudio, realizado con datos de la encuesta de After Access referidos al acceso a las tecnologías de la información y las comunicaciones (TIC) en seis países de la región (Argentina, Colombia, Ecuador, Guatemala, Paraguay y Perú) muestra que, en promedio, el 53% de los hombres tiene acceso a una computadora, mientras que esta cifra desciende hasta el 45% en el caso de las mujeres, si bien no existen diferencias significativas en cuanto al acceso a tecnologías "básicas" como el teléfono móvil o Internet (Agüero, Bustello y Viollaz, 2020).

Al analizar la situación particular de algunos países, se observa, por ejemplo, que debido a la estructura ocupacional de la Argentina, los hombres parecen tener más probabilidades de trabajar a distancia (Bonavida Foschiatti y Gasparini, 2020) (véase el gráfico 1). Sin embargo, los datos del Brasil sobre el trabajo efectivo realizado de forma remota muestran que su incidencia fue mayor en el caso de las mujeres que en el de los hombres e incluso que, mientras que la proporción de hombres que teletrabajaban se fue reduciendo entre mayo y noviembre de 2020, la de mujeres se incrementó (Góes, Martins y Nascimento, 2021) (véase el gráfico 2).

[2] Por ejemplo, mientras que el 35% de los trabajadores con nivel educativo superior teletrabajaron en el Brasil durante la pandemia, este porcentaje desciende a menos del 8% en el caso de los trabajadores con menor nivel educativo (véase la sección IV.F de esta publicación, sobre las perspectivas del trabajo remoto en la región).

Recuadro III.1 (conclusión)

Gráfico 1
Argentina: posibilidad de trabajar a distancia según sexo, 2020
(En porcentajes)

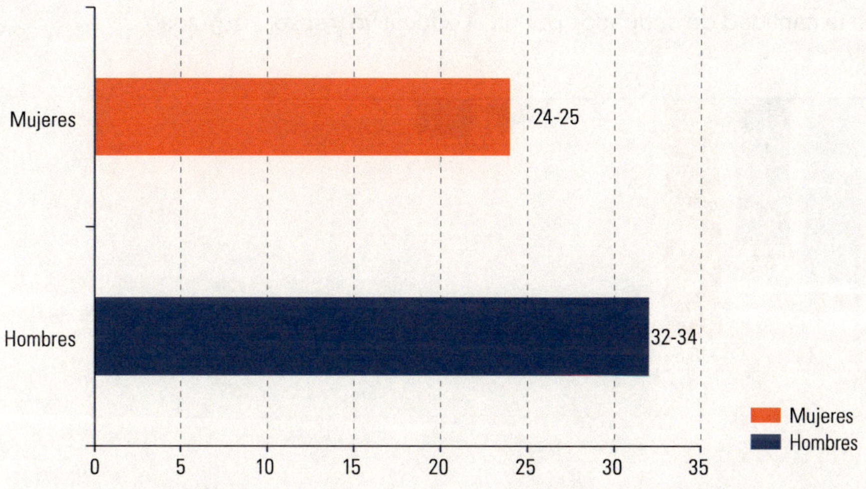

Fuente: Comisión Económica para América Latina y el Caribe (CEPAL), sobre la base de C. Bonavida Foschiatti y L. Gasparini, "El impacto asimétrico de la cuarentena", *Documentos de Trabajo*, N° 261, La Plata, Centro de Estudios Distributivos, Laborales y Sociales (CEDLAS), abril de 2020.

Gráfico 2
Brasil: proporción de personas que trabajan a distancia, por sexo, 2020
(En porcentajes)

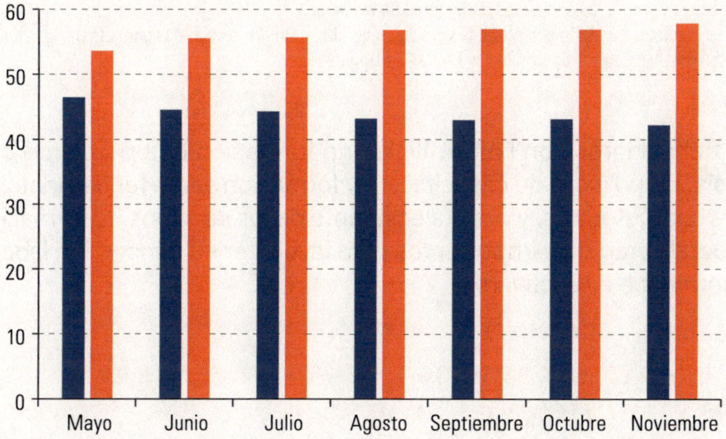

Fuente: Comisión Económica para América Latina y el Caribe (CEPAL), sobre la base de G. S. Góes, F. dos S. Martins y J. S. Nascimento, "O trabalho remoto e a pandemia: o que a PNAD COVID-19 nos mostrou", *Carta de Coyuntura*, N° 50, Instituto de Investigaciones Económicas Aplicadas (IPEA), 2021.

Dada la mayor participación de las mujeres en el empleo a tiempo parcial y la mayor carga de trabajo no remunerado que soportan, la posibilidad de teletrabajar brinda a muchas mujeres de la región una oportunidad para favorecer la conciliación entre las responsabilidades laborales y familiares, lo que podría tener un impacto positivo en su participación laboral. Sin embargo, para aprovechar estos beneficios, es necesario reducir las brechas digitales de género tanto en el acceso a las tecnologías como en el ámbito de las habilidades digitales.

Fuente: J. Weller, "La pandemia del COVID-19 y su efecto en las tendencias de los mercados laborales", *Documentos de Proyectos* (LC/TS.2020/67), Santiago, Comisión Económica para América Latina y el Caribe (CEPAL), 2020; D. Garrote Sánchez y otros, "Who on earth can work from home?", *Policy Research Working Paper*, N° 9347, Washington, D.C., Banco Mundial, 2020; C. Gottlieb y otros, "Working from home in developing countries", *Discussion Paper series*, N° 13737, Bonn, Institute of Labor Economics (IZA), septiembre de 2020; M. Brussevich, E. Dabla-Norris y S. Khalid, "Who will bear the brunt of lockdown policies? Evidence from tele-workability measures across countries", *IMF Working Paper*, N° WP/20/88, Washington, D.C., Fondo Monetario Internacional (FMI), 2020; Comisión Económica para América Latina y el Caribe (CEPAL), "La autonomía económica de las mujeres en la recuperación sostenible y con igualdad", *Informe Especial COVID-19*, N° 9, Santiago, 2021; A. Agüero, M. Bustelo y M. Viollaz, *¿Desigualdades en el mundo digital? Brecha de género en el uso de las TIC*, Washington, D.C., Banco Interamericano de Desarrollo (BID), 2020; C. Bonavida Foschiatti y L. Gasparini, "El impacto asimétrico de la cuarentena", *Documentos de Trabajo*, N° 261, La Plata, Centro de Estudios Distributivos, Laborales y Sociales (CEDLAS), abril de 2020; G. S. Góes, F. dos S. Martins y J. S. Nascimento, "O trabalho remoto e a pandemia: o que a PNAD COVID-19 nos mostrou", Carta de Coyuntura, N° 50, Instituto de Investigaciones Económicas Aplicadas (IPEA), 2021.

[a] Véase la sección IV.F de esta publicación, sobre las perspectivas del trabajo remoto en la región.

Gráfico III.10
América Latina (8 países)[a]: variación de la cantidad de ocupados por nivel educativo y sexo, 2019-2020
(En porcentajes)

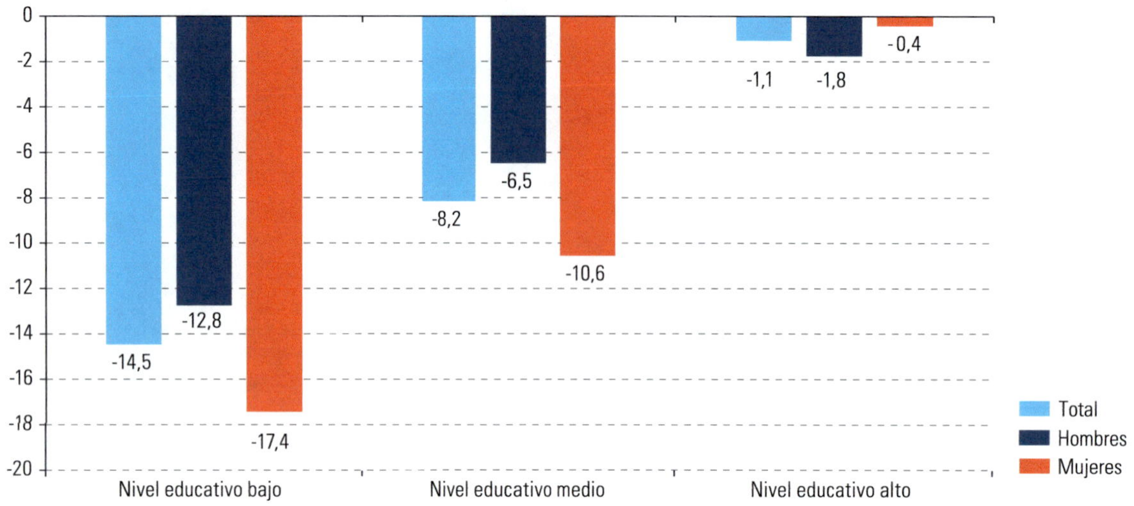

Fuente: Comisión Económica para América Latina y el Caribe (CEPAL), sobre la base de las encuestas de hogares de los países.
Nota: Nivel educativo bajo: primaria completa o menos. Nivel educativo medio: secundaria completa. Nivel educativo alto: estudios terciarios completos.
[a] Promedio simple de los siguientes países: Argentina, Brasil, Chile, Costa Rica, México, Paraguay, Perú y República Dominicana.

En el caso de los trabajadores con bajos niveles de formación que perdieron sus empleos durante la crisis, las políticas de capacitación y formación serán fundamentales para evitar la pérdida de competencias, y el fortalecimiento de los servicios de formación y de intermediación laboral serán muy importantes para favorecer su reinserción laboral cuando la economía comience a reactivarse.

c) Las mujeres trabajadoras se desempeñan mayoritariamente en los sectores y las categorías ocupacionales más afectados por el paro de la actividad

En general, la región se caracteriza por presentar una estructura ocupacional de la población femenina diferente a la de los hombres. Se observa que las mujeres tienen una alta participación en el empleo en servicios comunales, sociales y personales (64%), representan la mitad de los ocupados en el sector de comercio, restaurantes y hoteles, y participan de manera significativa en los servicios financieros (43%). Por el contrario, representan una proporción muy baja del empleo en los sectores de construcción (3%), minas y canteras (11%) y agricultura, silvicultura y pesca (14%) (OIT, 2019b, pág. 73).

De acuerdo con las estimaciones sobre la pérdida de empleo por sector en nueve países que cuentan con información disponible al respecto, en 2020, la disminución del número de personas ocupadas fue de más del 20% en los servicios de alojamiento y alimentación, pérdida que afectó tanto a mujeres como a hombres (véase el gráfico III.11). El comercio, sector con una elevada participación femenina, registró una caída del 12% en el caso de las mujeres y del 9% en el de los hombres. También fueron mayores los descensos entre las mujeres ocupadas en los sectores de transporte y almacenamiento y servicios no comerciales.

Gráfico III.11

América Latina (8 países)[a]: variación del número de ocupados por rama de actividad y sexo, 2019-2020

(En porcentajes)

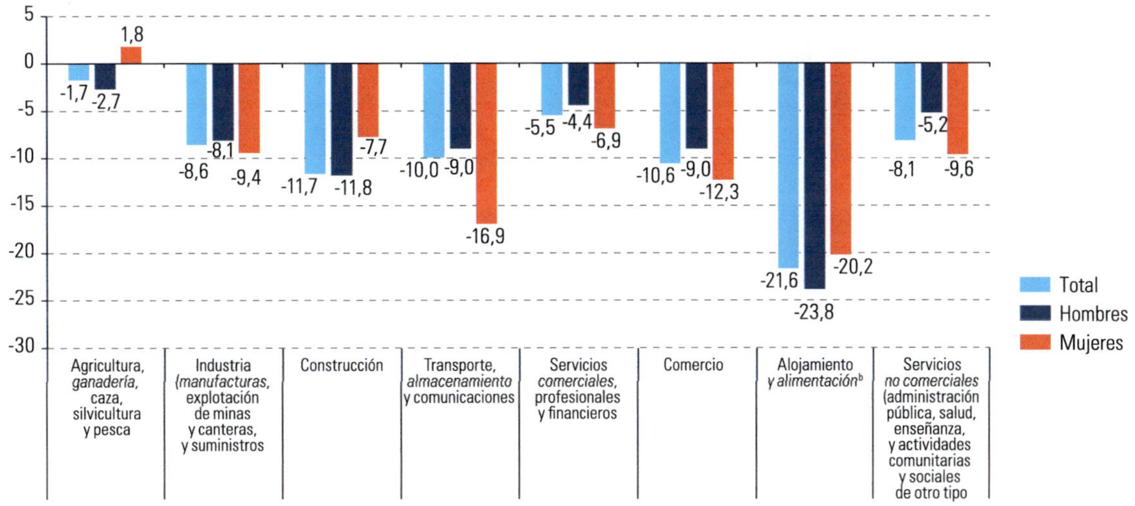

Fuente: Comisión Económica para América Latina y el Caribe (CEPAL), sobre la base de las encuestas de hogares de los países.

[a] Argentina, Bolivia (Estado Plurinacional de), Brasil, Chile, Colombia, México, Paraguay y Perú.

[b] En el caso del Paraguay, los datos de alojamiento y alimentación están incluidos en el sector del comercio.

Entre las categorías de empleo que más se vieron afectadas durante 2020, se encuentra el trabajo doméstico remunerado, que experimentó una contracción del 18% en el caso de las mujeres (véase el gráfico III.12). Esta caída obedece tanto a las restricciones de movilidad como a otras razones, como la pérdida de ingresos de muchos hogares empleadores y la tendencia a reemplazar diversas actividades remuneradas del hogar por no remuneradas. La pandemia ha puesto en evidencia la situación de precariedad laboral en la que se encuentran muchas de estas trabajadoras, así como la falta de cobertura social y de acceso a servicios de salud (CEPAL/ONU-Mujeres, 2020). Del mismo modo, el trabajo familiar no remunerado, si bien abarca a un reducido grupo de trabajadores, se contrajo un 9,2% en el caso de las mujeres. Por su parte, el trabajo independiente también registró una fuerte contracción, tanto entre los trabajadores por cuenta propia como entre los empleadores, y, en ambos casos, las mujeres fueron las más afectadas. Muchas de estas mujeres empleadoras son propietarias de microempresas y pequeños emprendimientos con un bajo nivel de capital y poco acceso a financiamiento, que operan principalmente en el sector informal y cuentan con poca capacidad para resistir largos períodos con ingresos reducidos o sin ingresos y, por lo tanto, presentan un mayor riesgo de declararse en bancarrota (Karkee y Sodergren, 2021; OIT, 2020a).

Gráfico III.12
América Latina (11 países)[a]: variación del número de ocupados por categoría ocupacional y sexo, 2019-2020
(En porcentajes)

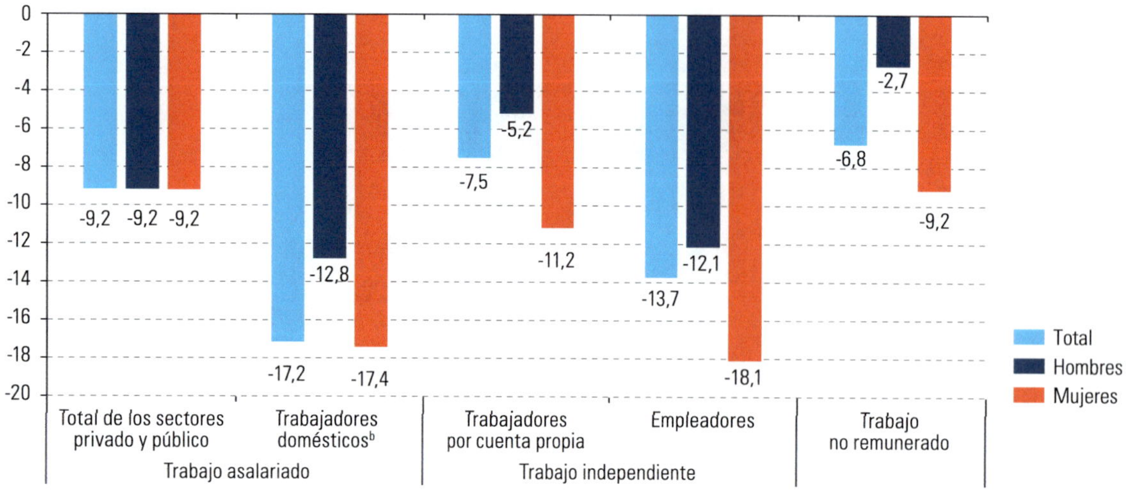

Fuente: Comisión Económica para América Latina y el Caribe (CEPAL), sobre la base de las encuestas de hogares de los países.
[a] Argentina, Brasil, Bolivia (Estado Plurinacional de), Chile, Colombia, Costa Rica, México, Paraguay, Perú, República Dominicana y Uruguay.
[b] Los datos del trabajo doméstico remunerado no incluyen a la Argentina, la República Dominicana ni el Uruguay.

3. La creación de oportunidades de empleo con igualdad de género debe estar en el centro de la estrategia de desarrollo para lograr una recuperación con bases más sólidas

En los últimos treinta años, la participación laboral femenina ha crecido constantemente en todos los países de América Latina, lo que ha conllevado grandes cambios económicos y sociales. Sin embargo, en promedio, el ritmo de crecimiento se está desacelerando y aún existen brechas significativas —como mayores niveles de desempleo e informalidad entre las mujeres, así como salarios más reducidos y un menor acceso a puestos jerárquicos—, que no solo limitan la inclusión en condiciones de igualdad, sino que también influyen negativamente en la promoción del aumento de la participación laboral femenina. Estas barreras que dificultan una inclusión laboral igualitaria son más evidentes entre las mujeres de menor nivel educativo y de hogares más pobres o con mayor cantidad de personas dependientes.

En este contexto, la crisis provocada por la pandemia de COVID-19 ha tenido efectos significativos en las dinámicas familiares y laborales, exacerbando muchas de las desigualdades de género preexistentes. En el segundo trimestre de 2020, además de producirse una importante pérdida de empleos, una gran cantidad de trabajadores se retiraron del mercado laboral, especialmente mujeres. En esto influyeron las menores posibilidades de conseguir trabajo y las dificultades de desplazamiento, pero también las necesidades que surgieron debido al cierre de los servicios de cuidado y el paso a la modalidad de educación a distancia, que supusieron mayores responsabilidades para los padres, sobre todo para las mujeres. A medida que las restricciones se fueron levantando, las mujeres se fueron reincorporando al mercado laboral, aunque —probablemente debido a las obligaciones persistentes relacionadas con el trabajo de cuidado no remunerado— con mayor lentitud que en el caso de los hombres, por lo que, a fin de año, su niveles de participación y empleo continuaban siendo inferiores a los de antes de la pandemia y su tasa de desocupación, superior. Las trabajadoras más afectadas han sido aquellas con bajos niveles educativos, con hijos pequeños y en ocupaciones más precarias, asociadas al trabajo informal o a sectores en los que el impacto de la crisis ha sido más fuerte, como el comercio.

La pandemia ha golpeado a la región en un momento de bajo crecimiento económico, escasa generación de empleo de calidad y estancamiento de la reducción de la pobreza y la desigualdad. Será preciso esforzarse por evitar que las múltiples crisis que se han desencadenado en el plano económico y social profundicen los nudos estructurales de la desigualdad de género existentes (CEPAL, 2020b y 2021b). La promoción de una mayor participación laboral femenina no es solo una cuestión de derechos, sino que también puede conllevar una ganancia económica significativa, favoreciendo mayores niveles de crecimiento y productividad (Ostry y otros, 2018; Novta y Cheng Wong, 2017).

La generación de oportunidades de empleo debe estar en el centro de la estrategia de desarrollo y la promoción de la igualdad de género resulta esencial para lograr una recuperación con bases más sólidas. En este sentido, es preciso que en la región se hagan esfuerzos considerables para diseñar políticas orientadas no solo a evitar el incremento de las desigualdades, sino también a promover la reinserción de las mujeres en el mercado laboral.

A corto plazo, es importante apoyar a las trabajadoras que salieron temporalmente del mercado laboral, fortaleciendo los servicios de formación y capacitación para evitar la pérdida de capital humano y reforzando los servicios de intermediación laboral destinados a mejorar las posibilidades de reinserción laboral. Asimismo, es crucial continuar apoyando los ingresos de los hogares más vulnerables, así como a las empresas, que son las generadoras de empleo. Una visión más estratégica sobre los aspectos en los cuales es preciso seguir avanzando para reducir las diferentes brechas de género está vinculada a las políticas activas de apoyo a la igualdad de oportunidades y la incorporación de la perspectiva de género en el diseño de las reformas previsionales, de protección social, financieras y fiscales. Las políticas que pueden promover la participación femenina en el ámbito laboral, incluyen, entre muchas otras posibilidades, las orientadas a conciliar el trabajo y la familia (por ejemplo, flexibilidad horaria o de modalidad laboral, o acceso a licencias parentales), la igualdad salarial para tareas similares, las políticas contra la discriminación, la violencia y el acoso en el lugar de trabajo, y las políticas relacionadas con la promoción del aprendizaje permanente y el desarrollo profesional.

B. Impacto del COVID-19 en la inclusión laboral de los jóvenes

1. Aunque el crecimiento de la población joven se ha desacelerado, esta continuará representando una proporción significativa de la población total

En América Latina y el Caribe, se estima que la población de jóvenes de entre 15 y 24 años alcanzaba en 2020 aproximadamente los 107 millones de personas, lo que representa un 16,5% de la población regional y un 25,0% de la población en edad de trabajar de 15 a 64 años (véase el gráfico III.13). Esta última proporción ha disminuido significativamente en los últimos 70 años, y se espera que la tendencia se mantenga hasta llegar al 19,0% en 2060. Si se incluye también el grupo de 25 a 29 años, los jóvenes representan aproximadamente el 24,0% de la población total y el 36,7% de la población en edad de trabajar.

Gráfico III.13
América Latina y el Caribe[a]: proporción de la población joven (de 15 a 24 años) en el total de la población en edad de trabajar (de 15 a 64 años), 1950, 2020 y proyecciones para 2050
(En porcentajes)

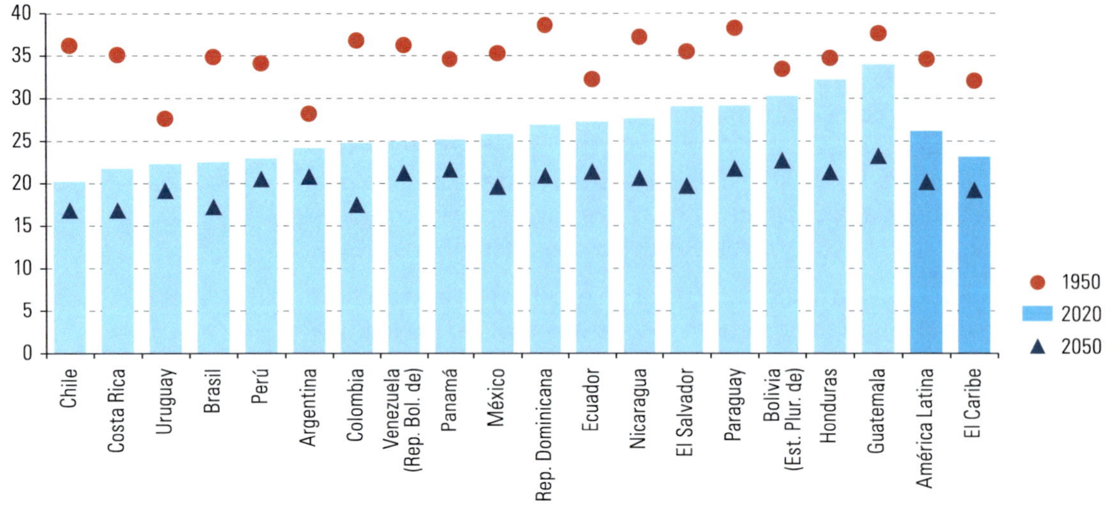

Fuente: Comisión Económica para América Latina y el Caribe (CEPAL), "América Latina y el Caribe: estimaciones y proyecciones de población", revisión 2019, Centro Latinoamericano y Caribeño de Demografía (CELADE)-División de Población de la CEPAL, 2019 [en línea] https://www.cepal.org/es/temas/proyecciones-demograficas/estimaciones-proyecciones-excel.

[a] El promedio de América Latina se basa en las cifras de los 18 países que aparecen en el gráfico. El promedio del Caribe se basa en las cifras de Antigua y Barbuda, Aruba, Bahamas, Barbados, Belice, Cuba, Curaçao, Granada, Guadalupe, Guyana, Haití, Islas Vírgenes de los Estados Unidos, Jamaica, Martinica, Puerto Rico, Santa Lucía, San Vicente y las Granadinas, Suriname y Trinidad y Tabago.

2. Si bien la escolaridad promedio de los jóvenes ha aumentado, su plena inserción en el mercado laboral es lenta y dificultosa

En la actualidad, los jóvenes tienden a permanecer más tiempo estudiando y han alcanzado niveles educativos significativamente más elevados que los de las generaciones precedentes. Entre 1970 y 2015, el promedio de años de educación de las mujeres y los hombres de la región se incrementó de 3,7 a 8,6 y de 4,4 a 8,7, respectivamente (CEPAL/OIT, 2019). Sin embargo, la transición de los jóvenes desde el sistema educativo hasta la plena inserción en el mercado laboral lleva, en general, varios años en América Latina y el Caribe. De acuerdo con los datos de las encuestas de hogares, se estima que la duración promedio de dicha transición está en torno a los 6 años, en comparación con los 2,7 años de los países de la Unión Europea (Gontero y Weller, 2015). Asimismo, la Encuesta sobre la Transición de la Escuela al Trabajo (ETET) de la OIT muestra que, a los 24 años, aproximadamente la mitad de los jóvenes de entre 20 y 24 años han completado su transición hacia el mundo laboral en la región.

3. La tasa de desocupación entre los jóvenes que participan en el mercado laboral es tres veces superior a la de los adultos, y una elevada proporción de ellos trabaja en el sector informal

En 2019, la tasa de desocupación de los jóvenes de 15 a 24 años alcanzaba el 15,3% —el equivalente a 15,6 millones personas— y triplicaba la de los adultos. En el caso de las mujeres jóvenes, esta cifra se situaba en el 19,3% y, en el de los hombres jóvenes, en el 14,1%. Sin embargo, se observan grandes diferencias entre los países de la región (véase el gráfico III.14), que podrían ser el reflejo de las distintas realidades laborales que viven los diferentes grupos etarios en cada país. Un indicador utilizado para eliminar los efectos de esas disparidades es la tasa de desocupación de los jóvenes en relación con la de los adultos.

Gráfico III.14
América Latina (18 países): tasa de desocupación de los jóvenes de 15 a 24 años, por sexo, 2019
(En porcentajes)

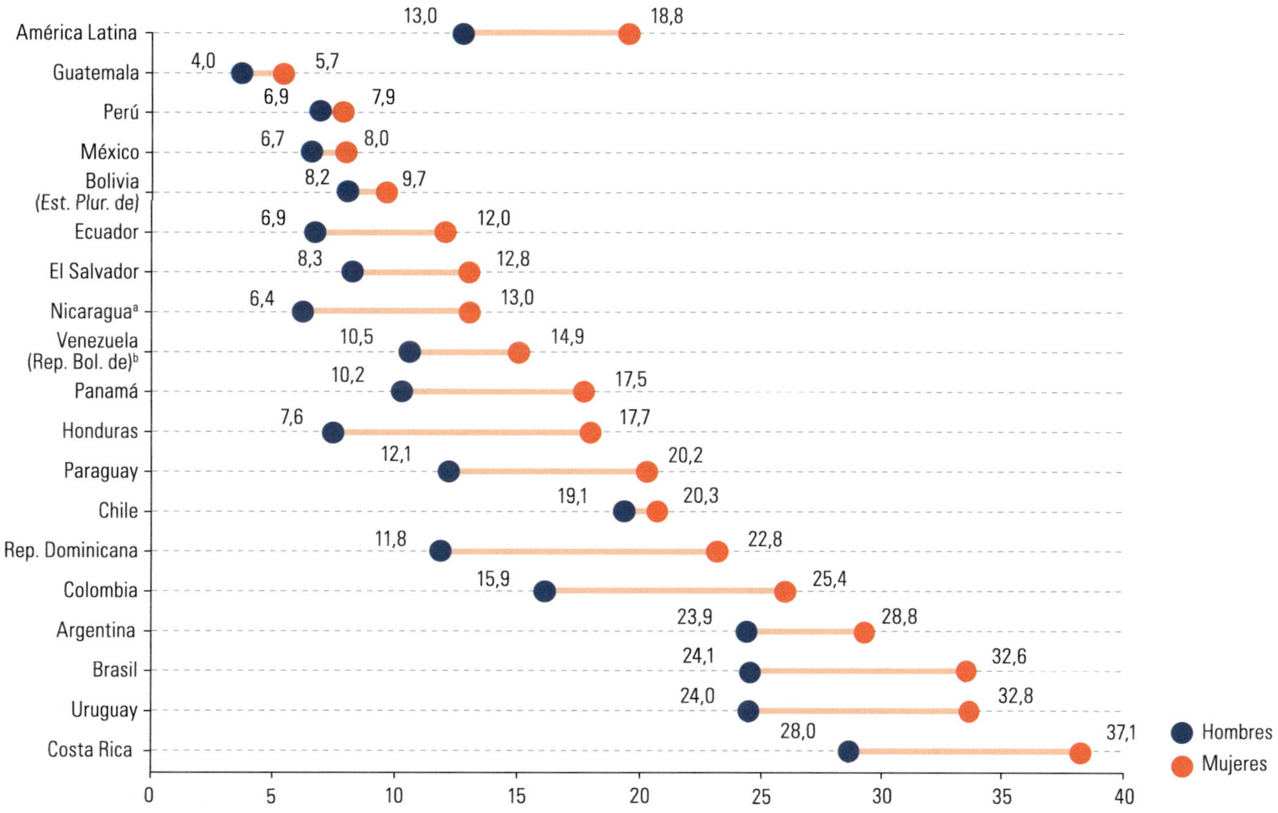

Fuente: Comisión Económica para América Latina y el Caribe (CEPAL), sobre la base de Organización Internacional del Trabajo (OIT), ILOSTAT [base de datos en línea] https://ilostat.ilo.org/es/.
[a] Los datos corresponden a 2014.
[b] Los datos corresponden a 2017.

De los jóvenes que trabajan, la mayoría lo hace en condiciones de informalidad; es decir, que no realizan contribuciones para su seguridad social. Esto puede tener importantes consecuencias tanto a corto plazo (inestabilidad laboral, salarios inferiores y menos derechos) como a largo plazo (menores contribuciones a los regímenes previsionales o de salud o incluso peores condiciones laborales futuras[3]). Se estima que, en 2019, aproximadamente el 68,5% de los jóvenes de 15 a 24 años que estaba ocupado trabajaba en condiciones de informalidad y, en algunos países, esta proporción llegaba a ser de cuatro de cada cinco jóvenes (véase el gráfico III.15). Esto

3 Por ejemplo, Cruces, Ham y Viollaz (2012) hallaron que la informalidad en el empleo juvenil en el Brasil tiene efectos estigmatizadores significativos. De acuerdo con sus datos, las cohortes que experimentaron una situación de informalidad laboral en su juventud mostraron un desempeño sistemáticamente peor en el mercado laboral en la edad adulta. La penalidad salarial y su duración se manifiestan en los primeros años de la adultez y se disipan con el tiempo, salvo en el caso de los trabajadores con un menor nivel educativo, en que los efectos son de mayor magnitud (OIT, 2015).

resulta preocupante, ya que los datos indican que la informalidad es una situación muy persistente en la región[4], principalmente entre los jóvenes pertenecientes a los estratos de menores ingresos[5], y que las posibilidades de ingresar al sector formal son mayores entre quienes cuentan con una mejor situación socioeconómica y educativa (OIT, 2015).

Gráfico III.15

América Latina (15 países): tasa de empleo informal por grupo etario, 2019

(En porcentajes)

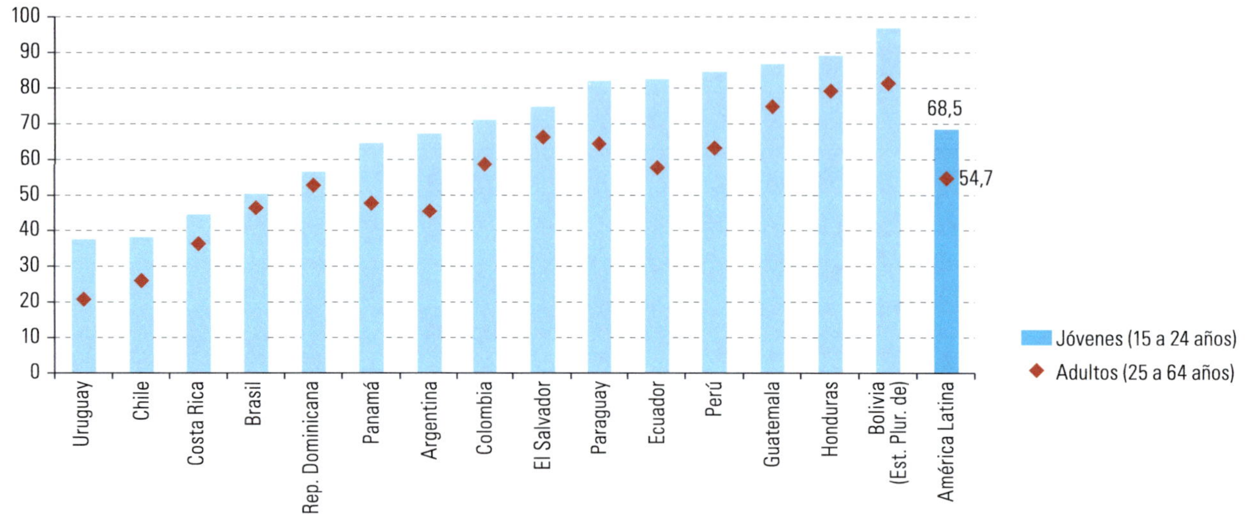

Fuente: Comisión Económica para América Latina y el Caribe (CEPAL), sobre la base de Organización Internacional del Trabajo (OIT), ILOSTAT [base de datos en línea] https://ilostat.ilo.org/es/.

En síntesis, la información disponible muestra una gran subutilización de los jóvenes en la región, y los indicadores de desocupación, inactividad y subempleo dan cuenta de esta realidad, particularmente entre las mujeres jóvenes. En 2019, casi el 40% de las mujeres jóvenes y el 27% de los hombres jóvenes estaban desocupados o deseaban trabajar más horas, o eran parte de la fuerza laboral potencial, que incluye a los jóvenes desanimados que ya no buscan empleo (véase el gráfico III.16).

4 El 57% de los jóvenes que trabajaban como asalariados informales en México en 2012 continuaban en la informalidad un año después, y esta cifra era del 50% en la Argentina. Transitar de la informalidad a la formalidad en el lapso de un año solo fue posible para una minoría de jóvenes en estos países. En el Brasil y Chile, el tránsito hacia el empleo asalariado formal tuvo lugar en el caso de aproximadamente el 30% de los jóvenes (OIT, 2015).

5 Se estima que un 12,6% de los jóvenes trabajadores del quintil más pobre son informales y que solo el 3,0% del grupo más rico lo son (OIT, 2015).

Gráfico III.16

América Latina (18 países): medidas de subutilización de los jóvenes de 15 a 24 años, 2019

(En porcentajes)

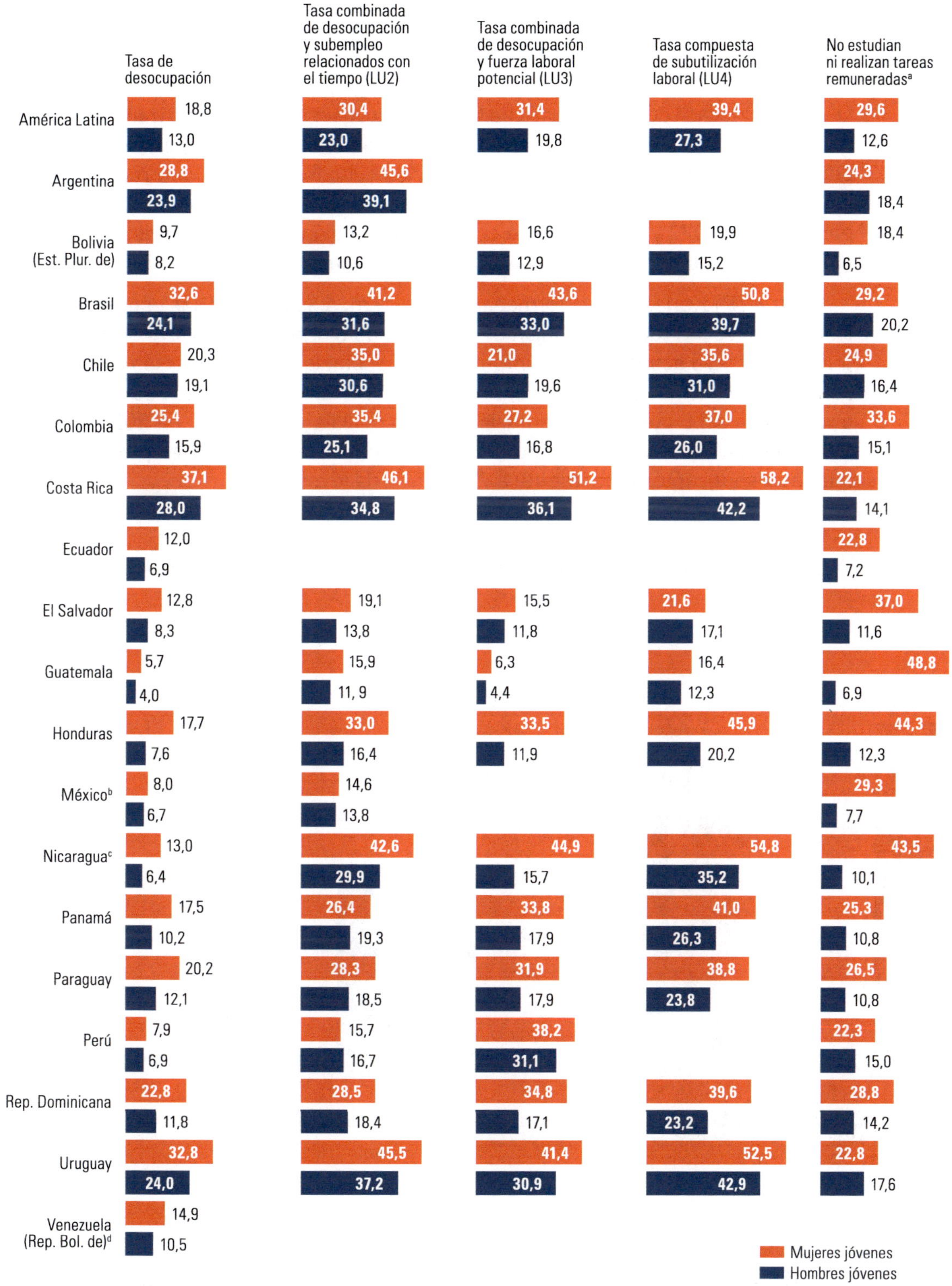

Fuente: Comisión Económica para América Latina y el Caribe (CEPAL), sobre la base de Organización Internacional del Trabajo (OIT), ILOSTAT [base de datos en línea] https://ilostat.ilo.org/es/.

Nota: LU2 representa la proporción de la fuerza laboral que está desempleada o subempleada por tiempo; LU3 representa la proporción de la fuerza laboral que está desempleada y la fuerza laboral potencial (personas inactivas que expresan algún tipo de interés por ingresar al mercado laboral, ya sea buscando empleo o estando disponibles para trabajar), y LU4 representa la proporción de la fuerza laboral extendida que está en desempleo o en subempleo relacionado con el tiempo.

[a] Tasa de jóvenes que no estudian ni realizan actividades remuneradas calculada con base en las encuestas de hogares. Los datos de Chile y Colombia corresponden a 2017; los de Guatemala y México, a 2018, y los de Nicaragua, a 2014.

[b] La tasa combinada de subempleo y desempleo relacionada con el tiempo (LU2) corresponde a 2014.

[c] Datos de 2014. Las tasas LU2 y LU4 corresponden a 2012.

[d] Datos de 2017.

4. En 2020, la pandemia tuvo un efecto desproporcionadamente fuerte en los jóvenes

La crisis provocada por la pandemia de COVID-19 tuvo un fuerte impacto multidimensional en los jóvenes, que puede resumirse en tres grandes aspectos[6]: i) interrupción de la educación y la formación para el trabajo, ii) dificultades para los que recién estaban ingresando al mercado laboral o para los que se encontraban buscando empleo a principios de 2020 y iii) pérdida de empleos, reducción de salarios o deterioro de las condiciones laborales de aquellos que estaban trabajando.

Entre los jóvenes que ya formaban parte del mercado laboral, las estimaciones de los principales indicadores reflejan el fuerte impacto que ha tenido la crisis sobre este grupo etario. De acuerdo con la información disponible de nueve países de la región, *su tasa de participación se redujo, en promedio, 5 puntos porcentuales y su tasa de* ocupación, casi 6 puntos porcentuales, con lo cual llegó al 32,7% en 2020 (véase el gráfico III.17). Por su parte, la tasa de desocupación alcanzó un 23% en promedio, cifra que representa aproximadamente a 7 millones de jóvenes.

Gráfico III.17
América Latina (9 países)[a]: tasas de participación, ocupación y desocupación de los jóvenes de 15 a 24 años, 2019 y 2020
(En porcentajes)

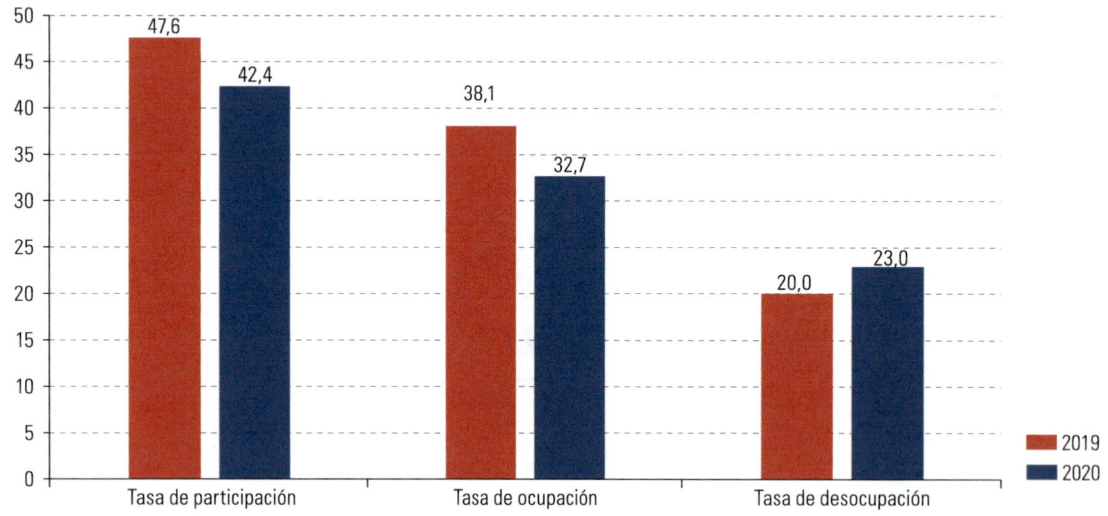

Fuente: Comisión Económica para América Latina y el Caribe (CEPAL), sobre la base de las encuestas de hogares de los países.
[a] Argentina, Brasil, Chile, Costa Rica, México, Paraguay, Perú, República Dominicana y Uruguay.

a) La dinámica del impacto muestra una recuperación hacia fines del 2020

Al igual que en el caso de los datos de empleo agregados, el impacto más significativo se registró en el segundo trimestre de 2020. En ese trimestre, solo el 26,1% de los jóvenes de 15 a 24 años estaba ocupado, y su tasa de desocupación alcanzó el 26,6%. A partir de entonces, se observa una lenta recuperación de la tasa de participación de

6 Véase OIT (2020b).

los jóvenes, debido a su retorno gradual al mercado laboral (véase el subgráfico III.18A), así como de la tasa de ocupación, por la reapertura de la actividad económica (véase el subgráfico III.18B). Esto produjo una mejora en el indicador de la desocupación, pero recién a partir del cuarto trimestre de 2020. La recuperación de la tasa de ocupación ha sido más lenta que la de participación, por lo que la tasa de desocupación juvenil continúa situándose en niveles muy superiores a los de antes de la pandemia, al igual que la de los adultos (véase el subgráfico III.18C).

Gráfico III.18
América Latina (9 países)[a]: evolución de la tasas de participación, ocupación y desocupación de jóvenes y adultos, cuarto trimestre de 2019 a cuarto trimestre de 2020
(En porcentajes)

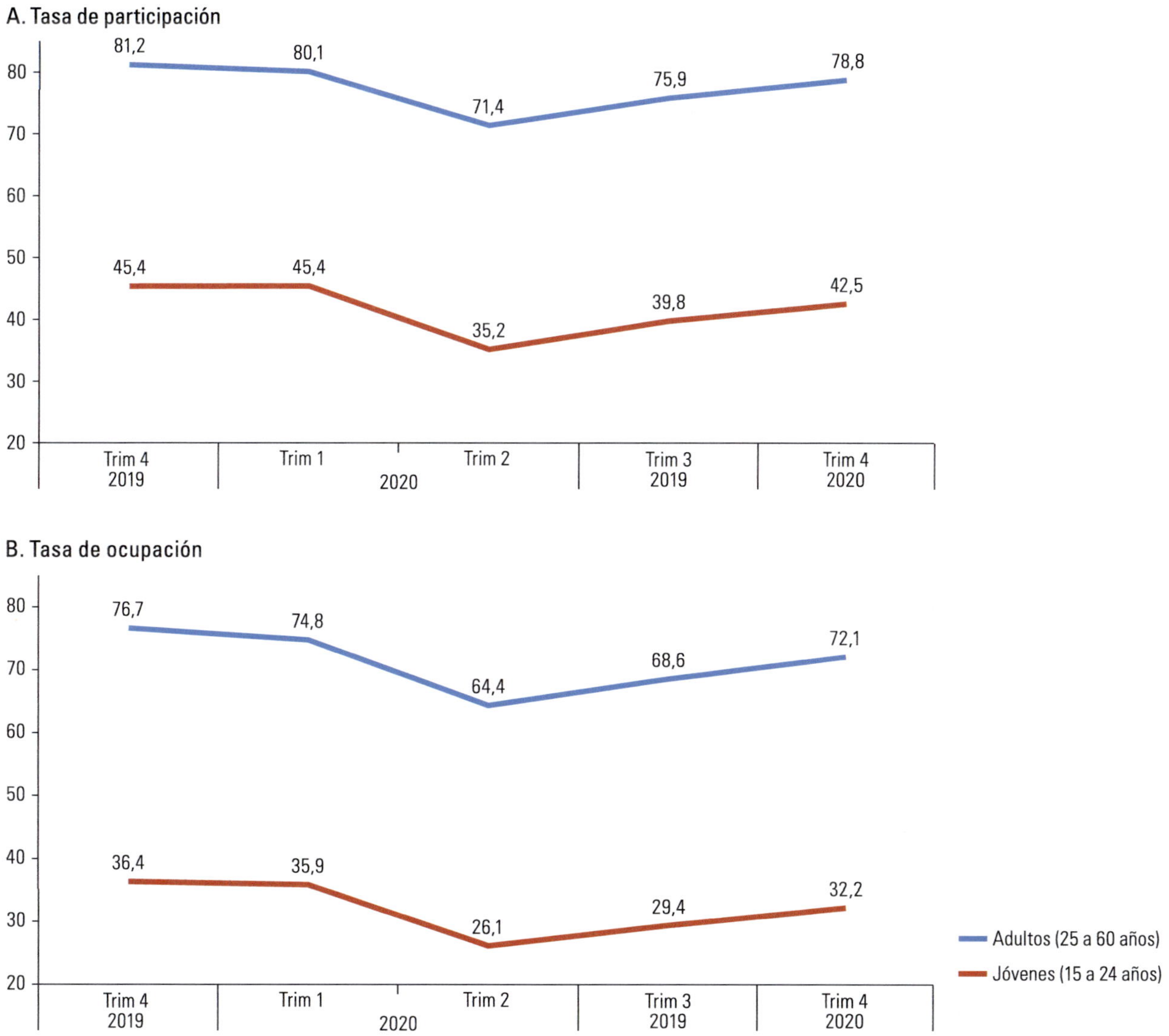

Gráfico III.18 (conclusión)

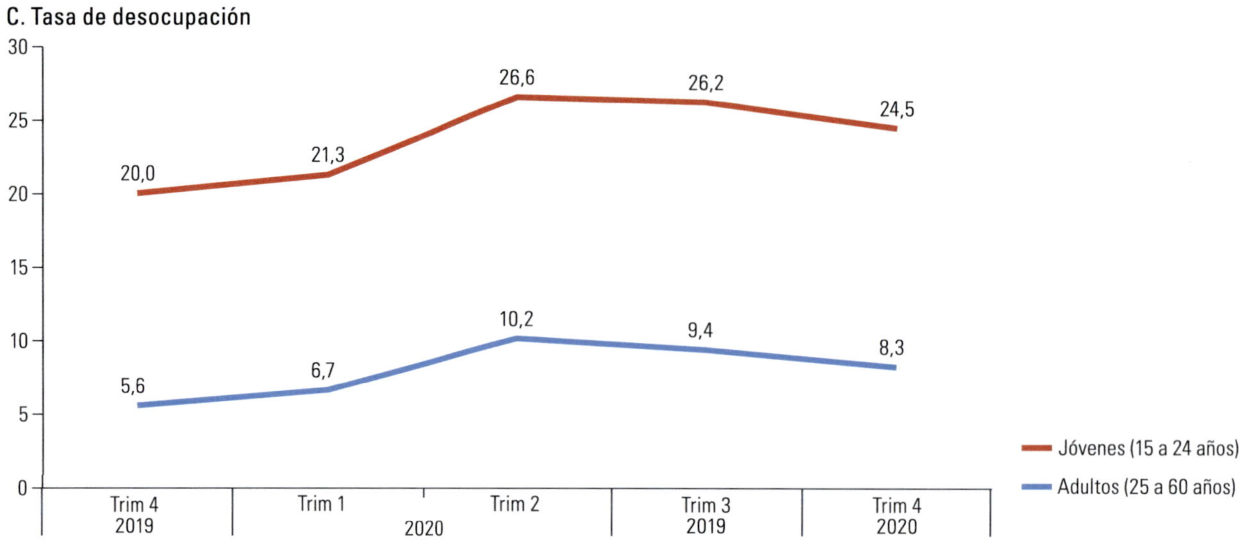

Fuente: Comisión Económica para América Latina y el Caribe (CEPAL), sobre la base de las encuestas de hogares de los países.

[a] Promedio simple de los siguientes países: Argentina, Brasil, Chile, Costa Rica, México, Paraguay, Perú, República Dominicana y Uruguay.

En algunos países, la proporción de jóvenes que buscan empleo se incrementó por encima de este promedio. En la Argentina, el Brasil, Chile y el Uruguay, uno de cada tres jóvenes activos estaba desocupado a finales de 2020 y, en Costa Rica, más del 40% de los jóvenes activos se encontraba en esta situación (véase el gráfico III.19).

Gráfico III.19

América Latina (13 países): tasa de desocupación de los jóvenes de 15 a 24 años, cuarto trimestre de 2019 a cuarto trimestre de 2020

(En porcentajes)

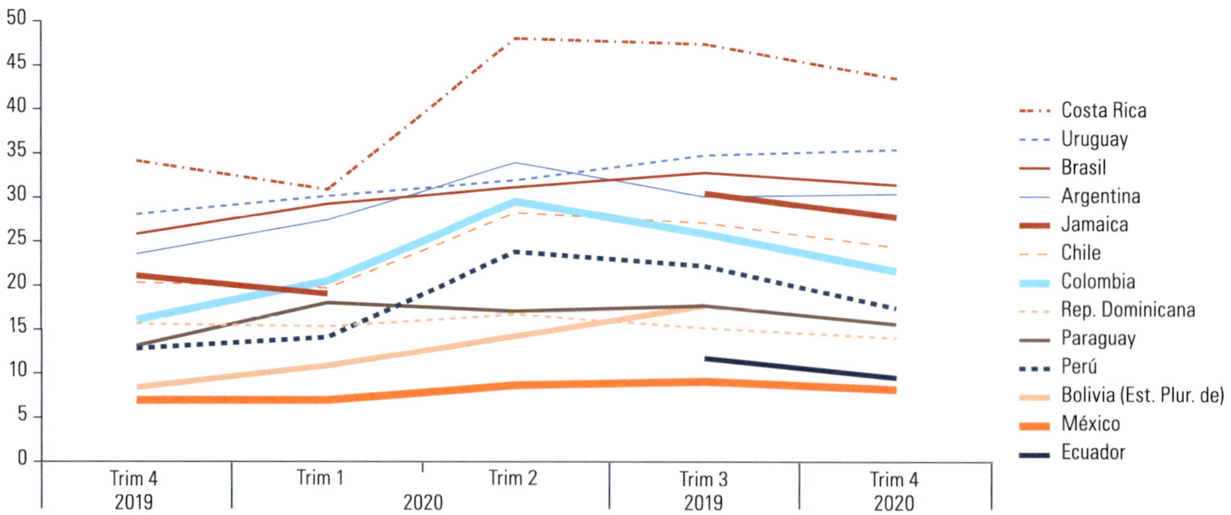

Fuente: Comisión Económica para América Latina y el Caribe (CEPAL), sobre la base de las encuestas de hogares de los países.

b) Una elevada proporción de la pérdida de empleos se concentra en los jóvenes en situación de informalidad y aquellos empleados en sectores muy afectados por la crisis, como los relacionados con el turismo y el comercio

Durante la pandemia, las personas jóvenes con empleo se vieron particularmente afectadas por diversas razones. Como se mencionó anteriormente, sus desventajas se asocian a su mayor presencia en el empleo informal. En los países sobre los que se dispone de información, se observa que la disminución de la tasa de ocupación de los jóvenes fue mayor entre los trabajadores informales en el Brasil y México y entre los trabajadores formales en Chile, el Perú y la República Dominicana (véase el gráfico III.20). Sin embargo, dada la alta incidencia de la informalidad en el Perú y la Republica Dominicana, en valores absolutos, la mayor pérdida de empleo se produjo entre los jóvenes en el sector informal (véase el gráfico III.21). En períodos de crisis, ante la disminución de la demanda y la necesidad de reducir su personal, las empresas suelen responder manteniendo a los empleados con más experiencia o capacitación o con mayores niveles de productividad y eliminando los puestos de trabajadores con menos antigüedad, cuyos costos asociados al despido son menores.

Gráfico III.20
América Latina (5 países): variación en la tasa de ocupación de los jóvenes de 15 a 24 años, según condición de informalidad, entre 2019 y 2020
(En porcentajes)

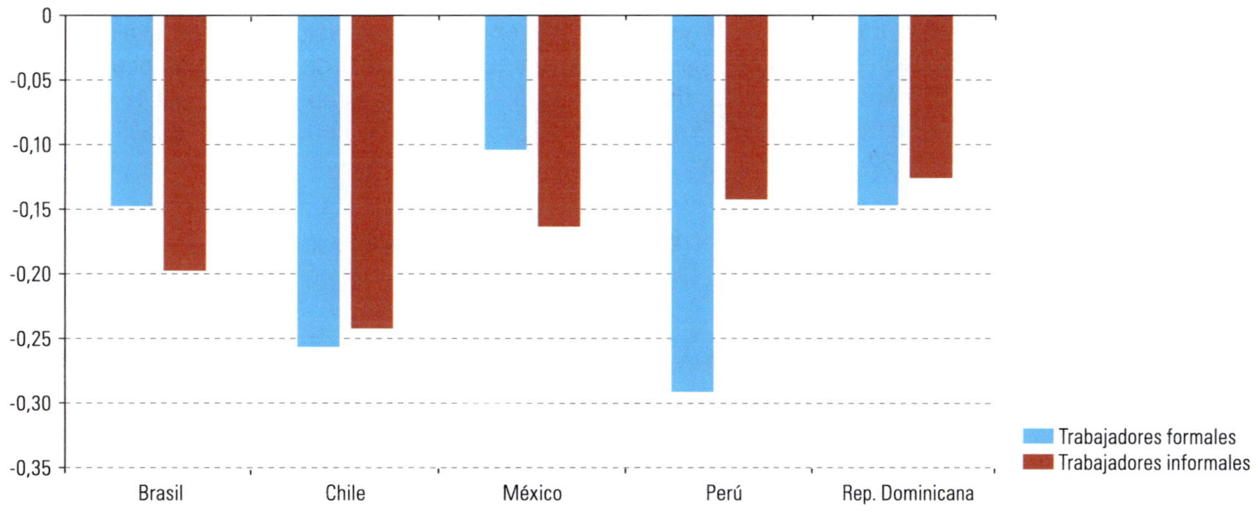

Fuente: Comisión Económica para América Latina y el Caribe (CEPAL), sobre la base de las encuestas de hogares de los países.

Gráfico III.21
América Latina (5 países): variación del número de jóvenes ocupados de 15 a 24 años, según condición de informalidad, entre 2019 y 2020
(En millones de personas)

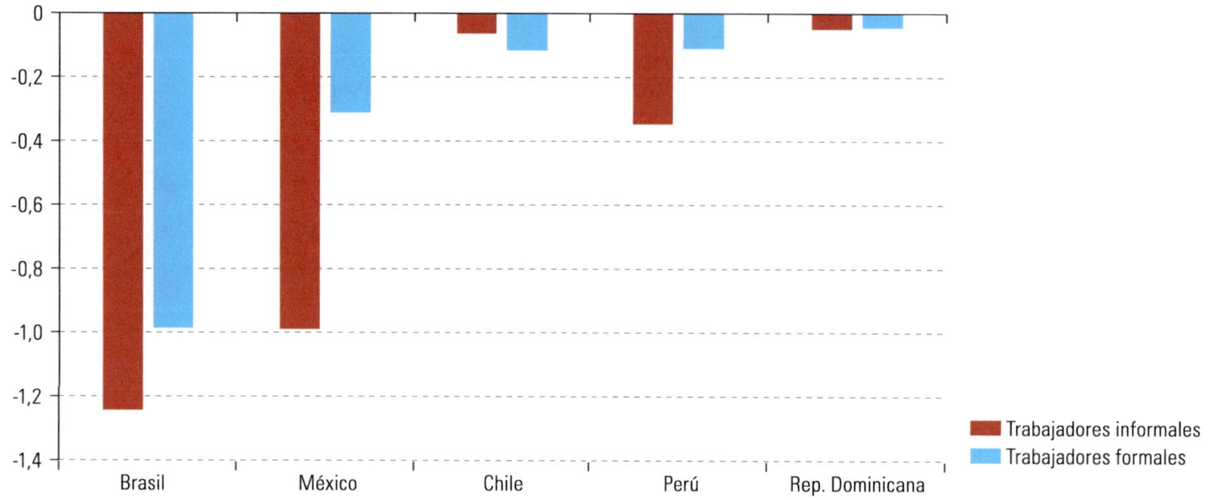

Fuente: Comisión Económica para América Latina y el Caribe (CEPAL), sobre la base de las encuestas de hogares de los países.

Asimismo, el impacto en los jóvenes fue mayor por su sobrerrepresentación en ocupaciones que se vieron muy afectadas por las medidas de confinamiento, como los sectores de servicios de restauración y hotelería y de comercio. De acuerdo con los datos de los países que cuentan con información al respecto, en promedio, el 25% de los jóvenes ocupados trabaja en el comercio y el 9% en servicios relacionados con el alojamiento y la restauración, en comparación con un 19% y un 6% de los adultos ocupados de 25 a 59 años. En el sector del comercio, la caída de la ocupación fue del 16,6% entre los jóvenes y en el de los servicios de alojamiento y de comidas, del 30,5% (véase el gráfico III.22).

Gráfico III.22
América Latina (9 países)[a]: variación de la cantidad de ocupados, por rama de actividad y grupo de edad, entre 2019 y 2020
(En porcentajes)

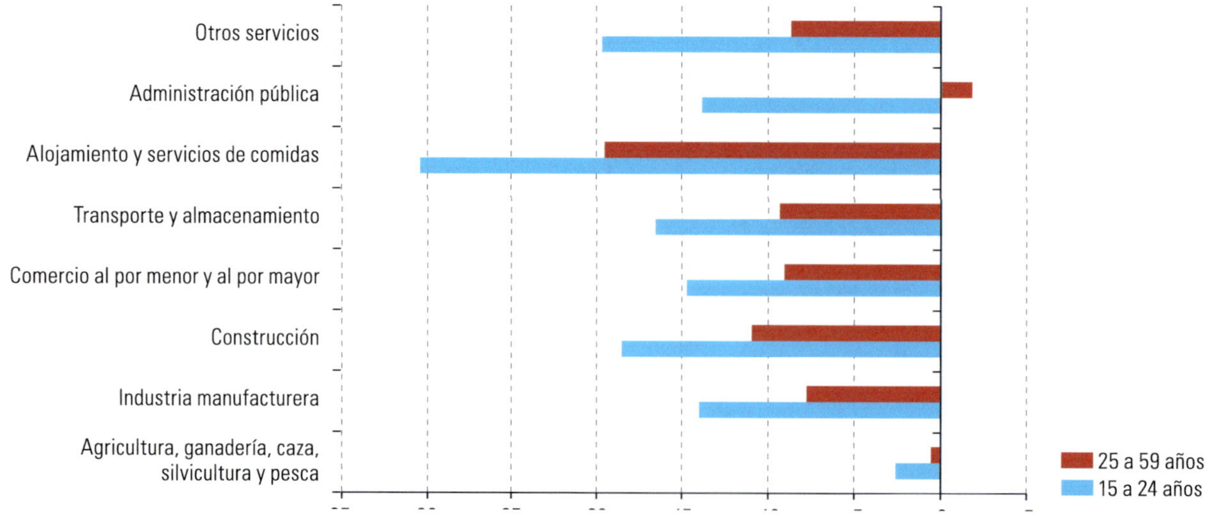

Fuente: Comisión Económica para América Latina y el Caribe (CEPAL), sobre la base de las encuestas de hogares de los países.
[a] Argentina, Brasil, Bolivia (Estado Plurinacional de), Colombia, Chile, México, República Dominicana, Perú y Paraguay. En el caso del Paraguay, el sector de comercio, restaurantes y hoteles se presenta sin desagregación, dentro del sector del comercio.

5. Múltiples factores limitan la plena inserción laboral de los jóvenes en la región

Los datos disponibles indican que existen grandes dificultades para la plena inserción laboral de los jóvenes en América Latina, las cuales responden a múltiples factores tanto de oferta como de demanda, así como a limitaciones de contexto.

Por el lado de la oferta, se podría mencionar que el importante aumento del acceso a la educación formal no ido acompañado de una mejora sustancial en la calidad de la educación. Existe una marcada segmentación educativa que reproduce y perpetúa la desigualdad social. No es sorprendente que los resultados de las pruebas internacionales sitúen a la región significativamente por debajo de la media de los países desarrollados. Asimismo, diversos factores han hecho que la enseñanza y formación técnica y profesional —que es uno de los canales más importantes para vincular rápidamente a los jóvenes con el mercado laboral[7]— se valoren muy poco en la región. Según *estimaciones basadas en datos de la ETET, muy pocos jóvenes de la región tienen* expectativas de trabajar en ocupaciones técnicas (OCDE, 2017).

Por el lado de la demanda, a partir de 2014 la región ha crecido a tasas muy bajas, lo que se ha traducido en una escasa generación de empleo. Esto afecta a todos los trabajadores y, en particular, a los jóvenes que recién ingresan al mercado laboral y cuentan con menos años de experiencia (CEPAL/OIT, 2019). También existen aspectos de contexto que dificultan el proceso de transición de los jóvenes de la escuela al mundo productivo. Uno de ellos es la importante desconexión entre las habilidades técnicas y socioemocionales de los jóvenes y las demandadas por los empleadores. A ello contribuyen los problemas de acceso y disponibilidad de información y servicios de intermediación laboral en América Latina, pues el desarrollo de sistemas de información laboral es relativamente reciente en la región. Esto implica que la mayoría de las decisiones que los jóvenes deben tomar a la hora de definir áreas de estudio y oportunidades de inserción laboral se basan en información incompleta y a veces anecdótica. Los rápidos avances tecnológicos en materia de digitalización y disponibilidad de datos de los últimos años constituyen una herramienta crucial para mejorar esta situación y orientar la formación de los jóvenes, rompiendo estereotipos de género, especialmente en las áreas técnicas.

La crisis producida por la pandemia ha exacerbado los problemas preexistentes en todas las áreas mencionadas. El apoyo brindado a los jóvenes para mitigar el impacto que sobre ellos tiene esta crisis debe considerar diversos aspectos, entre los cuales pueden mencionarse los siguientes:

a) Mantener la motivación de los jóvenes en contextos desafiantes

Los factores mencionados se conjugan para conformar un entorno donde muchas veces existe una desarticulación entre las aspiraciones de los jóvenes y las oportunidades que en realidad ofrece el mercado laboral. Según datos de la ETET, casi el 70% de los jóvenes entrevistados del Brasil, Colombia, Jamaica y la República Dominicana querrían trabajar en el sector público o tener su propio negocio, y la preferencia por los

7 Como se menciona en Muñoz Rojas (2019), entre los factores que actúan como reproductores de esta baja valoración de la enseñanza técnica y profesional están la percepción de que va ligada a una educación de menor calidad y la composición socioeconómica de su matrícula. Quienes participan en los programas de formación técnico-profesional provienen en mayor medida de los sectores de menores ingresos y, en algunos casos, han abandonado la educación formal.

empleos en el sector privado es muy baja[8]. Solo los jóvenes de El Salvador y el Perú tienen mayores expectativas de trabajar en este sector (OCDE, 2017). En una encuesta telefónica realizada en 2016 por la OIT, también destaca la preferencia de los jóvenes por trabajar en sus propias empresas en el futuro (69%), aunque, en ese momento, menos del 10% de los jóvenes encuestados lo hacían. También se registró un porcentaje considerable de jóvenes que quería trabajar en el sector público (41%), si bien solo un 16% efectivamente lo hacía. La encuesta muestra una perspectiva optimista por parte de los jóvenes sobre las oportunidades que el futuro les depara (OIT, 2017).

La pandemia y los cambios disruptivos que ha generado en la educación y el mercado laboral no hacen más que aumentar los riesgos asociados a la ampliación de las brechas entre las expectativas y la realidad, por lo que resulta primordial actuar para mantener la motivación entre los jóvenes ante este nuevo escenario, ofreciendo información sobre las nuevas oportunidades que podrían generarse.

b) Evitar los efectos a largo plazo de las dificultades al comienzo de la vida laboral

La pandemia ha afectado significativamente a este grupo poblacional, dado que los jóvenes se encuentran en un momento crucial del ciclo de vida, en el que se sientan las bases que marcarán su vida adulta. La nueva realidad ha limitado sus posibilidades de capacitarse y crear nuevas relaciones sociales, y se encuentran en un escenario de escasas oportunidades para su desarrollo laboral. Una crisis de estas dimensiones tiene repercusiones en distintas áreas del desarrollo socioemocional y la autonomía económica de los jóvenes. Diversos estudios indican que los efectos negativos de comenzar la transición de la escuela al trabajo en períodos de crisis pueden durar varios años. Estos efectos no solo se relacionan con la empleabilidad, los salarios y la calidad del empleo, sino también con otros aspectos económicos, sociales y de salud. Los períodos prolongados de inactividad o de búsqueda de un empleo satisfactorio pueden provocar desaliento y pérdida de capacidades, lo que puede tener efectos negativos de más largo plazo. En la región, también puede influir en la decisión de emigrar de los jóvenes, principalmente de los que tienen la capacidad económica para hacerlo, que en general son los que poseen un mayor nivel de educación. Se plantea la necesidad de motivar a los jóvenes, especialmente a aquellos en trabajos poco satisfactorios, para que continúen buscando las oportunidades que podrían aparecer a medida que las economías se vayan recuperando y de apoyarlos para que no crean que los nuevos desafíos que enfrentan reflejan fallas personales o una falta de habilidades (Schwandt y von Wachter, 2020).

c) Aprovechar las ventajas de la tecnología y el espacio para la innovación

Las nuevas tecnologías han producido cambios muy importantes en los mercados laborales. Los jóvenes están ingresando a mercados donde predominan nuevas formas de producción, incluidas las cadenas globales de valor, la fragmentación de los procesos de producción y la automatización. La época actual está marcada por múltiples incertidumbres que se manifiestan en nuevas formas de trabajo (por ejemplo, el trabajo en plataformas digitales), una mayor rotación de empleos e inestabilidad de ingresos, ya que los empleos temporales o de corto plazo se han vuelto más comunes (Chacaltana y Dasgupta, 2021). La pandemia ha acelerado estos cambios tecnológicos y ha puesto de relieve la importancia de poder acceder a las nuevas tecnologías y de

---

8 Hay que destacar que, en general, los empleos en el sector público se caracterizan por ofrecer mejores condiciones laborales, principalmente en lo referido a protección social y representación sindical.

saber utilizarlas. Por ello, a fin de aprovechar las ventajas de las nuevas tecnologías, resulta primordial trabajar para reducir los riesgos que suponen las brechas digitales originadas en las diferencias en materia de acceso a una educación de calidad, a servicios de conexión a Internet y a dispositivos electrónicos. Aquellos que sepan adaptarse rápidamente a contextos más digitalizados tendrán una mayor probabilidad de éxito, ya que, por ejemplo, podrán aprovechar la mayor y más variada oferta de capacitación virtual o serán capaces de encontrar trabajos que puedan realizarse de forma remota.

d) Implementar las reformas necesarias en los programas ya existentes para potenciar su efectividad

En general, la región cuenta con una larga trayectoria en materia de implementación de programas orientados a la inclusión social y laboral de los jóvenes. Sin embargo, antes de la pandemia existían numerosos desafíos y espacios de mejora, que se hacen más relevantes en el nuevo contexto. Muchos de los programas existentes se han adaptado para enfrentar este período de crisis, y, en los próximos meses, será indispensable evaluar estas transformaciones y analizar las opciones a largo plazo (Vezza, 2021). Entre las principales lecciones extraídas de la historia de políticas de empleo juvenil en la región, destaca la necesidad de complementar las políticas de oferta (capacitación y desarrollo de habilidades, y eliminación de barreras económicas, sociales y culturales) con políticas de demanda, que deberán estar presentes en los programas de generación de empleo pospandemia. Asimismo, cabe subrayar la necesidad de promocionar el diálogo, hacer partícipe de este proceso al sector privado y fomentar la coordinación interinstitucional.

Bibliografía

Abramo, L., S. Cecchini y B. Morales (2019), *Programas sociales, superación de la pobreza e inclusión laboral: aprendizajes desde América Latina y el Caribe*, Libros de la CEPAL, N° 155 (LC/PUB.2019/5-P), Santiago, Comisión Económica para América Latina y el Caribe (CEPAL).

Adams-Prassl, A. y otros (2020), "Work that can be done from home: evidence on variation within and across occupations and industries", *Discussion Paper series*, N° 13374, Bonn, Institute of Labor Economics (IZA), junio.

Agüero, A., M. Bustelo y M. Viollaz (2020), *¿Desigualdades en el mundo digital? Brecha de género en el uso de las TIC*, Washington, D.C., Banco Interamericano de Desarrollo (BID).

Alon, T. y otros (2020), "This time it's different: the role of women's employment in a pandemic recession", *Discussion Paper series*, N° 13562, Bonn, Institute of Labor Economics (IZA), agosto.

Alzúa, M. L., G. Cruces y C. López (2015), "Youth training programs beyond employment: experimental evidence from Argentina", *Documento de Trabajo*, N° 177, La Plata, Centro de Estudios Distributivos, Laborales y Sociales (CEDLAS).

Andrew, A. y otros (2020), "The gendered division of paid and domestic work under lockdown", *Discussion Paper series*, N° 13500, Bonn, Institute of Labor Economics (IZA), julio.

Biroli, P. y otros (2020), "Family life in lockdown", *Discussion Paper series*, N° 13398, Bonn, Institute of Labor Economics (IZA), junio.

Bonavida Foschiatti, C. y L. Gasparini (2020), "El impacto asimétrico de la cuarentena", *Documentos de Trabajo*, N° 261, La Plata, Centro de Estudios Distributivos, Laborales y Sociales (CEDLAS), abril.

Brussevich, M., E. Dabla-Norris y S. Khalid (2020), "Who will bear the brunt of lockdown policies? Evidence from tele-workability measures across countries", *IMF Working Paper*, N° WP/20/88, Washington, D.C., Fondo Monetario Internacional (FMI).

CEPAL (Comisión Económica para América Latina y el Caribe) (2021a), *Panorama Social de América Latina, 2020* (LC/PUB.2021/2-P), Santiago.

___(2021b), "La autonomía económica de las mujeres en la recuperación sostenible y con igualdad", *Informe Especial COVID-19*, N° 9, Santiago, febrero.

___(2020a), *Observatorio Demográfico, 2019* (LC/PUB.2019/24-P), Santiago.

___(2020b), "Enfrentar los efectos cada vez mayores del COVID-19 para una reactivación con igualdad: nuevas proyecciones", *Informe Especial COVID-19*, N° 5, Santiago, julio.

___(2019), *La autonomía de las mujeres en escenarios económicos cambiantes* (LC/CRM.14/3), Santiago.

CEPAL/OEI (Comisión Económica para América Latina y el Caribe/Organización de Estados Iberoamericanos para la Educación, la Ciencia y la Cultura) (2020), "Educación, juventud y trabajo: habilidades y competencias necesarias en un contexto cambiante", *Documentos de Proyectos* (LC/TS.2020/116), Santiago, Comisión Económica para América Latina y el Caribe (CEPAL).

CEPAL/OIT (Comisión Económica para América Latina y el Caribe/Organización Internacional del Trabajo) (2021), "Trabajo decente para los trabajadores de plataformas en América Latina", *Coyuntura Laboral en América Latina y el Caribe*, N° 24 (LC/TS.2021/71), Santiago.

___(2019), "Evolución y perspectivas de la participación laboral femenina en América Latina", *Coyuntura Laboral en América Latina y el Caribe*, N° 21 (LC/TS.2019/66), Santiago, octubre.

___(2017), "La transición de los jóvenes de la escuela al mercado laboral", *Coyuntura Laboral en América Latina y el Caribe*, N° 17 (LC/TS.2017/86), Santiago, octubre.

CEPAL/ONU-Mujeres (Comisión Económica para América Latina y el Caribe/Entidad de las Naciones Unidas para la Igualdad de Género y el Empoderamiento de las Mujeres) (2020), *Cuidados en América Latina y el Caribe en tiempos de COVID-19: hacia sistemas integrales para fortalecer la respuesta y la recuperación*, Santiago, agosto.

Chacaltana, J. y S. Dasgupta (eds.) (2021), *Is the future ready for youth? Youth employment policies for evolving labour markets*, Ginebra, Organización Internacional del Trabajo (OIT).

Cruces, G., A. Ham y M. Viollaz (2012), "Scarring effects on youth unemployment and informality: evidence from Brazil", La Plata, Centro de Estudios Distributivos, Laborales y Sociales (CEDLAS) [en línea] http://www.iza.org/conference_files/YULMI2012/viollaz_m8017.pdf.

Del Boca, D. y otros (2020), "Women's work, housework and childcare, before and during COVID-19", *Discussion Paper series*, N° 13409, Bonn, Institute of Labor Economics (IZA), junio.

Diaz, J. J. y D. Rosas (2016), "Impact evaluation of the job youth training program Projoven", *IDB Working Paper series*, N° 693, Washington, D.C., Banco Interamericano de Desarrollo (BID).

FMI (Fondo Monetario Internacional) (2021), "Recessions and recoveries in labor markets: patterns, policies and responses to the COVID-19 shock", *World Economic Outlook: Managing Divergent Recoveries*, Washington, D.C., abril.

Garrote Sánchez, D. y otros (2020), "Who on earth can work from home?", *Policy Research Working Paper*, N° 9347, Washington, D.C., Banco Mundial.

Gasparini, L. y M. Marchionni (eds.) (2015), *Bridging gender gaps? The rise and deceleration of female labor force participation in Latin America*, La Plata, Centro de Estudios Distributivos, Laborales y Sociales (CEDLAS).

Góes, G. S., F. dos S. Martins y J. S. Nascimento (2021), "O trabalho remoto e a pandemia: o que a PNAD COVID-19 nos mostrou", *Carta de Coyuntura*, N° 50, Instituto de Investigaciones Económicas Aplicadas (IPEA).

Gontero, S. y J. Weller (2015), "¿Estudias o trabajas? El largo camino hacia la independencia económica de los jóvenes de América Latina", *serie Macroeconomía del Desarrollo*, N° 169 (LC/L.4103), Santiago, Comisión Económica para América Latina y el Caribe (CEPAL).

González-Velosa, C., L. Ripani y D. Rosas-Shady (2012), "¿Cómo mejorar las oportunidades de inserción laboral de los jóvenes en América Latina?", *Notas Técnicas*, N° IDB-TN-305, Washington, D.C., Banco Interamericano de Desarrollo (BID).

Gottlieb, C. y otros (2020), "Working from home in developing countries", *Discussion Paper series*, N° 13737, Bonn, Institute of Labor Economics (IZA), septiembre.

Gutiérrez, D., G. Martin y H. Ñopo (2020), "El Coronavirus y los retos para el trabajo de las mujeres en América Latina", *COVID 19-Serie de Documentos de Política Pública,* N° 18, Panamá, Programa de las Naciones Unidas para el Desarrollo (PNUD).

Karkee, V. y M. Sodergren (2021), "Cómo se está dejando atrás a las mujeres en la búsqueda de un trabajo decente para todos", Organización Internacional del Trabajo (OIT), 29 de marzo [en línea] https://ilostat.ilo.org/es/how-women-are-being-left-behind-in-the-quest-for-decent-work-for-all/.

Kluve, J. y otros (2016), "Do youth employment programs improve labor market outcomes? A systematic review", *Discussion Paper*, N° 10263, Bonn, Institute of Labor Economics (IZA), octubre.

Marchionni, M., L. Gasparini y M. Edo (2019), *Brechas de género en América Latina: un estado de situación*, Caracas, Banco de Desarrollo de América Latina (CAF).

Martínez Gómez, C., T. Miller y P. Saad (2013), "Participación laboral femenina y bono de género en América Latina", *Documentos de Proyectos* (LC/W.570), Santiago, Comisión Económica para América Latina y el Caribe (CEPAL).

McKenzie, D. (2017), "How effective are active labor market policies in developing countries? A critical review of recent evidence", *Policy Research Working Paper*, N° 8011, Washington, D.C., Banco Mundial, marzo.

Muñoz Rojas, C. (2019), "Educación técnico-profesional y autonomía económica de las mujeres jóvenes en América Latina y el Caribe", *serie Asuntos de Género*, N° 155 (LC/TS.2019/26), Santiago, Comisión Económica para América Latina y el Caribe (CEPAL).

Novta, N. y J. Cheng Wong (2017), "Women at work in Latin America and the Caribbean", *IMF Working Paper*, N° WP/17/34, Washington, D.C., Fondo Monetario Internacional (FMI).

OCDE (Organización de Cooperación y Desarrollo Económicos) (2017), *Youth Aspirations and the Reality of Jobs in Developing Countries: Mind the Gap*, París, OECD Publishing.

OIT (Organización Internacional del Trabajo) (2020a), "La respuesta al COVID-19: lograr la igualdad de género en pos de un mejor futuro para las mujeres en el trabajo", *Reseña de Políticas*, Ginebra, mayo.

___(2020b), *Global Employment Trends for Youth 2020: Technology and the Future of Jobs*, Ginebra.

___(2020c), "Prevenir la exclusión del mercado de trabajo: afrontar la crisis del empleo juvenil provocada por la COVID-19", *Reseña de Políticas*, junio.

___(2020d), *Los jóvenes y la COVID-19: efectos en los empleos, la educación, los derechos y el bienestar mental*, Ginebra.

___(2019a), *Las mujeres en la gestión empresarial: argumentos para un cambio*, Ginebra.

___(2019b), "Mujeres en el mundo del trabajo: retos pendientes hacia una efectiva equidad en América Latina y el Caribe", *Panorama Laboral Temático*, N° 5, Lima, Oficina Regional para América Latina y el Caribe.

___(2019c), *Panorama Laboral 2019: América Latina y el Caribe*, Lima, Oficina Regional para América Latina y el Caribe.

___(2017), *El futuro del trabajo que queremos: la voz de los jóvenes y diferentes miradas desde América Latina y el Caribe*, Lima, Oficina Regional para América Latina y el Caribe.

___(2015), *Formalizando la informalidad juvenil: experiencias innovadoras en América Latina y el Caribe*, Lima, Oficina Regional para América Latina y el Caribe.

ONU-Mujeres/OIT/CEPAL (Entidad de las Naciones Unidas para la Igualdad de Género y el Empoderamiento de las Mujeres/Organización Internacional del Trabajo/Comisión Económica para América Latina y el Caribe) (2020), *Trabajadoras remuneradas del hogar en América Latina y el Caribe frente a la crisis del COVID-19*, Santiago, 12 de junio.

Ostry, J. y otros (2018), "Economic gains from gender inclusion: new mechanisms, new evidence", *FMI Staff Discussion Note*, N° SDN/18/06, octubre.

Pimkina, S. y L. de la Flor (2020), "Promoting female labour force participation", *Jobs Working Paper*, N° 56, Washington, D.C., Banco Mundial.

Schwandt, H. y T. von Wachter (2020), "The long shadow of an unlucky start", *Finance & Development*, diciembre.

Vezza, E. (2021), "Programas de empleo juvenil: revalidación de su papel en la agenda pública pospandemia de COVID-19", *Documentos de Proyectos* (LC/TS.2021/88), Santiago, Comisión Económica para América Latina y el Caribe (CEPAL).

Weller, J. (2020), "La pandemia del COVID-19 y su efecto en las tendencias de los mercados laborales", *Documentos de Proyectos* (LC/TS.2020/67), Santiago, Comisión Económica para América Latina y el Caribe (CEPAL).

CAPÍTULO IV

Las nuevas tecnologías y los desafíos del futuro del trabajo en América Latina y el Caribe

Introducción

La evolución del empleo depende tanto de la coyuntura económica y las diferentes políticas para su promoción como de varias tendencias de largo plazo. Entre ellas destacan las innovaciones tecnológicas, así como cambios demográficos, culturales, políticos y ambientales, y la transformación sostenible de la producción y el consumo (Comisión Mundial sobre el Futuro del Trabajo, 2019; CEPAL, 2020a). En este capítulo se analizan la manera en que las transformaciones tecnológicas inciden en el empleo en América Latina y el Caribe y sus características, y los desafíos sociales, económicos y de política que surgen en este contexto para avanzar hacia el cumplimiento de los Objetivos de Desarrollo Sostenible (ODS), en especial del Objetivo 8, que plantea "promover el crecimiento económico sostenido, inclusivo y sostenible, el empleo pleno y productivo y el trabajo decente para todos".

Las innovaciones tecnológicas, su aplicación en los procesos productivos y las transformaciones sociales, culturales y políticas relacionadas con ellas han sido motores del crecimiento de la productividad y de la generación de bienestar, sobre todo durante los últimos dos siglos (CEPAL, 2012). Por otra parte, estos procesos transformativos han sido disruptivos, particularmente en términos de empleo, dado que la destrucción creativa relacionada con ellos ha incidido en la destrucción, generación y transformación de muchos puestos de trabajo.

Las transformaciones tecnológicas en curso se suelen caracterizar como una cuarta revolución industrial. Las interpretaciones sobre su impacto en la cantidad del empleo y sus características se basan generalmente en uno de los enfoques que se presentan en el anexo IV.A1. Allí se plantea que el más adecuado es un enfoque contextual condicionado, que adopta como punto de partida el reconocimiento de las características específicas de las tecnologías y la manera en que inciden en los procesos de trabajo, pero insiste en la importancia del espacio de las políticas públicas, las estrategias empresariales y las acciones de los trabajadores para influir en la evolución del empleo y sus características.

En la sección A se presentan los resultados de un análisis sobre los riesgos de sustitución tecnológica del trabajo en América Latina, sobre la base de una metodología que toma en cuenta las características estructurales de los mercados laborales de los países de la región. Se muestran los resultados para 12 países y se analiza la manera diferenciada en que este riesgo afecta a las personas ocupadas, según sexo, nivel educativo, edad y rama de actividad. En la sección B se discuten las perspectivas de la generación de nuevos empleos que pueden surgir de manera directa o indirecta en el contexto de las transformaciones tecnológicas en curso. Además de la destrucción de empleos y la generación de nuevas oportunidades laborales, están en proceso transformaciones del trabajo que tienen y tendrán un impacto transversal, al que se hace referencia en la sección C. Se subraya que se requieren una serie de políticas para que tanto la generación como la transformación de empleos sean inclusivas, entre otras un ajuste de las políticas de educación y formación. En la sección D se ofrece una visión integrada de los diferentes procesos de destrucción, generación y transformación tecnológica de empleos. En las secciones siguientes se presentan dos ejemplos de importantes transformaciones laborales, el trabajo en plataformas digitales y el teletrabajo, destacándose en ambos casos los desafíos de una regulación que contribuya a enfrentar amenazas de precarización y que incida en que los cambios tecnológicos favorezcan avances en lo referente al Objetivo 8. En la sección final se resumen las principales conclusiones del capítulo, poniéndose de relieve el papel de las políticas públicas, a las que se refiere el capítulo V.

A. El riesgo de sustitución tecnológica del trabajo

El primer paso para analizar el riesgo de sustitución tecnológica del trabajo consiste en identificar la capacidad de las nuevas tecnologías de sustituir el trabajo realizado por los seres humanos, para lo cual se han desarrollado varias metodologías (véase el anexo IV. A2). Cabe señalar que los riesgos de sustitución así estimados no necesariamente se harán realidad, dado que eso depende de otros factores (económicos y políticos), más allá de lo estrictamente tecnológico.

Además, al aplicar a América Latina metodologías diseñadas para estimar el riesgo de sustitución tecnológica del trabajo en países desarrollados se desconoce la relevancia que tienen al respecto las diferencias estructurales tanto del aparato productivo como de los mercados laborales, lo que se traduce en resultados poco convincentes. Por lo tanto, a continuación se presentan los resultados de una estimación de los riesgos de sustitución tecnológica del trabajo basada en la metodología de Frey y Osborne (2013), pero ajustada por Weller, Gontero y Campbell (2019), quienes toman en cuenta la segmentación de los mercados laborales de la región, donde los sectores de baja productividad no se ven afectados por los cambios tecnológicos (véase el anexo IV.A3).

En promedio, para 12 países de la región, la probabilidad media de sustitución tecnológica es de un 62% con la metodología original de Frey y Osborne (2013) y de un 24% con la metodología ajustada. Asimismo, mientras que el cálculo según la metodología original indica que alrededor de un 43% de los ocupados enfrentan un alto riesgo de sustitución (probabilidad entre un 70% y un 100%), según la metodología ajustada alrededor de un 16% de ellos se encuentran en esa situación (véase el gráfico IV.1).

Gráfico IV.1
América Latina (12 países)[a]: riesgo de sustitución tecnológica del trabajo humano, según el método de Frey y Osborne en sus versiones original y ajustada, promedios simples, alrededor de 2015
(En porcentajes)

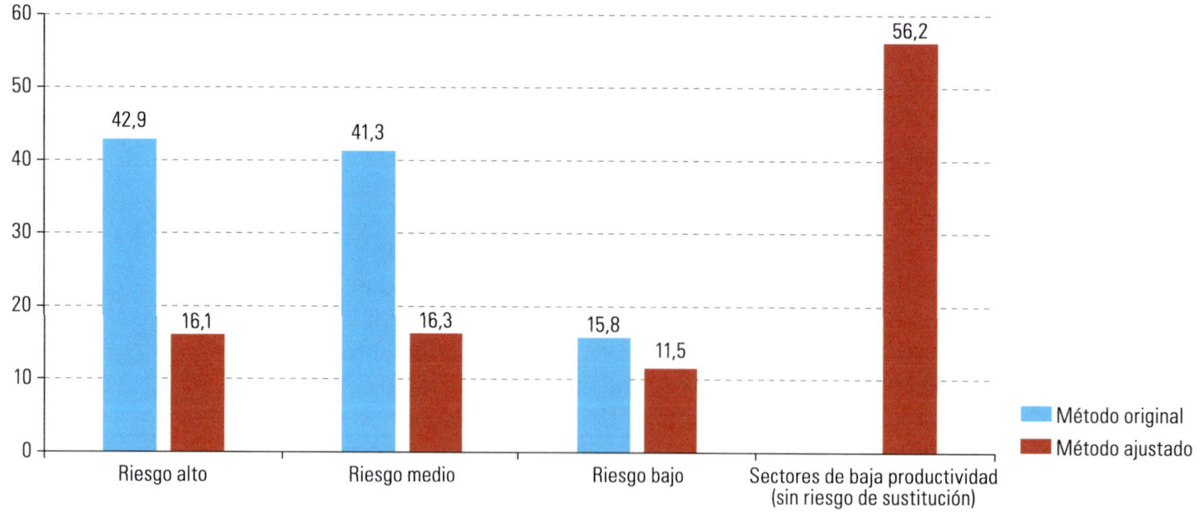

Fuente: Comisión Económica para América Latina y el Caribe (CEPAL), sobre la base de J. Weller, S. Gontero y S. Campbell, "Cambio tecnológico y empleo: una perspectiva latinoamericana. Riesgos de la sustitución tecnológica del trabajo humano y desafíos de la generación de nuevos puestos de trabajo", *serie Macroeconomía del Desarrollo,* Nº 201 (LC/TS.2019/37), Santiago, Comisión Económica para América Latina y el Caribe (CEPAL), 2019.

[a] Los países considerados son: Argentina, Bolivia (Estado Plurinacional de), Brasil, Chile, Ecuador, El Salvador, Guatemala, Honduras, México, Perú, República Dominicana y Uruguay.

Al aplicar la metodología original a países con un PIB per cápita relativamente bajo, se observa que tendrían una mayor proporción de trabajadores en ocupaciones con alto riesgo[1]. En contraste, la metodología ajustada arroja el resultado contrario. Si los ocupados en el sector de baja productividad no se ven afectados por la sustitución tecnológica, son los países donde los sectores de productividad alta y media son relativamente más grandes los que tienden a tener más empleos con mayor riesgo de sustitución (véase el gráfico IV.2).

Gráfico IV.2
América Latina (12 países)[a]: PIB per cápita y riesgo promedio de sustitución tecnológica del empleo, según el método de Frey y Osborne en sus versiones original y ajustada, alrededor de 2015
(En dólares de 2010 y porcentajes)

A. Método en su versión original

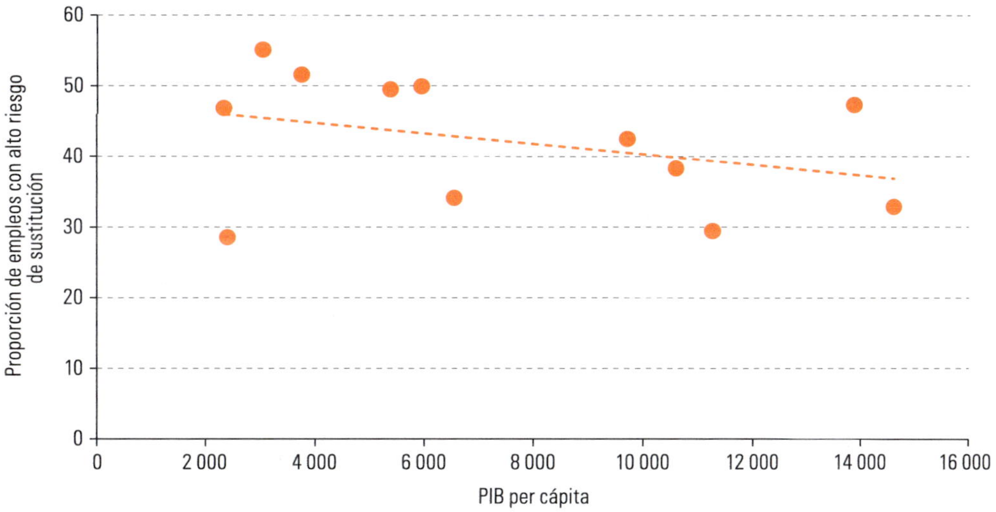

B. Método en su versión ajustada

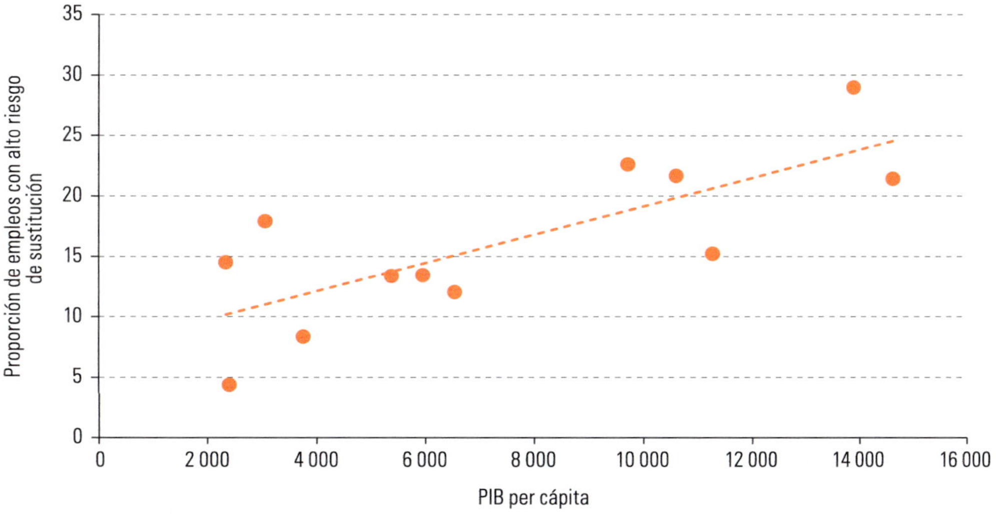

Fuente: J. Weller, S. Gontero y S. Campbell, "Cambio tecnológico y empleo: una perspectiva latinoamericana. Riesgos de la sustitución tecnológica del trabajo humano y desafíos de la generación de nuevos puestos de trabajo", *serie Macroeconomía del Desarrollo,* N° 201 (LC/TS.2019/37), Santiago, Comisión Económica para América Latina y el Caribe (CEPAL), 2019.

[a] Los países considerados son: Argentina, Bolivia (Estado Plurinacional de), Brasil, Chile, Ecuador, El Salvador, Guatemala, Honduras, México, Perú, República Dominicana y Uruguay.

[1] A este resultado llegan, aplicando la metodología de Frey y Osborne (2013), el Banco Mundial (2016), el Banco Interamericano de Desarrollo (BID) y otros (2018), la Comisión Económica para América Latina y el Caribe (CEPAL, 2019), Mateo-Berganza y Rucci (2019) y Ripani y otros (2020). El mismo resultado arroja la metodología aplicada por Chui, Manyika y Miremadi (2017), quienes tampoco toman en cuenta las diferencias estructurales entre los países.

El método no ajustado de Frey y Osborne (2013) arroja una proporción levemente mayor de mujeres que de hombres en ocupaciones con alto riesgo de sustitución tecnológica (un 45% frente a un 42% en el promedio de los 12 países considerados). Sin embargo, la metodología ajustada genera otro resultado, principalmente debido a que la proporción de mujeres que trabajan en el sector de baja productividad es más elevada que la de hombres. Para el conjunto de ocupados, un 18% de los hombres y un 14% de las mujeres se encuentran en alto riesgo de sustitución de su empleo[2]. El alto riesgo de sustitución tecnológica en el caso de los hombres se debe, sobre todo, a que están sobrerrepresentados en ramas de actividad que presentan mayores niveles de riesgo, mientras que las mujeres suelen enfrentar altos riesgos de sustitución de sus ocupaciones porque dentro de las diferentes ramas de actividad trabajan, en mayor grado que los hombres, en ocupaciones más sustituibles.

De manera similar a los resultados de Frey y Osborne (2013) y otros autores, la aplicación del método ajustado muestra que los ocupados de mayor nivel educativo enfrentan riesgos de sustitución tecnológica relativamente bajos. Aun así, un 14% de los ocupados de mayor nivel educativo se desempeñan en una ocupación con alto riesgo de sustitución (véase el gráfico IV.3). Este es el caso de un 20% de los ocupados con educación media y de un 13% de los ocupados con bajo nivel educativo (hasta la enseñanza primaria completa). Sin embargo, esta proporción relativamente menor de las personas menos calificadas se debe a que ellas mayoritariamente se desempeñan en el sector de baja productividad, donde no enfrentan el riesgo de sustitución tecnológica. Si el análisis se limita a los sectores de productividad alta y media, la proporción de ocupados con alto riesgo de sustitución tecnológica sube a un 52% en el caso de los menos calificados, un 45% en el de los ocupados con nivel educativo intermedio y un 19% en el de los más calificados. Una buena parte de los ocupados de menor nivel educativo que podrían perder su empleo en una actividad en los sectores de productividad alta o media probablemente tendrán que refugiarse en el sector de baja productividad, en vista de que los cambios en la demanda de habilidades les obstaculizan el acceso a nuevos empleos en los otros sectores.

Gráfico IV.3

América Latina (12 países)[a]: riesgo de sustitución tecnológica del empleo, por nivel educativo, según el método de Frey y Osborne en su versión ajustada, promedios simples, alrededor de 2015

(En porcentajes)

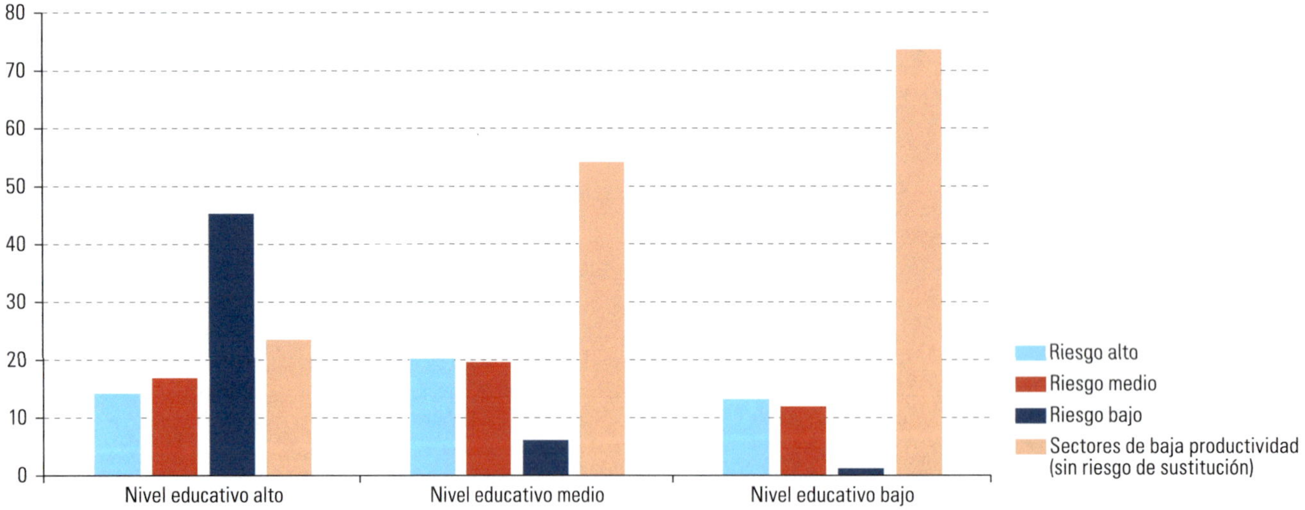

Fuente: Comisión Económica para América Latina y el Caribe (CEPAL), sobre la base de J. Weller, S. Gontero y S. Campbell, "Cambio tecnológico y empleo: una perspectiva latinoamericana. Riesgos de la sustitución tecnológica del trabajo humano y desafíos de la generación de nuevos puestos de trabajo", *serie Macroeconomía del Desarrollo*, Nº 201 (LC/TS.2019/37), Santiago, Comisión Económica para América Latina y el Caribe (CEPAL), 2019.

Nota: Los porcentajes dentro de cada nivel educativo suman 100.

[a] Los países considerados son: Argentina, Bolivia (Estado Plurinacional de), Brasil, Chile, Ecuador, El Salvador, Guatemala, Honduras, México, Perú, República Dominicana y Uruguay.

[2] Si se analizan solo los sectores de productividad alta y media, donde existe riesgo de sustitución, este riesgo es elevado para un 38% de los hombres y un 36% de las mujeres. Cabe señalar, además, que en estos sectores un 36% de las mujeres y un 22% de los hombres enfrentan bajos riesgos de sustitución tecnológica (de un 0% a un 30% de probabilidad), diferencia que se explica por la presencia relativamente alta de mujeres en ocupaciones en bajo riesgo de sustitución en sectores como la educación y la salud.

Entre los grupos de edad, los jóvenes enfrentan, en términos relativos, los mayores riesgos de sustitución tecnológica del empleo. En promedio, un 20% de los ocupados de entre 15 y 29 años están trabajando en una ocupación con alto riesgo de sustitución, en tanto que un 16% del grupo etario de 30 a 54 años y un 10% de los ocupados de 55 años o más están en esa situación (véase el gráfico IV.4). Sin embargo, debido a la composición etaria de la fuerza laboral, las personas de edad intermedia representan la mayoría de las personas en ocupaciones con alto riesgo (un 56% del total de los ocupados con alto riesgo), lo que subraya la necesidad de implementar estrategias de adaptación continua de las habilidades a los cambios tecnológicos (aprendizaje permanente).

Gráfico IV.4
América Latina (12 países): riesgo de sustitución tecnológica del empleo, por grupos de edad, según el método de Frey y Osborne en su versión ajustada, promedios simples, alrededor de 2015
(En porcentajes)

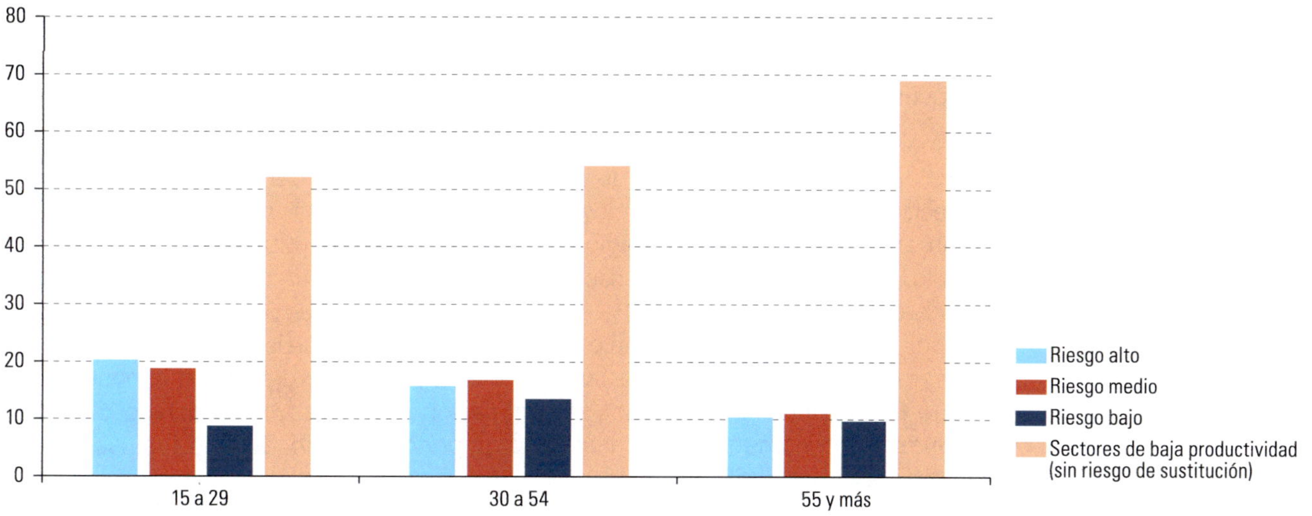

Fuente: Comisión Económica para América Latina y el Caribe (CEPAL), sobre la base de J. Weller, S. Gontero y S. Campbell, "Cambio tecnológico y empleo: una perspectiva latinoamericana. Riesgos de la sustitución tecnológica del trabajo humano y desafíos de la generación de nuevos puestos de trabajo", *serie Macroeconomía del Desarrollo*, N° 201 (LC/TS.2019/37), Santiago, Comisión Económica para América Latina y el Caribe (CEPAL), 2019.

Nota: Los porcentajes dentro de cada grupo etario suman 100.

[a] Los países considerados son: Argentina, Bolivia (Estado Plurinacional de), Brasil, Chile, Ecuador, El Salvador, Guatemala, Honduras, México, Perú, República Dominicana y Uruguay.

En vista de las grandes diferencias entre las ramas de actividad en cuanto a la proporción que corresponde al sector de baja productividad, el ajuste metodológico cambia significativamente la estructura de riesgo relativo entre estas ramas. Por ejemplo, al aplicar la metodología original, las mayores proporciones de puestos de trabajo con alto riesgo de sustitución tecnológica se encuentran en el rubro de restaurantes y hoteles, el comercio y el sector agropecuario, con un 60%, un 57% y un 50%, respectivamente. Al aplicar la metodología ajustada, estos porcentajes bajan a un 22%, un 14% y un 15%, respectivamente, y los rubros que presentan las mayores proporciones de ocupados con alto riesgo de sustitución tecnológica son los servicios financieros y a empresas (40%), la administración pública (29%) y la industria manufacturera (27%).

En resumen, tomar en cuenta las características estructurales del mercado de trabajo de América Latina conlleva resultados marcadamente diferentes a los que genera la aplicación de la metodología desarrollada para el mercado laboral de los Estados Unidos sin hacer ajustes. Considerar de manera más diferenciada la heterogeneidad de las tareas que ejecutan los trabajadores que se desempeñan en puestos de trabajo del mismo grupo de ocupación tendería a reducir adicionalmente la estimación del riesgo de sustitución tecnológica.

Por otra parte, hay que tomar en cuenta que estas estimaciones se refieren a la factibilidad tecnológica de la sustitución del trabajo humano, en tanto que la introducción de las nuevas tecnologías, así como las características de esta introducción, dependen además de las estrategias empresariales, los contextos institucionales y las políticas públicas que dan forma al contexto correspondiente. Específicamente en América Latina existen una serie de factores que tienden a rezagar la introducción de estas nuevas tecnologías, lo que atrasa el impacto correspondiente en el mercado laboral (véase el anexo IV.A2).

Si bien según los resultados de la aplicación de la metodología ajustada el número de empleos sustituidos en el corto plazo estaría limitado, lo que podría dar más tiempo para ajustar las capacidades y habilidades para un aprovechamiento productivo de las nuevas tecnologías, también hay que considerar que estos rezagos pueden implicar una pérdida de competitividad que tendría impactos negativos en el empleo. Esto tiende a ser más complejo en un contexto en que los mismos procesos de digitalización y automatización reducen las ventajas competitivas basadas en menores costos laborales, frenando e inicialmente revirtiendo los procesos de relocalización de fases específicas de procesos productivos hacia países de menores niveles de desarrollo (CEPAL, 2020b)[3].

Finalmente, se estima que la pandemia de enfermedad por coronavirus (COVID-19) ha acelerado algunos procesos de sustitución tecnológica del trabajo, sobre todo en ocupaciones con una alta proporción de tareas automatizables y en las que, a la vez, se enfrentan altos riesgos de contagio (Chernoff y Warman, 2020). De esta manera, por ejemplo, entre las grandes empresas encuestadas por el Foro Económico Mundial (2020) un 50% del total, e incluso un 69% en el promedio de los tres países latinoamericanos incluidos en la encuesta, afirmaron que como consecuencia de la pandemia se pretendía acelerar los procesos de automatización, lo que sería congruente con la observación de que la sustitución, sobre todo de ocupaciones con mayor contenido de tareas rutinarias, históricamente se ha acelerado en períodos de recesión (McKinsey Global Institute, 2021, págs. 57-59).

En el contexto de la pandemia, si bien entre las empresas latinoamericanas prevalecieron en los primeros meses medidas que implicaban mantener a la mayor parte del personal (CEPAL/OIT, 2020), además de despidos a causa de la reducción de la actividad económica posiblemente también se aceleraron, por ejemplo, procesos como la sustitución de las ventas presenciales por ventas digitales, con la pérdida correspondiente de empleos en los canales de venta tradicionales[4].

B. La generación de nuevas ocupaciones y nuevos empleos

La introducción de nuevas tecnologías incentiva la generación de nuevos empleos a través de varios canales, principalmente relacionados de forma directa con las tecnologías y con el incremento de la productividad facilitado por ellas. A continuación, se revisan algunos aspectos relacionados con el primero de estos procesos que compensarían parcialmente la sustitución tecnológica de puestos de trabajo.

Los nuevos empleos que surgen como resultado de una relación directa con las nuevas tecnologías pueden ubicarse en ocupaciones nuevas que emergen en este

3 Según Ripani y otros (2020), la introducción de robots en los Estados Unidos ha tenido un efecto negativo en el empleo y los salarios de varios países latinoamericanos.

4 Entre el primer y el segundo trimestre de 2020, en América Latina el comercio electrónico se expandió un 157% (CEPAL, 2020c). En el mundo en su conjunto, según McKinsey Global Institute (2021), el comercio electrónico aumentó en 2020 cinco veces más rápido que antes de ese año.

contexto o en puestos de trabajo que se generan en ocupaciones preexistentes, pero de alguna manera transformadas por la nueva tecnología. Acemoglu y Restrepo (2016) encontraron que entre 1980 y 2007 en los Estados Unidos las ocupaciones con más actividades que tenían nuevas denominaciones y nuevas tareas crecieron más que las ocupaciones sin nuevas denominaciones para actividades, y que este mayor crecimiento aportó la mitad del total del empleo generado en ese período.

Algunos de los nuevos empleos surgen cuando empresas existentes entran en un proceso de modernización tecnológica. Por ejemplo, entre las empresas grandes de la Argentina, el Brasil y México encuestadas por el Foro Económico Mundial (2020), un 90% o más declararon que durante los próximos cinco años iban a introducir nuevas tecnologías en las áreas de computación en la nube y procesamiento de textos, imágenes y voz, y un 80% o más en las áreas de macrodatos, inteligencia artificial, Internet de las cosas, comercio electrónico y ciberseguridad. De acuerdo con ello, entre las diez ocupaciones que presentarían los mayores aumentos de demanda en los tres países destacarán los especialistas en inteligencia artificial, los analistas de datos y los especialistas en mercadeo digital, en tanto que en dos de los tres países las ocupaciones con mayor expansión proyectada incluyen también a los especialistas en transformación digital, los especialistas en la Internet de las cosas, los ingenieros en tecnofinanzas, los gerentes de proyectos, los especialistas en automatización de procesos y los gerentes de servicios a negocios.

Rodríguez (2021) resume los resultados de varios estudios sobre ocupaciones emergentes en la Argentina, el Brasil, Chile y México, sobre la base de información de la plataforma LinkedIn[5], y encuentra una gran heterogeneidad entre estos países. Las ocupaciones emergentes que aparecen en todos ellos son administrador o especialista en redes sociales, consultor, desarrollador de *software* y fundador de empresa. Se espera también una fuerte expansión en el caso de los científicos de datos, desarrolladores de JavaScript, especialistas para el éxito del cliente, estrategas de negocios, ingenieros de datos y representantes de ventas comerciales.

En los países latinoamericanos las empresas proyectan, por lo menos en el corto plazo, un impacto positivo de la automatización en su planilla, probablemente por la necesidad de contratar personal especializado para la introducción de las nuevas tecnologías[6]. De todas maneras, los indicadores de digitalización en el sector productivo muestran que hasta ahora en América Latina persisten rezagos en comparación con los países desarrollados (CEPAL, 2021), lo que implica una menor creación de empleos relacionados directamente con la introducción de las nuevas tecnologías.

Otros empleos nuevos que surgen a partir de la aplicación de nuevas tecnologías, frecuentemente sin que se creen nuevas ocupaciones, son los trabajos relacionados con las plataformas digitales; en particular, los trabajos que se asignan a través de esta herramienta digital pero que se ejecutan en el ámbito local no suelen representar ocupaciones nuevas, ya que principalmente se trata de repartidores, conductores, cuidadores de personas, trabajadores de mantenimiento y reparaciones, educadores, cuidadores de mascotas y entrenadores, entre otros. La situación es diferente en el caso del trabajo en plataformas que se ejecuta en la Internet, en el que muchas actividades son nuevas ya que emergieron precisamente con la expansión del mundo digitalizado[7].

---

5 Hay que tomar en cuenta que esta plataforma no es representativa de los mercados laborales en su conjunto, ya que se utiliza, sobre todo, para la oferta y demanda de ocupaciones calificadas, en muchos casos relacionadas con las nuevas tecnologías.

6 Como promedio de los tres países latinoamericanos incluidos en la encuesta del Foro Económico Mundial (2020), del total de las grandes empresas encuestadas un 84% declararon que para enfrentar los desafíos relacionados con las nuevas tecnologías contratarían nuevo personal permanente, un 63% que contratarían nuevo personal temporal y un 61% que recurrirían a contratistas independientes. Véase también la encuesta de Manpower (2019) sobre las expectativas referentes al impacto de la introducción de nuevas tecnologías en el empleo.

7 Véase más información sobre las características del trabajo en plataformas digitales en la sección E de este capítulo.

Muchos países desarrollados cuentan con sistemas detallados de proyecciones de la evolución del empleo, entre otros aspectos, por rama de actividad y de ocupación. Por ejemplo, en el caso de los Estados Unidos, para el período 2019-2029 se proyecta que las ocupaciones relacionadas con la computación y las matemáticas se expandirán un 12,1 % (en comparación con un 3,7% del empleo en su conjunto) y que las mayores expansiones proporcionales se presentarán en áreas como la ciberseguridad, el desarrollo de *software*, y el trabajo de estadísticos y científicos de datos[8]. En América Latina y el Caribe el desarrollo y la aplicación de técnicas para la realización de estas proyecciones son todavía incipientes, si bien resultan indispensables, por ejemplo, para adaptar los sistemas de educación y formación a una demanda cambiante de habilidades (Gontero y Albornoz, 2019).

La pandemia de COVID-19 ha acelerado algunas de las tendencias tecnológicas de surgimiento de nuevos empleos, conjuntamente con la mencionada sustitución de trabajo. Por ejemplo, como promedio de la Argentina, el Brasil y México, un 89% de las grandes empresas declararon que debido al contexto de la pandemia intentan acelerar la digitalización de sus procesos productivos, lo que requeriría contrataciones adicionales de los especialistas correspondientes (Foro Económico Mundial, 2020). Además, como ya se mencionó, muchas empresas fortalecieron sus ventas electrónicas, con la generación de los empleos correspondientes tanto en la sección de ventas como en la distribución. Al respecto, destaca la expansión de la demanda del trabajo de repartidores conectados a una plataforma digital.

C. Transformaciones de ocupaciones y empleos

Al mismo tiempo que la introducción de innovaciones tecnológicas genera y destruye una cantidad considerable de empleos, la mayoría de los empleos que se mantendrán en el sector de productividad alta y media serán objeto de transformaciones de mayor o menor grado.

En términos de transformaciones del empleo destacan tres aspectos. En primer lugar, la introducción de nuevas tecnologías y su aplicación efectiva y eficiente implica la eliminación de ciertas tareas que se ejecutaban en un puesto de trabajo y la incorporación de tareas nuevas, lo que requiere que la fuerza de trabajo cuente con nuevas habilidades (véase el recuadro IV.1). En segundo lugar, las tecnologías de la información y las comunicaciones permiten una reestructuración espacial del trabajo, en la que adquieren un papel más relevante diferentes formas del teletrabajo[9]. En tercer lugar, la digitalización tiende a incidir en modificaciones de la estructura directiva de las empresas, incentivando jerarquías más planas, que darán más espacio a la creatividad de los empleados[10].

---

8 Datos de la Oficina de Estadísticas Laborales. Según estas proyecciones, la principal área de nuevos empleos en los Estados Unidos es la salud y el cuidado de personas, cuyas ocupaciones representarían un 46% de los empleos que se generarían en dicho período, como consecuencia de los crecientes problemas de salud (antes de la pandemia de COVID-19) y la tendencia de envejecimiento de la población.

9 Véase al respecto la sección F de este capítulo.

10 Véase Foro Económico Mundial (2018, pág. 14). En América Latina y el Caribe, esto se referiría solo a empresas de los sectores de productividad alta y, en menor grado, mediana.

Recuadro IV.1
El desarrollo de habilidades digitales: factor clave para el aprovechamiento inclusivo de las nuevas tecnologías

Se han identificado una serie de habilidades clave requeridas para enfrentar los desafíos relacionados con la utilización efectiva de las nuevas tecnologías: habilidades de comunicación y de colaboración, capacidad de aprendizaje (pensamiento crítico y otros), autonomía individual (flexibilidad y capacidad de tomar iniciativas) y habilidades digitales (Joynes, Rossignoli y Fenyiwa, 2019).

Respecto a las habilidades digitales, no existe una definición única, en parte porque las tecnologías avanzan rápidamente y lo que parecía avanzado hace unos años ya no lo es. En general, se pueden concebir las habilidades digitales como un continuo que incluye desde las habilidades básicas hasta las avanzadas. Las básicas son aquellas que permiten a las personas acceder a tecnologías digitales y hacer uso de ellas (comprender conceptos básicos de las tecnologías de la información y las comunicaciones (TIC), manejar documentos en el computador y utilizar el teclado correctamente, entre otras). Las habilidades digitales intermedias o genéricas son aquellas que permiten hacer un uso productivo y beneficioso de las tecnologías (por ejemplo, utilizar *softwares* particulares para trabajar, crear contenidos en línea y evaluar los riesgos de la actividad en línea, entre otros). Por último, los conocimientos avanzados son aquellos que caracterizan a los especialistas en tecnologías de la información (por ejemplo, la programación avanzada y el diseño de páginas web, entre otros) (OCDE, 2019a).

El desarrollo de habilidades digitales se nutre fuertemente de otras habilidades básicas y socioemocionales. Por lo tanto, su adquisición forma parte de un proceso que comienza en los primeros años de vida. El desarrollo de habilidades dependerá tanto de las características innatas de la persona como de la calidad de la educación y la formación a la que tenga acceso y del contexto familiar o laboral en que se desenvuelva.

Si bien en América Latina se ha producido un importante avance en cuanto al acceso de los niños y las niñas a la educación, se observan grandes brechas en lo referente a la calidad de la misma, que en general reproducen las desigualdades sociales existentes. Los resultados de exámenes internacionales aplicados a estudiantes de la región muestran que muchos jóvenes terminan la escuela sin haber adquirido las habilidades básicas. Por ejemplo, de acuerdo con las pruebas del Programa para la Evaluación Internacional de Alumnos (PISA) de 2018, en promedio, alrededor del 42% de los jóvenes de 15 años tienen bajos rendimientos en ciencia, lectura y matemáticas, y estos niveles de rendimiento se relacionan con el contexto socioeconómico del hogar (CEPAL/OEI, 2020; OCDE, 2020).

Del mismo modo, las pruebas del Programa para la Evaluación Internacional de las Competencias de los Adultos (PIAAC) confirman que una gran proporción de personas carecen de las habilidades básicas para adaptarse rápidamente a mercados laborales cambiantes. Por ejemplo, del total de participantes en el examen, la proporción que alcanzaba un nivel de competencias mínimo en relación con la solución de problemas en contextos informatizados era de solo un 15% en Chile en el período 2014-2015, y de un 10% en México, un 7% en el Perú y un 5% en el Ecuador en 2017, en comparación con un 36% en el caso de los participantes de otros países de la Organización de Cooperación y Desarrollo Económicos (OCDE). Las diferencias por género no son muy pronunciadas, pero en los cuatro países se observó que los hombres presentan una leve ventaja. Las brechas registradas en los países latinoamericanos en lo referente a las habilidades digitales subrayan la importancia de realizar mayores esfuerzos tanto en los sistemas educativos como mediante una política tecnológica inclusiva.

Fuente: Comisión Económica para América Latina y el Caribe (CEPAL), sobre la base de C. Joynes, S. Rossignoli y E. Fenyiwa, "21st Century Skills: evidence of issues in definition, demand and delivery for development contexts", *K4D Helpdesk Report*, Brighton, Instituto de Estudios sobre el Desarrollo, 2019; Organización de Cooperación y Desarrollo Económicos (OCDE), *OECD Skills Outlook 2019: Thriving in a Digital World*, París, 2019; *Making the Most of Technology for Learning and Training in Latin America, OECD Skills Studies*, París, 2020; Comisión Económica para América Latina y el Caribe/Organización de Estados Iberoamericanos para la Educación, la Ciencia y la Cultura (CEPAL/OEI), "Educación, juventud y trabajo: habilidades y competencias necesarias en un contexto cambiante", *Documentos de Proyectos* (LC/TS.2020/116), Santiago, 2020.

En una encuesta aplicada a trabajadores (formales) de cuatro países latinoamericanos, se obtuvo como resultado que entre un 45% y un 60% consideraron que ejecutaban tareas rutinarias que podrían automatizarse (Randstad, 2016). Una gran mayoría de estos trabajadores consideraron que esta automatización implicaba que se podría añadir más valor personal a su trabajo, de manera que interpretaron la automatización como enriquecedora respecto de él. Esta percepción es coherente con lo que han arrojado estudios según los cuales las innovaciones y transformaciones de los procesos de trabajo relacionadas con la introducción de nuevas tecnologías y las adaptaciones de la organización de empresas e instituciones tienden a aumentar la productividad laboral, abriendo de esta manera espacios para mejoras de las condiciones salariales y no salariales del trabajo[11]. Además, como se ha mencionado previamente, en el agregado este aumento representaría un importante canal para compensar las pérdidas de empleos, ya que fortalecería las opciones de generación de nuevos puestos de trabajo no directamente vinculados con las nuevas tecnologías. Sin embargo, ya en relación con la tercera revolución industrial, los investigadores enfrentaron la "paradoja" de que la masiva introducción de nuevas tecnologías de la información y las comunicaciones no incidió en una aceleración del crecimiento de la productividad (Brynjolfsson, 1993)[12].

En el contexto de la cuarta revolución industrial, nuevamente los masivos cambios tecnológicos no han tenido un impacto muy profundo en las estadísticas de productividad en el agregado. Frente ello, se ha planteado como explicación que las nuevas tecnologías (hasta ahora) han transformado más el consumo y los hogares que los procesos productivos y que existe un rezago entre la introducción de las nuevas tecnologías y su aprovechamiento para una productividad creciente, que puede relacionarse con procesos de aprendizaje tanto a nivel gerencial como a nivel de los trabajadores, problemas de medición relacionados, entre otros factores, con la gratuidad de muchos de los servicios digitales y comportamientos de poder de mercado que frenan los procesos de innovación en las empresas[13].

Específicamente en América Latina y el Caribe, respecto a la capacidad de transformar los empleos de manera sostenible e inclusiva, es preciso tomar en cuenta que entre empresas de diferente tamaño existen grandes brechas en la aplicación de las tecnologías digitales (Correa, Leiva y Stumpo, 2018). Muchas empresas pequeñas y medianas carecen de las competencias adecuadas y los recursos para poder incorporar estas tecnologías, crecientemente indispensables para un desempeño exitoso en el mercado. Además, existe una gran incertidumbre en la selección de la tecnología apropiada, lo que tiende a frenar las decisiones de inversión, sobre todo en circunstancias en que una decisión equivocada puede significar la quiebra para una empresa[14].

D. La visión integrada

Los procesos de destrucción, generación y transformación del trabajo a partir de la incorporación de innovaciones tecnológicas no solo transcurren de forma simultánea, sino que se influyen mutuamente. Por ejemplo, para que una empresa logre integrar una nueva tecnología al proceso productivo de manera eficiente y sostenible, la transformación de los trabajos debe ubicarse en el centro de esta reestructuración productiva; pero si esta transformación no se logra, se destruyen los puestos de trabajo correspondientes

---

11 Véanse, por ejemplo, Tello (2017) y Guisado González, Vila Alonso y Guisado Tato (2016).

12 Sin embargo, a partir de mediados de la década de 1990, la economía de los Estados Unidos pasó por un período de acelerado crecimiento de la productividad.

13 Véanse, por ejemplo, Crafts (2018), Gordon (2016), Feldstein (2017), Baily y Montalbano (2016) y Syverson (2017).

14 Esto no solo se observa en América Latina. Por ejemplo, en el caso de Alemania, Arntz, Gregory y Zierahn (2018) constatan una brecha creciente entre empresas innovadoras que incorporan tecnologías correspondientes a la cuarta revolución industrial y otras que se quedan atrás, principalmente de menor tamaño.

debido a la competencia con empresas más eficientes y posiblemente se generan nuevos empleos en otras empresas, ocupados por personas que han adquirido las habilidades requeridas. A la vez, la expansión de nuevos trabajos, por ejemplo, los relacionados con plataformas digitales, tiende a destruir empleos tradicionales con los que compiten directamente.

También es necesario observar estos procesos de manera conjunta para poder revisar el impacto del cambio tecnológico a nivel sectorial, local o nacional. En ese sentido, Acemoglu y Restrepo (2017) analizaron el aumento del uso de robots en la industria manufacturera de los Estados Unidos y el grado en que posibles efectos compensatorios habrían atenuado la destrucción de empleos ocurrida en este contexto con diferente intensidad en mercados laborales locales. Encontraron que, en conjunto, los resultados en términos de empleo y salarios fueron negativos, de manera que los efectos compensatorios fueron insuficientes para evitar un deterioro de las condiciones laborales. A nivel agregado, Acemoglu y Restrepo (2019) encontraron que la desaceleración de la generación de empleo en los Estados Unidos en las últimas *décadas se debía a una aceleración de la sustitución tecnológica* y *una desaceleración* de los efectos compensatorios basados en el surgimiento de nuevas tareas a raíz de un menor aumento de la productividad. En contraste, Dauth y otros (2017) descubrieron en el caso de Alemania que, si bien la introducción de cada robot industrial destruía dos empleos, estas pérdidas eran compensadas con creces por nuevos empleos en los servicios. Resultados similares sobre una compensación exitosa de la sustitución tecnológica de trabajo se han encontrado para otros países de la OCDE (Naudé, 2019).

Mirando hacia el futuro, el Foro Económico Mundial (2020) estima que hasta 2025 a nivel global el cambio de la división del trabajo entre personas y máquinas destruiría unos 85 millones de empleos, al mismo tiempo que se crearían 97 millones de empleos nuevos. En un ejercicio más amplio, que —más allá de los efectos de las transformaciones tecnológicas— tomó en cuenta tendencias como el incremento de la demanda de consumo de los hogares y las transformaciones demográficas, Manyika y otros (2017) proyectaron la evolución del empleo para varios países. Consideraron, además, el impacto de procesos cuya magnitud depende de decisiones políticas, así como de las estrategias del sector privado, específicamente la inversión en infraestructura y edificios, la inversión en energías renovables, eficiencia energética y adaptación al cambio climático, y la mercantilización del trabajo doméstico no remunerado. Por ejemplo, en el caso de México estos autores proyectan para el período comprendido entre 2016 y 2030 un aumento de la fuerza de trabajo de 15 millones de personas. En su escenario central, estiman que la sustitución tecnológica elimina unos 9 millones de puestos de trabajo, con lo que se requiere un total de 24 millones de empleos para mantener los niveles de ocupación del año base. Se proyecta que las tendencias estructurales (incluida la generación de empleos vinculada con el cambio tecnológico) incentivan la generación de 14 millones de empleos, en tanto que otros 6 millones se pueden crear como resultado de las decisiones políticas mencionadas y hasta 7 millones surgirían en ocupaciones nuevas imprevisibles, cuyo número se estima a partir de la experiencia histórica referente a ocupaciones emergentes. Sin embargo, en otro de los escenarios planteados por los autores, el saldo positivo que resulta de un total de 27 millones de empleos nuevos se pierde si un cambio tecnológico acelerado aumenta el número de los puestos que se destruirían.

Cabe señalar que el análisis del impacto de las transformaciones tecnológicas en el trabajo no puede limitarse a la cantidad de los empleos destruidos y generados, sino que debe tomar en cuenta también su calidad. En estudios referentes a países desarrollados, sobre todo a los Estados Unidos, se ha detectado que estas transformaciones contribuyen a una polarización de la estructura ocupacional, por cuanto la generación de nuevos empleos se concentra en los estratos altos, cuyas ocupaciones se caracterizan por la prevalencia de tareas cognitivas no rutinarias, y bajos, que se ocupan principalmente en tareas manuales no rutinarias. Por su parte, los estratos ocupacionales medios que se desempeñan principalmente en tareas rutinarias pierden participación en la estructura de empleo (Banco Mundial, 2016). Cabe señalar que se proyecta que este proceso de polarización se mantendrá en el futuro próximo. En efecto, para el período 2019-2020 la Oficina de Estadísticas Laborales (2021) estima que un 53,6% del saldo de nuevos empleos en los Estados Unidos surgirán en ocupaciones que tienen un ingreso mediano que se ubica por lo menos un 50% por debajo del ingreso mediano del conjunto de los empleos del país. Otro 43,3% se generaría en ocupaciones con un ingreso mediano que se ubica por lo menos un 50% por encima del ingreso mediano general. Solo el 3,2% restante se crearía en los estratos ocupacionales medios; sin embargo, este porcentaje resulta de una generación de un 31,1% en ocupaciones del estrato medio en expansión y una destrucción de un 27,9% de ocupaciones del estrato medio en contracción, específicamente ocupaciones de apoyo administrativo, de producción y de venta.

En el caso de América Latina y el Caribe, los resultados respecto a una posible polarización de la estructura de ocupaciones no son tan concluyentes. Mientras que según el Banco Mundial (2016) en la mayoría de los países de la región se repite dicha pauta de polarización, aunque de manera menos marcada que en los países desarrollados, la Organización Internacional del Trabajo (OIT, 2016) encuentra que en el período 1995-2015 las ocupaciones intensivas en tareas rutinarias crecieron más que las ocupaciones intensivas en tareas no rutinarias (con tasas del 2,3% y el 1,6%, respectivamente). Tal como ocurre en los cálculos del Banco Mundial, según los datos de la OIT las ocupaciones intensivas en tareas cognitivas rutinarias registraron la mayor expansión (3,5% por año)[15]. Gasparini y otros (2021) encuentran que en seis países latinoamericanos, entre 2004 y 2019, las ocupaciones con mayores niveles rutinización perdieron participación en la estructura de empleo, pero dicho resultado no sería una polarización, debido a la concentración de personas de bajo nivel educativo en las ocupaciones intensivas en tareas rutinarias. Finalmente, en su estudio sobre Colombia, Medina y Posso (2018) obtienen resultados que sostienen la hipótesis de la polarización.

Si se toman en cuenta las características estructurales del mercado laboral de América Latina y el Caribe, emerge un escenario algo diferente (Weller, Gontero y Campbell, 2019). Como se muestra en el gráfico IV.5, el riesgo de sustitución tecnológica de los empleos, centrado en los sectores de productividad alta y media, afecta, en términos absolutos, sobre todo a personas de nivel educativo medio, quienes representan un 57% del total de personas en ocupaciones con alto riesgo de sustitución. Por otra parte, la mayoría de los ocupados que cuentan con un bajo nivel de educación formal se desempeñan en el sector de baja productividad[16].

En general, el hecho de que estos trabajadores con nivel educativo medio puedan o no mantenerse en los sectores de productividad alta y media dependerá de la capacidad de generar nuevos empleos en los sectores de productividad alta y media; de lo contrario, si esta generación de nuevos empleos es insuficiente, una proporción importante de dichos trabajadores tendrán que refugiarse en el sector de baja productividad para su subsistencia. Si este último fuera el caso, se registraría una polarización de la estructura de empleo, con un sector de baja productividad en expansión, por un lado, y un aumento de los empleos para personas con mayores niveles de cualificación en los sectores de productividad alta y media, por el otro.

---

15 En un estudio sobre México en el período comprendido entre 2013 y 2019, Bensusán Areous y Flórez Vaquiro (2020) encuentran aumentos en algunas ocupaciones relacionadas con el cambio tecnológico, tanto de alta como de baja calificación. Sin embargo, estos incrementos no han sido suficientemente fuertes para marcar la evolución de la estructura ocupacional en su conjunto, en la que prevalece el aumento de la proporción de ocupaciones no calificadas, tanto manuales como no manuales.

16 Esto no excluye que el riesgo de sustitución en los sectores de productividad alta y media es proporcionalmente mayor para los (relativamente pocos) ocupados de bajo nivel de educación.

Gráfico IV.5
América Latina (12 países): composición de los empleos por nivel de riesgo de sustitución tecnológica y nivel educativo, según el método de Frey y Osborne en su versión ajustada, promedios simples, alrededor de 2015
(En porcentajes)

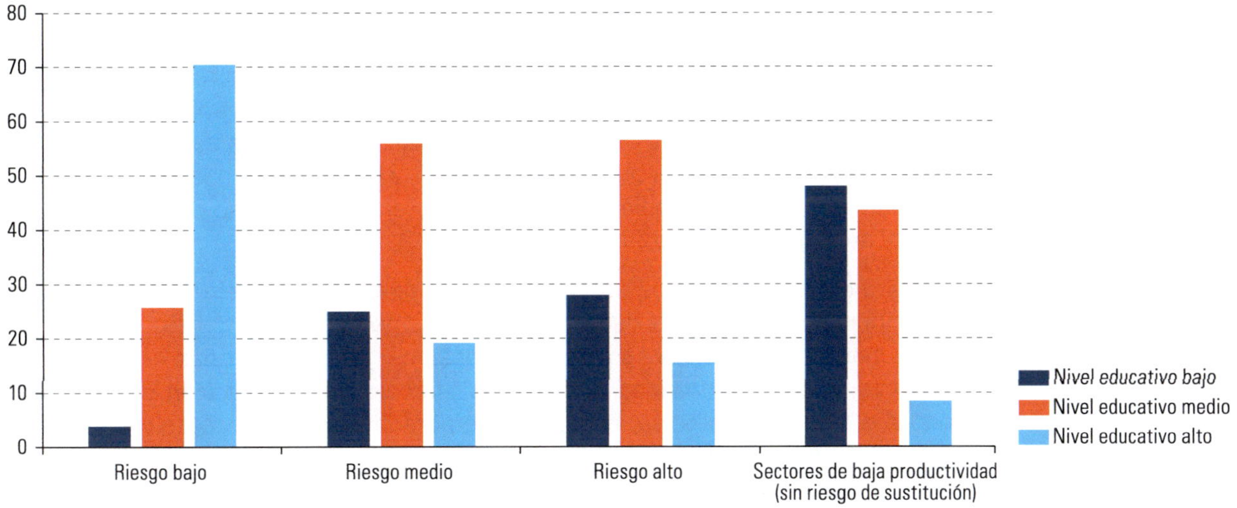

Fuente: Comisión Económica para América Latina y el Caribe (CEPAL), sobre la base de J. Weller, S. Gontero y S. Campbell, "Cambio tecnológico y empleo: una perspectiva latinoamericana. Riesgos de la sustitución tecnológica del trabajo humano y desafíos de la generación de nuevos puestos de trabajo", serie *Macroeconomía del Desarrollo*, N° 201 (LC/TS.2019/37), Santiago, Comisión Económica para América Latina y el Caribe (CEPAL), 2019.
Nota: Los porcentajes dentro de cada estrato de riesgo suman 100.
[a] Los países considerados son: Argentina, Bolivia (Estado Plurinacional de), Brasil, Chile, Ecuador, El Salvador, Guatemala, Honduras, México, Perú, República Dominicana y Uruguay.

Esto se traduciría en una creciente desigualdad entre los ocupados de diferentes niveles educativos y un aumento de las brechas digitales entre ellos. A ello contribuirían las brechas de productividad que caracterizan la estructura productiva de la región, que podrían profundizarse si no se logra reducir las diferencias respecto a la incorporación eficiente de nuevas tecnologías entre las empresas líderes y las rezagadas, sobre todo de tamaño medio y pequeño.

Como ya se destacó, la pandemia de COVID-19 ha acelerado y profundizado varios de los procesos vinculados con la introducción de las tecnologías digitales, entre otros, la expansión del comercio electrónico, la automatización de algunas tareas y ciertas transformaciones en la manera de trabajar[17]. En las secciones siguientes se revisan las tendencias, las perspectivas y los desafíos en dos áreas que han pasado por fuertes procesos de expansión, el trabajo vinculado con las plataformas digitales y el teletrabajo.

E. Nuevos modelos de negocio y generación de empleo: el trabajo en plataformas digitales

En el conjunto de los trabajos emergentes a partir de la introducción de herramientas basadas en nuevas tecnologías destacan los que se organizan a través de plataformas digitales; en esta categoría, se distinguen los que se ejecutan de manera digital para un

[17] Véanse también McKinsey Global Institute (2021), Foro Económico Mundial (2020) y Weller (2020).

mercado global y los que se ejecutan localmente[18]. Entre los primeros, se encuentran trabajos que representan ocupaciones nuevas que emergieron a partir de la aplicación de tecnologías digitales, aunque la mayoría corresponden a ocupaciones ya existentes, en que son las tareas específicas y su realización lo que se ha transformado en este contexto. En efecto, entre las áreas ocupacionales que destacan en el trabajo global organizado a través de las plataformas digitales se encuentran trabajos de diseño, ingeniería, traducción y lenguaje, el desarrollo de programas computacionales y el manejo de datos, entre otras (Hilbert y Lu, 2020). Entre estos trabajos se pueden diferenciar los que requieren habilidades especializadas, entre las cuales se incluyen, en muchos casos, habilidades digitales avanzadas, y los que son más bien rutinarios y no requieren habilidades complejas, como es, por ejemplo, el caso de la introducción de datos y la revisión de contenidos.

Por otra parte, los trabajos en plataformas digitales que se ejecutan localmente corresponden a ocupaciones existentes en que las personas que trabajan conectadas con las plataformas compiten con otras personas que se desempeñan en las mismas ocupaciones. En esta modalidad destacan los trabajos de conducción de vehículos, el reparto, el trabajo doméstico, el cuidado de personas o de mascotas y los trabajos de mantención y reparación, así como la ocupación en educación general o física. En estos casos, generalmente no se demandan habilidades digitales más allá del manejo de la aplicación que conecta al trabajador con la plataforma y el cliente. Si bien varios de los trabajos que ya se están organizando a través de plataformas digitales y que se ejecutan localmente requieren de cualificaciones específicas, otros no requieren de habilidades especializadas, por lo que tienen bajas barreras de entrada.

1. El trabajo en plataformas digitales incumple los criterios del trabajo decente

En CEPAL/OIT (2021) se revisan, sobre la base de una serie de estudios empíricos, las características laborales del trabajo en plataformas digitales según los criterios del trabajo decente[19]. Si bien se observa cierta heterogeneidad al respecto, sobre todo al comparar los trabajos de ejecución global con los de ejecución local, como pautas prevalecientes se encontraron las que, de manera resumida, se describen a continuación.

Desde 2013, los países de la región han pasado por un período de bajo crecimiento económico y débil generación de empleo. En este contexto, debido a sus bajas barreras de entrada, las plataformas digitales de tareas de ejecución local representan oportunidades de empleo sobre todo para algunos grupos de la población que enfrentan problemas estructurales de acceso a otras alternativas de trabajo remunerado, como los jóvenes y las personas migrantes. Por su parte, las plataformas digitales de tareas de ejecución global frecuentemente representan una segunda fuente de ingreso laboral y son una oportunidad de empleo para estudiantes y para personas en situación de discapacidad con movilidad reducida.

Los trabajadores de plataformas, tanto de tareas de ejecución global como local, frecuentemente tienen ingresos por hora más elevados que quienes se desempeñan en la misma ocupación de manera tradicional (por ejemplo, como taxistas) o que personas del mismo nivel educativo que tienen otra ocupación. Sin embargo, la remuneración

18 Las plataformas de servicios de trabajo forman parte de un universo mucho más amplio de esta herramienta. Véase una revisión sucinta del conjunto de los tipos de plataformas digitales con fines de lucro en CEPAL/OIT (2021), documento en el que esta sección se basa en gran medida.

19 Ostoj (2020) revisa la literatura sobre el trabajo en plataformas a partir de los criterios de la calidad del empleo de la Red Europea de Lucha contra la Pobreza y la Exclusión Social (EAPN). Wood y otros (2019) analizan, específicamente, la calidad del empleo en trabajos en plataformas de tareas de ejecución global.

relativa disminuye significativamente si se toman en cuenta las horas sin trabajo efectivo, pero indispensables para realizar dicho trabajo (por ejemplo, el tiempo de espera de la asignación de una nueva tarea, en que la persona debe estar conectada a la aplicación, en el caso de los trabajadores de plataformas de ejecución local, y el tiempo dedicado a desarrollar propuestas, en el caso de los trabajadores de plataformas de ejecución global). Por ejemplo, en Colombia los trabajadores de plataformas digitales ganan por hora de trabajo efectivo, en promedio, un monto equivalente al 105% del promedio de los ocupados en su conjunto; sin embargo, si se consideran además las horas de conexión no remuneradas, este porcentaje baja al 71% (Fernández y Benavides, 2020).

El tiempo de espera incide en que muchos trabajadores de plataformas de tareas de ejecución local registren un elevado número de horas de trabajo. Por ejemplo, en Costa Rica, un 68,1% de los trabajadores de plataformas de tareas de ejecución local trabajan más de 40 horas por semana, y un 47,7% incluso más de 50 horas por semana (Ruiz, 2020). La situación es diferente en el caso de los trabajadores de plataformas de tareas de ejecución global. Por ejemplo, en la República Dominicana, aproximadamente dos tercios de estos trabajadores no laboran más de diez días por mes en esta modalidad (García y Javier, 2020). Esto se relaciona, por un lado, con el hecho de que esta modalidad frecuentemente representa una actividad secundaria (adicional a un trabajo principal o a los estudios); por otro lado, muchos de estos trabajadores preferirían trabajar más y lamentan la poca demanda (OIT, 2021b).

Dada la discontinuidad de la demanda, el trabajo y los ingresos en las ocupaciones en plataformas digitales tienden a ser inestables, lo que, en el caso de algunos tipos de plataformas de tareas de ejecución local, se tiende a compensar extendiendo el horario laboral. Puesto que estos trabajadores, en general, no cuentan con un contrato de trabajo, sino que se vinculan a la plataforma firmando las condiciones de servicio, pueden ser desconectados de la aplicación, frecuentemente sin derecho de reclamo. Por ejemplo, en la República Dominicana, un 47% de los trabajadores de plataformas de tareas de ejecución local entrevistados afirmaron que las plataformas desvinculaban a los trabajadores sin avisar con tiempo o sin dar justificación, al mismo tiempo que un 29% de los trabajadores no estaban conscientes de cuál era el mecanismo de desvinculación (García y Javier, 2020). En este contexto, es muy importante la evaluación del cliente, que no solo influye en los procesos de asignación de tareas, sino que también puede incidir en que un trabajador sea desvinculado de la aplicación.

El trabajo en plataformas se caracteriza por cierta flexibilidad en el manejo del tiempo, lo que tendería a facilitar la posibilidad de conciliar el trabajo y la vida familiar. Sin embargo, esta flexibilidad tiene limitaciones tanto en el caso de las plataformas de tareas de ejecución global, en que el trabajo frecuentemente se realiza en horarios nocturnos, lo que afecta la salud física y mental, como en el caso de las plataformas de tareas de ejecución local, muchas de las cuales establecen sistemas de incentivos y castigos para asegurar la disponibilidad de trabajadores, sobre todo en horarios específicos. Además, en este último caso, las largas jornadas laborales representan un obstáculo para dicha conciliación.

La participación de las mujeres en el trabajo en plataformas digitales es minoritaria. Es más alta en el trabajo en plataformas de tareas de ejecución global, aunque en este caso es más elevada, sobre todo, en la realización de tareas más sencillas (por ejemplo, microtareas). En las plataformas de tareas de ejecución local, con la excepción de aquellas que ofrecen servicio doméstico, la proporción de mujeres suele ser baja, entre otras razones por los riesgos de sufrir asaltos, acoso y discriminación. Por ejemplo, en la Ciudad de México, más del 40% de los repartidores encuestados han sufrido un accidente y alrededor del 23% han sido víctimas de un robo; un 20% de las mujeres y un 10% de los hombres declararon que habían sufrido algún incidente de acoso sexual (Alba Vega, Bensusán y Vega, 2021).

Basadas en la visión de su modelo de negocio, las empresas de plataforma no se responsabilizan de la protección sociolaboral de los trabajadores. No los consideran como sus empleados, sino como trabajadores independientes o "socios colaboradores". En el caso de los trabajadores que realizan tareas de ejecución local, muchas veces las plataformas exigen que los trabajadores cubran los costos de seguros contra accidentes, así como los costos de su seguridad social, si es posible que lo hagan como trabajadores independientes. Por ejemplo, en la Argentina, del total de los trabajadores de plataformas entrevistados (de tareas de ejecución global y local), un 54,5% afirman que realizan aportes jubilatorios, en su gran mayoría a través del monotributo (Madariaga y otros, 2019).

Finalmente, frente a la debilidad o la ausencia de derechos laborales, en el contexto de una marcada desigualdad de poder entre los actores, en varios países de la región han surgido iniciativas de organización de los trabajadores de plataformas, y se han realizado acciones de presión para mejorar sus condiciones de trabajo y fortalecer sus derechos laborales. Sin embargo, el grado de organización es relativamente bajo, lo que se relaciona, entre otros aspectos, con las medidas represivas tomadas en contra de esfuerzos organizativos emergentes y la dispersión espacial de los trabajadores, pero también con la heterogeneidad del papel que cumple este trabajo en la vida de estas personas (Stewart, Shanahan y Smith, 2020); por lo anterior, en general el poder de diálogo y negociación de este grupo de trabajadores es limitado[20].

En conclusión, si bien existen marcadas diferencias entre las distintas plataformas, en el trabajo vinculado con ellas predominan ciertas características de precariedad laboral, entre ellas la inestabilidad del trabajo y los ingresos, una significativa proporción de tiempo no remunerado, largas jornadas de trabajo, la ausencia de protección sociolaboral y la falta de opciones de diálogo y representación. Entre los trabajadores de plataformas de tareas de ejecución local, los principales motivos de descontento suelen referirse a aspectos del nivel de ingresos (pago bajo y alta comisión de las plataformas), la falta de transparencia y de protección contra los riesgos del trabajo y, específicamente, de suficientes medidas de protección frente a la pandemia de COVID-19, así como, de forma ocasional, la falta de acceso a derechos propios de una relación de trabajo asalariado (García y Javier, 2020; Farías Valenzuela, 2021; Alba Vega, Bensusán y Vega, 2021). En el caso de los trabajadores de plataformas de tareas de ejecución global, se mencionan aspectos negativos como los atrasos en los pagos y la fuerte competencia para obtener este tipo de trabajo (García y Javier, 2020).

Por otra parte, en ciertos casos el trabajo en plataformas representa la única opción laboral disponible. A pesar de las limitaciones descritas, los trabajadores mencionan frecuentemente la flexibilidad relativa del manejo del tiempo de trabajo como una de las principales ventajas de esta modalidad laboral. Muchos trabajadores de plataformas consideran que sus ingresos por hora son relativamente elevados, si bien para alcanzar el monto total deseado frecuentemente tienen que estar disponibles entre encargos durante mucho tiempo de espera no remunerado, sobre todo en el caso de los trabajadores de plataformas de tareas de ejecución local. Finalmente, muchos trabajadores de plataformas de tareas de ejecución global valoran las variadas experiencias laborales que tienen al realizar diferentes proyectos, lo que les permite adquirir nuevos conocimientos y habilidades que les pueden ser útiles para otros trabajos.

Finalmente, cabe señalar que no solo las plataformas son heterogéneas en cuanto a sus condiciones laborales, sino que también son diversas las características de las personas y su percepción de esta modalidad de trabajo. En este sentido, Stewart, Shanahan y Smith (2020) han identificado tres narrativas que interpretan la visión de

---

[20] Esto no excluye la posibilidad del desarrollo de mecanismos de organización de los trabajadores de plataformas, por ejemplo, mediante el aprovechamiento de las tecnologías digitales (Vallas y Schor, 2020).

trabajadores de plataformas respecto a su trabajo. En estas narrativas, el trabajo en plataformas digitales es visualizado como una oportunidad económica (frente a la dificultad de obtener un empleo, sobre todo de mejor calidad), como una actividad a la que dedicar el tiempo libre (por ejemplo, en el caso de personas que valoran la flexibilidad horaria) y como un trabajo precario que estimula la solidaridad entre los trabajadores (en el caso de personas que critican las condiciones laborales de esta modalidad, que la alejan del trabajo decente). Alba Vega, Bensusán y Vega (2021) encontraron que una mayoría de los repartidores encuestados en la Ciudad de México compartían con las empresas de plataformas la narrativa según la cual son trabajadores independientes, mientras que una minoría de ellos se reconocieron como trabajadores dependientes. El interés de estas personas por participar en una organización de trabajadores, por ejemplo, variaría según la narrativa que más las representara.

2. Durante la pandemia aumentó el trabajo en plataformas digitales

Durante la pandemia de COVID-19, el trabajo en plataformas fue afectado de manera variada. El trabajo en plataformas de tareas de ejecución local, que requiere una cercanía presencial (por ejemplo, en el caso de los conductores), sufrió una fuerte contracción como consecuencia de las medidas aplicadas para reducir la movilidad. Las plataformas de transporte de personas, en particular, se iniciaron ofreciendo originalmente una oportunidad de ingresos a propietarios de vehículos; posteriormente, se sumaron también personas que adquirieron un vehículo para aprovechar esta oportunidad de obtener ingresos, para lo cual muchas de ellas se endeudaron (Asenjo Cruz y Coddou McManus, 2021). En este contexto, no poder trabajar en este rubro no solo implicaba que no se podrían generar los ingresos previstos para el sustento familiar, sino que, en muchos casos, se agravó además la carga financiera asumida.

En contraste, las plataformas de reparto experimentaron un considerable aumento de demanda, a la par con la expansión del comercio electrónico en general, a la que ya se hizo referencia. En este contexto, a pesar de los riesgos asociados, ha aumentado el número de personas que se dedican al trabajo de reparto. En muchos casos se trataría de personas que perdieron su trabajo anterior y vieron en el trabajo en plataformas su única opción de percibir ingresos laborales durante la pandemia (Abílio y otros, 2020). El aumento del número de repartidores incidió en que los ingresos medios cayeran a pesar de la mayor demanda (Alba Vega, Bensusán y Vega, 2021). La pandemia ha significado nuevos riesgos para estos trabajadores y, según algunas encuestas, muchos de ellos consideran que la plataforma no les proporciona los implementos de protección necesarios (Abílio y otros, 2020; OIT, 2021b).

Para las oportunidades laborales relacionadas con las plataformas digitales de tareas de ejecución global es determinante la evolución de la demanda en el conjunto de los países, entre los cuales destacan los Estados Unidos. Esta evolución depende, por un lado, del dinamismo de la actividad económica en general y, por otro, de las estrategias con que las empresas reaccionaron a las restricciones impuestas por las medidas de confinamiento. Como se observa en el gráfico IV.6, a inicios de 2020, antes de que la pandemia afectara los principales mercados del trabajo intermediado por plataformas digitales de tareas de ejecución global, el número de proyectos publicados en estas plataformas creció a una tasa interanual superior al 10%.

Gráfico IV.6

Evolución de la demanda de trabajos en plataformas de tareas de ejecución global, promedio móvil de 28 días y variación interanual, diciembre de 2019 a abril de 2021

(Índice: mayo de 2016=100 y porcentajes)

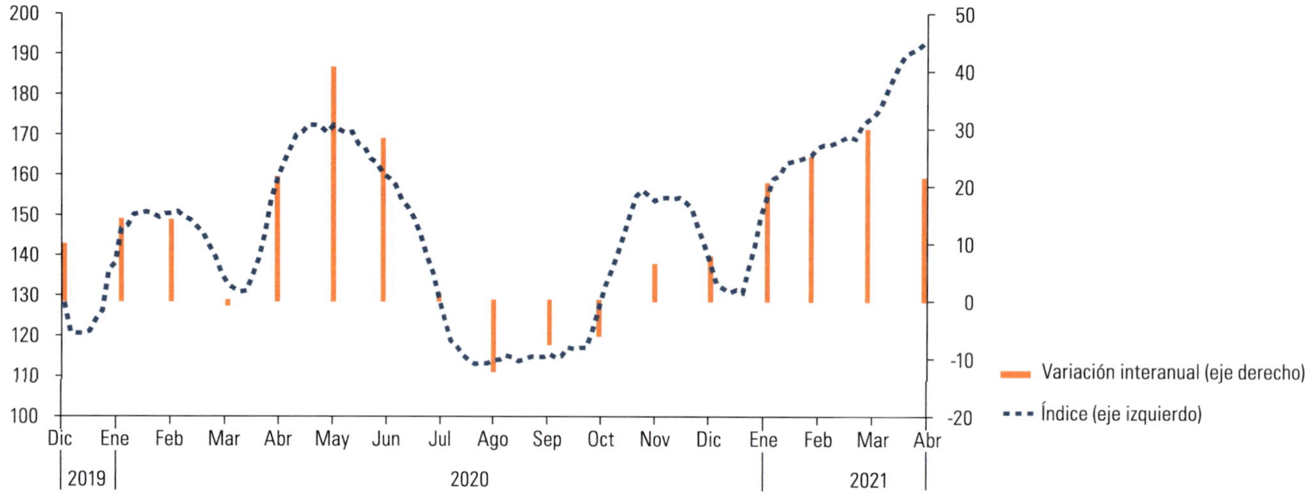

Fuente: Comisión Económica para América Latina y el Caribe (CEPAL), sobre la base de Oxford Internet Institute (OII), Online Labour Index [base de datos en línea] https://ilabour.oii.ox.ac.uk/online-labour-index.

En marzo de 2020, cuando la pandemia comenzó a afectar a estos mercados, se produjo un abrupto fin de esta dinámica. Sin embargo, en los meses siguientes hubo una marcada reactivación del trabajo en plataformas, en primer lugar, posiblemente debido a que muchas empresas reasignaron tareas a diferentes modalidades de teletrabajo, realizado tanto por empleados propios como por trabajadores independientes conectados a las plataformas digitales y, en segundo lugar, debido a que el freno y la superación de la primera ola de la pandemia en muchos países puede haber estimulado el inicio de nuevos proyectos.

Entre julio y octubre de 2020 se observó una marcada caída del número de proyectos en estas plataformas digitales, y a partir de octubre una cierta recuperación. Si bien una parte de esta contracción puede deberse a un efecto estacional originado por el verano del hemisferio norte, las considerables reducciones interanuales indican que influyeron factores adicionales y es de suponer que la incertidumbre respecto a la superación de la pandemia y el retorno a una "normalidad económica" habrán desempeñado un papel en ese sentido. A partir de noviembre de 2020 se registran nuevamente tasas positivas de crecimiento interanual y los números absolutos solo se ven afectados negativamente por un efecto estacional en diciembre de 2020 e inicios de enero de 2021. A partir de enero se observan tasas de crecimiento interanual claramente superiores a las registradas antes del inicio de la pandemia. Este dinamismo se basaría en la recuperación de la economía, sobre todo de los Estados Unidos, en el contexto de los avances de la vacunación contra el virus SARS-CoV-2 y, además, en la aceleración del aprovechamiento de estas plataformas como herramientas para la contratación de trabajos digitales. A partir de la evolución de la demanda de trabajo en estas plataformas digitales se puede constatar que, con los altibajos ocasionados por diferentes fases de la pandemia, el aumento de la utilización de las plataformas digitales de tareas de ejecución global se ha acelerado en este período, profundizándose la tendencia previa.

F. Las perspectivas del trabajo remoto en la región

Durante 2020, la pandemia de COVID-19 y las restricciones a la movilidad impuestas para reducir los contagios indujeron a adoptar modalidades laborales que evitaran aglomeraciones en los lugares de trabajo. Para ello, se recurrió a los avances tecnológicos que ya se habían empleado previamente para facilitar el trabajo remoto, principalmente en los países desarrollados. Tras revisar en la sección anterior el trabajo en plataformas de ejecución global, que representa una modalidad de trabajo que suele realizarse desde el propio hogar, se analizará en esta sección el papel que ha desempeñado el teletrabajo en este contexto y las perspectivas pospandemia.

El teletrabajo forma parte de un conjunto de modalidades laborales que no se ejecutan en una ubicación específicamente destinada a fines productivos, sino principalmente —aunque no de manera exclusiva— en el propio hogar. Entre aquellos que ejercen su labor desde el hogar se incluyen los trabajadores manufactureros y artesanales, los trabajadores de plataformas digitales y los teletrabajadores (OIT, 2021a).

Las primeras versiones del teletrabajo surgieron como intentos de atenuar los efectos de la congestión vehicular en áreas metropolitanas de los Estados Unidos. Con tal de reducir el tiempo invertido en el traslado entre el hogar y la empresa, se facilitó la realización del trabajo desde el mismo hogar, inicialmente incluso sin conexión digital (Messenger, 2019). Además de esta modalidad de oficina en el hogar *(home office)*, el desarrollo de los computadores portátiles permitió trabajar desde una gran variedad de lugares que contaran con conexión a Internet, lo que creó la oficina móvil *(mobile office)*. Finalmente, con los celulares inteligentes y tabletas surgió la oficina virtual *(virtual office)*, y confluyeron los tres componentes del teletrabajo más avanzado, a saber, la tecnología potente, con un soporte físico pequeño y liviano, la (casi) irrelevancia de la ubicación y un horario laboral difuso (Messenger, 2019). En la pandemia, las medidas de confinamiento volvieron a restringir la libertad de ubicación y se combinaron aspectos de la oficina virtual con los de la oficina en el hogar.

Hay poca información sobre el peso del trabajo realizado desde el hogar (y menos aún el teletrabajo) antes de la pandemia. A nivel mundial, se estima que un 7,9% de los ocupados desempeñaba entonces su labor desde su casa, principalmente en trabajos manufactureros y artesanales, y en menor grado como teletrabajo (OIT, 2021b). Se ha estimado que en los Estados Unidos entre un 2,5% y un 4% de los empleados teletrabajaban entre 2,5 y 5 días por semana, y entre un 6% y un 10% teletrabajaba de 1 día a 2,5 días (Lister y Harnish, 2019)[21]. En la Unión Europea un 5,4% de los ocupados teletrabajaba habitualmente en 2019 y un 9%, ocasionalmente (Comisión Europea, 2020).

La información sobre el alcance del teletrabajo en América Latina es dispersa y heterogénea en lo que se refiere a su cálculo. Según datos citados por la Academia Internacional de Transformación del Trabajo (ITA, 2017), en la Argentina, el Brasil, Chile, Colombia, Costa Rica y México 12.651.000 personas teletrabajaban antes de la pandemia, con niveles máximos que superaban el 8% en la Argentina y el Brasil, de alrededor del 5% en Chile y México y con tasas más bajas en Colombia y Costa Rica. En sus estimaciones realizadas para la OIT, Mello y Dal Colletto (2019) confirmaron que antes de la pandemia aproximadamente un 8% de los ocupados brasileños habían realizado alguna vez teletrabajo (el 16,2% de los trabajadores de empresas formales). Por otra parte, Boiarov (2019) calculó que solo un 2,7% de los ocupados argentinos eran teletrabajadores.

---

[21] Cabe señalar que la OIT considera como teletrabajadores solo a personas que trabajan de manera remota en forma regular o permanente (OIT, 2021a).

1. La pandemia incentivó un mayor uso del teletrabajo, pero el acceso a esta modalidad es desigual

A medida que la pandemia de COVID-19 empezó a afectar a cada vez más países, la modalidad de teletrabajo fue considerada como uno de los instrumentos principales para mantener ciertas actividades económicas pese a las medidas de confinamiento, si bien se constató que solo una proporción limitada de los ocupados podía optar por esta modalidad. Dingel y Neiman (2020) estimaron que entre un 32% y un 37% de los ocupados de los Estados Unidos realizaban tareas que podían llevarse a cabo en una modalidad de teletrabajo[22]. Estas tasas tienden a ser más bajas en los países en que se dan los siguientes factores:

- los sectores cuyas ocupaciones, en su mayoría, no permiten el teletrabajo (por ejemplo, el sector agropecuario) ocupan una proporción relativamente grande de la fuerza de trabajo[23],
- una proporción elevada del trabajo se realiza en el sector informal, donde generalmente no puede ejecutarse de manera remota[24], y
- las limitaciones de cobertura y calidad de la infraestructura digital representan un obstáculo al teletrabajo[25].

Así, según un estudio de la OIT (2020), un 17% de los ocupados a nivel mundial se desempeñan en ocupaciones que permiten el teletrabajo y viven en países que cuentan con la infraestructura requerida, en un rango de entre el 6% en África Subsahariana y el 30% en Europa Septentrional, Occidental y Meridional. América Latina y el Caribe se ubica en una posición intermedia: un 23% de los ocupados pueden desempeñarse por medio del teletrabajo. De manera similar, la CEPAL (2020c) ha estimado que en América Latina y el Caribe un 21,3% de los ocupados podrían teletrabajar, en un rango de aproximadamente el 14% en Guatemala y el 30% en el Uruguay[26].

El impacto de la informalidad y del acceso a la infraestructura en la posibilidad de realizar teletrabajo ya de por sí indica que esta es muy desigual, no solo entre países sino también dentro de ellos. Esto profundiza la desigualdad en los mercados laborales. Frey y otros (2020) constataron que, en los Estados Unidos, menos de un 10% de los trabajadores con ingresos más bajos habían realizado alguna vez trabajo remunerado desde su casa, frente a más del 50% en el 5% de mayores ingresos. Yasenov (2020) constató que entre los ocupados que no tenían acceso al teletrabajo estaban sobrerrepresentados los trabajadores de bajos ingresos, los de bajo nivel educativo, los jóvenes y los miembros de minorías étnicas y migrantes. En el promedio ponderado de seis países de América Latina (Chile, Ecuador,

---

22 De manera similar a las estimaciones sobre los empleos con riesgo de sustitución tecnológica, también se observa un rango grande en los cálculos respecto a la posibilidad de realizar el trabajo de manera remota. Por ejemplo, Frey y otros (2020) estiman que un 52% de los trabajadores de los Estados Unidos se desempeñan en ocupaciones cuyas tareas se pueden ejecutar a distancia.

23 En un grupo de países latinoamericanos se ha estimado que la probabilidad del teletrabajo varía entre casi un 85% en los servicios profesionales, científicos y técnicos y un 1% en la agricultura (CEPAL, 2020c). En Costa Rica, entre marzo y abril de 2020 aplicaron esta modalidad un 10% de las empresas formales agropecuarias, frente a casi un 100% de las empresas de información y comunicación (CEPAL/OIT, 2020).

24 Véase, por ejemplo, el caso del Uruguay en Guntin (2020).

25 La CEPAL (2020c) ha estimado que los problemas de conectividad del país reducen el porcentaje de los ocupados que realizan tareas que se pueden desarrollar telemáticamente entre 1,4 puntos porcentuales (Chile) y 11,1 puntos porcentuales (República Dominicana). Albrieu (2020) calculó que la proporción de trabajos que se podían realizar de manera remota en la Argentina alcanzaba de un 27% a un 29%, pero esta proporción bajaba al 18% si solo se consideraban los ocupados que tenían acceso a la infraestructura digital requerida.

26 Con base en un análisis detallado basado en encuestas que permiten identificar el contenido de tareas de las diferentes ocupaciones, Gottlieb y otros (2020) encontraron proporciones más bajas en diez economías de ingreso bajo y mediano. Según sus resultados, solo entre el 3% de los ocupados urbanos en Ghana y la República Democrática Popular Lao y el 15% en Georgia podían realizar teletrabajo (el promedio en los diez países era del 9%). La tasa correspondiente a los dos países latinoamericanos cubiertos por su estudio también es muy baja: tanto en el Estado Plurinacional de Bolivia como en Colombia solo alrededor de un 6% de los ocupados urbanos podrían realizar sus tareas de manera remota.

El Salvador, México, República Dominicana y Uruguay) se ha calculado que la posibilidad de teletrabajo varía entre un 20% o menos en los hogares pertenecientes a los primeros tres quintiles de ingreso per cápita y un 70% en el quintil más alto (CEPAL, 2020c).

Las estimaciones sobre las oportunidades de teletrabajo diferenciadas por sexo han sido variadas. Según Adams-Prassl y otros (2020), en los Estados Unidos y el Reino Unido las mujeres tienen menos opciones de teletrabajo que los hombres, mientras que en Alemania las opciones de teletrabajo son similares para ambos sexos. Albrieu (2020) observa que en la Argentina las mujeres tienen menos posibilidades de realizar teletrabajo. En contraste, para Yasenov (2020) las opciones de teletrabajo en los Estados Unidos son mayores en el caso de las mujeres que en el de los hombres. Asimismo, un estudio sobre 35 países que utiliza datos nacionales procedentes de la encuesta de habilidades de adultos del Programa para la Evaluación Internacional de las Competencias de los Adultos de la OCDE concluye que los hombres, en promedio, tienen una menor probabilidad de realizar sus tareas de manera remota que las mujeres (Brussevich, Dabla-Norris y Khalid, 2020)[27].

Como ya se mencionó, el teletrabajo ha sido uno de los principales instrumentos que han aplicado muchas empresas para seguir activas durante la pandemia. En efecto, según encuestas realizadas a empresas formales entre abril y agosto de 2020, entre uno y dos tercios de las empresas encuestadas en el Brasil, Chile, Costa Rica, México y el Perú estaban recurriendo al teletrabajo con mayor o menor intensidad (CEPAL/OIT, 2020). Sin embargo, también a nivel de las empresas se registraron grandes brechas; por ejemplo, en Chile el uso del teletrabajo variaba entre un 24% de las microempresas formales y un 90% de las empresas grandes (CEPAL/OIT, 2020).

Dado que las empresas que utilizan la modalidad de teletrabajo no la aplican a todos sus trabajadores y que, como se ha subrayado, el teletrabajo es poco frecuente en el sector informal, las proporciones son menores a nivel de los trabajadores. Lamentablemente, durante la pandemia pocos países han generado información sobre el porcentaje de trabajadores que se desempeñan en esta modalidad. En el gráfico IV.7 se muestran las proporciones de ocupados que trabajaron de manera remota en 2020 y a inicios de 2021 en la Argentina, el Brasil, Chile, Costa Rica y el Uruguay. Cabe señalar que las series no son completamente comparables, ya que se refieren a diferentes conceptos de trabajo remoto.

En algunos casos, se observa que los porcentajes más altos (del 19% en abril de 2020 en el Uruguay y del 13% en mayo de 2020 en el Brasil) coinciden con los primeros meses de medidas estrictas de confinamiento[28]. En Chile, el trabajo desde el hogar aumentó bruscamente en esos meses y llegó a un máximo en el trimestre móvil junio-julio-agosto. En Costa Rica, el primer dato disponible desde el inicio de la pandemia se refiere al tercer trimestre de 2020 y representa el nivel más elevado de la serie (15,3%). También en la Argentina la mayor proporción de ocupados (en este caso, asalariados) que utilizaron sus propios equipos se alcanzó en el tercer trimestre de 2020. En el Brasil, el porcentaje descendió gradualmente hasta noviembre de 2020, el último mes con información disponible. En el Uruguay la evolución descendiente hasta septiembre de 2020 fue incluso más acelerada, pero después volvió a subir y superó el 10% a partir de diciembre, en el contexto del incremento de los contagios registrado en el cuarto trimestre de 2020 y el primero de 2021. En Chile se produjo un descenso gradual, pero en el primer trimestre de 2021 la proporción de teletrabajo superó aproximadamente un 140% la del mismo trimestre de 2020 y, al igual que en el Uruguay, posteriormente siguió subiendo. En Costa Rica, el descenso del teletrabajo fue continuo y en el trimestre móvil de febrero a abril de 2021 registró un 9,1%.

---

27 Este también es el caso en dos de los cuatro países latinoamericanos cubiertos por el estudio (Ecuador y México) mientras que los resultados no son significativos para Chile y el Perú.

28 A modo de comparación cabe mencionar que, según la encuesta publicada por Brynjolfsson y otros (2020), de las personas ocupadas en los Estados Unidos un 15,0% ya trabajaba de manera remota antes la pandemia, y entre abril y mayo de 2020 otro 35,2% pasó a realizar teletrabajo. Por otro lado, desde que comenzó la pandemia han perdido su trabajo un 10,1% de las personas que se encontraban ocupadas previamente. En una encuesta de 750 teletrabajadores chilenos realizada en 2020, un 73% declaró que antes de la pandemia no desempeñaba su labor en esta modalidad, y un 8%, que lo hacía un día por semana (PUC, 2021).

Gráfico IV.7
América Latina (5 países): proporción de ocupados que trabajan de manera remota, febrero de 2020 a marzo de 2021
(En porcentajes)

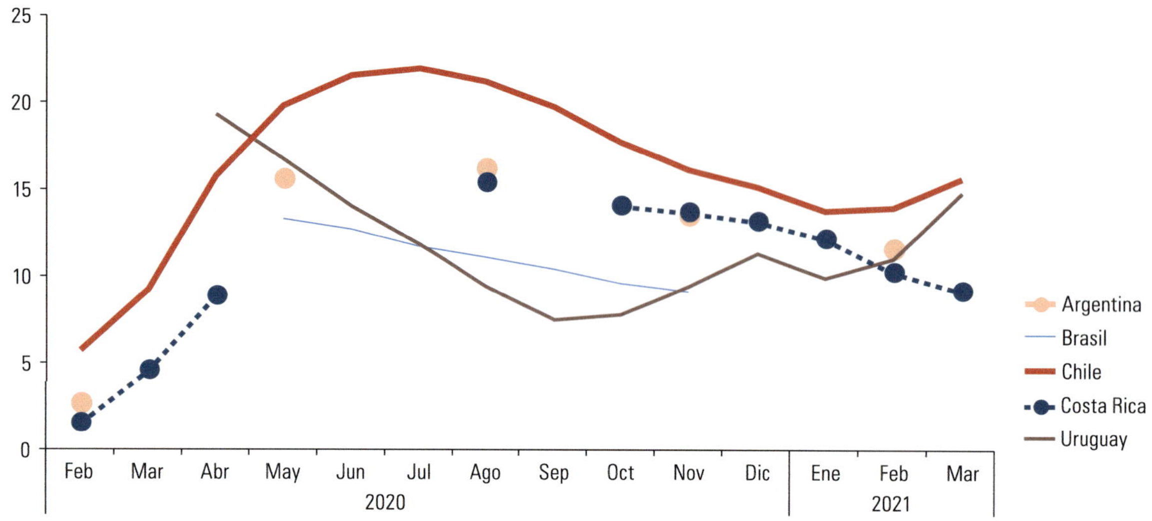

Fuente: Comisión Económica para América Latina y el Caribe (CEPAL), sobre la base de datos oficiales de los respectivos países.
Nota: Las cifras corresponden a: en la Argentina, asalariados que utilizan su propia maquinaria o equipo para realizar su trabajo; en el Brasil, trabajo realizado de manera remota; en Chile, trabajo en el propio hogar; en Costa Rica, principalmente teletrabajo o trabajo realizado exclusivamente por Internet, y en el Uruguay, teletrabajo. Las series del Brasil, Costa Rica y el Uruguay se elaboraron a partir de datos generados especialmente en el contexto de la pandemia. En el caso del Brasil se basan específicamente en una encuesta especial que se implementó entre mayo y noviembre de 2020. Los datos de la Argentina, Chile y Costa Rica se refieren a trimestres móviles y se presentan en el mes intermedio de cada uno de estos trimestres.

Tal como se previó en las estimaciones realizadas a inicios de la pandemia, el acceso al teletrabajo como una modalidad alternativa ha sido sumamente desigual. Esto puede observarse en los datos del Brasil presentados en el gráfico IV.8.

Gráfico IV.8
Brasil: uso de la modalidad de teletrabajo por grupos poblacionales, mayo de 2020
(En porcentajes)

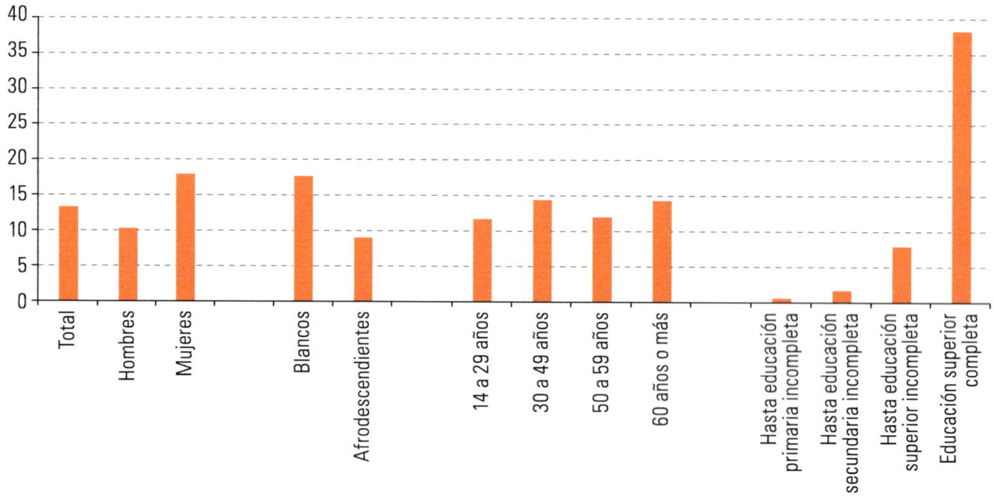

Fuente: Comisión Económica para América Latina y el Caribe (CEPAL), sobre la base de Instituto Brasileño de Geografía y Estadística (IBGE).

Las brechas más marcadas se registran entre ocupados con diferentes niveles de educación formal; entre las diferentes categorías, la proporción de personas con trabajo remoto en mayo de 2020 varió entre un 38,3% entre los ocupados con estudios terciarios completos y un 0,6% entre los ocupados sin educación primaria completa. También se observa una gran brecha entre los grupos étnicos, mientras que los diferentes grupos etarios se ubican todos entre el 10% y el 15% en el uso del teletrabajo. Algo sorprendente es el hecho de que la proporción de mujeres con trabajo remoto supera ampliamente la de los hombres (un 17,9% frente a un 10,3%). Esto posiblemente tenga que ver con su elevada presencia en actividades formales del sector terciario, que cuenta con una proporción relativamente elevada de trabajo en esta modalidad[29].

El descenso de la proporción del trabajo remoto que se registró en el Brasil a partir del mes de junio fue similar en casi todos los grupos, por lo que se mantuvieron las brechas relativas. Una excepción, en cierta medida, fue la evolución del trabajo remoto por sexo: como se observa en el gráfico IV.9, entre mayo y noviembre de 2020, después de los máximos indicados en el gráfico IV.8, el número de hombres con trabajo remoto cayó más que el de las mujeres.

Gráfico IV.9
Brasil y Chile: variación del número de personas con trabajo remoto a partir del máximo alcanzado *durante la pandemia de COVID-19, por sexo*
(En porcentajes)

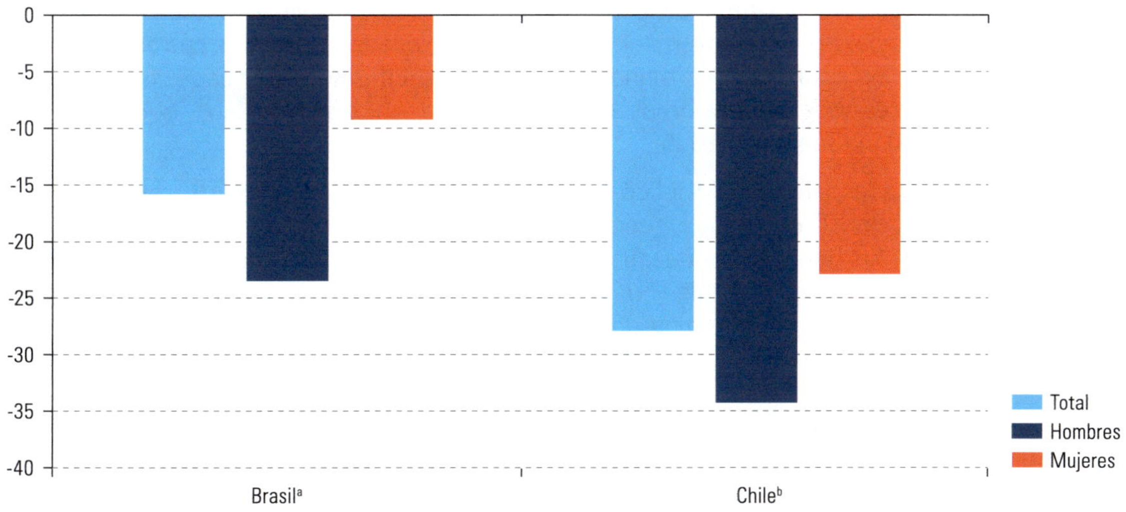

Fuente: Comisión Económica para América Latina y el Caribe (CEPAL), sobre la base de Instituto Brasileño de Geografía y Estadística (IBGE) e Instituto Nacional de Estadísticas (INE).
[a] De mayo a noviembre de 2020.
[b] De junio-agosto de 2020 a enero-marzo de 2021.

Algo similar se observa en el caso de Chile, donde en el trimestre móvil compuesto por junio, julio y agosto de 2020 la proporción de los ocupados que trabajaban en su propio hogar alcanzó el nivel máximo, tanto para las mujeres (29,8%) como para los hombres (16,4%). Posteriormente, el trabajo en el hogar descendió de manera más pronunciada en el caso de los hombres que en el de las mujeres. Esta divergencia puede estar relacionada con la presión que recae sobre muchas mujeres de seguir realizando trabajos de cuidado mientras continúan las restricciones respecto a la educación presencial y el cuidado de personas mayores.

[29] En una encuesta chilena se confirmó esta suposición; se observaron altos niveles de teletrabajo en actividades con una proporción relativamente elevada de mujeres, como la educación, los servicios administrativos, el comercio y las actividades financieras y de seguros (Molina, 2021).

2. Las perspectivas del teletrabajo y la necesidad de su regulación

Antes de 2020, en varios países latinoamericanos (por ejemplo, en el Brasil, Colombia, Costa Rica y el Ecuador) ya existía una regulación del teletrabajo, a través de leyes o instrumentos administrativos. El reconocimiento de esta modalidad como herramienta para enfrentar la pandemia de COVID-19 estimuló la aprobación de leyes para regularla en países adicionales, como la Argentina, Bolivia (Estado Plurinacional de), Chile, El Salvador, México, Panamá, Paraguay, el Perú y el Uruguay (San Juan, 2020; Secretaría del Trabajo y Previsión Social, 2021; *El Peruano*, 2021; ABC Color, 2021). Otros países emitieron disposiciones especiales, modificando la regulación existente o definiendo estipulaciones para hacer frente a la pandemia. Por ejemplo, en el Brasil se eliminó la obligación de que existiera un acuerdo entre empleador y empleado para pasar a una modalidad de teletrabajo, dando al empleador la facultad discrecional de determinar de manera unilateral la obligación correspondiente.

Entre los aspectos que se regulan habitualmente en este contexto se encuentran la igualdad de derechos respecto al trabajo presencial, las reglas para establecer y revocar el teletrabajo, el compromiso del empleador de proveer los equipos correspondientes y asumir los costos de su manejo, aspectos de información y capacitación de los trabajadores y de protección de datos, así como, en algunos casos, el derecho a la desconexión (San Juan, 2020).

Como la pandemia implicó un gran aumento del número de personas que teletrabajaban, la experiencia reciente y actual ha generado información relevante para identificar los beneficios y desafíos de esta modalidad. Por ejemplo, en una encuesta de teletrabajadores en Chile (PUC, 2021), entre los aspectos negativos identificados, aproximadamente dos tercios de ellos reportaban que trabajaban más horas y que su carga laboral había aumentado, pero un 41% había sufrido una reducción de sus ingresos. Un desafío clave parece ser conciliar la vida laboral y la vida familiar en el mismo espacio: mientras que muchos teletrabajadores valoran la cercanía con los otros miembros de su hogar, resulta difícil separar ambos mundos, lo que genera tensiones, agotamiento y estrés. Así, según dicha encuesta, más del 60% de los teletrabajadores declaraban que en dicha modalidad era más difícil conciliar el trabajo con las demandas personales y que no existía una delimitación entre la vida personal y laboral, lo que dificultaba la desconexión del trabajo y la posibilidad de descansar. A ello contribuyen los abusos de empresas que, por ejemplo, exigen asistir a reuniones virtuales fuera del horario normal de trabajo, así como las condiciones de trabajo en las viviendas[30]. Finalmente, entre los aspectos negativos destaca la falta de interacción directa con los colegas, que empobrece la vida social de las personas.

Entre los aspectos positivos del teletrabajo se incluyen, además de la mayor cercanía con los familiares, el ahorro del tiempo de traslado, que puede aprovecharse para otras actividades; una mayor autonomía en el manejo del tiempo en comparación con el trabajo presencial, y la posibilidad de una mayor focalización en las tareas laborales, lo que tendría un impacto positivo en la productividad (PUC, 2021). Otras ventajas que se han subrayado son la reducción de accidentes en el traslado hacia y desde el lugar de trabajo, que representan una elevada proporción del conjunto de los accidentes laborales (Molina, 2021); la reducción de costos inmobiliarios y la retención o atracción de talentos, desde el punto de vista de las empresas; la reducción de la congestión vehicular y de la contaminación, y las opciones laborales que ofrece a personas con

30 En Chile más de la mitad de los teletrabajadores no cuentan con un espacio dedicado específicamente al trabajo o el estudio. De existir este espacio, es frecuente que esté demandado por diferentes miembros del hogar —sobre todo en el contexto de la pandemia—, por lo que en muchos casos los teletrabajadores aún tendrían que buscar un espacio alternativo (PUC, 2021).

discapacidad (Lister y Harnish, 2019), a lo que, como lección de la pandemia, se agregaría el aporte a la salud pública por medio de la reducción del riesgo de contagios.

Como muestran los datos del gráfico IV.7, al ir relajándose las medidas de confinamiento la proporción del teletrabajo tendió a disminuir. Sin embargo, es poco probable que dicha proporción vuelva al nivel previo a la pandemia. Por una parte, a pesar de los aspectos negativos mencionados sobre el teletrabajo en la pandemia, muchos trabajadores que han experimentado esta modalidad prefieren seguir en ella, como lo indican encuestas tanto en los Estados Unidos y Alemania como en América Latina[31]. Para ello consideran que las empresas deberían capacitar a sus trabajadores en habilidades digitales, cubrir los costos en términos de Internet y energía eléctrica y respetar los horarios de trabajo (PUC, 2021). Sin embargo, hay que tomar en cuenta que varios de los aspectos negativos identificados podrían profundizarse a lo largo del tiempo, sobre todo si se mantienen aspectos como las jornadas de trabajo más largas y si no se encuentran soluciones satisfactorias para los aspectos negativos de la falta de separación de la vida laboral y la vida familiar y de la escasa interacción con los colegas. En efecto, una *encuesta de teletrabajadores que se realizó tanto en 2020 como en 2021 mostró un* descenso de la evaluación positiva del teletrabajo en aspectos como la calidad de vida, las relaciones familiares y la efectividad de las reuniones a través de medios digitales (Chermin, 2021). Un mayor papel del teletrabajo también podría llevar a que la evaluación de desempeño se trasladara cada vez más desde el cumplimiento de un horario de trabajo hacia la generación de resultados, lo que tendería a aumentar la productividad, pero también la presión sobre los trabajadores. Estos aspectos podrían incidir en que muchos trabajadores reevaluaran su preferencia por el teletrabajo.

Por parte de las empresas se han registrado opiniones mixtas. Si bien en teoría el teletrabajo fomentaría una mayor productividad, las empresas no siempre lo han evaluado de esta manera. Por ejemplo, en Alemania un 56% de los teletrabajadores encuestados consideraban que en esta modalidad eran más productivos, lo que justificaría —desde el punto de vista de las empresas— el mantenimiento del teletrabajo, pero según otra encuesta solo un 9% de las empresas que utilizaban el trabajo remoto reportaban un aumento de la productividad (Zeit, 2020).

En general, existe el consenso de que tanto las características específicas de los procesos de trabajo en los diferentes rubros como las estrategias productivas y de recursos humanos de las empresas individuales generarían una gran variedad de maneras de implantar el teletrabajo. Es de suponer que solo una minoría de las empresas optará por el teletrabajo como modalidad exclusiva para la gran mayoría de sus empleados. Un factor decisivo al respecto es que trabajar de manera remota puede hacer que los trabajadores no se sientan parte de un equipo y de una cultura común, lo que suele ser clave para generar la confianza indispensable para formar equipos eficaces y eficientes[32]. El trabajo remoto también puede afectar negativamente el aprendizaje en el puesto de trabajo, ya que una gran parte de este ocurre como consecuencia de la interacción con otros miembros del equipo. Esta falta de interacción puede, finalmente, debilitar los procesos de innovación (Savona, 2021).

De esta manera, es de esperar que más empresas opten por modalidades mixtas de teletrabajo y trabajo presencial, en parte con base en las experiencias adquiridas durante la pandemia y los intereses de los trabajadores, mientras que otras empresas volverán a las modalidades previas a la pandemia y aplicarán el teletrabajo solo en casos excepcionales. En este contexto, cada empresa tendrá el desafío de desarrollar conjuntamente con sus empleados y dentro del marco regulatorio existente su propia

---

[31] Véase Alipour, Falck y Schüller (2020) y Morris (2020). Específicamente en Chile, un 80,5% de los teletrabajadores piensan que en el futuro los trabajadores exigirán a las empresas poder teletrabajar con más frecuencia (PUC, 2021).

[32] Por otra parte, se ha observado que en países cuyos ciudadanos reportan mayores niveles de confianza se aprovecha en mayor grado la modalidad del teletrabajo (Frey y otros, 2020).

combinación óptima, lo que incluirá cambios en la gestión, supervisión y evaluación del trabajo[33]. Un reto no menor es el trato igualitario a los trabajadores que ejerzan su función desde diferentes lugares y, específicamente, diferentes países, para lo que habría que tomar en cuenta las diferencias territoriales. El desarrollo de las combinaciones adecuadas de trabajo presencial y teletrabajo y de las condiciones laborales correspondientes sería objeto de procesos permanentes de aprendizaje y ajustes a través de procesos de aprendizaje en la práctica *(learning by doing)*.

En conclusión, las experiencias de las personas con el teletrabajo son mixtas, lo que subraya la importancia de aspectos específicos tanto de las políticas de las empresas como de las condiciones de vida personales de cada trabajador. Una vez más, el aprovechamiento benéfico del potencial de la tecnología que creó la posibilidad del teletrabajo depende no solo de una adecuada regulación laboral y la fiscalización de su cumplimiento[34], sino también de que existan políticas en las empresas que tomen en cuenta la voz de los trabajadores para aprovechar de la mejor manera posible el potencial productivo de esta modalidad y, al mismo tiempo, su potencial para mejorar la vida de los trabajadores. Los casos de grandes empresas que tienen sucursales en varios países en los que sus trabajadores podrían realizar teletrabajo muestra otro ejemplo que subraya la importancia de una regulación supranacional, de manera que los trabajadores activos para un mismo empleador en diferentes países cuenten con los mismos derechos.

G. Conclusiones

Las nuevas tecnologías inciden fuertemente en la restructuración del mercado laboral a través de la destrucción, generación y transformación de ocupaciones y empleos. Si las metodologías habitualmente aplicadas al estimar los empleos con riesgo de sustitución tecnológica se ajustan para tomar en cuenta las características estructurales del mercado laboral de América Latina, se obtienen niveles más bajos de probabilidad de sustitución. Sin embargo, gran parte de los puestos de trabajo que no se destruirían con la introducción de las nuevas tecnologías en la estructura productiva de la región se ubican en los sectores de baja productividad y son los de peor calidad. Varios factores hacen que los países de la región introduzcan las nuevas tecnologías con cierto rezago respecto a los países más avanzados, y esta introducción tiende a reproducir las brechas ya existentes en la estructura productiva. Asimismo, es probable que muchas personas de nivel educativo bajo o medio que pierdan su empleo en los sectores de productividad alta y media cuando estos introduzcan las nuevas tecnologías tengan que refugiarse en actividades de baja productividad.

Por otra parte, las nuevas tecnologías facilitan la creación de nuevos empleos vinculados directamente con su introducción o con las ganancias de productividad que generan. Pueden surgir nuevos empleos tanto en ocupaciones emergentes como en ocupaciones ya existentes que se transformen significativamente al aplicarse nuevas tecnologías, como en el caso de los repartidores y conductores que trabajan conectados a plataformas digitales. Además, muchas ocupaciones se transforman sin que se sustituyan ciertos empleos por otros, lo que genera grandes desafíos en la reestructuración de los procesos de trabajo y a la hora de desarrollar las competencias requeridas para hacer un uso adecuado de las nuevas tecnologías.

---

33 Por ejemplo, Alexander, De Smet y Mysore (2020) advierten del riesgo asociado con un modelo mixto específico, ya que se pueden desarrollar dos culturas empresariales paralelas si una parte de los trabajadores (probablemente de más alto nivel) realiza sus tareas principalmente de manera presencial y otra parte trabaja principalmente de manera remota.

34 Por ejemplo, en Chile un 41% de los teletrabajadores afirma no contar con los equipos y mobiliarios adecuados para esta modalidad de trabajo, a pesar de las obligaciones de las empresas (Molina, 2021).

La visión integrada de los procesos de destrucción, generación y transformación de puestos de trabajo ilustra la profundidad de las transformaciones que tienen y tendrán lugar en los mercados laborales en el contexto de la cuarta revolución industrial. El conjunto del impacto de los tres procesos, en términos de cantidad y calidad del empleo, depende en buena parte de la manera en que las políticas públicas enfrenten los desafíos correspondientes (enfoque contextual condicionado)(véase el anexo IV.A1).

En este contexto, la amenaza de una profundización de la desigualdad en el mercado laboral, con una polarización cuyas características reflejarían la estructura segmentada de los mundos productivos, laboral y educativo, plantea un reto fundamental. Para aprovechar el desarrollo de las nuevas tecnologías a fin de proveer a todos de mejores habilidades para enfrentar un mundo laboral cada vez más digitalizado, es necesario un esfuerzo importante por parte de los gobiernos, las empresas y los trabajadores en el diseño de instrumentos que permitan identificar las necesidades del mundo productivo y traducirlas en políticas concretas para la formación de competencias y el cierre de brechas. El desarrollo de habilidades debe ser considerado como un derecho *fundamental a lo largo de la vida de toda persona. Los gobiernos deben velar por el* acceso a este en condiciones de igualdad; las empresas, identificar sus necesidades y favorecer espacios de promoción de la capacitación de sus empleados, y los trabajadores, buscar y aprovechar las oportunidades que ofrecen las nuevas tecnologías.

Las plataformas digitales generan opciones de trabajo (como actividad principal o como ingresos laborales secundarios) para diferentes grupos de personas, sobre todo aquellas con dificultades de inserción en el mercado laboral. Ofrecen determinadas condiciones laborales que son valoradas por estos trabajadores, como cierta flexibilidad en el manejo del tiempo de trabajo y la posibilidad de trabajar para varias plataformas. Sin embargo, la revisión del conjunto de estas condiciones revela varios aspectos de precariedad laboral que se contradicen con lo que se entiende por un trabajo decente y subrayan la necesidad de diseñar marcos regulatorios que integren este nuevo tipo de relación laboral.

Otra forma de trabajo facilitada por las tecnologías digitales y cuya aplicación se ha acelerado durante la pandemia de COVID-19 es el teletrabajo. Este instrumento ha permitido mantener muchos procesos productivos y tiene aspectos que lo hacen atractivo tanto a nivel individual como social incluso para el mundo laboral pospandemia. Sin embargo, hay que tener presentes los efectos potencialmente problemáticos para la salud mental, la productividad y la innovación. Además, esta modalidad refleja la desigualdad en términos de la brecha digital y las características de la inserción laboral, por lo que genera desafíos para la integración sociolaboral, y su futura aplicación depende de procesos de aprendizaje y diálogo entre los actores implicados, así como de una regulación adecuada.

Aprovechar el potencial de estas tecnologías para mejorar la calidad de vida de las personas en general, crear empleos de calidad y al mismo tiempo contener el riesgo de la destrucción y precarización del empleo y de una profundización de la desigualdad en el mercado laboral implica grandes desafíos políticos y sociales.

Desde cierta perspectiva, se plantea que para aprovechar de manera óptima las nuevas tecnologías se requiere una "fuerza de trabajo líquida" que, de manera sumamente flexible y desconectada de vínculos geográficos y sociales, esté a disposición de una demanda laboral fluctuante en cantidad y características (Foro Económico Mundial, 2018). Sin embargo, dicha visión implica evidentemente una elevada inestabilidad laboral para esta fuerza de trabajo que, además, tendría que asumir gran parte de los riesgos de negocio. En contraste, desde un enfoque contextual condicionado se argumenta que la magnitud y las características de los procesos de destrucción, generación y transformación de empleo dependen en gran parte de las políticas que se establezcan en ese contexto, así como de las estrategias empresariales y de las actitudes y acciones de los trabajadores, si bien todo ello es condicionado por elementos claves de las nuevas tecnologías y por el hecho de que en el contexto de mercados integrados a nivel mundial hay que tomar en cuenta las políticas y estrategias aplicadas en otros países y otras regiones. En este contexto surge también la necesidad de avanzar en nuevas regulaciones mundiales, tal como se ha visto en los casos de las plataformas digitales de ejecución global y del teletrabajo.

Bibliografía

ABC Color (2021), "Promulgan ley del teletrabajo que contempla derecho a la desconexión", Asunción, 1 de junio [en línea] https://www.abc.com.py/nacionales/2021/06/01/promulgan-ley-del-teletrabajo-que-contempla-derecho-a-la-desconexion/.

Abílio, L. y otros (2020), "Condições de trabalho de entregadores via plataforma digital durante a COVID-19", *Revista Jurídica Trabalho e Desenvolvimento Humano*, vol. 3, Campinas, Procuraduría Regional del Trabajo de la 15ª Región.

Acemoglu, D. y P. Restrepo (2019), "Automation and new tasks: how technology displaces and reinstates labor", *NBER Working Paper*, N° 25684, Cambridge, National Bureau of Economic Research (NBER).

___(2017), "Robots and jobs: evidence from US labor markets", *NBER Working Paper*, N° 23285, Cambridge, National Bureau of Economic Research (NBER).

___(2016), "The race between machine and man: implications of technology for growth, factor shares and employment", *NBER Working Paper*, N° 22252, Cambridge, National Bureau of Economic Research (NBER).

Adams-Prassl, A. y otros (2020), "Inequality in the impact of the coronavirus shock: evidence from real time surveys", *IZA Discussion Paper series*, N° 13183, Bonn, Institute of Labor Economics (IZA).

Alba Vega, C., G. Bensusán y G. Vega (coords.) (2021), "El trabajo del futuro con derechos laborales: diagnóstico y estrategia de política pública para el reconocimiento de derechos laborales de personas trabajadoras por plataformas digitales", Ciudad de México, El Colegio de México.

Albrieu, R. (2020), "Evaluando las oportunidades y los límites del teletrabajo en Argentina en tiempos del COVID-19", Buenos Aires, Centro de Implementación de Políticas Públicas para la Equidad y el Crecimiento (CIPPEC).

Alexander, A., A. De Smet y M. Mysore (2020), "Reimagining the postpandemic workplace", *McKinsey Quarterly*, Nueva York, McKinsey & Company.

Alipour, J. V., O. Falck y S. Schüller (2020), "Homeoffice während der Pandemie und die Implikationen für eine Zeit nach der Krise", *IFO Schnelldienst*, vol. 73, München, IFO Institut.

Arntz, M., T. Gregory y U. Zierahn (2018), "Digitalisierung und die Zukunft der Arbeit: Makroökonomische Auswirkungen auf Beschäftigung", Arbeitslosigkeit und Löhne von morgen, Mannheim, Bundesministerium für Forschung und Entwicklung (BMBF).

___(2016), "The risk of automatization for jobs in OECD countries: a comparative analysis", *OECD Social, Employment and Migration Working Papers*, N° 189, París, Organización de Cooperación y Desarrollo Económicos (OCDE).

Asenjo Cruz, A. y A. Coddou McManus (2021), "Economía de plataformas y transformaciones en el mundo del trabajo: el caso de los repartidores en Santiago de Chile", *Informes Técnicos*, N° 17, Santiago, Organización Internacional del Trabajo (OIT).

Autor, D. (2013), "The 'task approach' to labor markets: an overview", *NBER Working Paper*, N° 18711, Cambridge, National Bureau of Economic Research (NBER).

Autor, D., F. Levy y R. Murnane (2003), "The skill content of recent technological change: an empirical exploration", *The Quarterly Journal of Economics*, vol. 118, N° 4, Oxford, Oxford University Press.

Baily, M. y N. Montalbano (2016), "Why is US productivity growth so slow? Possible explanations and policy responses", *Hutchins Center Working Paper*, N° 22, Washington, D.C., Brookings.

Banco Mundial (2016), *World Development Report 2016: Digital Dividends*, Washington, D.C.

Bensusán Areous, G. y N. Flórez Vaquiro (2020), "Cambio tecnológico, mercado de trabajo y ocupaciones emergentes en México", *Documentos de Proyectos* (LC/TS.2020/119), Santiago, Comisión Económica para América Latina y el Caribe (CEPAL).

BID y otros (Banco Interamericano de Desarrollo y otros) (2018), *El futuro del trabajo: perspectivas regionales*, Washington, D.C.

Boiarov, S. (2019), "Telework and its effects in Argentina", *Telework in the 21st Century: An Evolutionary Perspective*, J. Messenger (ed.), Edward Elgar Publishing/Organización Internacional del Trabajo (OIT).

Brussevich, M., E. Dabla-Norris y S. Khalid (2020), "Who will bear the brunt of lockdown policies? Evidence from tele-workability measures across countries", *IMF Working Paper*, N° 20/88, Washington, D.C., Fondo Monetario Internacional (FMI).

Brynjolfsson, E. (1993), "The productivity paradox of information technology: review and assessment", *CCS Working Paper*, N° 130, Cambridge, MIT Sloan School of Management.

Brynjolfsson, E. y otros (2020), "COVID-19 and remote work: an early look at US data", *NBER Working Paper*, N° 27344, Cambridge, National Bureau of Economic Research (NBER).

CEPAL (Comisión Económica para América Latina y el Caribe) (2021), "Datos y hechos sobre la transformación digital", *Documentos de Proyectos* (LC/TS.2021/20), Santiago.

___(2020a), *Construir un nuevo futuro: una recuperación transformadora con igualdad y sostenibilidad* (LC/SES.38/3-P/Rev.1), Santiago.

___(2020b), *La Inversión Extranjera Directa en América Latina y el Caribe, 2020* (LC/PUB.2020/15-P), Santiago.

___(2020c), "Universalizar el acceso a las tecnologías digitales para enfrentar los efectos del COVID-19", *Informe Especial COVID-19*, N° 7, Santiago.

___(2019), "Automatización y empleo: la reconfiguración del mercado laboral en Chile", documento presentado en la conferencia La Transformación del Empleo ante la Revolución Digital y la Automatización, Santiago, 5 de marzo.

___(2018), "Estado de la banda ancha en América Latina y el Caribe 2017", *Documentos de Proyectos* (LC/TS.2018/11), Santiago.

___(2012), *Cambio estructural para la igualdad: una visión integrada del desarrollo* (LC/G.2524 (SES.34/3)), Santiago.

CEPAL/OEI (Comisión Económica para América Latina y el Caribe/Organización de Estados Iberoamericanos para la Educación, la Ciencia y la Cultura) (2020), "Educación, juventud y trabajo: habilidades y competencias necesarias en un contexto cambiante", *Documentos de Proyectos* (LC/TS.2020/116), Santiago.

CEPAL/OIT (Comisión Económica para América Latina y el Caribe/Organización Internacional del Trabajo) (2021), "Trabajo decente para los trabajadores de plataformas en América Latina", *Coyuntura Laboral en América Latina y el Caribe*, N° 24 (LC/TS.2021/71), Santiago.

___(2020), "La dinámica laboral en una crisis de características inéditas: desafíos de política", *Coyuntura Laboral en América Latina y el Caribe*, N° 23 (LC/TS.2020/128), Santiago.

Chermin, A. (2021), "El teletrabajo pasa al pizarrón: sigue gustando, pero menos que antes", *La Tercera*, Santiago, 1 de mayo [en línea] https://www.latercera.com/la-tercera-domingo/noticia/el-teletrabajo-pasa-al-pizarron-sigue-gustando-pero-menos-que-antes/CCMV74MIDRBSPMYAZU64HLQCPQ/?utm_medium=maildomingo&utm_source=mail&user=4e6863f6e7598a24824f283d547ad75f.

Chernoff, A. y C. Warman (2020), "COVID-19 and implications for automation", *NBER Working Paper*, N° 27249, Cambridge, National Bureau of Economic Research (NBER).

Chui, M., J. Manyika y M. Miremadi (2017), "The countries most (and least) likely to be affected by automatization", *Harvard Business Review*, Cambridge, Harvard Business Publishing, abril.

Comisión Europea (2020), "How usual is it to work from home?" [en línea] https://ec.europa.eu/eurostat/web/products-eurostat-news/-/DDN-20200424-1

Comisión Mundial sobre el Futuro del Trabajo (2019), *Trabajar para un futuro más prometedor*, Ginebra, Organización Internacional del Trabajo (OIT).

Correa, F., V. Leiva y G. Stumpo (2018), "Mipymes y heterogeneidad estructural en América Latina", *Mipymes en América Latina: un frágil desempeño y nuevos desafíos para las políticas de fomento*, Documentos de Proyectos (LC/TS.2018/75/Rev.1), M. Dini y G. Stumpo (coords.), Santiago, Comisión Económica para América Latina y el Caribe (CEPAL).

Crafts, N. (2018), "The productivity slowdown: is it the ´new normal´?", *Oxford Review of Economic Policy*, vol. 34, N° 3, Oxford, Oxford University Press.

Dauth, W. y otros (2017), "German robots: the impacts of industrial robots on workers", *IAB Discussion Paper*, N° 30/2017, Nuremberg, Agencia Federal de Empleo.

Dingel, J. y B. Neiman (2020), "How many jobs can be done at home?", *NBER Working Paper*, N° 26948, Cambridge, National Bureau of Economic Research (NBER).

El Peruano (2021), "Congreso aprueba nuevas reglas para el teletrabajo", Lima, 22 de mayo [en línea] https://elperuano.pe/noticia/121203-congreso-aprueba-nuevas-reglas-para-el-teletrabajo#:~:text=21%2F05%2F2021%20El%20pleno,para%20garantizar%20una%20implementaci%C3%B3n%20progresiva.

Farías Valenzuela, C. (2021), "Movilización, sindicalización, y medidas de protección hacia trabajadores de plataformas digitales de países latinoamericanos en el contexto del COVID-19", *Nota Técnica*, Santiago, Comisión Económica para América Latina y el Caribe (CEPAL), en prensa.

Feldstein, M. (2017), "Underestimating the real growth of GDP, personal income, and productivity", *Journal of Economic Perspectives*, vol. 31, N° 2, Nashville, Asociación Estadounidense de Economía.

Fernández, C. y J. Benavides (2020), *Las plataformas digitales, la productividad y el empleo en Colombia*, Bogotá, Fundación para la Educación Superior y el Desarrollo (Fedesarrollo).

Foro Económico Mundial (2020), *The Future of Jobs Report 2020*, Ginebra.

___(2018), "Digital transformation initiative: maximizing the returns on digital investments", *White Paper*, Ginebra.

Frey, C. y M. Osborne (2013), "The future of employment: how susceptible are jobs to automatization?", *Working Paper*, Oxford, Universidad de Oxford.

Frey, C. y otros (2020), *Technology at Work v5.0: A New World of Remote Work*, Oxford, Universidad de Oxford/Citi.

García, J. y K. Javier (2020), "Los trabajadores de plataformas digitales en la República Dominicana: caracterización y opciones para su protección social", *Documentos de Proyectos* (LC/TS.2020/91), Santiago, Comisión Económica para América Latina y el Caribe (CEPAL).

Gasparini, L. y otros (2021), "Routinization and employment: evidence for Latin America", *Documento de Trabajo*, N° 276, La Plata, Universidad Nacional de La Plata.

Gontero, S. y S. Albornoz (2019), "La identificación y anticipación de brechas de habilidades laborales en América Latina: experiencias y lecciones", *serie Macroeconomía del Desarrollo*, N° 199 (LC/TS.2019/11), Santiago, Comisión Económica para América Latina y el Caribe (CEPAL).

Gordon, R. (2016), *The Rise and Fall of American Growth: The U.S. Standard of Living since the Civil War*, Princeton, Princeton University Press.

Gottlieb, C. y otros (2020), "Working from home in developing countries", *IZA Discussion Paper series*, N° 13737, Bonn, Institute of Labor Economics (IZA).

Graetz, G. y G. Michaels (2017), "Is modern technology responsible for jobless recoveries?", *American Economic Review*, vol. 107, N° 5, Nashville, Asociación Estadounidense de Economía.

Guisado González, M., M. Vila Alonso y M. Guisado Tato (2016), "Innovación, capacidad productiva, formación en el puesto de trabajo y productividad", *Cuadernos de Gestión*, vol.16, N° 2, Vizcaya, Universidad del País Vasco.

Guntin, R. (2020), "Trabajo a distancia y con contacto en Uruguay" [en línea] http://www.rguntin.com/other/employment_uru/employment_uru_covid.pdf.

Heredia, A. (2020), "Políticas de fomento para la incorporación de las tecnologías digitales en las micro, pequeñas y medianas empresas de América Latina: revisión de experiencias y oportunidades", *Documentos de Proyectos* (LC/TS.2019/96), Santiago, Comisión Económica para América Latina y el Caribe (CEPAL).

Hilbert, M. y K. Lu (2020), "The online job market trace in Latin America and the Caribbean", *Documentos de Proyectos* (LC/TS.2020/83), Santiago, Comisión Económica para América Latina y el Caribe (CEPAL).

ITA (Academia Internacional de Transformación del Trabajo) (2017), *Primer Informe Estado del Teletrabajo en América Latina y el Caribe*, San José.

Joynes, C., S. Rossignoli y E. Fenyiwa (2019), "21st Century Skills: evidence of issues in definition, demand and delivery for development contexts", *K4D Helpdesk Report*, Brighton, Instituto de Estudios sobre el Desarrollo.

Lister, K. y T. Harnish (2019), "Telework and its effects in the United States", *Telework in the 21st Century: An Evolutionary Perspective*, J. Messenger (ed.), Edward Elgar Publishing/Organización Internacional del Trabajo (OIT).

Madariaga, J. y otros (2019), *Economía de plataformas y empleo: ¿Cómo es trabajar para una app en Argentina?*, Buenos Aires, Centro de Implementación de Políticas Públicas para la Equidad y el Crecimiento/Banco Interamericano de Desarrollo/Organización Internacional del Trabajo (CIPPEC/BID/OIT).

Manpower (2019), *Humans Wanted: Robots Need You*, Milwaukee.

Manyika, J. y otros (2017), *Jobs Lost, Jobs Gained: Workforce Transitions in a Time of Automation*, Chicago, McKinsey Global Institute.

Mateo-Berganza, M. y G. Rucci (eds.) (2019), *El futuro ya está aquí: habilidades transversales de América Latina y el Caribe en el siglo XXI*, Washington, D.C., Banco Interamericano de Desarrollo (BID).

McKinsey Global Institute (2021), *The Future of Work after COVID-19*, Nueva York.

Medina, C. y C. Posso (2018), "Cambio técnico y polarización en el mercado laboral: evidencia para Colombia", *El Trimestre Económico*, vol. 85, N° 338, Ciudad de México, Fondo de Cultura Económica (FCE).

Mello, A. y A. Dal Colletto (2019), "Telework and its effects in Brazil", *Telework in the 21st Century: An Evolutionary Perspective*, J. Messenger (ed.), Edward Elgar Publishing/Organización Internacional del Trabajo (OIT).

Menéndez, E. (2021), "Clasificación del trabajo en plataformas digitales", Santiago, Comisión Económica para América Latina y el Caribe (CEPAL), inédito.

Messenger, J. (2019), "Introduction", *Telework in the 21st Century: An Evolutionary Perspective*, Edward Elgar Publishing/Organización Internacional del Trabajo (OIT).

Mokyr, J., C. Vickers y N. Ziebarth (2015), "The history of technological anxiety and the future of economic growth: is this time different?", *Journal of Economic Perspectives*, vol. 29, N° 3, Nashville, Asociación Estadounidense de Economía.

Molina, T. (2021), "A un año de la ley: el 40% de los teletrabajadores no cuenta con equipo necesario y DT ha cursado multas por $670 millones", *El Mercurio*, Santiago, 5 de abril [en línea] https://www.emol.com/noticias/Economia/2021/04/05/1016931/Un-ano-teletrabajo-denuncias.html.

Morris, K. (2020), "Zippia poll: half of American workers would rather work from home forever", San Mateo, Zippia, 20 de marzo [en línea] https://www.zippia.com/advice/coronavirus-remote-work-survey/.

Naudé, W. (2019), "The race against the robots and the fallacy of the giant cheesecake: immediate and imagined impacts of artificial intelligence", *IZA Discussion Paper series*, N° 12218, Bonn, Institute of Labor Economics (IZA).

Nedelkoska, L. y G. Quintini (2018), "Automation, skill use and training", *OECD Social, Employment and Migration Working Papers*, N° 202, París, Organización de Cooperación y Desarrollo Económicos (OCDE).

OCDE (Organización de Cooperación y Desarrollo Económicos) (2020), *Making the Most of Technology for Learning and Training in Latin America*, OECD Skills Studies, París.

___(2019a), *OECD Skills Outlook 2019: Thriving in a Digital World*, París.

___(2019b), *Skills Matter: Additional Results from the Survey of Adult Skills*, OECD Skills Studies, París.

Oficina de Estadísticas Laborales (2021), "Occupational projections and worker characteristics", Washington, D.C. [en línea] https://www.bls.gov/emp/tables/occupational-projections-and-characteristics.htm.

OII (Oxford Internet Institute) (2021), Online Labour Index [base de datos en línea] https://ilabour.oii.ox.ac.uk/online-labour-index.

OIT (Organización Internacional del Trabajo) (2021a), *Working from Home: From Invisibility to Decent Work*, Ginebra.

___(2021b), *World Employment and Social Outlook 2021: The Role of Digital Labour Platforms in Transforming the World of Work*, Ginebra.

___(2020), "Working from home: a potential measure for mitigating the COVID-19 pandemic", *Policy Brief*, Ginebra, abril.

___(2016), *Panorama Laboral 2016 de América Latina y el Caribe*, Lima.

Ostoj, I. (2020), "Digital technological platforms: an opportunity or a threat to quality work?," *Nierówności Społeczne a Wzrost Gospodarczy*, N° 63, Rzeszów, Universidad de Rzeszów.

Pinto, A. (1973), "Heterogeneidad estructural y modelos de desarrollo reciente de la América Latina", *Inflación: raíces estructurales*, Ciudad de México, Fondo de Cultura Económica (FCE).

PUC (Pontificia Universidad Católica de Chile) (2021), *No era teletrabajo: es telepandemia. Informe sobre los beneficios y consecuencias del primer año en Chile*, Santiago.

PwC (2018), *Will Robots Really Steal our Jobs? An International Analysis of the Potential Long Term Impact of Automation*, Londres.

Randstad (2016), *Randstad Workmonitor: Q4 2016 Report*, Ámsterdam.

Ripani, L. y otros (2020), *El futuro del trabajo en América Latina y el Caribe: ¿cuál es el impacto de la automatización en el empleo y los salarios?*, Washington, D.C., Banco Interamericano de Desarrollo (BID).

Rodríguez, N. (2021), "Cambio tecnológico y mercado laboral. Aportes para la identificación de las ocupaciones emergentes en Colombia", *Documentos de Proyectos* (LC/TS.2020/163), Santiago, Comisión Económica para América Latina y el Caribe (CEPAL).

Ruiz, K. (2020), "Cambio tecnológico y ocupaciones emergentes en Costa Rica", *Documentos de Proyectos* (LC/TS.2020/80), Santiago, Comisión Económica para América Latina y el Caribe (CEPAL).

San Juan, C. (2020), "Estudio comparado de la legislación sobre teletrabajo en los países de América Latina y el Caribe", Buenos Aires, Asociación Latinoamericana de Seguridad e Higiene en el Trabajo (ALASEHT).

Savona, M. (2021), "La ´nueva normalidad´ como ´nueva esencialidad´? COVID-19, transformaciones digitales y estructuras laborales", *Revista CEPAL*, N° 132 (LC/PUB.2021/4-P), Santiago, Comisión Económica para América Latina y el Caribe (CEPAL).

Schmidt, F. (2017), *Digital Labour Markets in the Platform Economy: Mapping the Political Challenges of Crowd Work and Gig Work*, Bonn, Friedrich-Ebert-Stiftung.

Schwab, K. (2016), "The Fourth Industrial Revolution: what it means, how to respond", Ginebra, Foro Económico Mundial, 14 de enero [en línea] https://www.weforum.org/agenda/2016/01/the-fourth-industrial-revolution-what-it-means-and-how-to-respond/.

Secretaría del Trabajo y Previsión Social (2021), "Entra en vigor reforma que regula el teletrabajo en México", *Boletín*, N° 002/2021, Ciudad de México [en línea] https://www.gob.mx/stps/prensa/entra-en-vigor-reforma-que-regula-el-teletrabajo-en-mexico.

Stewart, P., G. Shanahan y M. Smith (2020), "Individualism and collectivism at work in an era of deindustrialization: work narratives of food delivery couriers in the platform economy", *Frontiers in Sociology*, vol. 5, Lausanne, Frontiers Media.

Syverson, C. (2017), "Challenges to mismeasurement explanations for the US productivity slowdown", *Journal of Economic Perspectives*, vol. 31, N° 2.

Tarabusi, C. (1997), "Technology and employment: the role of organizational change and learning", *STI Review*, N° 20, París, Organización de Cooperación y Desarrollo Económicos (OCDE).

Tello, M. (2017), "Innovación y productividad en las empresas de servicios y manufactureras: el caso del Perú", *Revista CEPAL*, N° 121 (LC/PUB.2017/8-P), Santiago, Comisión Económica para América Latina y el Caribe (CEPAL).

Vallas, S. y J. Schor (2020), "What do platforms do? Understanding the gig economy", *Annual Review of Sociology*, vol. 46, Palo Alto, Annual Reviews.

Velárdez, M. (2021), "Análisis de distancias ocupacionales y familias de ocupaciones en el Uruguay", *Documentos de Proyectos* (LC/TS.2021/36), Santiago, Comisión Económica para América Latina y el Caribe (CEPAL).

Vivarelli, M. (2007), "Innovation and employment: a survey", *IZA Discussion Paper series*, N° 2621 Bonn, Institute of Labor Economics (IZA).

Weller, J. (2020), "La pandemia del COVID-19 y su efecto en las tendencias de los mercados laborales", *Documentos de Proyectos* (LC/TS.2020/67), Santiago, Comisión Económica para América Latina y el Caribe (CEPAL).

___(2017), "Las transformaciones tecnológicas y su impacto en los mercados laborales", *serie Macroeconomía del Desarrollo*, N° 190 (LC/TS.2017/76), Santiago, Comisión Económica para América Latina y el Caribe (CEPAL).

Weller, J., S. Gontero y S. Campbell (2019), "Cambio tecnológico y empleo: una perspectiva latinoamericana. Riesgos de la sustitución tecnológica del trabajo humano y desafíos de la generación de nuevos puestos de trabajo", *serie Macroeconomía del Desarrollo*, N° 201 (LC/TS.2019/37), Santiago, Comisión Económica para América Latina y el Caribe (CEPAL).

Wood, A. y otros (2019), "Good gig, bad gig: autonomy and algorithmic control in the global gig economy", *Work, Employment and Society*, vol. 33, N° 1, Thousand Oaks, Sage Publications.

Yasenov, V. (2020), "Who can work from home?", *IZA Discussion Paper series*, N° 13197, Bonn, Institute of Labor Economics (IZA).

Zeit, D. (2020), "Unternehmen sehen Homeoffice skeptischer als Arbeitnehmer", Munich, Süddeutsche Zeitung, 15 de noviembre [en línea] https://www.sueddeutsche.de/karriere/arbeit-unternehmen-sehen-homeoffice-skeptischer-als-arbeitnehmer-dpa.urn-newsml-dpa-com-20090101-201114-99-329720.

Anexo IV.A1

La cuarta revolución tecnológica: enfoques para el análisis de su impacto en el empleo

Schwab (2016) resalta que la velocidad, el alcance y el impacto de los cambios tecnológicos en curso en los sistemas de producción, gestión y gobernabilidad implican que se trata de una nueva revolución industrial. En efecto, la actual fase de transformaciones tecnológicas (con componentes claves como la Internet de las cosas, la interconectividad de la nube digital, la robótica, los macrodatos, los vehículos autónomos y la inteligencia artificial) ha sido denominada como cuarta revolución industrial, que sigue a las revoluciones que, en lo tecnológico, se centraron en la máquina de vapor (la primera), la energía basada en gas y petróleo y los nuevos sistemas de transporte y comunicación (la segunda) y los computadores (la tercera). En el marco de la cuarta revolución, PwC (2018) identifica tres olas de automatización entre inicios de la década de 2020 y mediados de la década de 2030: la de los algoritmos, la de la aumentación y la de la autonomía, que afectarán de manera distinta a diferentes grupos de trabajadores.

La denominación "cuarta revolución industrial" es poco precisa en el sentido de que esta fase se caracteriza por su transversalidad, ya que afecta prácticamente a todos los rubros económicos. Las revoluciones previas también tuvieron impactos en otros sectores, como la industrialización de la agricultura en la primera y segunda revolución industrial y la transformación de muchos servicios, sobre todo administrativos, en la tercera. Sin embargo, mientras que en las revoluciones anteriores fueron productos manufactureros los que transformaron a otros rubros, en la actualidad muchos componentes claves de la transformación tecnológica no son bienes provenientes de este sector.

Tal como ocurrió con las transformaciones tecnológicas previas, la cuarta revolución industrial no solo conlleva la aplicación de nuevas tecnologías y la modificación correspondiente de los procesos productivos, sino también transformaciones socioeconómicas que surgen de la interacción de los diferentes actores con las nuevas tecnologías.

El impacto de la introducción de nuevas tecnologías sobre el empleo engloba la sustitución tecnológica del trabajo humano, la generación de nuevos empleos y la transformación del empleo previamente existente. Para analizar este impacto, se suele aplicar uno de los tres enfoques siguientes (Tarabusi, 1997):

- El enfoque determinista, que trata de identificar las características claves de una tecnología y deduce su impacto en el empleo, sobre todo la capacidad de sustituir el trabajo humano. Este enfoque hace hincapié en el potencial de la tecnología para destruir puestos de trabajo.
- El enfoque compensatorio, que destaca la capacidad de las economías de mercado para compensar las pérdidas tecnológicas de empleos a través de la generación de nuevas ocupaciones, como ha ocurrido históricamente en anteriores olas de transformaciones tecnológicas. Los nuevos empleos se generan, entre otros, a través de los siguientes canales: el abaratamiento de la producción, que estimula la demanda (a través de precios más bajos tanto de los bienes de consumo como de los bienes de capital); la inversión en nuevas maquinarias y equipos relacionados con las nuevas tecnologías; el aumento de salarios como consecuencia de la productividad creciente, y la aparición de nuevas actividades económicas (Vivarelli, 2007).
- El enfoque contextual, que toma en cuenta tanto el potencial destructivo de las nuevas tecnologías como su capacidad para contribuir a la generación de nuevas

ocupaciones y nuevos empleos y a la transformación de los empleos existentes. Considera que tanto la cantidad como las características de los empleos nuevos y transformados dependen, por un lado, de aspectos económicos que influyen en que se introduzca o no una innovación técnicamente capaz de sustituir el trabajo humano y, por el otro, de las políticas de actores públicos y privados que determinan el contexto institucional de la aplicación de las tecnologías.

En este capítulo se considera el enfoque contextual, pero se subraya que la determinación del contexto que los actores pueden crear para las nuevas tecnologías no es enteramente libre de restricciones. En mercados abiertos y competitivos debe asegurarse su aplicación económicamente sostenible, es decir, competitiva, a la vez que se debe asegurar que sea socialmente sostenible: dicha aplicación debe tener características que las sociedades correspondientes consideren aceptables. Dado que estos criterios condicionan las políticas que se pueden aplicar al respecto, este enfoque se denomina "contextual condicionado" (Weller, 2017).

Anexo IV.A2

Aspectos metodológicos para analizar el impacto de las transformaciones tecnológicas en el empleo

Al igual que durante las revoluciones tecnológicas anteriores, las preocupaciones frente a las nuevas tecnologías se han centrado en su potencial para realizar de mejor manera (más rápido, con una mayor calidad) el trabajo llevado a cabo por los seres humanos, lo que tendería —en virtud de las fuerzas de la competencia en los mercados— a sustituir el trabajo humano por trabajo realizado por maquinas, de manera que se destruirían los empleos correspondientes (Mokyr, Vickers y Ziebarth, 2015)[35].

Para comprender el impacto de las transformaciones tecnológicas actuales, se ha propuesto una pequeña matriz con las variables "trabajo rutinario – trabajo no rutinario" y "trabajo manual – trabajo cognitivo" (Autor, 2013). Los estudios empíricos, en general, han observado que los trabajos rutinarios, tanto manuales como cognitivos, son los más afectados por los procesos de robotización y automatización, lo que tiende a incidir en una polarización del mercado laboral en los países desarrollados: se reduce la proporción de las ocupaciones caracterizadas por trabajo rutinario y que típicamente requieren cualificaciones intermedias y aumenta la proporción de las ocupaciones caracterizadas por cualificaciones altas y bajas[36]. Sin embargo, también se ha insistido en la creciente capacidad tecnológica para sustituir el trabajo cognitivo no rutinario, sobre todo a través de la inteligencia artificial, que se encuentra en rápido desarrollo (Frey y Osborne, 2013; Rodríguez, 2021).

Las estimaciones sobre los empleos con riesgo de sustitución tecnológica utilizan principalmente encuestas de representantes de empresas (por ejemplo, Foro Económico Mundial, 2020) y ejercicios basados en las características de las diferentes ocupaciones. En estos, el primer paso es comprender la capacidad de las tecnologías para ejecutar tareas hasta ahora a cargo de seres humanos. El ejercicio más conocido al respecto ha sido llevado a cabo por Frey y Osborne (2013), quienes utilizaron la información de la base de datos Occupational Information Network (O*NET) de los Estados Unidos,

---

35 Las grandes empresas entrevistadas por el Foro Económico Mundial (2020) proyectan que en 2025 solo la mitad de las tareas que se ejecutan en ellas serán realizadas por seres humanos.

36 Véanse, por ejemplo, Autor, Levy y Murnane (2003), Banco Mundial (2016) y Graetz y Michaels (2017).

que contiene información sobre las tareas que se ejecutan habitualmente en las diferentes ocupaciones. A partir de un esquema de cuellos de botella que impiden que ciertas tareas sean automatizables, y con base en la literatura disponible y la opinión de expertos, identifican 70 ocupaciones que pueden automatizarse completamente o que no están en riesgo de automatización. Tomando en cuenta la matriz de tareas de las otras ocupaciones, un algoritmo calcula el riesgo probabilístico de sustitución de otras 632 ocupaciones. Consideran que una probabilidad de sustitución de 0,7 o más implica un alto riesgo de destrucción de una ocupación específica. Sobre la base de esta metodología, estiman que en los Estados Unidos un 47% de los empleos se encuentran en ocupaciones con un alto riesgo de sustitución tecnológica en un plazo de entre uno o dos decenios. Los autores concluyen que el riesgo de sustitución es mayor en ocupaciones con menores niveles de cualificación, pero hacen hincapié en que el aprendizaje automático *(machine learning)* aumenta cada vez más el riesgo de sustitución de ocupaciones más cualificadas.

La metodología de Frey y Osborne fue objeto de críticas, principalmente por ignorar la heterogeneidad de las tareas que pueden ejecutar diferentes personas que se desempeñan en la misma ocupación. Aprovechando sobre todo la información diferenciada sobre las tareas realizadas a nivel individual que proporciona la encuesta de habilidades de los adultos del Programa para la Evaluación Internacional de las Competencias de Adultos de la OCDE, se llevaron a cabo cálculos alternativos que arrojaron que en los Estados Unidos entre un 9% y un 10% de los empleos tendrían un alto riesgo de sustitución y que existían grandes diferencias respecto a los riesgos de sustitución entre distintos grupos de países desarrollados (Arntz, Gregory y Zierahn, 2016; Nedelkoska y Quintini, 2018). De manera similar, PwC (2018) estimó que la proporción de empleos con alto riesgo de sustitución en un grupo de 27 países (principalmente miembros de la OCDE) variaba entre el 1% en Chile y Turquía y el 5% en los Estados Unidos en una primera ola (hasta inicios de la década de 2020); entre el 12% en la República de Corea y la Federación de Rusia y el 26% en los Estados Unidos y Lituania en una segunda ola (hasta el fin de la década de 2020), y entre el 22% en la República de Corea y Finlandia y el 44% en Eslovaquia en una tercera ola (hasta mediados de la década de 2030).

Estas discrepancias podrían basarse en diferencias en la organización del trabajo, en la estructura productiva, en los avances en la introducción de nuevas tecnologías y en los niveles educativos de los trabajadores de estos países, lo que indica que, más allá de la factibilidad tecnológica de sustitución, habría que tomar en cuenta otros factores en la evaluación de los riesgos de sustitución tecnológica. De ahí que Frey y Osborne (2013), por ejemplo, insistan en que sus resultados no representan un pronóstico, sino que se limitan a exponer la factibilidad de la sustitución tecnológica en un plazo relativamente cercano.

Respecto a su aplicación en otros países, la metodología de Frey y Osborne tiene la ventaja de que se puede aplicar en cualquier país que tenga una encuesta de hogares para la medición del mercado laboral y cuya base de datos cuente con una diferenciación suficientemente grande de los grupos de ocupación. En efecto, se ha aplicado esta metodología tanto a nivel global (Banco Mundial, 2016) como a nivel regional (BID y otros, 2018; CEPAL, 2018; Ripani y otros, 2020) y en estudios de países, tanto avanzados como en desarrollo (por ejemplo, en la Argentina, Costa Rica y el Uruguay).

Sin embargo, más allá de las críticas a la metodología en sí, su aplicación a otros países distintos de aquel para el que fue desarrollada originalmente conlleva dos problemas adicionales. En primer lugar, si ya en los Estados Unidos el título de una sola ocupación puede abarcar puestos de trabajo en que se realizan tareas diferentes, esto tiende a ser aún más marcado en la comparación con otros países. Por este motivo, como ya se ha mencionado, en varios estudios se ha aplicado la información proporcionada por el Programa para la Evaluación Internacional de las Competencias de los Adultos[37]. Del primer ciclo del Programa solo se cuenta con información sobre cuatro países de América Latina: Chile, de la ronda de 2014-2015, y el Ecuador, México y el Perú, de la ronda de 2017. Si bien esto es un avance, las limitaciones respecto al tamaño de la muestra disminuyen su utilidad para trabajos altamente desagregados[38]. Ripani y otros (2020, pág. 15) presentan resultados de un estudio no publicado donde se aplica una diferenciación de tareas en la estimación del riesgo de sustitución tecnológica del trabajo en la Argentina, Chile, Colombia, México y el Perú. De manera concordante con los resultados de los estudios mencionados sobre países avanzados, las tasas de riesgo de sustitución calculadas de esta forma son mucho menores que en la aplicación de la metodología de Frey y Osborne.

Por otra parte, en el Uruguay se ha empezado a desarrollar una encuesta ocupacional que generará información para una base de datos similar a la O*NET de los Estados Unidos, lo que podría producir insumos claves para realizar cálculos más conformes a la realidad del país que los brindados aplicando la estructura de tareas de otros países o una muestra relativamente pequeña diseñada para otros fines. Velárdez (2021) analizó la información correspondiente a la primera ola de recolección de información para esa base de datos, que cubrió 22 ocupaciones, y, entre otros, encontró diferencias entre los Estados Unidos y el Uruguay en los perfiles de muchas de estas ocupaciones.

Una segunda limitación que surge al aplicar la metodología de Frey y Osborne a otros países, específicamente de América Latina y de otras regiones en desarrollo, es que implica que no hay diferencias en la estructura del mercado laboral. Así, la estimación de las probabilidades de automatización siguiendo la metodología original de Frey y Osborne da como resultado que tanto a nivel global como a nivel regional los países con los ingresos per cápita más bajos tienden a ser los que tienen una mayor proporción del empleo con riesgo de sustitución. Esto se explica, por un lado, porque la metodología no toma en cuenta la heterogeneidad productiva y tecnológica de los países en desarrollo. Por ejemplo, según las estimaciones de Frey y Osborne (2013), los peones agropecuarios se encuentran entre las ocupaciones con más altos índices de automatización. Esto puede ser acertado en el caso de los Estados Unidos y también en unos segmentos altamente desarrollados del sector agropecuario latinoamericano que están integrados a los mercados mundiales; sin embargo, en gran parte de este sector las unidades productivas trabajan con tecnologías diferentes de las que aplican los sectores tecnológicamente avanzados, y las tareas que se ejecutan son también distintas. Esta heterogeneidad productiva estructural también se expresa en el mercado laboral: en el sector de baja productividad prevalece el objetivo de la reproducción de los hogares; por ejemplo, los campesinos tienden a no incorporar tecnologías que sustituyen a la mano de obra, que en este caso es principalmente familiar.

---

[37] Esto tampoco ha estado libre de dificultades. Por ejemplo, para poder trabajar con un mayor nivel de desagregación de las ocupaciones (4 dígitos de la Clasificación Internacional Uniforme de Ocupaciones (CIUO)), Nedelkoska y Quintini (2018) utilizaron en todos los países seleccionados los resultados del Programa para la Evaluación Internacional de las Competencias de los Adultos en el Canadá, ya que era el único país que contaba con información con ese nivel de desagregación.

[38] Por ejemplo, en Chile la muestra consistía de 5.307 personas, y el ratio de respuesta era del 66% (OCDE, 2019b, págs. 54 y 86). En una desagregación de cientos de ocupaciones, esto implica un número medio reducido de casos por ocupación; además, dado que la muestra no fue diseñada para generar resultados a nivel de las ocupaciones, es inevitable que queden ocupaciones con muy pocos casos o incluso ninguno.

Anexo IV.A3

Aspectos conceptuales para analizar el impacto de las transformaciones tecnológicas en el empleo de América Latina y el Caribe

Al analizar el posible impacto de introducir nuevas tecnologías en el empleo en América Latina y el Caribe y sus diferencias en relación con los países desarrollados, deben tomarse en cuenta dos factores. El primero de ellos es la heterogeneidad estructural productiva de la región (Pinto, 1973; CEPAL, 2012). Esta situación puede explicarse de manera simplificada mediante un modelo de dos sectores. Las empresas del sector de productividad alta y media enfrentan la competencia interna (y externa, si producen bienes o servicios transables) con una tecnología no tan lejana a la frontera tecnológica o, en el caso de las empresas líderes, cercana a esta. A estas empresas las afecta el movimiento de la frontera tecnológica, y la introducción de una innovación tecnológica puede ser indispensable para su proceso de acumulación. Por otra parte, las unidades productivas del sector de baja productividad responden, principalmente, a las necesidades de reproducción de los hogares con los que están interrelacionadas. Estas unidades productivas típicamente no compiten con empresas del sector de productividad alta y media, si bien pueden ser proveedores de insumos para ellas. Se ubican lejos de la frontera tecnológica y el movimiento de esta frontera no las afecta, dado que no influye en los mecanismos de su reproducción[39].

Esto no quiere decir que las nuevas tecnologías no hayan transformado la vida de las personas insertas en el sector de baja productividad. Los teléfonos inteligentes, en particular, tienen un amplio uso, sobre todo como medio de comunicación, información y entretenimiento, pero en muchos casos también para facilitar las actividades económicas, posiblemente generando nuevas oportunidades laborales. Sin embargo, este uso no cambia la lógica de las unidades productivas correspondientes, que tienen como objetivo central la reproducción de los hogares y, para ello, generar ingresos laborales, por lo que la eliminación de puestos de trabajo no entra en la lógica reproductiva de estas unidades.

Siguiendo este razonamiento, Weller, Gontero y Campbell (2019) aplicaron la metodología de Frey y Osborne (2013) a 12 países de América Latina, ajustándola a la estructura productiva y laboral de la región al excluir los empleos del sector de baja productividad de la estimación, dado que, por las consideraciones expuestas, no estarían expuestos a un riesgo de sustitución tecnológica. Cabe considerar, sin embargo, que se trata de los empleos de peor calidad, y por ese motivo se mantendrían a pesar de los cambios tecnológicos en curso.

El segundo factor que hay que tener en cuenta es el rezago con que las empresas de los sectores de productividad alta y mediana tienden a introducir las nuevas tecnologías. Ya en el pasado las nuevas tecnologías se introdujeron en América Latina con un rezago respecto a los países avanzados, en los que generalmente se habían inventado y desarrollado estas tecnologías para su aplicación en los procesos productivos. Lo mismo se observa en cuanto a la digitalización, que puede entenderse como un proceso

[39] En un caso extremo, se puede argumentar que un vendedor ambulante no cambiaría su actividad a causa de las nuevas tecnologías que transforman la manera en que los supermercados se reabastecen, controlan sus existencias, y cobran a los clientes, entre otros. Esto no quiere decir que el cambio tecnológico no elimine ningún trabajo en el sector de baja productividad. Por ejemplo, la introducción del Sistema de Posicionamiento Global (GPS), aunado a una estructura organizativa adecuada, vuelve obsoleto el trabajo de las personas que en muchas ciudades de la región indicaban a los choferes del transporte colectivo su posición respecto a otras unidades de transporte. Por razones de subsistencia, estas personas habrán tenido la necesidad de buscar otro trabajo, muy probablemente en otra actividad del sector de baja productividad.

clave de las transformaciones tecnológicas actuales, y también se registran rezagos en la adaptación de las tecnologías digitales, tanto en las sociedades latinoamericanas en general como en los procesos productivos de la región[40].

La introducción de una innovación tecnológica en los procesos productivos depende de su viabilidad económica, específicamente de si contribuye a mejorar la competitividad de las empresas, ya sea a través de una reducción de costos o de mejoras en la productividad o en la calidad del producto, entre otros. Entre los factores que estimulan la introducción de nuevas tecnologías y la sustitución tecnológica de puestos de trabajo se encuentran la proporción de tareas que pueden automatizarse, las ganancias de productividad, la reducción de costos laborales, la capacidad de innovación y ajuste, la disponibilidad de una fuerza de trabajo con las habilidades necesarias para aplicar la nueva tecnología de manera eficiente y una infraestructura adecuada y confiable (Weller, Gontero y Campbell, 2019). Los factores que, por el contrario, frenarían este proceso son los costos de introducción, mantenimiento y actualización y las restricciones legales o administrativas.

Si se compara, como hecho estilizado, la posición de la estructura productiva de América Latina y el Caribe al respecto, se registran algunos factores que estimularían una introducción más rápida de las nuevas tecnologías, como las ganancias de productividad, que potencialmente serían mayores que en los países avanzados al poder aprovechar estas innovaciones para dar un salto tecnológico *(leapfrogging)*. Sin embargo, hay una serie de factores que más bien frenarían su introducción a los procesos productivos (Weller, Gontero y Campbell, 2019). Entre ellos destacan la menor reducción de los costos laborales, una capacidad de innovación y habilidades digitales de la fuerza laboral más limitadas, una infraestructura más frágil y costos, en general, más elevados (sobre todo en relación con las opciones de financiamiento). Estos rezagos de América Latina y el Caribe frente a países más avanzados —que son especialmente marcados en el caso de las micro, pequeñas y medianas empresas (mipymes) (Heredia, 2020)— inciden en una introducción más pausada de las nuevas tecnologías.

40 Por ejemplo, en América Latina la proporción de hogares con suscripciones de banda ancha fija y móvil en 2019 era del 13% y el 73%, respectivamente, muy por debajo de las cifras de América del Norte (35% y 138%) y Europa Occidental (32% y 97%). El índice de desarrollo de las industrias digitales en 2018 era de 18,6 en América Latina y el Caribe y de 43,2 y 35,8 en América del Norte y Europa Occidental, respectivamente, y las brechas más marcadas se observaban en actividades vinculadas directamente al proceso productivo (CEPAL, 2021).

CAPÍTULO

V

Síntesis y desafíos de políticas para una recuperación transformadora con empleo

Introducción

La pandemia de enfermedad por coronavirus (COVID-19) desencadenó una crisis sin precedentes en los mercados laborales de América Latina y el Caribe, que provocó caídas históricas del número de ocupados y la participación, e incrementos igualmente históricos de las tasas de desocupación. Los Gobiernos de la región han impulsado políticas para mitigar los efectos de la crisis sobre los mercados de trabajo. Sin embargo, la mayor contracción del PIB de los últimos 100 años ha venido acompañada de una caída del empleo no vista desde que se dispone de información al respecto.

La crisis del COVID-19 también ha acelerado los cambios estructurales que ya se estaban produciendo en los mercados laborales de la región, impulsados por procesos de innovación y automatización, y que podrían implicar cambios de mediano y largo plazo en la relación entre producto y empleo, y generar una subutilización del factor trabajo. Esta situación resulta preocupante, especialmente porque la región ya mostraba un estancamiento en el ritmo de crecimiento del empleo antes de la crisis.

Tanto la naturaleza como las dimensiones de la crisis actual han planteado grandes retos para los gestores de política de la región, exigiendo esfuerzos significativos para atenuar su impacto inmediato sobre la población. En este capítulo, se sintetizan algunas de las principales medidas adoptadas por los Gobiernos de los 33 países de América Latina y el Caribe desde el inicio de la crisis para amortiguar sus efectos sobre los mercados laborales de la región y sobre el ingreso de los hogares. Dichas medidas se han clasificado en cuatro categorías. La primera comprende aquellas políticas laborales destinadas a proteger el empleo, evitando la interrupción de la relación entre empleadores y empleados. En este primer grupo también se incluyen los programas cuyo objetivo era promover la creación de nuevos puestos de trabajo. Una segunda categoría abarca las medidas fiscales, monetarias y financieras que se han adoptado para apoyar el aparato productivo desde el inicio de la crisis. La tercera categoría incluye políticas dirigidas a la protección del empleo de mujeres y jóvenes, así como medidas vinculadas a la economía del cuidado. La cuarta categoría contiene políticas de protección social de los hogares, que, si bien no contribuyen directamente a atenuar el impacto sobre el empleo, definitivamente han permitido paliar los efectos de la crisis sobre el ingreso de los hogares.

El resto del capítulo está estructurado de la siguiente manera: en la sección A, se describen las principales medidas adoptadas en la región para proteger el empleo y el aparato productivo; en la sección B, se presentan las medidas dirigidas a proteger el empleo femenino y juvenil, así como las relacionadas con la economía de los hogares, y, por último, en la sección C se hace hincapié en los retos que plantean los procesos de innovación y automatización en los mercados laborales de la región.

A. Políticas adoptadas para proteger el empleo en el contexto de la crisis desencadenada por el COVID-19

1. Políticas laborales de protección del empleo y programas especiales de creación de empleo

Como respuesta a la crisis, las autoridades de América Latina y el Caribe adoptaron una serie de medidas destinadas a atenuar el impacto del colapso de la actividad económica en los mercados laborales de la región. Así, junto con políticas fiscales y monetarias que buscaban estimular la demanda agregada, se adoptaron otras más específicas para tratar de proteger el empleo. En el cuadro V.1 se sintetizan algunas de las principales medidas que se han adoptado en la región desde marzo de 2020 para frenar la caída del empleo.

Cuadro V.1
América Latina y el Caribe: principales medidas adoptadas para sostener el empleo en el contexto de la crisis generada por la pandemia de COVID-19, 2020-2021

	Argentina	Brasil	Bolivia (Estado Plurinacional de)	Chile	Colombia	Costa Rica	Cuba	Ecuador	El Salvador	Guatemala	Haití	Honduras	México	Nicaragua	Panamá	Paraguay	Perú	República Dominicana	Uruguay	Venezuela (República Bolivariana de)		Antigua y Barbuda	Bahamas	Barbados	Belice	Dominica	Granada	Guyana	Jamaica	Saint Kitts y Nevis	San Vicente y las Granadinas	Santa Lucía	Suriname	Trinidad y Tabago
Prohibición de despidos	x	x	x		x				x	x			x							x					x									
Trabajo remoto	x	x	x	x	x	x	x	x	x		x	x	x	x	x	x	x	x	x	x					x			x	x		x			x
Cambios en las jornadas laborales, establecimiento de horarios de trabajo excepcionales y reducciones salariales	x	x	x	x	x	x	x	x			x			x	x	x	x	x	x	x								x	x		x		x	
Mecanismos para la suspensión temporal de contratos de trabajo	x	x		x	x	x			x	x				x	x	x	x	x	x															
Uso de vacaciones vencidas o adelantadas	x	x			x	x		x							x	x	x	x													x			
Licencias para trabajadoras y trabajadores que se encuentren en grupos vulnerables al COVID-19 o que estén a cargo de niñas, niños o adolescentes que asistan a clases virtuales o de personas enfermas o de la tercera edad	x		x	x	x		x		x	x	x					x	x	x	x	x					x			x					x	x
Programas para la creación de empleo	x	x	x	x	x	x	x	x				x					x		x												x			
Programas especiales de capacitación	x	x	x	x	x	x		x	x						x		x							x			x						x	

Fuente: Comisión Económica para América Latina y el Caribe (CEPAL), Observatorio COVID-19 en América Latina y el Caribe, sobre la base de información oficial.

En el cuadro se aprecia que una de las principales medidas adoptadas fue la promoción del trabajo remoto (o teletrabajo) y la consecuente adecuación de la normativa, a fin de evitar que las restricciones de movilidad afectaran el empleo de aquellas personas que pudieran realizar sus actividades desde casa. Sin embargo, este tipo de alternativas sin duda se ven limitadas por la propia naturaleza de la actividad que se desarrolla, así como por el acceso a servicios de Internet y la disponibilidad de equipos apropiados, por lo que suele ser más factible en los sectores formales y entre las personas de nivel educativo más elevado.

Asimismo, en muchas economías de la región se modificaron las jornadas de trabajo para poder adecuarlas a los cambios que suponían las restricciones de movilidad y las normas de distanciamiento físico. Estas modificaciones también permitieron a las empresas realizar ajustes en sus nóminas sin tener que recurrir al despido de sus empleados. Por otra parte, algunos países optaron por adoptar mecanismos de "suspensión" de los contratos de trabajo, pero sin interrumpir de manera permanente la relación entre empleado y empleador[1], e impulsaron el uso por parte de los trabajadores *de sus vacaciones vencidas o adelantadas. En algunas economías —especialmente, en* las etapas iniciales de la pandemia—, se suspendieron los despidos de trabajadores, otorgando especial protección a aquellos que pudieran estar contagiados de COVID-19.

Por último, en diversas economías de la región se han adoptado programas especiales de capacitación y planes especiales de creación de empleo tanto generales como focalizados en ciertos grupos especialmente afectados por la crisis, como jóvenes y mujeres.

2. Políticas fiscales y crediticias de apoyo al aparato productivo

Otra de las estrategias empleadas por los Gobiernos de la región consistió en apoyar el aparato productivo, a fin de evitar que la caída de la demanda agregada y los efectos de las medidas de distanciamiento y las restricciones de movilidad provocaran más cierres de empresas y, por consiguiente, una mayor caída de la ocupación. En el cuadro V.2 se sintetizan algunas de las principales medidas adoptadas en la región en virtud de esta estrategia.

Los planes de apoyo para mantener a las empresas en funcionamiento han sido muy variados, e incluyen el otorgamiento de créditos en condiciones muy favorables, así como la creación o ampliación de fondos de garantías para créditos. El objetivo de estos programas era proveer de fondos a las empresas para amortiguar la profunda caída del flujo de caja y posibilitar que la mayor liquidez disminuyera la probabilidad de quiebra. Con la finalidad de, por un lado, apoyar a las empresas (y otros deudores) que registraron mermas en su capacidad de pago y, por otro, evitar el incremento del riesgo sistémico en los sistemas financieros de la región, diversos países estimularon la reestructuración de créditos, ampliando los plazos para efectuar pagos, reduciendo el costo financiero de los créditos y, en el caso de las instituciones financieras, aprobando cambios en los plazos establecidos a fin de hacer las provisiones necesarias para respaldar las carteras de crédito. En algunos casos, los planes se orientaron a determinados sectores productivos especialmente afectados por la crisis y, en algunos países, estas acciones requirieron cambios en la normativa regulatoria[2].

---

1 Salazar-Xirinachs (2020) señala que este mecanismo de "hibernación" ha probado su eficacia en algunos países desarrollados (el caso más conocido es el sistema Kurzarbeit de Alemania). Sin embargo, el autor señala que esta estrategia tiene algunas limitaciones que impiden que la escala de utilización sea lo suficientemente importante como para evitar una caída significativa del empleo, pues solo se aplicó a una proporción limitada de la fuerza laboral. Asimismo, su efectividad se reduce a medida que la duración de la crisis se prolonga, pues mientras mayor sea la duración de la reducción del flujo de ingresos, menos probable es que una empresa pueda evitar recortes en su nómina.

2 Véase una revisión de estas y otras medidas de estímulo al crédito adoptadas en el contexto de la crisis del COVID-19 en CEPAL (2020a y 2020b).

Cuadro V.2
América Latina y el Caribe: principales medidas adoptadas para sostener el aparato productivo en el contexto de la crisis generada por la pandemia de COVID-19, 2020-2021

	Argentina	Brasil	Bolivia (Estado Plurinacional de)	Chile	Colombia	Costa Rica	Cuba	Ecuador	El Salvador	Guatemala	Haití	Honduras	México	Nicaragua	Panamá	Paraguay	Perú	República Dominicana	Uruguay	Venezuela (República Bolivariana de)	Antigua y Barbuda	Bahamas	Barbados	Belice	Dominica	Granada	Guyana	Jamaica	Saint Kitts y Nevis	San Vicente y las Granadinas	Santa Lucía	Suriname	Trinidad y Tabago
Programas de apoyo a las empresas, incluidas las microempresas y pequeñas y medianas empresas	x	x	x	x	x	x	x	x	x	x		x	x		x	x	x	x	x	x		x	x	x	x	x	x	x		x			x
Prohibición de cortes de servicios o rebajas en las tarifas	x		x	x		x	x	x	x	x	x	x	x			x			x	x	x	x		x		x			x	x			
Programas de estímulo a la inversión (privada y pública)	x		x	x		x	x	x												x	x			x		x						x	
Reprogramación de créditos	x	x	x	x	x	x	x	x	x	x		x	x			x	x		x	x			x	x	x	x	x				x	x	x
Mecanismos para facilitar el pago o la devolución de impuestos	x	x	x	x	x	x	x	x	x	x		x	x	x	x	x	x	x	x	x	x	x	x		x	x	x	x	x		x	x	x
Apoyo a actividades económicas específicas	x	x	x	x	x	x	x	x	x			x	x				x	x	x			x	x	x	x	x		x		x	x	x	x
Mecanismos para reducir o facilitar el pago de la contribución social para empleadores y empleadoras o trabajadores y trabajadoras independientes	x	x	x		x	x		x		x		x					x		x				x	x									
Apoyo para el pago de nóminas	x	x		x	x	x			x	x		x				x	x	x	x	x				x		x							

Fuente: Comisión Económica para América Latina y el Caribe (CEPAL), Observatorio COVID-19 en América Latina y el Caribe, sobre la base de información oficial.

Por otra parte, las autoridades fiscales también otorgaron facilidades tributarias a las empresas, implementaron mecanismos de subsidios para apoyar el pago de las nóminas y elaboraron planes para impulsar las compras realizadas por el sector público. También se adoptaron mecanismos para facilitar el pago de impuestos y otras contribuciones fiscales y laborales. En algunos casos, se congelaron las tarifas de los servicios públicos y se prohibió el corte de los servicios públicos a las empresas —y, en ocasiones, los hogares— que no pudieran realizar los pagos. Entre otros planes de apoyo a las empresas, se incluyeron ayudas para los procesos de digitalización y automatización y el financiamiento de programas de capacitación específicos. Dada la gran concentración de trabajadores que prestan sus servicios en las microempresas y pequeñas y medianas empresas (mipymes), muchos de los programas de apoyo estaban directamente dirigidos a ellas[3].

Las medidas de protección del empleo y el aparato productivo se complementaron con otras que buscaban amortiguar la importante caída del ingreso de los hogares a raíz de la destrucción de puestos de trabajo. En el cuadro V.3, se brinda una síntesis de otras políticas de protección social dirigidas a los hogares, en general en forma de bonos y de ingresos familiares de emergencia. En algunos casos, estos recursos se destinaron explícitamente a financiar el consumo de los hogares de menores ingresos, así como el pago de viviendas. En otros casos, el alcance de los bonos se extendió a los hogares que componen la clase media y a grupos especialmente afectados por la crisis, como jóvenes, mujeres, personas mayores y trabajadores de actividades que se vieron muy restringidas durante la pandemia, como los sectores del turismo y el comercio, especialmente los comerciantes informales. En algunos países, las autoridades autorizaron a los contribuyentes de los fondos de pensiones y de cesantía a realizar retiros especiales[4]. En otros casos, las transferencias se destinaron específicamente a las personas que habían perdido su puesto de trabajo, como un mecanismo para compensar el reducido alcance del seguro de desempleo que existe en la región.

---

[3] Véase una revisión de estas y otras medidas de apoyo a las empresas otorgadas en el contexto de la crisis del COVID-19 en CEPAL (2020a y 2020b).

[4] Véase una revisión de estas y otras medidas de apoyo a los hogares otorgadas en el contexto de la crisis del COVID-19 en CEPAL (2020a, 2020c y 2021a).

Cuadro V.3
América Latina y el Caribe: otras políticas de protección social para los hogares adoptadas en el contexto de la crisis generada por la pandemia de COVID-19, 2020-2021

	Argentina	Brasil	Bolivia (Estado Plurinacional de)	Chile	Colombia	Costa Rica	Cuba	Ecuador	El Salvador	Guatemala	Haití	Honduras	México	Nicaragua	Panamá	Paraguay	Perú	República Dominicana	Uruguay	Venezuela (República Bolivariana de)	Antigua y Barbuda	Bahamas	Barbados	Belice	Dominica	Granada	Guyana	Jamaica	Saint Kitts y Nevis	San Vicente y las Granadinas	Santa Lucía	Suriname	Trinidad y Tabago
Ingresos de emergencia o bonos especiales para apoyar a los hogares más afectados por la pandemia	x	x	x	x	x	x	x	x	x	x	x	x			x	x	x	x	x	x			x	x		x		x	x	x	x	x	
Fortalecimiento de programas de asistencia para facilitar el pago de los gastos de alimentación o vivienda	x	x	x	x	x	x	x		x	x	x		x		x	x				x	x	x	x	x			x		x	x	x	x	x
Uso de recursos provenientes de fondos previsionales o de cesantía		x		x	x				x			x	x				x																
Apoyo a grupos de trabajadores y trabajadoras informales e independientes	x	x		x	x	x	x		x				x			x	x	x	x	x		x	x	x	x	x	x	x		x			
Bonos y transferencias para compensar la pérdida de puestos de trabajo	x	x		x	x	x	x	x		x		x					x	x	x		x		x	x						x	x	x	

Fuente: Comisión Económica para América Latina y el Caribe (CEPAL), Observatorio COVID-19 en América Latina y el Caribe, sobre la base de información oficial.

B. Las autoridades de la región también establecieron políticas específicas para proteger las condiciones laborales de las mujeres y los jóvenes, dos de los grupos más afectados por la crisis

Como se ha señalado anteriormente, la crisis no solo ha hecho que las mujeres y los jóvenes estén menos dispuestos a participar en el mercado de trabajo, sino que también ha disminuido la demanda de sus servicios laborales. En los capítulos II y III de esta segunda parte del *Estudio Económico de América Latina y el Caribe, 2021*, se mostró cómo las restricciones de movilidad impuestas durante la pandemia afectaron significativamente las actividades económicas en las que se concentra el empleo femenino y juvenil. En el cuadro V.4 se destacan algunas de las medidas que adoptaron los países de la región para proteger el empleo y el ingreso de mujeres y jóvenes durante la crisis generada por la pandemia de COVID-19.

En el cuadro se aprecia que, en algunos países, se redujeron las jornadas de trabajo de las personas que tenían niños a su cuidado, especialmente en el caso de los que asistían a clases en línea. También se modificaron las jornadas de trabajo de las mujeres embarazadas y otras personas consideradas de mayor riesgo por la pandemia. Asimismo, algunos países de la región extendieron las licencias para mujeres embarazadas y en período de lactancia.

En otros países, también se impulsaron programas de financiamiento especial para sectores productivos en los que suele concentrarse el empleo femenino y juvenil (turismo, restaurantes, espectáculos y sector de la salud) y, en algunos casos, para empresas dirigidas por mujeres.

Algunas autoridades de la región impulsaron políticas para promocionar la creación de empleo femenino y juvenil. Estos planes incluían subsidios para la contratación de mujeres y jóvenes, y para el pago de salarios en los sectores productivos más afectados por la crisis, que han sido los que concentran la mayor cantidad de empleo de mujeres y jóvenes.

Un hecho que cabe resaltar es que algunos países de la región establecieron planes específicos para uno de los grupos más afectados por la crisis, las trabajadoras domésticas remuneradas. En este sentido, destaca el caso del Perú, donde se estableció la obligación de que las trabajadoras domésticas remuneradas contaran con un contrato escrito y se diseñaron medidas de protección laboral y contra la violencia y el acoso, con lo que se reconocieron las particularidades de este tipo de trabajo y los riesgos que podía conllevar para las trabajadoras el hecho de permanecer en sus lugares de empleo durante la cuarentena. Por otra parte, en Chile, las trabajadoras domésticas remuneradas no estaban incorporadas inicialmente en el subsidio de desempleo, lo que les impedía acceder a la Ley de Protección del Empleo en igualdad de condiciones que el resto de los trabajadores asalariados. Esta situación motivó una ampliación del uso de los fondos de indemnización, a fin de permitir que las trabajadoras suspendidas mediante la Ley de Protección del Empleo pudieran realizar retiros parciales mensuales equivalentes a una proporción decreciente de su salario durante un período de cinco meses o hasta la extinción de los fondos. Posteriormente, se incorporó a las trabajadoras domésticas remuneradas al seguro de cesantía. Otro aspecto que cabe subrayar es que la elaboración de protocolos de salud y seguridad para atender las especificidades del sector de trabajo doméstico remunerado ha resultado fundamental para reducir el riesgo de contagio de estas trabajadoras durante el ejercicio de sus actividades. En Barbados y Costa Rica, las autoridades sanitarias establecieron lineamientos dirigidos a proteger a las personas trabajadoras domésticas remuneradas para reducir el riesgo de exposición al COVID-19.

Cuadro V.4

América Latina y el Caribe: medidas complementarias para apoyar el empleo y el ingreso de mujeres y jóvenes adoptadas en el contexto de la crisis generada por la pandemia de COVID-19, 2020-2021

	Argentina	Brasil	Bolivia (Estado Plurinacional de)	Chile	Colombia	Costa Rica	Cuba	Ecuador	El Salvador	Guatemala	Haití	Honduras	México	Nicaragua	Panamá	Paraguay	Perú	República Dominicana	Uruguay	Venezuela (República Bolivariana de)	Antigua y Barbuda	Bahamas	Barbados	Belice	Dominica	Granada	Guyana	Jamaica	Saint Kitts y Nevis	San Vicente y las Granadinas	Santa Lucía	Suriname	Trinidad y Tabago
Licencias para embarazadas	X	X	X	X			X	X	X				X							X													
Licencias para personas vulnerables al COVID-19 o a cargo de niñas, niños, personas enfermas y de la tercera edad	X		X	X	X		X		X	X	X					X	X	X	X	X				X			X					X	X
Jornadas laborales excepcionales para mujeres embarazadas o en etapa de lactancia	X					X	X	X							X					X													
Apoyo a las actividades en las que se concentra el empleo femenino y juvenil	X						X						X				X		X			X	X		X	X		X					
Apoyo a los salarios de trabajadores y trabajadoras de sectores muy afectados por la crisis	X			X														X												X			
Transferencias a madres con hijos	X	X					X													X											X		
Programas especiales de financiamiento para mujeres				X		X																			X			X			X		
Programas para promover la inserción digital																							X										
Programas para impulsar el empleo juvenil	X			X	X			X									X		X											X			
Programas de capacitación para jóvenes	X			X	X			X									X		X							X							

Fuente: Comisión Económica para América Latina y el Caribe (CEPAL), Observatorio COVID-19 en América Latina y el Caribe, sobre la base de información oficial.

Si bien el mayor crecimiento económico que experimentará la región en 2021 conllevará también un aumento del empleo, esta recuperación no será simétrica. Se espera que el empleo de los hombres crezca un 7,2%, mientras que el empleo femenino aumentará un 4,9%. Una situación similar se dará en la tasa de participación, pues, si bien se proyecta que la participación de los hombres se acercará a los niveles anteriores a la crisis (74%), la participación femenina será similar a la registrada en 2008 (49%).

A fin de evitar que el proceso de recuperación deje atrás a las mujeres y a los jóvenes y corregir esta asimetría, es necesario aplicar políticas adicionales que promuevan la igualdad de género y hagan hincapié en la incorporación de los jóvenes en ese proceso.

Para lograrlo, deben impulsarse políticas que promuevan la reactivación de sectores gravemente afectados por la crisis, como el comercio, el turismo y los servicios, lo que contribuirá a una recuperación del empleo de las mujeres y de los jóvenes. Asimismo, es preciso adoptar medidas para que la recuperación de los sectores tecnológicos vaya acompañada de un aumento de la participación de las mujeres y de los jóvenes, prestando especial atención a la eliminación de las barreras de ingreso en estos sectores.

Para estos fines, es necesario adoptar estrategias de reconversión laboral dirigidas a mujeres y jóvenes, para impulsar su contratación en trabajos relacionados con la economía digital y en ocupaciones de mayor productividad. Es preciso, asimismo, potenciar las políticas y los programas de formación y acreditación y de inclusión digital para mujeres y jóvenes.

Los Gobiernos y sistemas financieros de la región deben ampliar los esfuerzos para garantizar el acceso pleno de las mujeres a los servicios y productos financieros, corrigiendo los sesgos de género en lo que se refiere a la evaluación de riesgos y, por consiguiente, a exigencias posiblemente excesivas de avales y garantías y tasas de interés en el caso de las mujeres.

Por su parte, la CEPAL (2021c) señala que es necesario "invertir en la economía del cuidado y visibilizar sus efectos multiplicadores en términos de participación laboral de las mujeres, bienestar de la población, redistribución de ingresos y del tiempo, crecimiento de las economías y aumento de los niveles de recaudación tributaria". Para ello, se deben diseñar "sistemas integrales de cuidado que articulen políticas relacionadas con la distribución del tiempo, recursos, prestaciones y servicios, fomentando el principio de corresponsabilidad entre hombres y mujeres, así como entre el Estado, el mercado y las familias, y que se vinculen con las políticas de salud y educación sin recargar el trabajo no remunerado de las mujeres".

La promoción de políticas que promuevan una mayor inserción laboral de las mujeres y de los jóvenes no solo ayudaría a cerrar brechas estructurales que acentúan la desigualdad en la región, sino que también contribuiría a incrementar el PIB potencial de las economías de la región. De hecho, algunos estudios sostienen que, si los niveles de participación laboral de los países de la región fuesen similares a los de los países nórdicos, el PIB podría aumentar entre un 4% y un 14% (Novta y Cheng Wong, 2017).

C. Es necesario cerrar la brecha digital y mejorar la regulación para enfrentar los retos que plantean los procesos de innovación y automatización en los mercados laborales de la región

Las nuevas tecnologías inciden fuertemente en la reestructuración del mercado laboral a través de la destrucción, generación y transformación de ocupaciones y empleos. En la región, como se ha subrayado en el capítulo IV, las transformaciones tecnológicas no representan la única tendencia que incide en los cambios estructurales de la demanda laboral. La transformación verde de la infraestructura y de la estructura productiva, así como el cambio demográfico, ofrecen oportunidades de generación de empleo, sobre todo para personas con niveles educativos medios y bajos, que tendrán menos oportunidades de inserción laboral en actividades que requieren competencias tecnológicas sofisticadas. Para el aprovechamiento de estas oportunidades, en muchos casos, es preciso adoptar decisiones políticas sobre inversiones públicas y regulaciones, cuya prioridad debería ser la generación de empleos para esos grupos de trabajadores (Korinek y Stiglitz, 2021).

1. Para fomentar procesos laborales inclusivos, es necesario adecuar las regulaciones del mercado laboral

La crisis actual ha profundizado la heterogeneidad tanto de los procesos de trabajo (por ejemplo, la aplicación cada vez mayor de la modalidad de teletrabajo, en el formato prevaleciente durante la pandemia, pero también en los formatos desvinculados del hogar) como de las relaciones laborales (por ejemplo, con la expansión de diferentes formatos de trabajo en plataformas digitales). Esta situación ha generado nuevos desafíos para avanzar hacia un crecimiento económico sostenido, inclusivo y sostenible, el empleo pleno y productivo y el trabajo decente para todos.

Un primer reto lo constituye el aumento significativo que ha experimentado durante la crisis el trabajo intermediado por plataformas digitales. La gran heterogeneidad que se observa en Europa en términos de calidad del empleo en plataformas digitales y el, en general, elevado nivel de precariedad de estos trabajos en América Latina[5] demuestran que existe un espacio significativo para mejorar la calidad de este tipo de empleo a través de la institucionalidad laboral, sin desaprovechar las ventajas que estos nuevos modelos de negocio suponen para los consumidores y las economías en general.

En concreto, es necesario regular este tipo de trabajo para aprovechar las ventajas de estas plataformas para los clientes y fomentar la generación de nuevos puestos de trabajo, garantizando, al mismo tiempo, estándares laborales que respeten los criterios del trabajo decente. En el caso de los trabajadores de plataformas de ejecución local, existen básicamente tres opciones: considerarlos trabajadores asalariados, crear una nueva categoría de trabajadores y definir sus derechos correspondientes, o establecer un estatuto especial para estos trabajadores que automáticamente les garantice

---

[5] Esto se ilustra, por ejemplo, en los estudios del proyecto Fairwork, en los que se analiza el cumplimiento de cinco criterios de trabajo justo, y se encuentran grandes diferencias entre las plataformas de ejecución local activas en diversos países. Considerando un puntaje máximo de 10, se hallan rangos de 1 a 2 puntos en Chile, de 1 a 3 puntos en el Ecuador, de 0 a 8 puntos en el Reino Unido y de 1 a 9 puntos en Alemania (véase [en línea] https://fair.work/es/fw/homepage/).

ciertos derechos, pero sin eliminar la posibilidad de que puedan ser reconocidos como asalariados[6]. Por otra parte, se ha planteado la opción de crear plataformas que funcionen como una cooperativa que ofrezca los servicios correspondientes, respetando los derechos laborales de los trabajadores (Vallas y Schor, 2020).

Sin embargo, el espacio que existe para la regulación no es ilimitado, si se quieren aprovechar las ventajas de las nuevas tecnologías y los nuevos modelos de negocio. En el caso del trabajo en las plataformas de ejecución global, hace falta una regulación supranacional, ya que las regulaciones de ámbito nacional podrían, aunque fuera involuntariamente, empeorar la posibilidad de los trabajadores de un país para competir por opciones de trabajo con demanda global (CEPAL/OIT, 2021)[7].

Por otro lado, en lo que respecta al trabajo remoto o teletrabajo, también ha surgido la necesidad de establecer marcos regulatorios adecuados. En 2020 y 2021, varios países de la región han avanzado en el ámbito de la regulación del teletrabajo, definiendo los derechos y las obligaciones de esta modalidad de trabajo en expansión. Sin embargo, asegurar el cumplimiento de las nuevas regulaciones es complejo, pues, en vez de centralizar el trabajo en un espacio común, este formato elimina los límites entre el espacio público-laboral y el espacio privado y, con formatos como la oficina virtual, en que ni siquiera existe un lugar de trabajo definido, las tareas de la inspección del trabajo se dificultan aún más. En este contexto surgen también desafíos nuevos, como garantizar la igualdad de derechos de teletrabajadores y trabajadores presenciales, el derecho a la privacidad de los teletrabajadores frente al interés de supervisión por parte de las empresas, la mitigación de los riesgos psicosociales que pueden surgir del aislamiento social y la seguridad de los datos (tanto de las empresas como de los trabajadores), entre otros (OIT, 2021).

De esta forma, cobran relevancia las agrupaciones de trabajadores que puedan representarlos y apoyarlos en caso de que la empresa incumpla sus obligaciones. Por lo tanto, los sindicatos tienen que ajustarse a las necesidades de representación que surgen en el contexto de estos nuevos formatos de trabajo.

Por último, la creciente heterogeneidad de las modalidades laborales subraya la importancia de profundizar el debate sobre una garantía laboral universal que asegure derechos laborales fundamentales, independientes de la situación contractual específica, tal como lo propuso, por ejemplo, la Comisión Mundial sobre el Futuro del Trabajo (OIT, 2019). Por encima de un piso de derechos garantizados, la institucionalidad laboral definiría los derechos y beneficios adicionales correspondientes a las diferentes modalidades. Un área relevante en este contexto es la seguridad social, cuyos sistemas están sometidos a una gran presión a nivel mundial debido a aspectos demográficos, laborales y de diseño, y para los cuales la expansión de nuevas modalidades de trabajo, no previstas en el diseño original de estos sistemas, representa nuevos desafíos.

2. Otros retos asociados a la innovación y automatización de los procesos productivos

Para que los países de América Latina y el Caribe puedan aprovechar las oportunidades que ofrecen las nuevas tecnologías para la generación de empleos productivos y trabajo decente, y para contener los riesgos relacionados, es preciso, en primer lugar, cerrar las brechas externas e internas que caracterizan actualmente la introducción de estas

6 El reciente reconocimiento de los choferes de la plataforma Uber en el Reino Unido como trabajadores asalariados y, posteriormente, el reconocimiento de su representación sindical, han sido pasos relevantes para reactivar la institucionalidad laboral y mejorar la calidad del empleo de estos trabajadores.

7 En Fairwork (2021) se describen las grandes diferencias que existen en términos de calidad del empleo en las plataformas digitales para tareas de ejecución digital (*cloudwork*).

tecnologías en los procesos productivos. De acuerdo con la CEPAL (2018), es necesario adoptar un enfoque integrado que abarque aspectos relacionados con la infraestructura digital, la educación y la formación, la política social y el gobierno electrónico, entre otras áreas. Ello implica hacer partícipe a una multiplicidad de actores, como los proveedores de la infraestructura digital, los centros académicos de innovación, las cámaras y otras entidades privadas, los sistemas de educación y de formación profesional, las instituciones de desarrollo productivo —haciendo especial hincapié en el fomento de la pequeña y mediana empresa— y usuarios clave como instituciones de salud y la administración pública, entre otros.

Una condición necesaria para el aprovechamiento de las nuevas tecnologías es contar con acceso a la tecnología correspondiente, con la calidad requerida y a precios accesibles. Cabe señalar que, en varios países, debido a las restricciones de la movilidad y las actividades presenciales durante la pandemia de COVID-19, tanto en el ámbito educativo como en el laboral, las autoridades tomaron medidas para mejorar dicho acceso (CEPAL, 2020c). Pese a ello, persisten grandes brechas en esta materia, como lo demuestran, por ejemplo, las desigualdades observadas en la adopción de la modalidad de teletrabajo, que no surgen únicamente por las características de las distintas ocupaciones, sino también por las diferencias existentes en lo referido a la disponibilidad del equipo necesario y el acceso a Internet.

Por otro lado, el acceso a las oportunidades de trabajo que emergen con las nuevas tecnologías se distribuye de manera desigual, como reflejo de las grandes brechas de cobertura y calidad de la educación que caracterizan a la región. A la vez, los riesgos de destrucción de empleo se concentran en las personas cuyo nivel de educación formal es intermedio o bajo. Si las personas que han perdido un empleo formal a causa de estas transformaciones tecnológicas no consiguen reinsertarse en sectores de productividad alta o media, tendrán que buscar una alternativa laboral en actividades de baja productividad, engrosando así el sector informal, ya de por sí abultado en los países de la región.

Dado el elevado grado de incertidumbre sobre las habilidades específicas que se demandarán en el futuro, es indispensable que se fortalezcan las capacidades institucionales no solo para identificar la demanda actual de habilidades, sino también para anticipar la evolución de esta demanda, de manera que las instituciones de educación y formación profesional puedan ajustar su oferta para asegurar su pertinencia en el futuro (Gontero y Albornoz, 2019). La información generada de esta manera debe ponerse a disposición de todos los actores relevantes, no solo de las instituciones de los sistemas de educación y formación profesional, sino también de los trabajadores y los jóvenes que tienen que tomar decisiones sobre la profesión o el oficio para el cual quieren prepararse.

Todo ello requiere el fortalecimiento de los sistemas de información laboral, tanto para mejorar la correspondencia entre la demanda y la oferta laborales como para eliminar las desigualdades que surgen a raíz de la falta de transparencia y las brechas en el capital social (Gontero y Zambrano, 2018). Asimismo, es esencial impulsar el desarrollo de habilidades digitales básicas, no solo durante la educación básica, sino también como parte central de las estrategias de aprendizaje a lo largo de la vida (UNESCO, 2021). Resulta indispensable lograr avances significativos en esta materia, desde la eliminación del analfabetismo digital hasta el desarrollo de habilidades digitales avanzadas, para que en la región puedan cerrarse las brechas tanto externas como internas.

Bibliografía

CEPAL (Comisión Económica para América Latina y el Caribe) (2021a), *Panorama Fiscal de América Latina y el Caribe, 2021* (LC/PUB.2021/5-P), Santiago.

___(2021b), "La paradoja de la recuperación en América Latina y el Caribe. Crecimiento con persistentes problemas estructurales: desigualdad, pobreza, poca inversión y baja productividad", *Informe Especial COVID-19*, N° 11, Santiago, julio.

___(2021c), "La autonomía económica de las mujeres en la recuperación sostenible y con igualdad", *Informe Especial COVID-19*, N° 9, Santiago, febrero.

___(2020a), *Estudio Económico de América Latina y el Caribe, 2020* (LC/PUB.2020/12-P), Santiago.

___(2020b), *Construir un nuevo futuro: una recuperación transformadora con igualdad y sostenibilidad* (LC/SES.38/3-P/Rev.1), Santiago.

___(2020c), *Panorama Social de América Latina, 2020* (LC/PUB.2021/2-P), Santiago.

___(2020d), "Sectores y empresas frente al COVID-19: emergencia y reactivación", *Informe Especial COVID-19*, N° 4, Santiago, julio.

___(2020e), "Universalizar el acceso a las tecnologías digitales para enfrentar los efectos del COVID-19", *Informe Especial COVID-19*, N° 7, Santiago, agosto.

___(2018), "Agenda Digital para América Latina y el Caribe (eLAC2020)", 20 de abril [en línea] https://conferenciaelac.cepal.org/6/sites/elac2020/files/cmsi.6_agenda_digital.pdf.

CEPAL (Comisión Económica para América Latina y el Caribe) (2021), Observatorio COVID-19 en América Latina y el Caribe [en línea] https://www.cepal.org/es/temas/covid-19.

CEPAL/OEI (Comisión Económica para América Latina y el Caribe/Organización de Estados Iberoamericanos para la Educación, la Ciencia y la Cultura) (2020), "Educación, juventud y trabajo: habilidades y competencias necesarias en un contexto cambiante", *Documentos de Proyectos* (LC/TS.2020/116), Santiago, Comisión Económica para América Latina y el Caribe (CEPAL).

CEPAL/OIT (Comisión Económica para América Latina y el Caribe/Organización Internacional del Trabajo) (2021), "Trabajo decente para los trabajadores de plataformas en América Latina", *Coyuntura Laboral en América Latina y el Caribe*, N° 24 (LC/TS.2021/71), Santiago.

Fairwork (2021), *Work in the Planetary Labour Market: Fairwork Cloudwork Ratings 2021*, Oxford.

Gontero, S. y S. Albornoz (2019), "La identificación y anticipación de brechas de habilidades laborales en América Latina: experiencias y lecciones", *serie Macroeconomía del Desarrollo*, N° 199 (LC/TS.2019/11), Santiago, Comisión Económica para América Latina y el Caribe (CEPAL).

Gontero, S. y M. J. Zambrano (2018), "La construcción de sistemas de información sobre el mercado laboral en América Latina", *serie Macroeconomía del Desarrollo*, N° 193 (LC/TS.2018/18), Santiago, Comisión Económica para América Latina y el Caribe (CEPAL).

Korinek, A. y J. E. Stiglitz (2021), "Artificial intelligence, globalization, and strategies for economic development", *NBER Working Paper Series*, N° 28453, National Bureau of Economic Research (NBER), febrero.

McKinsey Global Institute (2015), *The Power of Parity: How Advancing Womens's Equality Can Add $12 Trillion to Global Growth*, septiembre [en línea] https://www.mckinsey.com/~/media/McKinsey/Industries/Public%20and%20Social%20Sector/Our%20Insights/How%20advancing%20womens%20equality%20can%20add%2012%20trillion%20to%20global%20growth/MGI%20Power%20of%20parity_Full%20report_September%202015.pdf.

Novta, N. y J. Cheng Wong (2017), "Women at work in Latin America and the Caribbean", *IMF Working Paper*, N° WP/17/34, Washington, D.C., Fondo Monetario Internacional (FMI).

OIT (Organización Internacional del Trabajo) (2021), *Working from Home: From Invisibility to Decent Work*, Ginebra.

___(2019), *Trabajar para un futuro más prometedor: Comisión Mundial sobre el Futuro del Trabajo*, Ginebra.

___(2016), *Soluciones eficaces: políticas activas del mercado de trabajo en América Latina y el Caribe*, Estudios sobre el Crecimiento con Equidad, Ginebra.

Ostry, J. y otros (2018), "Economic gains from gender inclusion: new mechanisms, new evidence", *FMI Staff Discussion Note*, N° SDN/18/06, Washington, D.C., Fondo Monetario Internacional (FMI), octubre.

Pérez Caldentey, E. y R. Pineda (2010), "Does Latin America lag behind due to shaper recessions and/or slower recoveries?", *MPRA Paper*, N° 25036, Munich Personal RePEc Archive, septiembre.

Salazar-Xirinachs, J. (2020), "Los retos de la reconstrucción con transformación en América Latina y el Caribe", inédito.

Titelman, D., E. Pérez Caldentey y P. Carvallo (2013), "Weak expansions: a distinctive feature of the business cycle in Latin America and the Caribbean", *serie Financiamiento para el Desarrollo*, N° 243 (LC/L.3656), Santiago, Comisión Económica para América Latina y el Caribe (CEPAL).

UNESCO (Organización de las Naciones Unidas para la Educación, la Ciencia y la Cultura) (2021), *Adoptar una cultura de aprendizaje a lo largo de la vida: contribución a la iniciativa Futuros de la Educación*, Hamburgo, Instituto de la UNESCO para el Aprendizaje a lo Largo de Toda la Vida (UIL).

Vallas, S. y J. B. Schor (2020), "What do platforms do? understanding the gig economy", *Annual Review of Sociology*, vol. 46, julio.

Vezza, E. (2021), "Programas de empleo juvenil: revalidación de su papel en la agenda pública pospandemia de COVID-19", *Documentos de Proyectos* (LC/TS.2021/88), Santiago, Comisión Económica para América Latina y el Caribe (CEPAL).

Anexo estadístico

Cuadro A.1

América Latina y el Caribe: principales indicadores económicos

	2012	2013	2014	2015	2016	2017	2018	2019	2020[a]
Tasas anuales de variación									
Producto interno bruto total[b]	2,8	2,9	1,1	-0,2	-1,2	1,1	1,1	0,1	-6,8
Producto interno bruto por habitante[b]	1,6	1,8	0,1	-1,3	-2,2	0,1	0,1	-0,8	-7,7
Precios al consumidor[c]	2,7	2,7	2,9	0,0	4,1	3,6	3,2	3,1	3,0
Porcentajes									
Desocupación nacional	6,3	6,1	6,6	7,8	8,1	7,9	8,0	10,5	10,5
Deuda externa bruta total/PIB[d e]	24,7	26,3	29,4	34,7	37,5	35,3	38,0	40,0	48,9
Deuda externa bruta total/exportaciones de bienes y servicios[d e]	107,1	117,5	133,9	154,4	165,3	156,9	151,3	159,2	189,0
Millones de dólares									
Balanza de pagos									
Balanza de cuenta corriente	-147 454	-171 987	-183 558	-169 348	-98 972	-94 390	-141 126	-109 826	4 264
Exportaciones FOB	1 126 632	1 117 709	1 086 230	926 520	895 123	1 004 497	1 092 511	1 069 895	959 725
Importaciones FOB	1 085 595	1 114 615	1 103 318	979 830	891 382	975 344	1 087 622	1 056 509	885 293
Balanza de servicios	-76 200	-80 816	-78 338	-55 535	-45 377	-52 398	-52 133	-44 557	-43 085
Balanza de renta	-179 493	-161 185	-160 038	-132 091	-136 299	-153 157	-183 957	-177 438	-133 662
Balanza de transferencias corrientes	63 431	63 929	67 960	69 251	76 500	82 011	90 074	98 783	106 578
Balanzas de capital y financiera[f]	204 464	187 699	221 527	141 490	119 124	111 810	125 954	61 284	9 817
Inversión extranjera directa neta	160 867	151 782	135 786	135 906	126 288	119 443	149 117	113 585	92 208
Otros movimientos de capital	43 597	35 917	85 741	5 585	-7 164	-7 633	-23 163	-52 300	-82 391
Balanza global	57 010	15 712	37 969	-27 858	20 151	17 420	-15 172	-48 542	14 080
Variación en activos de reserva[g]	-58 100	-16 144	-38 425	27 132	-19 453	-17 979	-13 205	30 517	-15 200
Otro financiamiento	1 091	433	456	726	-699	559	28 378	15 788	1 119
Transferencia neta de recursos	29 439	29 719	66 111	12 680	-14 794	-40 788	-29 625	-100 366	-122 726
Reservas internacionales brutas	834 208	829 117	857 148	811 779	831 571	859 610	868 029	852 243	890 174
Porcentajes del PIB									
Sector fiscal[h]									
Resultado global	-2,0	-2,6	-2,9	-3,1	-3,3	-3,2	-2,9	-3,0	-6,9
Resultado primario	-0,3	-0,8	-1,0	-1,0	-1,1	-0,9	-0,5	-0,4	-4,2
Ingreso total	18,3	18,3	18,1	18,0	18,0	17,9	18,0	18,5	17,8
Ingresos tributarios	15,1	15,2	15,2	15,4	15,4	15,3	15,4	15,3	14,7
Gasto total	20,3	20,9	21,0	21,1	21,2	21,1	20,9	21,4	24,7
Gastos de capital	4,1	4,3	4,2	3,9	3,8	3,6	3,3	3,1	3,4
Deuda pública del gobierno central[h]	31,1	32,8	34,2	36,7	38,4	39,9	43,3	46,1	56,2
Deuda pública del sector público no financiero[h]	33,8	35,2	37,1	40,0	41,7	43,5	46,8	50,1	60,0

Fuente: Comisión Económica para América Latina y el Caribe (CEPAL), sobre la base de cifras oficiales.

[a] Cifras preliminares.

[b] Sobre la base de cifras oficiales expresadas en dólares de 2010.

[c] América Latina y el Caribe excluidas Argentina, Haití, Suriname y Venezuela (República Bolivariana de).

[d] Estimaciones sobre la base de cifras en dólares a precios corrientes.

[e] Promedios simples 17 países (no incluye Cuba, Haití y Venezuela (República Bolivariana de)).

[f] Incluye errores y omisiones.

[g] El signo menos (-) indica aumento de los activos de reserva.

[h] Promedios simples 16 países (no incluye Bolivia (Estado Plurinacional de), Cuba, Haití y Venezuela (República Bolivariana de)).

Cuadro A.2
América Latina y el Caribe: producto interno bruto en millones de dólares
(A precios corrientes)

	2012	2013	2014	2015	2016	2017	2018	2019	2020[a]
América Latina y el Caribe	6 042 631	6 213 149	6 138 523	5 048 240	4 876 097	5 431 082	5 311 547	5 234 510	4 374 237
América Latina	5 970 202	6 139 404	6 063 644	4 974 962	4 806 499	5 359 377	5 236 193	5 158 062	4 307 074
Argentina	581 431	613 316	567 050	644 903	557 532	643 628	524 820	452 819	389 591
Bolivia (Estado Plurinacional de)	27 084	30 659	32 996	33 000	33 941	37 509	40 288	40 895	38 090
Brasil	2 465 228	2 472 819	2 456 044	1 802 212	1 795 693	2 063 515	1 916 934	1 877 824	1 442 182
Chile	267 122	278 384	260 542	243 919	250 440	277 035	297 572	279 385	252 940
Colombia	370 921	382 116	381 112	293 482	282 825	311 884	334 198	323 430	271 438
Costa Rica	47 232	50 950	52 016	56 442	58 847	60 516	62 420	64 073	61 847
Cuba	73 141	77 148	80 656	87 133	91 370	96 851	100 050	103 131	95 994
Ecuador	87 925	95 130	101 726	99 290	99 938	104 296	107 562	108 108	98 808
El Salvador	21 386	21 991	22 593	23 438	24 191	24 979	26 021	26 897	24 639
Guatemala	49 589	52 996	57 852	62 186	66 053	71 654	73 209	77 020	77 605
Haití	13 588	14 787	14 941	14 204	13 333	15 237	15 822	14 007	15 242
Honduras	18 529	18 500	19 757	20 980	21 718	23 136	24 068	25 090	23 828
México	1 201 094	1 274 444	1 315 356	1 171 870	1 078 493	1 158 912	1 222 406	1 269 432	1 073 915
Nicaragua	10 532	10 983	11 880	12 757	13 286	13 786	13 025	12 611	12 634
Panamá	40 430	45 600	49 921	54 092	57 908	62 203	64 928	66 788	52 938
Paraguay	33 296	38 651	40 378	36 211	36 090	38 997	40 225	37 907	35 670
Perú	192 650	201 176	200 786	189 803	191 898	211 008	222 575	228 473	207 240
República Dominicana	60 682	62 682	67 180	71 165	75 705	79 998	85 555	88 941	78 845
Uruguay	55 691	62 498	62 178	57 874	57 237	64 234	64 515	61 231	53 629
Venezuela (República Bolivariana de)	352 652	334 573	268 678	...	...	...	...	...	...
El Caribe	72 429	73 745	74 879	73 278	69 598	71 705	75 354	76 448	67 163
Antigua y Barbuda	1 200	1 181	1 250	1 337	1 437	1 468	1 606	1 688	1 370
Bahamas	10 721	10 495	11 143	11 891	11 993	12 360	12 838	13 164	9 908
Barbados	4 610	4 677	4 696	4 715	4 829	4 986	5 123	5 298	4 548
Belice	1 523	1 579	1 667	1 722	1 789	1 859	1 916	1 983	2 080
Dominica	486	498	520	541	576	522	555	612	504
Granada	800	843	911	997	1 062	1 126	1 167	1 213	1 043
Guyana	4 063	4 168	4 128	4 280	4 483	4 748	4 788	5 174	5 471
Jamaica	14 807	14 264	13 899	14 189	14 077	14 809	15 731	15 831	13 821
Saint Kitts y Nevis	826	875	954	958	1 009	1 061	1 079	1 109	885
San Vicente y las Granadinas	693	721	728	755	774	792	811	825	807
Santa Lucía	1 605	1 665	1 755	1 808	1 865	1 999	2 066	2 122	1 620
Suriname	5 332	5 510	5 612	5 126	3 317	3 592	3 996	4 221	3 242
Trinidad y Tabago	25 763	27 268	27 616	24 960	22 386	22 385	23 680	23 208	21 863

Fuente: Comisión Económica para América Latina y el Caribe (CEPAL), sobre la base de cifras oficiales.
[a] Cifras preliminares.

Cuadro A.3
América Latina y el Caribe: producto interno bruto en tasas anuales de variación
(A precios constantes)

	2012	2013	2014	2015	2016	2017	2018	2019	2020[a]
América Latina y el Caribe[b]	**2,8**	**2,9**	**1,1**	**-0,2**	**-1,2**	**1,1**	**1,1**	**0,1**	**-6,8**
América Latina	**2,8**	**2,9**	**1,1**	**-0,2**	**-1,2**	**1,1**	**1,1**	**0,1**	**-6,8**
Argentina	-1,0	2,4	-2,5	2,7	-2,1	2,8	-2,6	-2,0	-9,9
Bolivia (Estado Plurinacional de)	5,1	6,8	5,5	4,9	4,3	4,2	4,2	2,2	-8,0
Brasil	1,9	3,0	0,5	-3,5	-3,3	1,3	1,8	1,4	-4,1
Chile	5,3	4,0	1,8	2,3	1,7	1,2	3,7	0,9	-5,8
Colombia	3,9	5,1	4,5	3,0	2,1	1,4	2,6	3,3	-6,8
Costa Rica	4,9	2,5	3,5	3,7	4,2	4,2	2,6	2,3	-4,1
Cuba	3,0	2,8	1,0	4,4	0,5	1,8	2,2	-0,2	-10,9
Ecuador	5,6	4,9	3,8	0,1	-1,2	2,4	1,3	0,0	-7,8
El Salvador	2,8	2,2	1,7	2,4	2,5	2,2	2,4	2,6	-7,9
Guatemala	3,0	3,7	4,4	4,1	2,7	3,1	3,3	3,9	-1,5
Haití	0,5	4,3	1,7	2,6	1,8	2,5	1,7	-1,7	-3,3
Honduras	4,1	2,8	3,1	3,8	3,9	4,8	3,8	2,7	-9,0
México	3,6	1,4	2,8	3,3	2,6	2,1	2,2	-0,2	-8,3
Nicaragua	6,5	4,9	4,8	4,8	4,6	4,6	-3,4	-3,7	-2,0
Panamá	9,8	6,9	5,1	5,7	5,0	5,6	3,6	3,0	-17,9
Paraguay	-0,7	8,3	5,3	3,0	4,3	4,8	3,2	-0,4	-0,6
Perú	6,1	5,9	2,4	3,3	4,0	2,5	4,0	2,2	-11,1
República Dominicana	2,7	4,9	7,1	6,9	6,7	4,7	7,0	5,1	-6,7
Uruguay	3,5	4,6	3,2	0,4	1,7	1,6	0,5	0,4	-5,9
Venezuela (República Bolivariana de)	5,6	1,3	-3,9	-6,2	-17,0	-15,7	-19,6	-28,0	-30,0
El Caribe	**1,3**	**0,7**	**0,7**	**1,1**	**-1,3**	**0,1**	**1,9**	**0,6**	**-7,7**
Antigua y Barbuda	3,4	-0,6	3,8	3,8	5,5	3,1	6,9	4,9	-20,2
Bahamas	3,1	-3,6	2,3	1,6	0,1	1,6	2,8	0,7	-14,5
Barbados	-0,4	-1,4	-0,1	2,5	2,5	0,4	-0,6	-1,3	-17,6
Belice	2,4	1,3	4,0	2,6	0,0	1,8	2,9	1,8	-14,0
Dominica	-1,1	-1,0	4,8	-2,7	2,8	-6,6	3,5	5,5	-16,6
Granada	-1,2	2,4	7,3	6,4	3,7	4,4	4,4	0,7	-13,8
Guyana	5,3	3,7	1,7	0,7	3,8	3,7	4,4	5,4	43,5
Jamaica	-0,6	0,5	0,7	0,9	1,4	1,0	1,9	0,9	-9,9
Saint Kitts y Nevis	-0,5	5,7	7,6	0,7	3,9	0,9	2,7	4,2	-14,4
San Vicente y las Granadinas	1,4	1,8	1,2	1,3	1,9	1,0	2,2	0,5	-3,3
Santa Lucía	-0,1	-2,0	1,3	0,1	3,4	3,5	2,6	1,7	-23,8
Suriname	2,7	2,9	0,3	-3,4	-4,9	1,6	4,9	1,1	-14,5
Trinidad y Tabago	1,3	2,2	-0,9	1,5	-5,6	-3,0	0,1	-1,2	-6,8

Fuente: Comisión Económica para América Latina y el Caribe (CEPAL), sobre la base de cifras oficiales.
[a] Cifras preliminares.
[b] Sobre la base de cifras oficiales expresadas en dólares de 2010.

Cuadro A.4
América Latina y el Caribe: producto interno bruto por habitante
(Tasas anuales de variación)

	2012	2013	2014	2015	2016	2017	2018	2019	2020[a]
América Latina y el Caribe[b]	1,6	1,8	0,1	-1,3	-2,2	0,1	0,1	-0,8	-7,7
América Latina	1,7	1,8	0,1	-1,3	-2,2	0,1	0,1	-0,8	-7,7
Argentina	-2,1	1,3	-3,5	1,7	-3,1	1,8	-3,5	-2,9	-10,7
Bolivia (Estado Plurinacional de)	3,5	5,1	3,8	3,3	2,7	2,7	2,8	0,8	-9,3
Brasil	1,0	2,1	-0,4	-4,4	-4,1	0,5	1,0	0,7	-4,7
Chile	4,3	3,0	0,7	1,1	0,4	-0,2	2,3	-0,2	-6,6
Colombia	3,0	4,2	3,4	1,8	0,7	-0,2	1,0	1,9	-7,8
Costa Rica	3,7	1,3	2,4	2,5	3,1	3,1	1,6	1,3	-4,9
Cuba	2,8	2,5	0,8	4,3	0,4	1,8	2,3	-0,2	-10,8
Ecuador	4,1	3,4	2,2	-1,5	-2,9	0,6	-0,5	-1,7	-9,2
El Salvador	2,4	1,8	1,2	1,9	2,0	1,7	1,9	2,1	-8,4
Guatemala	0,8	1,5	2,3	2,0	0,6	1,1	1,3	1,9	-3,4
Haití	-1,0	2,8	0,3	1,2	0,5	1,2	0,4	-2,9	-4,5
Honduras	2,2	0,9	1,3	2,0	2,1	3,1	2,1	1,0	-10,4
México	2,2	0,0	1,5	2,0	1,4	0,9	1,1	-1,3	-9,3
Nicaragua	5,1	3,5	3,4	3,4	3,2	3,3	-4,6	-4,9	-3,1
Panamá	7,9	5,1	3,3	3,9	3,2	3,8	1,9	1,4	-19,2
Paraguay	-2,1	6,8	3,9	1,6	2,9	3,4	1,9	-1,7	-1,8
Perú	5,3	4,9	1,3	2,0	2,4	0,8	2,2	0,6	-12,4
República Dominicana	1,5	3,7	5,8	5,7	5,5	3,5	5,8	4,0	-7,7
Uruguay	3,2	4,3	2,9	0,0	1,3	1,3	0,1	0,0	-6,2
Venezuela (República Bolivariana de)	3,9	-0,1	-4,7	-6,3	-16,4	-14,4	-18,2	-27,1	-29,8
El Caribe	0,6	0,0	0,0	0,4	-1,9	-0,5	1,3	0,0	-8,2
Antigua y Barbuda	2,1	-1,8	2,6	2,7	4,4	2,2	5,9	4,0	-20,9
Bahamas	2,0	-4,5	1,3	0,6	-0,9	0,6	1,7	-0,3	-15,3
Barbados	-0,7	-1,7	-0,3	2,3	2,4	0,3	-0,7	-1,4	-17,7
Belice	0,1	-1,0	1,8	0,5	-2,1	-0,2	0,9	-0,1	-15,6
Dominica	-1,1	-1,1	4,7	-2,9	2,6	-6,8	3,3	5,2	-16,8
Granada	-1,8	1,7	6,6	5,8	3,1	3,9	3,8	0,2	-14,2
Guyana	4,8	3,1	1,1	0,2	3,3	3,2	3,9	4,8	42,8
Jamaica	-1,2	-0,1	0,1	0,4	0,8	0,5	1,4	0,4	-10,3
Saint Kitts y Nevis	-1,4	4,8	6,6	-0,1	3,1	0,1	1,9	3,4	-15,0
San Vicente y las Granadinas	1,3	1,7	1,0	1,1	1,6	0,7	1,8	0,2	-3,6
Santa Lucía	-0,7	-2,5	0,9	-0,4	2,9	3,0	2,1	1,2	-24,1
Suriname	1,5	1,8	-0,8	-4,4	-5,9	0,6	3,9	0,2	-15,3
Trinidad y Tabago	0,6	1,6	-1,5	0,9	-6,1	-3,4	-0,4	-1,6	-7,1

Fuente: Comisión Económica para América Latina y el Caribe (CEPAL), sobre la base de cifras oficiales.
[a] Cifras preliminares.
[b] Sobre la base de cifras oficiales expresadas en dólares de 2010.

Cuadro A.5

América Latina y el Caribe: producto interno bruto en tasas interanuales de variación[a]

(A precios constantes)

	2019				2020				2021
	Trim 1	Trim 2	Trim 3	Trim 4	Trim 1	Trim 2	Trim 3	Trim 4	Trim 1
Argentina	-5,9	0,6	-1,8	-1,2	-5,0	-19,0	-10,2	-4,3	2,5
Belice	5,8	1,3	2,0	-2,2	-6,4	-23,8	-12,8	-12,8	-8,4
Bolivia (Estado Plurinacional de)	3,1	2,6	2,2	1,1	0,6	-21,7	…	…	…
Brasil	1,2	1,5	1,3	1,6	-0,3	-10,9	-3,9	-1,1	1,0
Chile	1,1	1,5	3,4	-2,0	0,2	-14,2	-9,0	0,0	0,3
Colombia	3,6	3,1	3,2	3,3	0,6	-15,7	-8,4	-3,6	1,1
Costa Rica	2,1	0,7	2,2	4,1	1,8	-7,7	-6,2	-4,3	-2,2
Ecuador	1,2	0,4	0,0	-1,4	-1,9	-12,8	-9,1	-7,2	-5,6
El Salvador	3,0	1,7	2,8	3,0	0,1	-19,8	-10,0	-2,1	3,3
Guatemala	3,8	3,7	3,8	4,1	1,2	-8,9	-1,4	3,0	4,8
Honduras	3,0	1,7	3,3	2,6	-1,3	-19,2	-7,9	-7,8	1,2
Jamaica[b]	1,8	1,4	0,6	0,0	-2,4	-18,4	-10,6	-8,3	-6,7
México	1,3	-1,0	-0,2	-0,7	-1,3	-18,7	-8,7	-4,5	-3,6
Nicaragua	-9,0	-3,8	-3,0	1,2	1,2	-6,4	-0,9	-1,9	3,4
Panamá	3,1	2,9	2,8	3,4	0,4	-38,2	-23,6	-10,9	-8,5
Paraguay	-3,0	-3,7	2,2	3,2	4,3	-6,7	-1,3	1,0	0,6
Perú	2,5	1,3	3,2	1,9	-3,7	-30,0	-9,0	-1,7	3,8
República Dominicana	5,7	3,7	4,9	5,8	0,0	-16,9	-7,2	-2,9	3,1
Trinidad y Tabago	-3,5	-3,2	1,3	1,8	-1,9	-10,0	…	…	…
Uruguay	-1,5	2,2	1,4	-0,5	-1,9	-12,9	-5,8	-2,9	-2,8
Venezuela (República Bolivariana de)	-26,8	…	…	…	…	…	…	…	…

Fuente: Comisión Económica para América Latina y el Caribe (CEPAL), sobre la base de cifras oficiales.

[a] Sobre la base de cifras en moneda nacional.

[b] Producto interno bruto medido a precios básicos.

Cuadro A.6

América Latina y el Caribe: formación bruta de capital fijo[a]

(En porcentajes del producto interno bruto)

	2011	2012	2013	2014	2015	2016	2017	2018	2019	2020[b]
América Latina y el Caribe	**21,0**	**21,2**	**21,2**	**20,6**	**19,5**	**18,4**	**18,1**	**18,2**	**18,0**	**17,1**
Argentina	18,4	17,3	17,3	16,5	16,7	16,0	17,7	17,1	14,7	14,2
Bahamas	27,6	30,1	27,9	30,7	24,5	25,8	27,7	26,1	26,4	19,7
Belice	15,0	14,6	18,0	18,1	22,0	23,7	20,2	20,9	21,9	…
Bolivia (Estado Plurinacional de)	19,5	19,0	19,9	20,7	20,7	20,6	22,1	21,9	20,7	…
Brasil	21,1	20,9	21,4	20,4	18,2	16,6	15,9	16,5	16,8	17,4
Chile	23,6	24,9	24,8	23,1	22,6	21,9	21,0	21,2	22,0	20,6
Colombia	23,1	23,0	23,7	24,8	24,8	23,6	23,7	23,3	23,3	19,8
Costa Rica	19,2	19,9	20,4	20,4	20,4	20,8	20,0	19,7	18,3	18,8
Ecuador	26,1	27,3	28,7	28,3	26,5	24,5	25,2	25,3	24,5	23,4
El Salvador	15,7	15,7	16,3	14,5	15,4	15,6	15,8	16,5	17,2	17,2
Guatemala	16,1	16,2	15,9	15,9	15,0	14,4	14,5	14,7	15,3	14,7
Honduras	24,3	24,2	23,1	22,5	24,4	21,7	23,0	23,8	22,0	18,4
México	22,5	22,7	21,7	21,7	22,0	21,6	20,9	20,6	19,7	17,6
Nicaragua	24,3	27,5	27,6	27,3	30,4	29,5	28,8	23,2	18,1	20,3
Panamá	31,6	36,0	40,8	42,2	42,5	41,3	42,1	41,0	38,7	24,6
Paraguay	21,0	19,3	19,3	19,6	18,6	18,2	18,4	19,1	18,0	19,2
Perú	24,3	26,3	26,2	25,1	22,5	20,7	20,5	20,6	20,7	19,7
República Dominicana	23,9	23,1	21,5	22,0	24,4	25,7	24,5	26,0	26,7	25,2
Uruguay	17,4	19,8	19,7	19,5	17,6	17,1	16,9	15,3	15,3	16,2
Venezuela (República Bolivariana de)	18,7	21,9	19,6	17,0	14,4	9,5	6,2	4,8	…	…

Fuente: Comisión Económica para América Latina y el Caribe (CEPAL), sobre la base de cifras oficiales.

[a] Sobre la base de cifras oficiales expresadas en dólares de 2010.

[b] Cifras preliminares.

Cuadro A.7
América Latina y el Caribe: balanza de pagos
(En millones de dólares)

	Exportaciones de bienes FOB			Exportaciones de servicios			Importaciones de bienes FOB			Importaciones de servicios		
	2018	2019	2020[a]	2018	2019	2020[a]	2018	2019	2020[a]	2018	2019	2020[a]
América Latina y el Caribe	**1 092 511**	**1 069 895**	**959 725**	**176 993**	**179 552**	**112 402**	**1 087 622**	**1 056 509**	**885 293**	**229 126**	**224 109**	**155 487**
América Latina	**1 074 568**	**1 053 967**	**952 319**	**162 723**	**164 020**	**105 590**	**1 063 404**	**1 031 220**	**871 496**	**218 309**	**213 212**	**148 513**
Argentina	61 801	65 156	54 945	15 342	14 765	9 400	62 544	46 928	40 315	24 277	19 629	11 640
Bolivia (Estado Plurinacional de)	8 940	8 819	6 953	1 459	1 443	603	9 302	9 055	6 517	3 089	2 893	1 842
Brasil	239 522	225 800	210 707	35 378	34 275	28 576	196 147	199 253	178 337	71 374	69 765	49 517
Chile	74 708	68 763	73 485	9 940	9 259	6 318	70 498	65 810	55 116	14 609	14 362	11 316
Colombia	44 259	42 079	33 273	10 617	10 587	5 670	49 534	50 708	41 290	14 881	14 941	10 110
Costa Rica	11 730	11 885	12 028	9 751	10 360	7 752	16 350	15 838	14 181	4 212	4 547	4 017
Ecuador	22 133	22 774	20 461	3 249	3 346	1 800	22 359	21 749	17 131	3 936	4 143	2 786
El Salvador	*4 736*	*4 748*	*4 158*	*2 829*	*3 234*	*2 132*	*10 376*	*10 458*	*9 363*	*1 947*	*1 995*	*1 453*
Guatemala	9 644	9 919	10 514	3 707	3 681	2 604	17 629	17 885	16 441	3 541	3 632	2 854
Haití	1 079	1 201	886	701	385	251	4 484	4 198	3 473	1 187	1 003	621
Honduras	8 644	8 788	7 683	1 254	1 177	722	12 462	12 149	10 241	2 316	2 406	1 837
México	451 082	460 939	417 151	29 014	31 695	17 057	464 850	455 772	383 172	40 493	39 976	28 259
Nicaragua	4 197	4 341	4 396	1 364	1 373	943	5 802	5 397	5 324	953	855	615
Panamá	13 353	13 214	10 240	14 461	14 663	9 377	23 966	22 261	14 347	4 908	5 113	2 980
Paraguay	13 730	12 702	11 494	946	923	628	12 917	12 251	10 035	1 280	1 248	819
Perú	49 066	47 688	42 413	7 090	7 523	3 268	41 870	41 074	34 663	9 850	10 675	7 438
República Dominicana	10 638	11 193	10 297	9 414	9 317	4 147	20 197	20 268	17 047	3 917	4 258	3 142
Uruguay	11 628	11 732	10 064	5 410	5 264	3 706	9 336	8 663	7 808	4 480	4 645	3 562
Venezuela (República Bolivariana de)	33 677	22 227	…	798	748	…	12 782	11 504	…	7 058	7 127	…
El Caribe	**17 943**	**15 929**	**7 406**	**14 270**	**15 532**	**6 812**	**24 217**	**25 289**	**13 796**	**10 817**	**10 897**	**6 973**
Antigua y Barbuda	43	55	36	993	1 141	563	623	622	385	510	534	270
Bahamas	642	654	400	3 738	3 923	1 288	3 317	2 966	2 224	1 799	1 825	1 414
Barbados	448	444	345	1 338	1 471	773	1 499	1 502	1 422	470	523	70
Belice	451	462	287	620	668	427	917	969	731	238	264	170
Dominica	12	18	15	145	182	85	285	281	188	135	150	86
Granada	46	46	28	576	580	401	411	413	348	274	303	195
Guyana	1 377	1 567	2 587	157	225	201	2 410	4 040	2 073	1 027	1 111	1 994
Jamaica	1 961	1 640	1 219	3 829	4 338	2 146	5 476	5 685	4 149	2 414	2 632	1 741
Saint Kitts y Nevis	27	29	26	571	612	314	355	358	269	226	260	176
San Vicente y las Granadinas	46	38	54	262	286	114	312	295	267	135	144	87
Santa Lucía	70	82	64	1 055	1 143	397	580	526	459	396	440	207
Suriname	2 065	2 129	2 344	171	157	103	1 403	1 598	1 283	667	815	563
Trinidad y Tabago	10 756	8 764	…	814	808	…	6 631	6 034	…	2 526	1 896	…

Cuadro A.7 (continuación)

	Balanza de bienes y servicios			Balanza de renta			Balanza de transferencias corrientes			Balanza de cuenta corriente		
	2018	2019	2020[a]	2018	2019	2020[a]	2018	2019	2020[a]	2018	2019	2020[a]
América Latina y el Caribe	-47 243	-31 170	31 348	-183 957	-177 438	-133 662	90 074	98 783	106 578	-141 126	-109 826	4 264
América Latina	-44 422	-26 445	37 900	-181 069	-174 799	-132 039	87 185	94 791	102 198	-138 306	-106 453	8 058
Argentina	-9 678	13 363	12 391	-18 650	-17 892	-10 197	1 245	819	1 119	-27 084	-3 710	3 313
Bolivia (Estado Plurinacional de)	-1 992	-1 685	-802	-976	-847	-436	1 243	1 134	1 033	-1 725	-1 398	-206
Brasil	7 379	-8 942	11 428	-58 824	-57 272	-39 696	-15	1 184	2 344	-51 460	-65 030	-25 923
Chile	-458	-2 150	13 371	-13 532	-10 144	-10 964	2 349	1 840	963	-11 640	-10 454	3 370
Colombia	-9 539	-12 982	-12 457	-11 773	-10 230	-5 601	7 643	8 704	8 732	-13 669	-14 508	-9 326
Costa Rica	919	1 860	1 582	-3 344	-3 833	-3 499	558	596	568	-1 867	-1 376	-1 349
Ecuador	-913	228	2 344	-2 829	-3 028	-2 869	2 409	2 739	2 993	-1 333	-61	2 469
El Salvador	-4 758	-4 472	-4 525	-1 470	-1 337	-1 314	5 369	5 644	5 960	-859	-165	121
Guatemala	-7 819	-7 918	-6 177	-1 507	-1 412	-1 398	9 948	11 120	11 824	622	1 791	4 249
Haití	-3 892	-3 615	-2 956	50	50	28	3 469	3 442	3 847	-373	-123	918
Honduras	-4 880	-4 589	-3 673	-1 882	-1 901	-1 610	5 180	5 894	5 983	-1 582	-596	700
México	-25 247	-3 114	22 777	-33 269	-36 864	-36 894	33 406	36 200	40 069	-25 110	-3 777	25 953
Nicaragua	-1 193	-537	-599	-652	-466	-364	1 611	1 758	1 920	-234	754	958
Panamá	-1 061	503	2 289	-3 836	-3 804	-1 187	-70	-31	131	-4 967	-3 332	1 233
Paraguay	479	126	1 268	-1 348	-1 133	-1 075	801	795	694	-68	-212	887
Perú	4 437	3 462	3 579	-11 908	-9 838	-6 146	3 556	3 718	4 071	-3 915	-2 657	1 504
República Dominicana	-4 063	-4 017	-5 744	-3 692	-4 069	-3 857	6 433	6 898	8 060	-1 322	-1 188	-1 541
Uruguay	3 222	3 689	2 400	-3 656	-3 047	-2 961	99	190	186	-336	832	-375
Venezuela (República Bolivariana de)	14 635	4 345	…	-7 973	-7 733	…	1 951	2 146	…	8 613	-1 242	…
El Caribe	-2 821	-4 726	-6 551	-2 887	-2 639	-1 623	2 889	3 992	4 380	-2 819	-3 373	-3 794
Antigua y Barbuda	-97	40	-56	-78	-106	-25	-59	-46	-28	-233	-112	-109
Bahamas	-737	-215	-1 950	-682	-547	-489	-69	846	373	-1 488	84	-2 065
Barbados	-183	-110	-374	...	...	...	-44	-46	93	-227	-156	-281
Belice	-84	-103	-187	-145	-158	-59	78	84	118	-151	-177	-128
Dominica	-263	-231	-174	-1	-10	14	25	18	21	-239	-223	-139
Granada	-63	-91	-114	-109	-120	-81	-10	8	20	-181	-202	-175
Guyana	-1 903	-3 359	-1 278	-28	-47	-32	492	581	658	-1 439	-2 824	-652
Jamaica	-2 100	-2 339	-2 525	-596	-441	-455	2 452	2 416	2 961	-244	-364	-18
Saint Kitts y Nevis	17	22	-105	-47	-48	-13	-29	-30	-24	-58	-56	-142
San Vicente y las Granadinas	-138	-115	-185	-2	-7	2	41	42	41	-98	-80	-142
Santa Lucía	150	258	-204	-112	-134	-37	7	5	22	45	129	-219
Suriname	166	-126	601	-387	-413	-450	103	90	124	-119	-449	275
Trinidad y Tabago	2 413	1 642	...	-700	-608	...	-100	22	...	1 613	1 056	...

Cuadro A.7 (conclusión)

	Balanzas de capital y financiera[b]			Balanza global			Variación de activos de reserva[c]			Otro financiamiento		
	2018	2019	2020[a]	2018	2019	2020[a]	2018	2019	2020[a]	2018	2019	2020[a]
América Latina y el Caribe	**125 954**	**61 284**	**9 817**	**-15 172**	**-48 542**	**14 080**	**-13 205**	**30 517**	**-15 200**	**28 378**	**15 788**	**1 119**
América Latina	**124 164**	**58 114**	**4 601**	**-14 143**	**-48 339**	**12 659**	**-14 112**	**30 545**	**-13 704**	**28 254**	**15 586**	**1 046**
Argentina	10 031	-33 872	-11 040	-17 052	-37 582	-7 727	-11 277	21 375	7 727	28 329	16 208	0
Bolivia (Estado Plurinacional de)	495	-1 441	-1 546	-1 230	-2 839	-1 752	1 230	2 839	1 752	0	0	0
Brasil	54 387	38 974	11 692	2 928	-26 055	-14 232	-2 928	26 055	14 232	0	0	0
Chile	13 037	10 301	-6 265	1 397	-152	-2 895	-1 397	152	2 895	0	0	0
Colombia	14 855	17 841	13 655	1 187	3 333	4 328	-1 187	-3 333	-4 328	0	0	0
Costa Rica	2 257	2 768	-405	390	1 393	-1 754	-390	-1 393	1 754	0	0	0
Ecuador	1 504	777	1 677	171	715	4 146	-171	-715	-4 146	0	0	0
El Salvador	861	1 041	-1 508	2	876	-1 387	-2	-876	1 387	0	0	0
Guatemala	*366*	*7*	*-1 060*	*988*	*1 798*	*3 189*	*-988*	*-1 798*	*-3 189*	*0*	*0*	*0*
Haití	322	-67	-918	-51	-190	...	-33	109	...	84	81	...
Honduras	1 627	1 585	1 211	46	988	1 911	-50	-993	-2 381	4	5	470
México	25 593	6 416	-13 963	483	2 638	11 990	-483	-2 638	-11 990	0	0	0
Nicaragua	-279	-635	-51	-513	119	907	513	-119	-907	0	0	0
Panamá	4 512	5 291	4 410	-455	1 958	5 643	632	-1 227	-5 550	-177	-731	-93
Paraguay	-115	157	918	-183	-55	1 805	183	55	-1 805	0	0	0
Perú	286	9 566	4 058	-3 629	6 909	5 562	3 629	-6 909	-5 562	0	0	0
República Dominicana	2 155	2 313	2 836	833	1 125	1 295	-847	-1 150	-1 963	14	24	668
Uruguay	-72	-1 943	2 004	-408	-1 111	1 630	408	1 111	-1 630	0	0	0
Venezuela (República Bolivariana de)	-7 658	-965	...	955	-2 207	...	-955	...	...	0	...	...
El Caribe	**1 790**	**3 170**	**5 216**	**-1 030**	**-203**	**1 422**	**907**	**-28**	**-1 496**	**123**	**201**	**74**
Antigua y Barbuda	249	62	52	15	-50	-57	-15	50	57	0	0	0
Bahamas	1 267	478	2 429	-221	562	364	221	-562	-364	0	0	0
Barbados	521	396	871	294	241	590	-294	-241	-590	...	...	...
Belice	133	160	197	-18	-18	69	18	18	-69	0	0	0
Dominica	218	198	149	-21	-25	10	21	25	-10	0	0	0
Granada	216	204	232	35	2	57	-35	-2	-57	0	0	0
Guyana	1 307	2 775	712	-132	-49	61	56	-47	-105	77	96	44
Jamaica	-5	463	467	-249	99	449	249	-99	-449	...	...	...
Saint Kitts y Nevis	56	47	151	-2	-9	9	2	-21	-9	0	0	0
San Vicente y las Granadinas	86	104	156	-12	24	13	12	-24	-13	0	0	0
Santa Lucía	-80	-154	189	-36	-25	-30	36	25	30	0	0	0
Suriname	220	136	-388	101	-313	-113	-148	208	83	47	105	30
Trinidad y Tabago	-2 397	-1 699	...	-784	-644	...	784	644	...	0	...	...

Fuente: Comisión Económica para América Latina y el Caribe (CEPAL), sobre la base de cifras oficiales.
[a] Cifras preliminares.
[b] Incluye errores y omisiones.
[c] El signo menos (-) indica aumento de los activos de reserva.

Cuadro A.8
América Latina: índices del comercio internacional de bienes
(Índices 2010=100)

	Índices de las exportaciones de bienes FOB								
	Valor			Volumen			Valor unitario		
	2018	2019	2020[a]	2018	2019	2020[a]	2018	2019	2020[a]
América Latina	**123,1**	**120,7**	**109,1**	**128,2**	**128,3**	**122,0**	**96,0**	**94,1**	**89,4**
Argentina	90,5	95,4	80,4	89,4	100,3	87,1	101,3	95,1	92,4
Bolivia (Estado Plurinacional de)	145,9	143,9	113,4	122,2	118,8	94,9	119,4	121,1	119,5
Brasil	119,0	112,2	104,7	130,1	127,6	127,8	91,5	87,9	81,9
Chile	105,1	96,7	103,3	115,8	113,0	116,4	90,7	85,6	88,8
Colombia	108,6	103,2	81,6	139,5	142,1	139,8	77,8	72,6	58,4
Costa Rica	156,6	158,6	160,5	147,6	151,0	152,6	106,0	105,0	105,2
Ecuador	122,0	125,6	112,8	124,5	132,2	138,7	98,0	95,0	81,3
El Salvador	136,3	136,7	119,7	115,5	117,1	102,2	118,1	116,7	117,2
Guatemala	134,0	137,8	146,1	144,3	149,2	156,6	92,8	92,4	93,3
Haití	191,4	213,2	157,3	177,5	196,5	144,2	107,8	108,5	109,1
Honduras	138,0	140,3	122,7	134,4	139,4	116,1	102,7	100,7	105,6
México	150,9	154,2	139,6	151,6	153,5	146,2	99,5	100,5	95,5
Nicaragua	154,0	159,2	161,2	168,3	178,6	170,4	91,5	89,2	94,6
Panamá	105,3	104,3	80,8	109,7	115,4	86,9	96,1	90,3	93,0
Paraguay	131,1	121,3	109,7	112,8	102,3	90,7	116,2	118,6	121,0
Perú	137,0	133,2	118,5	133,8	134,7	116,7	102,4	98,9	101,5
República Dominicana	156,1	164,2	151,1	152,2	159,6	136,7	102,6	102,9	110,5
Uruguay	144,8	146,1	125,3	141,7	147,7	127,9	102,2	98,9	98,0
Venezuela (República Bolivariana de)	50,3	33,2	…	58,9	44,7	…	85,5	74,4	…

	Índices de las importaciones de bienes FOB								
	Valor			Volumen			Valor unitario		
	2018	2019	2020	2018	2019	2020	2018	2019	2020[a]
América Latina	**128,9**	**125,0**	**105,6**	**127,0**	**126,3**	**112,1**	**101,5**	**99,0**	**94,3**
Argentina	115,5	86,6	74,4	119,8	95,0	84,6	96,4	91,2	88,0
Bolivia (Estado Plurinacional de)	185,8	180,8	130,2	110,4	105,0	76,0	168,3	172,3	171,2
Brasil	107,3	109,0	97,5	107,0	113,8	111,0	100,3	95,8	87,9
Chile	127,7	119,2	99,8	136,2	132,4	117,4	93,8	90,0	85,0
Colombia	129,0	132,0	107,5	144,5	156,3	133,8	89,3	84,5	80,3
Costa Rica	148,1	143,5	128,4	146,8	144,6	134,0	100,9	99,2	95,9
Ecuador	113,8	110,7	87,2	105,7	102,4	81,7	107,7	108,2	106,8
El Salvador	138,4	139,5	124,9	114,9	117,4	109,2	120,5	118,8	114,4
Guatemala	148,4	150,6	138,4	149,6	153,4	150,0	99,2	98,1	92,3
Haití	149,0	139,5	115,4	119,4	112,3	93,4	124,8	124,2	123,5
Honduras	139,9	136,4	115,0	134,0	130,8	109,2	104,4	104,3	105,2
México	154,0	151,0	127,0	148,7	147,6	127,9	103,5	102,3	99,3
Nicaragua	128,6	119,6	118,0	144,7	142,8	154,0	88,8	83,7	76,6
Panamá	139,2	129,3	83,3	133,7	129,3	89,6	104,1	100,0	93,0
Paraguay	134,7	127,7	104,6	144,4	129,5	109,7	93,3	98,6	95,4
Perú	145,3	142,5	120,3	131,5	131,2	116,6	110,5	108,6	103,1
República Dominicana	132,8	133,3	112,1	128,4	134,1	116,4	103,5	99,3	96,3
Uruguay	109,1	101,2	91,2	119,1	117,6	114,7	91,6	86,1	79,6
Venezuela (República Bolivariana de)	30,6	27,6	…	28,9	25,7	…	105,9	107,3	…

Fuente: Comisión Económica para América Latina y el Caribe (CEPAL), sobre la base de cifras oficiales.
[a] Cifras preliminares.

Cuadro A.9
América Latina: exportaciones de bienes, FOB
(En millones de dólares)

	2019				2020				2021
	Trim 1	Trim 2	Trim 3	Trim 4	Trim 1	Trim 2	Trim 3	Trim 4	Trim 1
América Latina	**247 189**	**262 665**	**259 719**	**257 796**	**233 738**	**193 530**	**244 912**	**260 624**	**254 510**
Argentina	14 170	16 620	17 170	17 156	13 340	14 213	14 613	12 718	15 407
Bolivia (Estado Plurinacional de)	1 999	2 169	2 433	2 218	2 049	1 130	1 583	2 192	2 305
Brasil	49 565	57 898	58 107	55 557	48 099	52 593	55 043	53 446	55 607
Chile	18 242	17 018	16 706	16 796	17 198	17 845	17 987	20 454	21 897
Colombia	9 594	10 708	9 587	9 600	8 802	6 375	7 682	8 197	8 934
Costa Rica	2 774	2 997	2 828	2 835	3 005	2 625	2 855	3 141	3 345
Ecuador	5 245	5 763	5 681	5 640	5 317	4 190	5 150	5 568	5 780
El Salvador	1 467	1 543	1 492	1 403	1 454	742	1 396	1 452	1 601
Guatemala	2 815	2 819	2 753	2 783	3 045	2 495	2 807	3 166	3 407
Honduras	2 211	2 312	2 231	2 034	2 178	1 454	2 110	1 942	2 417
México	108 094	119 261	116 347	116 901	108 325	74 386	111 040	123 248	111 864
Nicaragua	690	705	654	647	787	733	683	649	897
Panamá	2 952	3 229	3 474	3 559	2 704	1 801	2 819	2 916	...
Paraguay	3 199	3 191	3 223	3 089	2 995	2 412	3 006	3 081	3 092
Perú	11 253	11 590	12 132	12 714	10 322	6 776	11 592	13 724	13 288
República Dominicana	2 655	2 816	2 805	2 942	2 694	2 055	2 713	2 835	2 897
Uruguay	1 638	2 028	2 094	1 921	1 425	1 704	1 833	1 895	1 772
Venezuela (República Bolivariana de)	8 627	...	...	...	...	...	...	...	...

Fuente: Comisión Económica para América Latina y el Caribe (CEPAL), sobre la base de cifras oficiales.

Cuadro A.10
América Latina: importaciones de bienes, CIF
(En millones de dólares)

		2018				2019				2020
		Trim 1	Trim 2	Trim 3	Trim 4	Trim 1	Trim 2	Trim 3	Trim 4	Trim 1
América Latina		**247 391**	**251 645**	**262 953**	**249 057**	**230 260**	**172 713**	**207 284**	**237 810**	**249 673**
Argentina	CIF	12 166	12 988	13 307	10 663	9 880	9 359	11 088	12 027	12 877
Bolivia (Estado Plurinacional de)	FOB	2 251	2 297	2 247	2 307	1 845	1 122	1 601	2 031	1 818
Brasil	FOB	45 086	44 739	50 999	45 104	45 306	33 090	36 540	43 850	47 755
Chile	FOB	16 449	16 296	16 868	16 197	14 120	11 896	13 867	15 234	17 940
Colombia	FOB	12 555	13 301	13 678	13 169	11 886	8 873	10 693	12 037	12 661
Costa Rica	CIF	4 002	3 982	3 933	4 112	3 854	3 278	3 482	3 879	3 990
Ecuador	CIF	5 562	5 877	5 674	5 451	4 971	3 715	4 256	4 964	5 378
El Salvador	CIF	2 812	2 954	2 930	2 908	2 737	2 010	2 594	2 984	3 355
Guatemala	CIF	4 772	4 923	5 020	5 167	4 739	3 953	4 380	5 135	5 614
Honduras	FOB	2 998	2 978	3 077	3 095	2 811	1 986	2 469	2 976	3 254
México	FOB	109 868	114 252	117 387	113 735	104 773	75 548	94 833	107 832	113 371
Nicaragua	FOB	1 061	1 086	1 067	1 139	1 108	1 005	1 094	1 204	1 277
Panamá	FOB	5 541	5 906	5 577	5 237	3 960	3 047	3 500	3 840	...
Paraguay	FOB	2 841	2 794	3 324	3 292	2 742	1 975	2 578	2 741	2 702
Perú	FOB	9 969	10 216	10 537	10 352	9 163	6 786	8 470	10 244	10 700
República Dominicana	CIF	4 791	5 133	5 258	5 107	4 600	3 527	4 074	4 845	5 057
Uruguay	FOB	1 723	1 923	2 070	2 022	1 765	1 544	1 763	1 987	1 924
Venezuela (República Bolivariana de)	FOB	2 947	...	...	...	...	...	...	...	...

Fuente: Comisión Económica para América Latina y el Caribe (CEPAL), sobre la base de cifras oficiales.

Cuadro A.11
América Latina: términos de intercambio de bienes FOB/FOB
(Índices 2010=100)

	2012	2013	2014	2015	2016	2017	2018	2019	2020[a]
América Latina	**102,5**	**100,4**	**98,0**	**88,7**	**89,7**	**93,9**	**94,6**	**95,0**	**94,8**
Argentina	115,7	108,1	106,0	101,0	107,3	104,1	105,1	104,4	105,0
Bolivia (Estado Plurinacional de)	112,3	100,4	95,1	71,2	60,1	66,7	70,9	70,3	69,8
Brasil	101,5	99,4	96,1	85,5	88,1	93,2	91,3	91,8	93,2
Chile	94,6	91,6	89,8	87,2	90,4	99,7	96,7	95,1	104,4
Colombia	108,4	100,6	91,5	68,9	68,1	79,7	87,2	86,0	72,7
Costa Rica	97,6	96,5	98,9	106,4	109,9	107,0	105,1	105,9	109,7
Ecuador	112,9	113,5	106,3	80,6	76,9	83,5	91,0	87,8	76,2
El Salvador	99,4	98,6	96,7	100,9	102,6	100,6	98,0	98,3	102,4
Guatemala	95,2	92,9	93,8	94,3	102,1	99,7	93,6	94,1	101,1
Haití	86,0	80,6	83,1	87,4	86,4	87,6	86,4	87,4	88,3
Honduras	101,4	95,4	98,9	104,3	104,6	104,9	98,4	96,5	100,3
México	97,3	97,8	97,1	93,0	93,6	96,5	96,1	98,3	96,2
Nicaragua	106,7	98,4	98,3	115,8	114,7	112,2	103,0	106,5	123,5
Panamá	96,4	91,3	92,9	90,6	89,0	90,6	92,2	90,3	100,0
Paraguay	102,5	113,3	126,4	128,5	128,9	127,5	124,6	120,2	126,9
Perú	104,7	98,4	93,1	86,7	86,5	93,0	92,6	91,0	98,5
República Dominicana	98,8	96,5	96,1	104,4	109,0	104,1	99,1	103,6	114,8
Uruguay	106,3	108,1	112,3	114,5	117,6	117,2	111,5	114,9	123,2
Venezuela (República Bolivariana de)	120,8	119,8	115,9	66,7	57,5	63,9	80,8	69,4	53,6

Fuente: Comisión Económica para América Latina y el Caribe (CEPAL), sobre la base de cifras oficiales.
[a] Cifras preliminares.

Cuadro A.12
América Latina y el Caribe (países seleccionados): ingresos por remesas de trabajadores emigrados
(En millones de dólares)

	2016	2017	2018	2019	2020				2021	
					Trim 1	Trim 2	Trim 3	Trim 4	Trim 1	Trim 2
Bolivia (Estado Plurinacional de)	1 233	1 392	1 370	1 318	285	171	306	353	338	112[a]
Brasil	2 365	2 300	2 565	2 880	728	794	886	904	963	599[b]
Colombia	4 851	5 498	6 321	6 733	1 758	1 322	1 871	1 902	1 937	1 395[b]
Costa Rica	515	527	499	519	104	119	138	134	127	...
Ecuador	2 602	2 840	3 031	3 235	721	677	953	986	921	...
El Salvador	4 544	4 985	5 391	5 649	1 308	1 210	1 666	1 746	1 706	1 329[b]
Guatemala	7 160	8 192	9 288	10 508	2 389	2 491	3 180	3 280	3 135	3 831
Honduras	3 949	4 438	4 884	5 522	1 221	1 247	1 593	1 676	1 583	1 274[b]
Jamaica	2 071	2 157	2 226	2 292	566	697	832	811	804	289[a]
México	26 993	30 291	33 677	36 439	9 398	9 892	10 676	10 635	10 615	8 563[b]
Nicaragua	1 264	1 391	1 501	1 682	425	436	482	509	500	171[a]
Paraguay	547	587	569	555	115	94	150	127	115	80[b]
Perú	2 884	3 051	3 225	3 326	710	573	794	861	751	...
República Dominicana	5 261	5 912	6 494	7 087	1 703	1 772	2 375	2 369	2 549	1 845[b]

Fuente: Comisión Económica para América Latina y el Caribe (CEPAL), sobre la base de cifras oficiales.
[a] Datos al mes de abril.
[b] Datos al mes de mayo.

Cuadro A.13
América Latina y el Caribe: transferencia neta de recursos[a]
(En millones de dólares)

	2012	2013	2014	2015	2016	2017	2018	2019	2020[b]
América Latina y el Caribe	**29 439**	**29 719**	**66 111**	**12 680**	**-14 794**	**-40 788**	**-29 625**	**-100 366**	**-122 726**
América Latina	**33 072**	**32 382**	**65 651**	**14 192**	**-14 936**	**-40 499**	**-28 651**	**-101 098**	**-126 393**
Argentina	-14 921	-11 864	-1 240	611	17 224	29 327	19 710	-35 557	-21 237
Bolivia (Estado Plurinacional de)	-1 888	-1 838	-1 336	-811	-1 760	556	-480	-2 288	-1 982
Brasil	39 455	36 580	63 085	18 423	-7 830	-16 043	-4 437	-18 297	-28 004
Chile	-2 493	-486	-3 796	-1 460	-1 026	-7 757	-494	157	-17 228
Colombia	2 038	5 310	12 147	13 990	7 719	2 881	3 083	7 611	8 054
Costa Rica	3 065	1 064	226	185	-1 429	-1 391	-1 087	-1 064	-3 905
Ecuador	-1 611	1 450	-1 286	-961	-1 088	-4 466	-1 325	-2 251	-1 191
El Salvador	1 020	201	145	-225	-244	-615	-609	-296	-2 822
Guatemala	1 340	1 741	518	-207	-639	242	-1 141	-1 405	-2 459
Haití	*784*	*625*	*718*	*165*	*261*	*349*	*456*	*64*	*-890*
Honduras	32	894	225	-144	-759	-234	-250	-312	71
México	9 501	10 815	9 070	-15 565	-5 176	-14 150	-7 676	-30 448	-50 857
Nicaragua	804	942	788	968	436	575	-931	-1 101	-414
Panamá	1 667	2 096	4 134	171	1 684	-322	498	755	3 130
Paraguay	-1 184	-1 127	-279	-1 775	-1 794	-1 545	-1 464	-975	-157
Perú	7 738	1 214	-2 999	1 714	-3 749	-7 116	-11 622	-272	-2 088
República Dominicana	933	735	-882	-1 249	-1 659	-2 930	-1 523	-1 732	-353
Uruguay	1 472	1 932	-528	-3 977	-5 250	-1 097	-3 729	-4 989	-956
Venezuela (República Bolivariana de)	-14 681	-17 901	-13 062	4 339	-9 856	-16 763	-15 631	-8 698	...
El Caribe	**-3 633**	**-2 663**	**460**	**-1 512**	**142**	**-289**	**-974**	**732**	**3 667**
Antigua y Barbuda	140	191	30	-55	-88	20	171	-44	27
Bahamas	1 162	1 227	1 861	1 271	363	1 662	584	-69	1 941
Barbados	139	-38	188	-13	-154	76	521	396	871
Belice	-48	72	78	-24	-20	-46	-12	1	138
Dominica	77	23	26	32	119	38	218	188	163
Granada	157	223	44	36	30	32	107	85	151
Guyana	466	411	344	146	-30	267	1 355	2 825	725
Jamaica	400	946	1 769	426	-269	473	-601	22	12
Saint Kitts y Nevis	52	50	-40	-23	97	107	10	-1	138
San Vicente y las Granadinas	208	247	183	113	122	78	84	97	158
Santa Lucía	158	84	2	-92	-6	-72	-193	-288	152
Suriname	-175	-84	196	507	74	-442	-121	-171	-808
Trinidad y Tabago	-6 369	-6 015	-4 222	-3 837	-96	-2 482	-3 097	-2 307	...

Fuente: Comisión Económica para América Latina y el Caribe (CEPAL), sobre la base de cifras oficiales.

[a] La transferencia neta de recursos se calcula como el total del ingreso neto de capitales menos el saldo de la balanza de renta (pagos netos de utilidades e intereses). El total del ingreso neto de capitales corresponde al saldo de las balanzas de capital y financiera más errores y omisiones, más préstamos y uso del crédito del Fondo Monetario Internacional y financiamiento excepcional. Las cifras negativas indican transferencias de recursos al exterior.

[b] Cifras preliminares.

Cuadro A.14
América Latina y el Caribe: inversión extranjera directa neta[a]
(En millones de dólares)

	2012	2013	2014	2015	2016	2017	2018	2019	2020[b]
América Latina y el Caribe	**160 867**	**151 782**	**135 786**	**135 906**	**126 288**	**119 443**	**149 117**	**113 585**	**92 208**
América Latina	**160 362**	**150 767**	**133 029**	**133 359**	**124 333**	**117 846**	**146 587**	**110 769**	**89 307**
Argentina	14 269	8 932	3 145	10 884	1 474	10 361	9 991	5 124	2 725
Bolivia (Estado Plurinacional de)	1 060	1 750	690	556	246	633	387	-265	-996
Brasil	90 485	59 568	67 107	61 604	59 601	47 545	76 138	46 355	48 129
Chile	10 812	12 322	10 758	4 948	5 334	993	6 450	3 247	-3 197
Colombia	15 646	8 558	12 270	7 506	9 330	10 147	6 409	11 160	6 355
Costa Rica	1 803	2 401	2 818	2 541	2 127	2 652	2 434	2 695	1 644
Ecuador	567	727	777	1 331	756	625	1 388	974	1 190
El Salvador	466	179	306	396	348	889	826	636	201
Guatemala	1 226	1 449	1 388	1 048	965	934	778	799	704
Haití	*156*	*162*	*99*	*106*	*105*	*375*	*105*	*75*	...
Honduras	851	992	1 315	952	900	1 035	895	500	366
México	-571	32 758	22 955	24 815	30 956	30 245	25 557	23 433	25 128
Nicaragua	712	815	983	922	924	971	763	444	143
Panamá	3 254	3 612	4 130	3 966	4 652	4 314	4 917	3 686	627
Paraguay	697	245	412	308	425	576	458	522	568
Perú	11 867	9 334	2 823	8 125	5 583	6 360	6 831	7 115	478
República Dominicana	3 142	1 991	2 209	2 205	2 407	3 571	2 535	3 021	2 554
Uruguay	2 240	3 045	2 247	775	-1 828	-2 079	-500	1 248	2 685
Venezuela (República Bolivariana de)	1 679	1 928	-3 401	370	27	-2 302	225	...	...
El Caribe	**505**	**1 015**	**2 757**	**2 546**	**1 955**	**1 597**	**2 530**	**2 816**	**2 901**
Antigua y Barbuda	133	95	40	100	59	144	193	84	13
Bahamas	530	688	475	526	390	305	491	265	359
Barbados	565	-62	...	...	...	...	...	...	...
Belice	193	92	138	59	42	24	121	101	72
Dominica	59	23	14	19	41	23	77	59	25
Granada	31	113	100	137	93	152	164	196	146
Guyana	294	214	255	122	6	212	1 232	1 695	1 811
Jamaica	323	470	523	891	658	855	762	219	318
Saint Kitts y Nevis	108	136	151	133	124	42	36	66	54
San Vicente y las Granadinas	115	160	119	116	89	143	34	75	76
Santa Lucía	74	92	98	129	149	59	67	4	54
Suriname	173	188	164	267	300	98	119	-20	-27
Trinidad y Tabago	-2 094	-1 192	679	48	2	-459	-765	70	...

Fuente: Comisión Económica para América Latina y el Caribe (CEPAL), sobre la base de cifras oficiales.
[a] Corresponde a la inversión directa en la economía declarante, una vez deducida la inversión directa de residentes de esa economía en el exterior. Incluye reinversión de utilidades.
[b] Cifras preliminares.

Cuadro A.15
América Latina y el Caribe: deuda externa bruta total[a]
(En millones de dólares, saldos a fin de período)

		2013	2014	2015	2016	2017	2018	2019	2020
América Latina y el Caribe[b]		1 511 936	1 687 042	1 694 082	1 765 310	1 869 170	1 946 882	2 014 455	2 054 230
América Latina[b]		1 492 203	1 666 267	1 671 480	1 740 873	1 843 383	1 920 897	1 988 869	2 026 172
Argentina	Total	155 489	158 742	167 412	181 432	234 549	277 932	278 489	271 443
	Pública	91 444	98 229	101 659	122 022	161 289	197 330	197401	193 756
	Privada	64 045	60 513	65 753	59 410	73 260	80 602	81 088	77 686
Bolivia (Estado Plurinacional de)	Total	7 756	8 543	9 445	10 703	11 702	12 491	13 473	14 205
	Pública	5 262	5 736	6 341	7 268	9 428	10 178	11 268	12 172
	Privada	2 494	2 807	3 104	3 435	2 274	2 313	2 206	2 034
Brasil	Total	621 439	712 655	665 101	675 841	667 103	665 777	675 789	639 308
	Pública	122 641	139 051	130 587	130 274	125 492	129 139	123 810	123 860
	Privada	498 797	573 604	534 513	545 567	541 611	536 638	551 979	515 448
Chile	Total	136 351	152 135	160 904	164 815	180 449	183 344	197 234	208 981
	Pública	27 994	31 285	31 831	35 370	47 270	51 176	59 507	67 757
	Privada	108 357	120 849	129 073	129 445	133 179	132 168	137 727	141 224
Colombia	Total	92 073	101 404	110 502	120 153	124 636	132 016	138 683	154 605
	Pública	52 216	59 767	66 158	71 308	71 870	72 999	73 835	89 699
	Privada	39 856	41 637	44 344	48 844	52 767	59 017	64 848	64 906
Costa Rica	Total	19 504	21 628	23 576	25 565	26 920	28 997	30 840	31 785
	Pública	7 381	8 974	10 363	10 756	11 016	11 808	13 456	14 107
	Privada	12 123	12 654	13 213	14 809	15 904	17 189	17 385	17 677
Ecuador	Total	18 788	24 112	27 933	34 181	40 323	44 239	52 668	56 963
	Pública	12 920	17 582	20 226	25 680	31 750	35 730	41496	45 369
	Privada	5 868	6 531	7 707	8 909	8 573	8 508	11 172	11 593
El Salvador	Total	14 035	14 800	15 217	16 376	16 474	16 603	17 390	18 349
	Pública	7 764	8 673	8 553	9 169	9 414	9 236	9 941	10 781
	Privada	6 271	6 127	6 663	7 207	7 060	7 367	7 469	7 569
Guatemala	Total	19 825	21 577	22 235	23 333	24 982	24 462	24 947	25 374
	Pública	7 573	7 617	8 007	8 645	8 912	8 738	9 825	11 750
	Privada	12 252	13 960	14 228	14 687	16 071	15 725	15 122	13 623
Haití	Total	1 478	1 833	1 985	2 013	2 133	2 125	2 104	…
	Pública	1 475	1 830	1 981	2 009	2 129	2 122	2 100	…
	Privada	3	4	4	5	4	3	4	…
Honduras	Total	6 709	7 184	7 456	7 499	8 572	9 112	9 604	10 981
	Pública	5 202	5 569	5 927	6 108	7 145	7 375	7 699	9 112
	Privada	1 507	1 616	1 530	1 391	1 428	1 736	1 905	1 869
México	Total	259 977	286 624	296 399	314 202	333 398	342 711	355 795	373 079
	Pública	134 436	147 666	162 210	180 986	193 981	202 355	204 684	223 649
	Privada	125 541	138 958	134 189	133 216	139 417	140 356	151 111	149 430
Nicaragua	Total	9 677	10 134	10 548	11 054	11 551	11 703	11 763	12 040
	Pública	4 724	4 796	4 804	5 042	5 546	5 950	6 279	6 957
	Privada	4 954	5 338	5 743	6 011	6 005	5 753	5 485	5 084
Panamá	Pública	12 231	14 352	15 648	16 902	18 390	20 575	24 223	29 817
Paraguay	Total	4 780	5 839	6 197	6 677	7 738	8 591	9 802	13 675
	Pública	2 677	3 680	3 993	4 823	5 592	6 403	7 230	10 182
	Privada	2 103	2 159	2 203	1 854	2 146	2 188	2 573	3 493
Perú	Total	60 559	69 271	73 129	74 571	76 499	78 170	80 200	88 768
	Pública	24 039	23 951	26 710	29 617	32 953	34 912	39 264	48 632
	Privada	36 519	45 320	46 418	44 954	43 547	43 258	40 936	40 136
República Dominicana	Pública	14 919	16 074	16 029	17 567	18 821	21 565	23 383	30 703
Uruguay	Total	38 092	41 194	43 752	40 002	41 274	42 611	44 584	46 098
	Pública	18 047	18 959	18 977	17 170	17 837	19 199	20 206	22 174
	Privada	20 045	22 234	24 775	22 832	23 436	23 412	24 378	23 923

Cuadro A.15 (conclusión)

		2013	2014	2015	2016	2017	2018	2019	2020
Venezuela (República Bolivariana de)	Total	132 362	135 767	149 755	149 859	148 328	148 432	147 899	…
	Pública	112 103	117 217	128 283	128 056	128 768	128 543	129 260	…
	Privada	20 259	18 550	21 472	21 803	21 199	19 889	18 639	…
El Caribe[b]		**19 733**	**20 774**	**22 602**	**24 437**	**25 787**	**25 985**	**25 586**	**28 058**
Antigua y Barbuda	Pública	577	560	573	573	562	584	615	628
Bahamas	Pública	1 616	2 095	2 176	2 373	3 234	3 172	3 123	4 478
Barbados	Pública	1 434	1 521	1 460	1 442	1 413	1 599	1 545	1 987
Belice	Pública	1 083	1 126	1 179	1 204	1 257	1 285	1 272	1 454
Dominica	Pública	275	287	285	285	244	256	252	238
Granada	Pública	618	634	613	613	602	533	562	524
Guyana	Pública	1 246	1 216	1 143	1 162	1 248	1 322	1 305	1 321
Jamaica	Pública	8 310	8 659	10 314	10 244	10 103	9 937	9 253	9 180
Saint Kitts y Nevis	Pública	320	284	214	214	199	156	149	142
San Vicente y las Granadinas	Pública	354	387	399	399	455	387	391	384
Santa Lucía	*Pública*	*488*	*526*	*537*	*537*	*529*	*598*	*599*	*607*
Suriname	Pública	878	942	1 156	1 872	2 046	2 060	2 298	2 312
Trinidad y Tabago	Pública	2 534	2 537	2 553	3 519	3 896	4 096	4 222	4 803

Fuente: Comisión Económica para América Latina y el Caribe (CEPAL), sobre la base de cifras oficiales.
[a] Incluye la deuda con el Fondo Monetario Internacional.
[b] Suma no incluye Haití y Venezuela (República Bolivariana de).

Cuadro A.16
América Latina y el Caribe: diferencial de bonos soberanos EMBI Global
(En puntos básicos, a fin de período)

	2016	2017	2018	2019	2020				2021	
					Marzo	Junio	Septiembre	Diciembre	Marzo	Junio
América Latina	**473**	**419**	**568**	**346**	**703**	**552**	**476**	**386**	**390**	**380**
Argentina	455	351	817	1744	3803	2495	1300	1368	1589	1596
Belice	1 837	771	858	869	1039	1515	1475	1406	1606	1543
Bolivia	83	203	378	218	645	630	622	461	501	481
Brasil	330	232	273	212	389	373	334	250	272	256
Chile	158	117	166	135	301	211	183	144	122	135
Colombia	225	173	228	161	376	293	262	206	216	247
Ecuador	647	459	826	826	4553	3373	1015	1062	1201	776
El Salvador	536	383	515	394	825	832	852	732	595	721
Jamaica	375	304	346	282	577	479	443	317	288	295
México	296	245	357	292	653	526	501	361	351	348
Panamá	187	119	171	114	283	212	193	149	155	170
Paraguay	281	200	260	203	429	312	267	213	212	216
Perú	170	136	168	107	265	182	170	132	152	163
República Dominicana	407	275	371	309	621	567	483	340	342	352
Uruguay	244	146	207	148	298	215	186	135	125	129
Venezuela (República Bolivariana de)	2 168	4 854	6 845	14 740	19 270	30 757	29 608	24 099	26 168	31 091

Fuente: Comisión Económica para América Latina y el Caribe (CEPAL), sobre la base de cifras proporcionadas por JPMorgan Emerging Markets Bond Index (EMBI).

Cuadro A.17
América Latina y el Caribe: primas por canje de riesgo soberano de incumplimiento de crédito a cinco años (CDS)
(En puntos básicos, a fin de período)

	2016	2017	2018	2019	2020				2021	
					Marzo	Junio	Septiembre	Diciembre	Marzo	Junio
Argentina	419	232	794	899	899	899	356	545	1 906	1 954
Brasil	281	162	208	99	276	257	250	143	225	165
Chile	83	49	63	42	130	86	69	45	59	58
Colombia	164	105	157	72	232	161	152	89	135	136
México	156	106	155	79	241	158	152	81	114	93
Panamá	127	67	85	41	144	113	87	48	82	66
Perú	108	72	94	41	119	92	77	56	83	83
Venezuela (República Bolivariana de)	3 750	15 047	8 281	5 381	5 381	5 381	5 381	5 381	5 381	1 697

Fuente: Comisión Económica para América Latina y el Caribe (CEPAL), sobre la base de información de Bloomberg.

Cuadro A.18
América Latina y el Caribe: emisiones internacionales de bonos[a]
(En millones de dólares)

	2016	2017	2018	2019	2020				2021	
					Trim 1	Trim 2	Trim 3	Trim 4	Trim 1	Trim 2
Total	**129 364**	**144 702**	**94 058**	**118 577**	**44 665**	**44 027**	**29 022**	**27 572**	**52 027**	**39 311**
América Latina y el Caribe	**124 528**	**140 855**	**88 582**	**114 687**	**44 665**	**41 238**	**27 100**	**27 331**	**49 029**	**38 328**
Argentina	33 783	27 676	13 367	1 720	-	250	135	-	1 100	300
Bahamas	-	750	-	-	-	-	-	825	-	-
Barbados	-	-	-	-	-	-	-	-	-	400
Bolivia (Estado Plurinacional de)	-	1 000	-	-	-	-	-	-	-	-
Brasil	20 481	32 066	18 979	29 147	8 200	7 250	5 675	5 850	9 644	13 395
Chile	5 336	14 449	8 635	12 629	10 358	5 457	500	3 814	7 752	3 357
Colombia	4 061	7 842	5 786	4 793	4 279	4 900	3 092	120	2 840	5 755
Costa Rica	500	300	-	1 500	-	-	-	-	-	-
Ecuador	2 750	5 800	3 000	4 525	327	-	-	-	-	-
El Salvador	-	951	-	1 097	-	-	1 000	-	-	-
Guatemala	700	1 330	-	1 200	-	1 200	200	-	300	700
Honduras	-	850	-	-	-	600	-	-	-	300
Jamaica	364	869	-	1 415	225	-	-	-	-	-
México	41 539	29 222	23 879	33 546	14 826	10 950	6 494	9 632	14 047	8 118
Otros	-	500	500	750	-	-	-	500	-	-
Panamá	2 200	3 321	2 636	5 800	2 500	350	5 355	663	2 450	2 400
Paraguay	600	500	530	1 532	800	1 000	-	361	826	-
Perú	1 960	9 062	5 876	10 002	650	5 150	700	4 300	7 571	-
República Dominicana	1 870	2 017	3 118	2 500	2 500	-	3 799	1 266	2 500	2 353
Suriname	636	-	-	125	-	-	-	-	-	-
Trinidad y Tabago	1 600	-	525	500	-	500	-	-	-	-
Uruguay	1 147	2 350	1 750	1 905	-	2 505	150	-	-	1 250
Venezuela (República Bolivariana de)	5 000	-	-	-	-	1 125	-	-	-	-
Emisiones supranacionales	**4 837**	**3 847**	**5 476**	**3 890**	**-**	**2 789**	**1 922**	**242**	**2 998**	**984**
Banco Centroamericano para la Integración Económica (BCIE)	887	382	772	573	-	1 181	-	100	500	-
Banco Latinoamericano de Comercio Exterior (BLADEX)	73	-	-	76	-	-	400	35	59	27
Banco de Desarrollo de América Latina (CAF)	3 376	3 465	4 503	3 091	-	1 608	1 522	106	2 216	582
Corporación Interamericana de Inversiones (CII)	500	-	-	-	-	-	-	-	-	-
Fondo Financiero para el Desarrollo de la Cuenca del Plata (FONPLATA)	-	-	-	150	-	-	-	-	223	-
Otros	-	-	200	-	-	-	-	-	-	375

Fuente: Comisión Económica para América Latina y el Caribe (CEPAL), sobre la base de cifras proporcionadas por Merrill Lynch, J.P. Morgan y Latin Finance.
[a] Se incluyen las emisiones soberanas, bancarias y empresariales.

Cuadro A.19
América Latina y el Caribe: índices de las bolsas de valores
(Índices nacionales a fin de período, 31 diciembre 2005=100)

	2016	2017	2018	2019	2020				2021	
					Marzo	Junio	Septiembre	Diciembre	Marzo	Junio
Argentina	1 096	1 948	1 963	2 700	1 580	2 507	2 674	3 319	3 109	4 041
Brasil	180	228	263	346	218	284	283	356	349	379
Chile	211	283	260	238	178	202	185	213	249	220
Colombia	106	121	117	…	…	…	…	…	…	…
Costa Rica	114	116	92	77	69	49	63	61	60	68
Ecuador	150	185	203	195	202	196	190	190	187	177
Jamaica	184	276	363	488	363	363	359	371	390	…
México	256	277	234	245	194	212	210	248	265	282
Perú	324	416	403	427	301	351	374	434	445	393
Trinidad y Tabago	113	119	122	138	123	123	123	124	126	131

Fuente: Comisión Económica para América Latina y el Caribe (CEPAL), sobre la base de información de Bloomberg.

Cuadro A.20
América Latina y el Caribe: reservas internacionales brutas
(En millones de dólares, saldos a fin de período)

	2016	2017	2018	2019	2020				2021	
					Marzo	Junio	Septiembre	Diciembre	Marzo	Junio
América Latina y el Caribe	831 571	859 610	868 029	852 243	840 088	864 707	886 529	890 174	886 285	886 346
América Latina	814 680	842 966	852 282	836 221	824 069	847 432	869 258	872 355	868 740	870 073
Argentina	38 772	55 055	65 806	44 781	43 561	43 242	41 379	39 387	39 593	42 437
Bolivia (Estado Plurinacional de)	10 081	10 261	8 946	6 468	6 091	6 272	6 356	5 276	4 526	4 624
Brasil	365 016	373 972	374 715	356 884	343 165	348 781	356 606	355 620	347 413	352 486
Chile	40 494	38 983	39 861	40 657	37 952	36 390	37 822	39 200	40 220	46 746
Colombia	46 683	47 637	48 402	53 174	53 341	56 629	56 987	59 039	58 909	59 153[a]
Costa Rica	7 574	7 150	7 501	8 937	8 059	8 600	8 238	7 232	7 174	6 837[a]
Ecuador[b]	4 259	2 451	2 677	3 397	1 990	2 666	3 443	7 196	5 779	6 049
El Salvador	3 238	3 567	3 569	4 446	3 998	3 442	4 015	3 083	2 449	3 342[a]
Guatemala[b]	9 160	11 770	12 756	14 789	15 338	16 992	17 611	18 468	18 700	18 930[a]
Haití	1 105	1 258	1 309	1 352	1 293	1 396	1 386[c]	...	...	...
Honduras	4 100	5 012	5 073	6 029	6 304	7 609	7 745	8 381	8 482	8 788[a]
México	178 025	175 450	176 384	183 028	189 780	197 055	199 816	199 056	199 302	199 458
Nicaragua	2 296	2 593	2 081	2 174	2 369	2 534	2 701	3 003	3 143	3 412[a]
Panamá	4 511	3 531	2 932	4 146	3 223	5 910	10 046	9 682	8 894	...
Paraguay	7 144	8 146	7 970	7 675	8 241	9 238	8 954	9 490	9 970	10 326
Perú	61 746	63 731	60 288	68 370	68 150	71 472	72 428	74 909	79 942	71 920
República Dominicana	6 047	6 781	7 628	8 782	9 325	7 172	10 552	10 752	12 174	12 418[a]
Uruguay	13 436	15 959	15 557	14 505	15 340	15 576	16 711	16 217	15 831	16 966
Venezuela (República Bolivariana de)	10 992	9 662	8 830	6 630	6 549	6 456	6 462	6 364	6 239	6 181
El Caribe	16 892	16 643	15 748	16 021	16 018	17 276	17 272	17 820	17 545	16 273
Antigua y Barbuda[b]	330	314	328	279	337	291	269	222	237[d]	...
Bahamas	902	1 408	1 197	1 758	2 001	2 028	2 106	2 381	2 255	2 380[a]
Barbados	320	206	500	739	786	1 003	1 012	1 325	1 272	1 238[a]
Belice	371	306	287	271	253	284	326	340	343	347
Dominica[b]	221	211	189	166	172	182	167	176	176[d]	...
Granada[b]	201	195	231	234	284	319	337	291	322[d]	...
Guyana	616	584	528	576	499	573	639	681	627	642[a]
Jamaica	3 291	3 781	3 532	3 631	3 688	3 905	3 713	4 081	4 244	4 349[a]
Saint Kitts y Nevis[b]	313	357	355	346	357	377	382	356	354[d]	...
San Vicente y las Granadinas[b]	191	180	168	192	173	173	214	204	200[d]	...
Santa Lucía[b]	289	307	275	253	288	299	249	224	197[d]	...
Suriname	381	424	581	648	554	528	551	585	612	645[a]
Trinidad y Tabago[b]	9 466	8 370	7 575	6 929	6 626	7 313	7 306	6 954	6 705	6 672[a]

Fuente: Comisión Económica para América Latina y el Caribe (CEPAL), sobre la base de cifras oficiales.
[a] Datos al mes de mayo.
[b] Se refiere a las reservas internacionales netas.
[c] Datos al mes de agosto.
[d] Datos al mes de enero.

Cuadro A.21
América Latina y el Caribe: tipo de cambio real efectivo[a b]
(Índices 2005=100, valores medios del período)

	2016	2017	2018	2019	2020[c]				2021[c]	
					Trim 1	Trim 2	Trim 3	Trim 4	Trim 1	Trim 2[d]
América Latina y el Caribe[e]	**84,9**	**83,7**	**85,7**	**86,4**	**88,2**	**90,1**	**91,8**	**91,9**	**91,8**	**92,2**
Barbados	82,8	80,7	79,8	77,0	76,1	75,8	76,5	75,5	75,8	76,1
Bolivia (Estado Plurinacional de)	62,0	64,0	60,6	57,1	55,3	51,8	52,5	53,6	54,1	54,9
Brasil	98,0	89,5	99,8	101,4	112,3	133,3	135,9	135,9	136,9	135,4
Chile	107,3	103,6	101,4	107,0	119,2	118,0	114,4	112,8	107,8	105,6
Colombia	102,4	97,8	96,1	101,2	106,8	112,3	112,3	111,7	109,4	113,5
Costa Rica	73,9	77,6	78,9	78,5	75,7	74,9	78,9	81,7	83,4	84,9
Dominica	111,9	113,3	115,0	113,9	115,2	114,1	114,8	116,5	116,0	116,3
Ecuador	81,0	83,5	85,2	83,4	83,0	80,4	83,5	85,2	86,7	87,1
El Salvador	100,3	102,1	102,6	102,4	103,5	101,7	103,7	105,2	105,7	105,8
Guatemala	*72,5*	*68,6*	*69,1*	*68,2*	*67,8*	*65,3*	*65,7*	*66,4*	*66,6*	*66,9*
Honduras	83,0	84,4	84,1	82,8	81,6	80,1	80,5	79,7	79,1	79,3
Jamaica	91,6	92,8	88,6	83,3	84,3	83,5	86,9	85,7	90,0	93,7
México	139,8	136,7	135,8	131,7	133,8	155,2	147,5	137,3	135,1	133,4
Nicaragua	91,4	95,4	95,6	93,0	93,5	90,4	91,8	91,8	92,2	92,1
Panamá	83,7	85,0	86,6	86,6	87,2	86,7	88,7	90,2	90,6	90,3
Paraguay	69,3	71,2	67,3	68,7	68,5	64,8	69,0	69,9	67,5	66,8
Perú	95,3	92,1	93,7	91,6	92,1	89,6	95,0	98,6	100,7	103,2
República Dominicana	110,8	114,2	117,0	117,2	120,5	124,6	128,0	129,6	127,7	125,3
Trinidad y Tabago	61,2	63,0	63,9	63,1	62,6	61,5	62,4	62,5	63,3	64,1
Uruguay	69,3	65,4	63,5	64,7	67,7	67,8	67,7	68,0	68,6	70,4

Fuente: Comisión Económica para América Latina y el Caribe (CEPAL), sobre la base de cifras oficiales.
[a] El índice del tipo de cambio real efectivo mundial se calcula ponderando los índices de tipo de cambio real de cada socio comercial por la participación del comercio —exportaciones más importaciones— con ese socio en el total del comercio del país.
[b] Una moneda se deprecia en términos reales efectivos cuando este índice aumenta y se aprecia cuando disminuye.
[c] Cifras preliminares.
[d] Datos al mes de mayo.
[e] El índice del tipo de cambio real efectivo extrarregional excluye el comercio con otros países de América Latina y el Caribe.

Cuadro A.22
América Latina y el Caribe: tasa de participación
(Tasas anuales medias)

			2014	2015	2016	2017	2018	2019	2020	2020	2021[a]
										Primer trimestre	
América Latina y el Caribe[b]		**Global**	**62,1**	**62,0**	**62,1**	**62,4**	**62,6**	**62,6**	**57,7**	**61,7**	**59,1**
Argentina[c]	Áreas urbanas	Global	58,3	57,7[d]	57,5[e]	57,8	58,5	59,1	54,9	58,6	58,9
		Mujeres	46,9	46,4[d]	46,9[e]	47,1	48,7	49,4	45,9	49,5	49,0
		Hombres	70,9	70,1[d]	69,4[e]	69,7	69,6	69,9	64,9	68,7	69,7
Bahamas	Total nacional	Global	73,7	74,3	77,1	80,5	82,8	80,3	…	…	…
		Mujeres	70,1	71,7	73,1	74,7	76,7	75,5	…	…	…
		Hombres	77,8	79,5	81,7	83,7	85,5	83,0	…	…	…
Barbados	Total nacional	Global	63,8	65,1	66,5	65,3	64,8	63,4	…	…	…
		Mujeres	60,4	61,7	62,8	61,5	60,6	59,9	…	…	…
		Hombres	67,7	68,7	70,4	69,7	69,4	67,4	…	…	…
Belice	Total nacional	Global	63,6	63,2	64,0	64,1	65,5	68,1	55,1	…	…
		Mujeres	78,2	77,8	78,0	78,2	78,3	80,5	68,7	…	…
		Hombres	49,2	48,7	50,3	50,2	52,9	56,0	42,4	…	…
Bolivia (Estado Plurinacional de)[f]	Total nacional	Global	65,8	61,0		66,0	67,4	70,8	73,0	67,0	73,7	75,3
		Mujeres	57,1	50,4		56,1	58,3	63,0	65,5	58,9	66,7	68,5
		Hombres	75,0	72,1		76,4	76,8	79,1	80,7	75,4	81,0	82,4
Brasil	Total nacional	Global	61,0	61,3	61,4	61,7	61,6	62,0	57,1	61,0	56,8
		Mujeres	50,6	51,2	51,4	52,3	52,5	53,2	48,0	52,1	47,9
		Hombres	72,5	72,4	72,3	72,0	71,7	71,7	67,2	70,8	66,9
Chile	Total nacional	Global	59,8	59,7	59,5	59,7	59,7	62,8	56,1	62,5	57,3
		Mujeres	48,4	48,2	48,0	48,5	49,1	52,5	45,3	52,1	46,1
		Hombres	71,6	71,5	71,3	71,2	70,6	73,6	67,3	73,3	69,0
Colombia	Total nacional	Global	64,2	64,7	64,5	64,4	64,0	62,9	58,6	61,1	60,2
		Mujeres	54,0	54,8	54,5	54,5	53,8	52,5	47,3	50,3	49,1
		Hombres	74,9	75,2	74,9	74,8	74,6	73,7	70,7	72,5	71,9
Costa Rica	Total nacional	Global	62,6	61,2	58,4	58,8	60,7	62,5	60,2	63,4	60,8
		Mujeres	49,2	48,1	44,3	44,5	46,9	50,6	48,1	52,1	49,3
		Hombres	75,9	74,3	72,4	73,0	74,3	74,4	72,2	74,7	72,3
Cuba	Total nacional	Global	71,9	67,1	65,2	63,4	63,8	65,2	…	…	…
		Mujeres	56,3	52,6	50,9	49,4	49,5	53,3	…	…	…
		Hombres	86,2	80,4	78,2	76,2	76,9	76,0	…	…	…
Ecuador[g]	Total nacional	Global	63,2	66,2	68,2	68,8	67,0	66,6	62,5[h]	…	64,9
		Mujeres	48,5	52,7	56,2	56,9	55,0	54,5	51,3[h]	…	53,5
		Hombres	78,8	80,5	81,0	81,0	79,7	78,3	73,8[h]	…	76,7
El Salvador	Total nacional	Global	63,6	62,8	62,1	61,9	61,3	62,2	…	…	…
		Mujeres	49,3	47,8	46,7	46,3	46,1	46,8	…	…	…
		Hombres	80,7	80,7	80,2	80,6	79,5	80,5	…	…	…
Guatemala	Total nacional	Global	60,9	60,7	60,8	61,0	60,2[i]	59,2	…	…	…
		Mujeres	40,6	38,9	39,2	39,2	39,2[i]	37,9	…	…	…
		Hombres	83,8	84,7	85,0	85,3	84,2[i]	83,7	…	…	…
Honduras	Total nacional	Global	56,0	58,3	57,5	59,0	60,4	57,3	59,5	…	…
		Mujeres	40,6	44,1	43,0	43,8	46,0	41,4	47,8	…	…
		Hombres	73,6	74,4	74,0	76,0	76,3	75,1	73,3	…	…

Cuadro A.22 (conclusión)

			2014	2015	2016	2017	2018	2019	2020	2020	2021[a]
										Primer trimestre	
Jamaica	Total nacional	Global	62,8	63,1	64,8	65,1	64,1	62,8	62,5	64,1	62,8
		Mujeres	55,9	56,3	58,6	59,1	58,0	56,3	56,0	57,9	56,6
		Hombres	70,0	70,3	71,2	71,3	70,4	69,5	69,2	70,5	69,3
México[j]	Total nacional	Global	59,8	59,8	59,7	59,3	59,6	60,1	55,3	59,9	56,7
		Mujeres	43,1	43,4	43,4	43,0	43,5	44,7	40,7	45,0	41,1
		Hombres	78,3	78,0	77,7	77,6	77,4	77,1	71,5	76,4	74,0
Nicaragua	Total nacional	Global	74,0	72,4	73,6	73,5	71,7	71,1	69,1	70,9	69,5
		Mujeres	63,0	60,9	63,1	63,2	61,6	61,0	58,7	61,1	59,4
		Hombres	85,8	84,6	84,9	84,7	82,6	82,3	80,6	82,1	80,7
Panamá	Total nacional	Global	64,0	64,2	64,4	64,0	65,4	66,5	63,0	…	…
		Mujeres	49,8	50,8	51,1	51,2	52,8	55,0	…	…	…
		Hombres	79,4	78,4	78,6	77,6	78,8	78,8	…	…	…
Paraguay[k]	Total nacional	Global	61,6	62,1	62,6 l	71,0	71,9	72,4	70,2	71,2	72,9
		Mujeres	49,6	50,2	50,8 l	57,8	59,4	60,2	57,4	59,1	60,8
		Hombres	74,1	74,1	74,5 l	84,4	84,5	84,8	83,5	83,8	85,2
Perú	Total nacional	Global	72,3	71,6	72,2	72,4	72,2	72,6	62,3	70,2	70,0
		Mujeres	63,3	62,3	63,3	64,0	64,2	64,7	52,9	62,2	61,0
		Hombres	81,4	81,0	81,2	81,0	80,2	80,6	71,9	78,3	79,0
República Dominicana[l]	Total nacional	Global	59,1 l	61,8	62,3	62,2	63,6	65,1	60,2	63,4	61,7
		Mujeres	44,0 l	48,1	48,9	49,0	50,4	52,7	47,6	51,5	49,3
		Hombres	74,6 l	76,3	76,6	76,1	77,8	78,4	74,0	76,3	75,3
Trinidad y Tabago	Total nacional	Global	61,9	60,6	59,7	59,2	58,9	57,5	…	…	…
		Mujeres	51,8	50,1	50,1	49,5	49,4	…	…	…	…
		Hombres	72,2	71,2	69,5	68,9	68,1	…	…	…	…
Uruguay	Total nacional	Global	64,7	63,8	63,4	62,9	62,4	62,1	60,5	61,6	61,5
		Mujeres	55,9	55,4	55,3	55,0	54,9	54,9	53,8	55,4	55,0
		Hombres	74,3	72,9	72,3	71,4	70,7	70,1	67,9	68,4	68,4
Venezuela (República Bolivariana de)	Total nacional	Global	65,1	63,7	64,0	66,3	67,9	…	…	…	…
		Mujeres	51,2	49,8	50,2	52,7	55,0	…	…	…	…
		Hombres	79,1	77,9	77,9	80,0	81,0	…	…	…	…

Fuente: Comisión Económica para América Latina y el Caribe (CEPAL), sobre la base de cifras oficiales.

[a] Cifras preliminares.

[b] Los datos de los países no son comparables entre sí, debido a diferencias en la cobertura y la definición de la población en edad de trabajar. Las series regionales son promedios ponderados de los datos nacionales (sin Belice y Nicaragua) e incluyen ajustes por falta de información y cambios metodológicos.

[c] El Instituto Nacional de Estadística y Censos (INDEC) de la Argentina no reconoce los datos correspondientes al período 2007-2015 y los está sometiendo a un proceso de revisión. Por lo tanto, dichos datos tienen carácter preliminar y serán reemplazados cuando se publiquen los nuevos datos oficiales.

[d] El dato se refiere al promedio de los primeros tres trimestres.

[e] El dato se refiere al promedio de los últimos tres trimestres.

[f] Nueva medición a partir de 2016; los datos no son comparables con la serie anterior.

[g] Hasta 2013, diciembre de cada año. A partir de 2014, promedio del año.

[h] No hay datos disponibles para el primer trimestre.

[i] El dato se refiere a la medición de junio.

[j] Nueva medición a partir de 2013; los datos no son comparables con la serie anterior.

[k] Nueva medición a partir de 2017; los datos no son comparables con la serie anterior.

[l] Nueva medición a partir de 2015; los datos no son comparables con la serie anterior.

Cuadro A.23
America Latina y el Caribe: desocupación nacional por sexo[a]
(Tasas anuales medias)

			2013	2014	2015	2016	2017	2018	2019	2020[b]	2020[b]	2021[b]
											Primer trimestre	
América Latina y el Caribe[c]		**Global**	**6,3**	**6,1**	**6,6**	**7,8**	**8,1**	**7,9**	**8,0**	**10,5**	**9,0**	**10,7**
		Mujeres	**7,5**	**7,1**	**7,7**	**9,0**	**9,3**	**9,2**	**9,3**	**11,9**	**11,2**	**12,3**
		Hombres	**5,4**	**5,3**	**5,7**	**6,9**	**7,1**	**7,0**	**6,9**	**9,3**	**9,7**	**8,5**
America Latina												
Argentina	Áreas urbanas	Global	7,1	7,3	6,5[d]	8,5[e]	8,4	9,2	9,8	11,5	10,4	10,2
		Mujeres	8,5	8,4	7,6[d]	9,4[e]	9,5	10,5	10,7	12,4	11,2	12,3
		Hombres	6,1	6,5	5,7[d]	7,8[e]	7,5	8,2	9,2	10,8	9,7	8,5
Bolivia (Estado Plurinacional de)[f]	Total nacional	Global	2,9	2,3	3,5	3,5	3,6	3,5	3,7	7,9	4,2	6,3
		Mujeres	3,5	3,1	4,2	5,1	4,1	3,6	4,1	8,3	4,3	6,7
		Hombres	2,3	1,7	3,0	3,1	3,3	3,4	3,4	7,6	4,1	5,8
Brasil	Total nacional	Global	7,1	6,8	8,5	11,5	12,7	12,3	11,9	13,5	12,2	14,7
		Mujeres	8,9	8,2	10,1	13,3	14,6	14,1	14,0	15,7	14,5	17,9
		Hombres	5,8	5,7	7,3	10,1	11,3	10,8	10,1	11,8	10,4	12,2
Chile	Total nacional	Global	6,1	6,5	6,3	6,7	7,0	7,4	7,2	10,8	8,2	10,4
		Mujeres	7,1	7,1	7,0	7,2	7,6	8,3	8,0	11,0	9,7	11,0
		Hombres	5,4	6,1	5,8	6,3	6,5	6,7	6,7	10,6	7,1	9,9
Colombia[g]	Total nacional	Global	9,0	8,5	8,3	8,6	8,8	9,1	9,9	15,1	11,9	15,1
		Mujeres	11,7	11,0	10,8	11,1	11,4	11,6	12,6	19,2	15,3	19,9
		Hombres	7,0	6,7	6,4	6,8	6,9	7,1	7,8	12,3	9,5	11,7
Costa Rica	Total nacional	Global	9,4	9,6	9,6	9,5	9,1	10,3	11,8	19,6	12,5	18,7
		Mujeres	11,1	11,9	12,2	12,1	11,6	13,2	15,3	25,7	18,0	26,1
		Hombres	8,3	8,1	8,0	8,0	7,5	8,4	9,3	15,6	8,6	13,7
Cuba	Total nacional	Global	3,3	2,7	2,4	2,0	1,7	1,7	1,2	…	…	…
		Mujeres	3,5	3,1	2,6	2,2	1,6	1,8	1,2	…	…	…
		Hombres	3,1	2,4	2,3	1,9	1,7	1,6	1,2	…	…	…
Ecuador[g]	Total nacional	Global	3,0	3,4	3,6	4,5	3,8	3,5	3,8	5,9[h]	…	5,1
		Mujeres	3,7	4,1	4,5	5,8	4,9	4,4	4,6	9,5[h]	…	6,3
		Hombres	2,7	3,0	3,0	3,7	3,0	2,9	3,2	6,4[h]	…	4,2
El Salvador	Total nacional	Global	5,9	7,0	7,0	7,0	7,0	6,3	6,3	…	…	…
		Mujeres	4,7	4,7	5,0	5,3	5,2	4,9	5,4	…	…	…
		Hombres	6,8	8,6	8,4	8,1	8,3	7,3	7,0	…	…	…
Guatemala	Total nacional	Global	3,1	2,9	2,6	2,7	2,5	2,4	2,3	…	…	…
		Mujeres	3,7	3,5	3,6	3,5	3,5	3,0	3,0	…	…	…
		Hombres	2,7	2,6	2,0	2,2	2,0	2,1	1,9	…	…	…
Honduras	Total nacional	Global	3,9	5,3	7,3	7,4	6,7	5,7	5,7	10,9	…	…
		Mujeres	5,0	6,7	11,7	10,7	10,8	7,4	8,1	13,7	…	…
		Hombres	3,3	4,5	4,4	5,1	4,0	4,5	4,2	8,7	…	…
México	Total nacional	Global	4,9	4,8	4,4	3,9	3,4	3,3	3,5	4,4	3,4	4,3
		Mujeres	5,0	4,9	4,5	3,9	3,6	3,4	3,5	4,2	3,5	4,2
		Hombres	4,9	4,8	4,3	3,9	3,3	3,2	3,5	4,6	3,4	4,4
Nicaragua	Total nacional	Global	5,8	6,6	5,9	4,5	3,7	5,4	5,4	5,0	4,8	4,9
		Mujeres	6,0	7,0	6,3	4,8	3,8	5,5	5,5	4,7	4,2	4,6
		Hombres	5,6	6,2	5,6	4,2	3,5	5,4	5,4	5,2	5,3	5,2
Panamá[g]	Total nacional	Global	3,2	3,5	3,9	4,4	4,9	4,9	5,8	18,6	…	…
		Mujeres	4,1	4,6	5,0	5,4	6,4	6,4	7,3	…	…	…
		Hombres	2,5	2,7	3,1	3,7	3,8	3,9	4,8	…	…	…

Cuadro A.23 (conclusión)

			2013	2014	2015	2016	2017	2018	2019	2020[b]	2020[b]	2021[b]
											Primer trimestre	
Paraguay[i]	Total nacional	Global	5,0	6,0	5,4	6,0	6,1	6,2	6,6	7,7	7,9	8,1
		Mujeres	5,7	8,1	6,1	7,5	7,6	7,4	8,0	10,2	10,1	10,2
		Hombres	4,5	4,6	4,9	5,0	5,1	5,4	5,5	5,9	6,3	6,7
Perú	Total nacional	Global	3,9	3,7	3,5	4,2	4,1	3,9	3,9	7,6	5,1	7,5
		Mujeres	4,7	4,0	3,6	4,6	4,4	4,4	4,5	7,6	5,8	8,4
		Hombres	3,4	3,4	3,4	3,9	3,8	3,5	3,5	7,7	4,5	6,8
República Dominicana[j]	Total nacional	Global	7,4	6,7	7,3	7,1	5,5	5,7	6,2	5,8	5,7	8,0
		Mujeres	10,5	9,7	10,5	10,5	7,8	8,8	9,3	8,6	8,6	12,8
		Hombres	5,3	4,8	5,2	4,8	4,0	3,5	3,9	3,9	3,6	4,6
Uruguay	Total nacional	Global	6,5	6,6	7,5	7,8	7,9	8,3	8,9	10,1	9,7	10,5
		Mujeres	8,2	8,3	8,9	9,4	9,5	10,1	10,7	12,4	10,9	12,6
		Hombres	5,0	5,1	6,4	6,5	6,6	6,9	7,3	8,7	8,6	8,6
Venezuela (República Bolivariana de)	Total nacional	Global	7,8	7,2	7,0	7,3	7,2	6,8	...	...	...	...
		Mujeres	8,8	8,0	7,7	7,8	8,4	8,1	...	...	...	...
		Hombres	7,1	6,7	6,6	7,1	6,3	5,9	...	...	...	...
El Caribe												
Bahamas[k]	Total nacional	Global	15,8	14,6	13,4	12,2	10,0	10,3	10,1	...	...	...
		Mujeres	16,1	15,4	15,0	14,2	11,0	10,6	10,3	...	...	...
		Hombres	15,6	13,8	11,9	10,3	8,6	10,1	10,0	...	...	...
Barbados[k]	Total nacional	Global	11,6	12,3	11,3	9,7	10,0	10,1	10,1	...	...	...
		Mujeres	11,6	12,8	10,3	10,1	10,1	10,3	8,5	...	...	...
		Hombres	11,7	11,7	12,3	9,3	9,8	9,9	11,6	...	...	...
Belice[k]	Total nacional	Global	13,2	11,6	10,1	9,5	9,3	9,4	9,1	13,7	...	...
		Mujeres	20,8	19,9	15,4	15,6	14,6	14,9	13,4	17,0	...	...
		Hombres	7,8	6,3	6,8	5,6	5,9	5,6	5,9	11,6	...	...
Jamaica[g]	Total nacional	Global	10,3	9,5	9,8	9,0	7,7	5,6	5,0	6,4	5,2	8,9
		Mujeres	13,6	12,4	12,5	12,0	10,2	7,2	6,5	7,2	5,9	10,4
		Hombres	7,8	7,2	7,2	6,6	5,6	4,2	3,8	5,7	4,4	7,6
Trinidad y Tabago[k]	Total nacional	Global	3,7	3,3	3,5	4,0	4,8	4,1	4,2	...	...	...
		Mujeres	4,6	4,0	4,2	4,0	5,6	4,5	...	...	...	...
		Hombres	3,0	2,8	2,9	3,9	4,2	3,3	...	...	...	...

Fuente: Comisión Económica para América Latina y el Caribe (CEPAL), sobre la base de las encuestas de hogares de los países.
a Porcentaje de población desempleada con respecto a la población económicamente activa.
b Cifras preliminares.
c Promedio ponderado con ajustes por falta de información y diferencias y cambios metodologicos. Incluye un ajuste de datos por la exclusión de la desocupación oculta en Colombia, el Ecuador, Jamaica y Panamá.
d Promedio del primer al tercer trimestre.
e Promedio del segundo al cuarto trimestre.
f Nueva medición a partir de 2016; datos no comparables con la serie anterior.
g Tasa de desempleo abierto con ajuste de las cifras de la población económicamente activa por la exclusión del desempleo oculto.
h No hay datos disponibles para el primer trimestre.
i Nueva medición a partir de 2017; datos no comparables con la serie anterior.
j Nueva medición a partir de 2015; datos no comparables con la serie anterior.
k Incluye desempleo oculto.

Cuadro A.24
América Latina y el Caribe: tasa de ocupación[a]
(Tasas anuales medias)

		2013	2014	2015	2016	2017	2018	2019	2020	2020	2021[b]
										Primer trimestre	
América Latina y el Caribe[c]		**58,3**	**58,3**	**57,9**	**57,3**	**57,4**	**57,6**	**57,6**	**51,4**	**56,2**	**53,0**
Argentina[d]	Áreas urbanas	54,7	54,0	53,9[e]	52,6[f]	52,9	53,1	53,3	48,6	52,5	53,0
Bahamas	Total nacional	61,6	62,8	64,3	67,7	72,5	74,2	72,2	...	...	...
Barbados	Total nacional	58,9	56,0	57,7	60,0	58,8	58,3	57,0	...	...	...
Belice	Total nacional	55,9	56,6	56,8	57,9	58,1	59,0	62,0	47,6	...	...
Bolivia (Estado Plurinacional de)[g]	Total nacional	61,5	64,3	58,9 |	63,8	64,9	68,4	70,3	61,8	70,6	70,6
Brasil	Total nacional	56,9	56,8	56,1	54,3	53,9	54,1	54,6	49,3	53,5	48,4
Chile	Total nacional	56,0	56,0	56,0	55,6	55,7	55,5	58,3	50,1	57,3	51,4
Colombia	Total nacional	58,0	58,4	59,0	58,5	58,4	57,8	56,6	49,8	53,8	51,1
Costa Rica	Total nacional	56,4	56,6	55,4	52,8	53,5	54,4	55,2	48,5	55,5	49,4
Cuba	Total nacional	70,5	70,0	65,4	63,8	62,4	62,7	64,4	...	...	...
Ecuador[h]	Total nacional	59,5	60,4	63,3	64,6	65,5	64,3	63,7	57,6[i]	...	61,6
El Salvador	Total nacional	59,9	58,4	57,8	57,9	57,6	57,4	58,2	...	...	...
Guatemala	Total nacional	58,7	59,1	59,2	59,2	59,4	58,6[j]	57,9	...	...	...
Honduras	Total nacional	51,6	53,1	54,0	53,2	55,1	57,0	54,1	52,9	...	...
Jamaica	Total nacional	53,4	54,2	54,6	56,2	57,5	58,2	59,6	56,6	60,8	57,3
México	Total nacional	57,3	56,9	57,2	57,4	57,3	57,6	58,0	53,1	57,8	54,6
Nicaragua	Total nacional	71,5	69,1	68,1	70,2	70,8	67,8	67,2	65,6	67,5	66,1
Panamá	Total nacional	61,5	60,9	60,9	60,8	59,8	60,6	61,8	51,3	...	...
Paraguay[k]	Total nacional	60,1	58,6	58,7	58,9 |	66,7	67,4	67,6	64,8	65,6	67,0
Perú	Total nacional	70,3	69,6	68,9	69,2	69,5	69,5	69,5	57,7	66,6	64,7
República Dominicana[l]	Total nacional	54,6	55,4 |	57,3	57,9	58,7	60,0	61,0	56,7	59,8	56,8
Trinidad y Tabago	Total nacional	59,1	59,9	58,5	57,4	56,3	56,5	55,0	...	...	...
Uruguay	Total nacional	59,5	60,4	59,0	58,4	57,9	57,2	56,6	54,3	55,6	55,0
Venezuela (República Bolivariana de)	Total nacional	59,3	60,4	59,2	59,3	61,5	63,3	...	...	...	...

Fuente: Comisión Económica para América Latina y el Caribe (CEPAL), sobre la base de cifras oficiales.
[a] Porcentaje de población ocupada con respecto a la población en edad de trabajar.
[b] Cifras preliminares.
[c] Promedio ponderado con ajustes por falta de información y diferencias y cambios metodológicos. Los datos de los países no son comparables entre sí, debido a diferencias en la cobertura y la definición de la población en edad de trabajar.
[d] El Instituto Nacional de Estadística y Censos (INDEC) de la Argentina no reconoce los datos correspondientes al período 2007-2015 y los está sometiendo a un proceso de revisión. Por lo tanto, dichos datos tienen carácter preliminar y serán reemplazados cuando se publiquen los nuevos datos oficiales.
[e] El dato se refiere al promedio de los primeros tres trimestres.
[f] El dato se refiere al promedio de los últimos tres trimestres.
[g] Nueva medición a partir de 2016; los datos no son comparables con la serie anterior.
[h] Hasta 2013, diciembre de cada año. A partir de 2014, promedio del año.
[i] No hay datos disponibles para el primer trimestre.
[j] El dato se refiere a la medición de junio.
[k] Nueva medición a partir de 2017; los datos no son comparables con la serie anterior.
[l] Nueva medición a partir de 2015; los datos no son comparables con la serie anterior.

Cuadro A.25
América Latina y el Caribe: indicadores de empleo registrado
(Índices 2010=100)

	2012	2013	2014	2015	2016	2017	2018	2019	2020	2020	2021[a]
										Primer trimestre	
Argentina[b]	107,0	109,6	110,9	114,0	114,3	115,3	115,6	114,4	112,3	114,0	112,8
Brasil[c]	111,4	114,8	117,2	115,2	110,6	108,7	109,7	111,0	103,2	112,2	113,6
Chile[d]	112,1	115,8	117,9	120,1	122,2	123,4	127,8	131,5	128,1	134,0	133,4
Costa Rica[e]	106,7	109,0	110,7	112,6	116,3	119,7	122,1	122,4	119,8	123,9	120,7
El Salvador[e]	105,5	111,0	113,5	115,1	117,3	118,3	120,3	123,0	119,3	124,4	122,1
Guatemala[e]	107,1	110,4	111,8	114,2	117,4	118,6	119,6	125,5	119,3	...	...
Jamaica[f]	99,0	100,4	...	...	...	...	...	...	...	...	...
México[g]	109,2	113,0	117,0	122,0	126,7	132,2	137,6	140,7	137,2	141,3	137,2
Nicaragua[e]	116,6	125,9	132,8	144,6	160,3	170,9	153,0	141,5	133,6	138,1	139,3
Panamá[h]	117,8	122,5	126,1	127,2	125,4	126,8	123,3	123,2	115,8	...	...
Perú[i]	109,6	112,7	114,8	115,8	118,3	120,7	125,4	128,8	124,4	129,7	124,8
Uruguay[j]	108,9	110,9	111,7	110,1	108,9	109,4	108,9	108,9	102,4	105,1	101,5

Fuente: Comisión Económica para América Latina y el Caribe (CEPAL), sobre la base de cifras oficiales.
[a] Cifras preliminares.
[b] Asalariados cotizantes del sistema de pensiones.
[c] Trabajadores cubiertos por la legislación social y laboral.
[d] Trabajadores dependientes cotizantes del sistema de pensiones.
[e] Trabajadores cubiertos por la seguridad social.
[f] Trabajadores de empresas con 10 o más empleados.
[g] Trabajadores privados cubiertos por la legislación social y laboral.
[h] Hasta 2012, trabajadores cubiertos por la seguridad social. A partir de 2013, trabajadores de pequeñas, medianas y grandes empresas de la industria manufacturera, el comercio y los servicios.
[i] Puestos de trabajo reportados a la Superintendencia Nacional de Aduanas y de Administración Tributaria. Hasta 2015, trabajadores de empresas con 10 o más empleados.
[j] Puestos de trabajo que generan cotizaciones a la seguridad social.

Cuadro A.26
América Latina: indicadores de subempleo por horas
(En porcentajes de los ocupados)

		2013	2014	2015	2016	2017	2018	2019	2020	2020	2021[a]
										Primer trimestre	
Argentina[b c]	Áreas urbanas	9,2	9,6	9,0[d]	11,5[e]	11,4	12,3	14,1	14,1	13,1	13,3
Brasil[f]	Total nacional	5,5	4,9	5,4	5,3	6,6	7,2	7,5	7,3	7,0	8,2
Chile[g h]	Total nacional	11,6	11,3	10,3	10,9|	9,6	9,5	9,5	6,4	7,1	5,6
Colombia[i]	Total nacional	11,8	10,1	10,3	9,9	9,5	8,9	9,6	9,8	9,3	9,0
Costa Rica[j]	Total nacional	12,5	12,8	12,4	9,0	8,1	8,7	10,2	19,8	12,4	16,4
Ecuador[f]	Total nacional	9,9	10,6	11,7	15,7	17,0	15,4	16,6	25,5	...	24,2
El Salvador[f]	Total urbano	5,8	6,7	6,8	7,7	7,6	6,3	6,3	...	...	...
Honduras[k]	Total nacional	11,7	12,5	14,1	11,5	11,8	14,2	10,6	27,3	...	...
México[j]	Total nacional	8,3	8,1	8,3	7,6	7,1	6,9	7,5	16,4	8,5	14,0
Panamá[f]	Total nacional	2,5	2,0	2,5	2,3	2,5	3,7	4,4	...	...	...
Paraguay[l]	Asunción y áreas urbanas del Departamento Central[h]	4,7	4,8	4,6	4,0|	5,5	5,3	7,0	7,6	6,2	6,1
Perú[b]	Lima metropolitana	11,6	11,3	10,4	11,3	11,5	13,6	13,2	20,2	14,6	13,6
Uruguay[f]	Total nacional	6,8	6,6	7,1	8,3	8,4	8,5	9,6	9,1	9,1	...

Fuente: Comisión Económica para América Latina y el Caribe (CEPAL), sobre la base de cifras oficiales.
[a] Cifras preliminares.
[b] Ocupados que trabajan menos de 35 horas semanales, desean trabajar más y están disponibles para hacerlo.
[c] El Instituto Nacional de Estadística y Censos (INDEC) de la Argentina no reconoce los datos correspondientes al período 2007-2015 y los está sometiendo a un proceso de revisión. Por lo tanto, dichos datos tienen carácter preliminar y serán reemplazados cuando se publiquen los nuevos datos oficiales.
[d] El dato se refiere al promedio de los primeros tres trimestres.
[e] El dato se refiere al promedio de los últimos tres trimestres.
[f] Ocupados que trabajan menos de 40 horas semanales, desean trabajar más y están disponibles para hacerlo.
[g] Ocupados que trabajan menos de 30 horas semanales, desean trabajar más y están disponibles para hacerlo. A partir de 2017, ocupados que trabajan dos tercios de la jornada completa establecida, desean trabajar más y están disponibles para hacerlo.
[h] A partir de 2017, total nacional.
[i] Ocupados que trabajan menos de 48 horas semanales, desean trabajar más y están disponibles para hacerlo.
[j] Ocupados que desean trabajar más que lo que su ocupación actual les permite.
[k] Ocupados que trabajan menos de 36 horas semanales, desean trabajar más y están disponibles para hacerlo.
[l] Ocupados que trabajan menos de 30 horas semanales, desean trabajar más y están disponibles para hacerlo.l A partir de 2017, total nacional.

Cuadro A.27
América Latina: salario medio real[a]
(Índices 2010=100)

	2013	2014	2015	2016	2017	2018	2019	2020[b]	2020	2021[b]
									Primer trimestre	
Bolivia (Estado Plurinacional de)[c]	100,3	101,8	107,7	109,5	111,5[d]	115,0	114,6	114,2	114,3	112,4
Brasil[e]	107,4	108,4	108,9	107,6	110,2	110,0	110,3	115,5	111,4	113,1
Chile[f]	109,9	111,9	113,9	115,4	119,0	121,3	123,8	124,5	124,6	126,3
Colombia[g]	104,0	104,5	105,7	103,4	106,6	107,7	108,6	103,3	105,7	107,5
Costa Rica[h]	108,5	110,7	115,2	118,2	119,6	121,7	123,2	117,8	120,1	113,1
El Salvador[h]	97,8	98,5	100,9	102,3	103,4	103,4	104,7	104,7	105,8	108,4
Guatemala[h]	104,3	106,8	110,4	108,2	107,2	107,9	...	...	...	...
México[i]	101,3	101,7	103,2	104,1	102,9	103,7	106,7	110,8	110,0	114,0
Nicaragua[h]	100,7	102,4	105,1	107,5	109,1	114,1	113,5	111,2	111,7	...
Panamá[j]	103,8	109,5	113,1	117,5	122,1	127,0	130,1	126,3	124,1	...
Paraguay[k]	105,7	107,0	107,5	108,2	108,5	110,4	112,0	111,1	...	...
Perú[l]	114,7	117,9	117,5	122,2	121,8	125,8	125,0	123,7	123,2	121,3
Uruguay[m]	111,7	115,4	117,3	119,1	122,6	122,8	124,4	122,2	125,2	122,3
Venezuela (República Bolivariana de)[n]	104,3	...	...	...	...	...	...	...	...	...

Fuente: Comisión Económica para América Latina y el Caribe (CEPAL), sobre la base de cifras oficiales.
[a] Cifras deflactadas por el índice oficial de precios al consumidor de cada país.
[b] Cifras preliminares.
[c] Índice de salario medio del sector privado.
[d] Dato corresponde al promedio de marzo y junio.
[e] Trabajadores del sector privado amparados por la legislación social y laboral. Nueva serie a partir de 2013.
[f] Índice general de remuneraciones por hora.
[g] Industria manufacturera. Nueva serie a partir de 2015.
[h] Salario medio declarado de los cotizantes al seguro social.
[i] Salario medio declarado de los cotizantes privados a la seguridad social.
[j] Salario medio declarado de los afiliados al seguro social. A partir de 2013, corresponde a trabajadores de pequeñas, medianas y grandes empresas de la industria manufacturera, el comercio y los servicios.
[k] Índice de sueldos y salarios.
[l] Ingreso medio del sector formal. Hasta 2015, salarios de trabajadores dependientes en Lima metropolitana.
[m] Índice medio de salarios.
[n] Índice de remuneraciones.

Cuadro A.28
América Latina y el Caribe: indicadores monetarios
(Variación porcentual promedio respecto del mismo período del año anterior)

		2016	2017	2018	2019	2020				2021	
						Trim 1	Trim 2	Trim 3	Trim 4	Trim 1	Trim 2
América Latina y el Caribe											
Argentina	Base monetaria	27,9	31,0	33,7	23,0	37,2	62,1	72,1	51,0	39,8	19,2
	Dinero (M1)	20,2	29,4	23,6	16,9	58,0	93,3	91,9	82,3	65,3	43,0[a]
	M2	23,9	28,0	37,8	25,4	40,5	70,0	84,6	87,0	69,9	57,3[a]
	Depósitos en moneda extranjera	172,5	96,1	81,6	55,2	-3,4	-13,4	-9,5	11,5	26,4	41,5[a]
Bolivia (Estado Plurinacional de)	Base monetaria	3,9	0,1	8,7	8,5	8,7	12,4	19,3	21,0	24,6	13,5[a]
	Dinero (M1)	9,6	2,0	6,4	0,7	-5,4	8,4	7,8	9,7	14,5	...
	M2	12,5	7,7	10,8	3,5	-0,5	5,8	5,8	8,5	10,3	...
	Depósitos en moneda extranjera	-1,0	-2,7	-4,2	2,1	11,1	14,7	16,3	13,4	10,9	...
Brasil	Base monetaria	3,2	6,2	6,3	3,5	8,5	30,3	47,9	41,0	34,7	16,9[b]
	Dinero (M1)	0,2	4,4	8,3	5,7	11,0	34,3	49,4	48,8	39,2	23,0[a]
	M2	3,7	12,2	12,5	9,4	12,4	32,1	41,5	43,5	36,9	21,8[a]
Chile	Base monetaria	11,4	7,1	6,0	10,5	7,8	24,2	77,2	102,6	120,0	124,9
	Dinero (M1)	6,4	8,7	11,8	12,6	21,8	34,8	54,5	52,4	56,5	51,3[b]
	M2	9,8	4,9	9,8	7,8	11,1	9,9	5,5	1,3	1,6	3,5[b]
	Depósitos en moneda extranjera	8,0	-2,8	3,5	16,2	49,7	55,3	46,3	20,7	0,5	-2,3[b]
Colombia	Base monetaria	8,8	1,3	7,3	11,7	15,7	20,9	20,0	18,3	17,7	10,4[b]
	Dinero (M1)	3,9	1,1	6,7	11,1	16,3	30,0	26,8	25,8	25,0	16,0[b]
	M2	10,5	5,7	5,6	7,5	10,8	16,9	15,9	14,1	11,7	6,0[b]
Costa Rica	Base monetaria	10,1	7,5	4,1	-1,3	-2,4	5,0	14,3	15,1	14,0	7,7[b]
	Dinero (M1)	17,8	1,7	4,4	6,2	17,1	39,2	43,4	36,4	25,1	...
	M2	4,1	0,5	-1,4	1,3	8,5	17,8	21,1	19,2	13,9	...
	Depósitos en moneda extranjera	1,4	11,6	2,4	4,2	0,7	8,3	18,7	25,0	23,4	...
Ecuador	Base monetaria	22,8	12,9	4,6	3,1	7,3	14,5	16,3	21,2	16,8	8,9[a]
	Dinero (M1)	10,4	13,1	5,6	3,4	4,9	9,4	9,0	8,4	7,6	5,7[a]
	M2	6,6	13,5	8,3	6,5	8,9	9,4	9,6	10,4	10,0	10,3[a]
El Salvador	Base monetaria	3,5	9,3	5,5	10,5	11,5	-17,5	-18,7	-29,1	-39,1	-21,4[b]
	Dinero (M1)	3,9	6,5	5,8	7,3	7,6	10,7	16,4	17,6	16,6	10,1[a]
	M2	5,7	7,3	7,5	7,6	10,9	12,2	12,2	11,9	10,6	8,0[a]
Guatemala	Base monetaria	9,7	11,3	8,8	10,8	15,2	19,7	21,9	25,3	22,6	15,0
	Dinero (M1)	6,1	7,7	8,1	11,6	13,9	16,9	24,6	26,6	25,3	23,8[a]
	M2	7,9	8,4	8,8	10,5	12,0	12,9	16,9	18,5	18,2	17,8[a]
	Depósitos en moneda extranjera	4,2	-1,9	6,8	5,0	3,4	14,3	15,0	17,3	15,3	9,5[a]
Haití	Base monetaria	26,2	15,6	14,7	31,1	85,4	102,2	107,2	14,1	6,8[c]	...
	Dinero (M1)	6,0	16,6	22,3	11,3	16,5	30,8	39,0	32,2	37,2[c]	...
	M2	8,5	13,5	18,1	12,1	15,5	25,0	31,0	23,0	27,6[c]	...
	Depósitos en moneda extranjera	27,7	18,2	5,4	28,1	15,8	24,2	13,1	-18,2	-10,7[c]	...
Honduras	Base monetaria	14,9	18,8	8,2	10,0	17,8	41,4	71,2	66,2	72,5	50,6[a]
	Dinero (M1)	10,2	18,3	7,4	8,6	12,8	23,5	30,5	32,9	38,6	...
	M2	10,9	18,2	9,3	10,3	14,5	16,8	19,2	20,5	21,5	...
	Depósitos en moneda extranjera	8,3	16,3	4,9	4,2	2,7	7,2	10,6	12,3	6,7	...
México	Base monetaria	15,9	10,9	10,2	4,0	8,3	16,5	22,2	22,4	23,9	17,3
	Dinero (M1)	11,9	10,0	9,8	5,2	9,5	19,1	20,4	20,2	20,5	13,2[a]
	M2	10,6	9,5	11,2	5,7	8,5	15,9	16,0	15,4	13,8	6,6[a]
	Depósitos en moneda extranjera	30,2	29,6	5,0	-7,2	-5,9	7,8	14,0	18,7	13,4	-1,4[a]

Cuadro A.28 (continuación)

		2016	2017	2018	2019	2020				2021	
						Trim 1	Trim 2	Trim 3	Trim 4	Trim 1	Trim 2
Nicaragua	Base monetaria	11,3	7,4	3,7	-2,5	17,3	7,3	23,0	23,9	23,7	23,2[b]
	Dinero (M1)	9,5	8,8	0,1	-4,5	23,1	25,2	35,8	33,6	27,7	...
	M2	9,5	8,8	0,1	-4,5	23,1	25,2	35,8	33,6	27,7	...
	Depósitos en moneda extranjera	14,0	11,6	-5,5	-13,6	5,2	8,8	11,7	11,2	10,5	...
Panamá	Base monetaria	7,9	3,2	5,2	8,1	10,1	9,7	0,4	-2,2	-3,7	...
	Dinero (M1)	0,2	0,5	1,1	-3,2	-1,9	2,7	5,9	12,1	15,2	...
	M2	6,1	5,4	3,0	2,4	3,3	4,4	6,1	7,0	8,4	...
Paraguay	Base monetaria	2,7	11,1	13,3	3,5	4,5	15,9	14,2	10,5	12,0	-0,4[b]
	Dinero (M1)	3,1	14,2	10,1	4,3	6,5	22,3	22,5	24,5	25,8	17,1[a]
	M2	3,9	13,2	10,8	6,7	6,0	16,7	17,6	19,9	21,4	15,2[a]
	Depósitos en moneda extranjera	13,9	1,8	4,0	9,8	12,5	13,8	23,3	19,9	13,7	20,1[a]
Perú	Base monetaria	3,3	5,5	8,1	5,7	9,0	26,8	32,6	32,0	40,4	23,0[b]
	Dinero (M1)	5,1	7,9	13,5	10,1	12,3	33,7	45,5	44,9	47,3	34,3[a]
	M2	7,8	11,0	13,2	10,7	13,4	26,5	34,5	32,7	30,8	21,5[a]
	Depósitos en moneda extranjera	9,6	-4,7	6,4	5,7	7,4	10,5	13,1	17,1	23,1	27,0[a]
República Dominicana	Base monetaria	9,1	1,7	-1,4	10,1	8,3	9,4	13,5	20,6	20,8	16,9[b]
	Dinero (M1)	13,9	6,2	13,6	10,6	17,8	26,4	29,8	31,4	33,3	25,5[a]
	M2	12,2	7,5	8,1	6,9	9,1	12,2	16,1	17,4	18,6	17,3[a]
	Depósitos en moneda extranjera	8,9	9,9	12,8	13,4	19,9	30,9	40,8	37,1	28,3	25,5[a]
Uruguay	Base monetaria	10,9	13,2	0,9	6,0	22,9	7,3	8,5	12,0	7,6	18,1[b]
	Dinero (M1)	2,2	13,1	5,5	7,1	8,2	7,9	12,9	17,7	17,5	16,1[a]
	M2	11,1	15,4	10,7	8,9	8,0	10,0	13,3	17,1	20,1	14,0[a]
	Depósitos en moneda extranjera	17,2	-6,9	6,7	17,3	30,5	33,5	33,7	28,8	22,8	17,2[a]
Venezuela (República Bolivariana de)	Base monetaria	144,2	873,1	30 129,5	13 737,7	2 124,1	1 502,6	1 256,7	1 131,0	1 060,5	1 040,2[b]
	Dinero (M1)	116,6	551,7	37 111,7	9 188,3	1 965,8	1 589,7	1 383,2	1 225,0	1 297,1	1 343,1[a]
	M2	116,4	544,9	36 973,8	9 187,0	1962,4	1 584,3	1 379,9	1 224,1	1 296,9	1 342,9[a]
El Caribe											
Antigua y Barbuda	Base monetaria	12,5	-17,1	5,3	-7,6	...	...	...	...	...	...
	Dinero (M1)	12,0	12,6	8,8	11,8	...	...	...	...	...	...
	M2	0,1	5,1	4,8	2,3	...	...	...	...	...	...
	Depósitos en moneda extranjera	17,3	18,3	32,9	9,1	...	...	...	...	...	...
Bahamas	Base monetaria	24,7	9,9	7,6	-0,6	36,8	30,8	36,8	29,4	15,1	...
	Dinero (M1)	9,0	13,6	6,3	8,5	23,2	18,0	18,2	10,6	3,4	...
	M2	2,7	4,9	1,2	2,7	10,4	8,1	8,7	4,9	1,3	...
	Depósitos en moneda extranjera	1,2	32,2	29,7	16,1	53,9	28,2	10,5	-23,2	-42,9	...
Barbados	Base monetaria	23,4	11,7	1,0	12,6	10,8	12,3	18,8	18,0	27,6	27,1[b]
	Dinero (M1)	6,1	4,1	0,6	2,8	4,8	5,4	7,6	9,1	8,5	...
Belice	Base monetaria	12,6	-11,9	-9,7	0,6	5,4	5,1	15,8	21,5	26,2	30,6[a]
	Dinero (M1)	10,3	-4,9	6,5	4,4	5,9	4,0	12,5	16,8	15,2	22,6[a]
Dominica	Base monetaria	40,7	25,4	-1,0	-21,2	...	...	...	...	...	...
	Dinero (M1)	18,1	13,2	42,9	-14,3	...	...	...	...	...	...
	M2	6,0	7,5	17,4	-7,2	...	...	...	...	...	...
	Depósitos en moneda extranjera	3,2	-20,6	-7,7	30,8	...	...	...	...	...	...
Granada	Base monetaria	5,6	1,7	2,1	4,6	...	...	...	...	...	...
	Dinero (M1)	11,1	3,0	11,0	9,8	...	...	...	...	...	...
	M2	1,7	0,9	4,2	3,8	...	...	...	...	...	...
	Depósitos en moneda extranjera	35,9	10,2	0,5	16,9	...	...	...	...	...	...
Guyana	Base monetaria	13,5	6,2	10,5	10,8	15,8	24,0	26,0	34,8	40,6	35,2[b]
	Dinero (M1)	7,1	9,0	8,9	20,7	44,1	49,0	48,3	29,2	22,7	18,1[a]

Cuadro A.28 (conclusión)

		2016	2017	2018	2019	2020				2021	
						Trim 1	Trim 2	Trim 3	Trim 4	Trim 1	Trim 2
Jamaica	Base monetaria	9,0	15,2	13,3	...	...	...	...	...	...	...
	Dinero (M1)	21,8	11,2	20,0	...	...	...	...	...	...	...
	M2	15,2	24,1	18,4	...	...	...	...	...	...	...
	Depósitos en moneda extranjera	19,4	21,0	10,5	...	...	...	...	...	...	...
Saint Kitts y Nevis	Base monetaria	15,8	2,3	3,5	-7,1	...	...	...	...	...	...
	Dinero (M1)	-0,7	-7,9	-1,4	10,7	...	...	...	...	...	...
	M2	0,2	-4,2	1,3	3,0	...	...	...	...	...	...
	Depósitos en moneda extranjera	-6,3	-5,9	-12,9	-4,1	...	...	...	...	...	...
San Vicente y las Granadinas	Base monetaria	8,9	2,4	-2,2	9,0	...	...	...	...	...	...
	Dinero (M1)	10,0	4,6	0,2	11,1	...	...	...	...	...	...
	M2	4,6	3,6	0,4	6,0	...	...	...	...	...	...
	Depósitos en moneda extranjera	6,4	-7,4	-7,9	47,1	...	...	...	...	...	...
Santa Lucía	Base monetaria	3,3	-4,9	5,9	-7,4	...	...	...	...	...	...
	Dinero (M1)	6,5	8,3	9,0	7,1	...	...	...	...	...	...
	M2	3,1	1,3	2,0	3,6	...	...	...	...	...	...
	Depósitos en moneda extranjera	11,1	5,5	-10,5	0,4	...	...	...	...	...	...
Suriname	Base monetaria	30,3	23,9	24,4	70,0	80,3	50,8	35,9	36,2	41,0	36,7[b]
	Dinero (M1)	15,0	14,1	14,8	26,9	26,4	42,8	51,7	47,5	39,9	37,4[a]
	M2	12,4	11,7	15,1	24,5	21,5	31,2	38,3	36,9	32,2	32,1[a]
	Depósitos en moneda extranjera	85,5	20,3	5,8	-3,0	-9,7	-10,3	24,0	88,2	97,5	110,9[a]
Trinidad y Tabago	Base monetaria	-7,3	-8,4	-2,6	-0,1	-1,9	9,5	23,1	18,8	24,3	...
	Dinero (M1)	1,2	-1,9	0,1	-0,3	2,6	2,8	8,8	17,1	16,1[c]	...
	M2	2,8	-1,4	0,1	1,9	3,7	5,4	8,0	10,0	8,6[c]	...
	Depósitos en moneda extranjera	7,3	0,4	-1,3	3,9	2,9	-2,9	-2,1	0,9	-1,2[c]	...

Fuente: Comisión Económica para América Latina y el Caribe (CEPAL), sobre la base de cifras oficiales.

[a] Datos al mes de abril.

[b] Datos al mes de mayo.

[c] Datos al mes de febrero.

Cuadro A.29
América Latina y el Caribe: crédito interno
(Variación porcentual respecto del mismo período del año anterior)

	2016	2017	2018	2019	2020				2021	
					Trim 1	Trim 2	Trim 3	Trim 4	Trim 1	Trim 2[a]
América Latina										
Argentina	25,0	35,0	41,4	30,2	36,1	61,0	75,6	84,1	70,4	59,4[b]
Bolivia (Estado Plurinacional de)	18,5	16,9	13,7	10,3	8,7	11,9	10,7	12,6	...	...
Brasil	9,5	7,9	2,7	9,7	12,3	16,2	17,4	16,0	15,5	13,3[b]
Chile	8,8	5,5	10,2	7,5	8,6	10,3	8,5	6,2	3,2	...
Colombia	8,4	9,8	9,3	10,0	11,5	14,3	10,9	6,3	...	...
Costa Rica	13,5	11,0	5,8	2,3	1,1	3,9	7,6	10,6	10,6	...
Ecuador	5,6	12,0	10,4	10,8	12,4	10,9	9,4	5,8	4,1	4,7[b]
El Salvador	8,2	4,6	7,8	7,5	8,7	10,1	9,5	8,1	9,0	8,7[b]
Guatemala	6,0	2,2	3,2	2,9	3,6	3,6	7,1	8,2	8,6	12,4
Haití	10,2	12,2	23,0	25,3	25,0	32,1	29,4	24,7	28,9[c]	...
Honduras	7,4	19,1	13,3	10,7	7,3	8,0	4,1	4,7	8,1	...
México	14,1	8,0	10,1	9,4	12,3	7,7	9,1	4,6	3,2	...
Nicaragua	14,2	15,7	0,2	-19,6	-15,1	-12,0	-7,4	-9,2	-12,9	...
Panamá	10,4	10,3	8,9	0,8	-3,2	-8,2	-8,4	-10,0	-11,0	...
Paraguay	5,9	-1,1	12,2	15,9	9,7	5,0	7,2	6,0	8,9	16,9
Perú	12,8	11,3	37,7	5,8	10,6	26,9	36,4	32,9	27,0	23,5[b]
República Dominicana	14,5	8,6	9,4	11,3	4,9	10,5	14,7	7,8	8,2	4,1
Uruguay	33,4	4,1	-3,7	21,4	26,3	13,6	3,8	5,4	8,2	8,4[b]
Venezuela (República Bolivariana de)[d]	100,1	302,9	231 191,5	14 049,8	1 884,8	2 695,1	1 717,1	2 324,9	2 446,8	1 581,0[b]
El Caribe										
Antigua y Barbuda	-10,5	5,1	-1,7	4,7	...	...	...	...	...	...
Bahamas	0,7	1,9	-3,5	0,5	0,4	2,0	1,7	-2,2	-1,4	...
Barbados	5,8	4,7	-1,6	-13,4	-0,4	-1,3	0,0	0,2	0,4	2,4[b]
Belice	18,5	2,5	6,2	6,4	6,3	5,3	4,6	4,5	4,9	7,1[b]
Dominica	-24,3	-24,6	24,4	39,7	...	...	...	...	...	...
Granada	-11,2	-6,7	-5,5	-8,2	...	...	...	...	...	...
Guyana	11,3	9,3	19,0	15,1	20,2	18,4	11,7	12,0	10,4	9,0[b]
Jamaica	4,7	5,6	11,7	...	...	...	...	...	...	...
Saint Kitts y Nevis	-78,8	105,8	-0,1	44,0	...	...	...	...	...	...
San Vicente y las Granadinas	0,3	0,1	3,0	-3,2	...	...	...	...	...	...
Santa Lucía	-6,1	-8,0	-6,5	-1,0	...	...	...	...	...	...
Suriname	33,8	13,3	-3,0	16,1	7,8	31,2	53,2	69,0	70,0	56,7[b]
Trinidad y Tabago	36,6	13,5	12,7	16,6	20,8	15,0	14,2	5,5	13,0[c]	...

Fuente: Comisión Económica para América Latina y el Caribe (CEPAL), sobre la base de cifras oficiales.
[a] Datos al mes de mayo.
[b] Datos al mes de abril.
[c] Datos al mes de febrero.
[d] Crédito otorgado por los bancos comerciales, universales y de desarrollo.

Cuadro A.30

América Latina y el Caribe: tasa de interés de política monetaria

(En tasas medias)

	2016	2017	2018	2019	2020				2021	
					Trim 1	Trim 2	Trim 3	Trim 4	Trim 1	Trim 2
América Latina										
Argentina	28,79	26,42	44,43	65,22	45,30	38,00	38,00	37,33	38,00	38,00[a]
Bolivia (Estado Plurinacional de)	2,50	2,39	2,42	2,58	2,75	2,75	2,50	2,00	3,00	5,67
Brasil	14,17	9,83	6,56	5,96	4,17	3,00	2,08	2,00	2,25	3,50[a]
Chile	3,50	2,69	2,56	2,46	1,50	0,50	0,50	0,50	0,50	0,50[a]
Colombia	7,06	6,04	4,31	4,25	4,08	3,25	2,25	1,75	1,75	1,75[a]
Costa Rica	1,75	3,50	5,02	4,23	1,92	1,08	0,75	0,75	0,75	0,75[a]
Guatemala	3,00	2,96	2,75	2,75	2,58	1,92	1,75	1,75	1,75	1,75
Haití	14,67	12,00	12,00	16,67	13,33	10,00	10,00	10,00[b]	...	...
Honduras	5,73	5,50	5,50	5,73	5,08	4,50	4,00	3,25	3,00	3,00[a]
México	4,21	6,75	7,69	8,00	6,92	5,50	4,58	4,25	4,08	4,08
Paraguay	5,73	5,40	5,25	4,50	3,75	1,42	0,75	0,75	0,75	0,75[a]
Perú	4,23	3,83	2,79	2,60	1,92	0,25	0,25	0,25	0,25	0,25[a]
República Dominicana	5,13	5,44	5,38	4,98	4,17	3,50	3,17	3,00	3,00	3,00[a]
Uruguay	...	...	...	...	...	...	4,50	4,50	4,50	4,50
Venezuela (República Bolivariana de)	6,50	6,37	6,20	16,54[c]	...	...	...	...	...	...
El Caribe										
Antigua y Barbuda	6,50	6,50	6,50	6,50	6,50	2,00	2,00	...	...	...
Bahamas	4,46	4,00	4,00	4,00	4,00	4,00	4,00	4,00	4,00	4,00[a]
Barbados	7,00	7,00	7,00	7,00	7,00	2,00	2,00	2,00	2,00	2,00[d]
Belice	11,00	11,00	11,00	11,00	11,00	11,00	11,00	11,00	11,00	11,00[d]
Dominica	6,50	6,50	6,50	6,50	6,50	2,00	2,00	...	...	...
Granada	6,50	6,50	6,50	6,50	6,50	2,00	2,00	...	...	...
Guyana	5,00	5,00	5,00	5,00	5,00	5,00	5,00	5,00	5,00	5,00[d]
Jamaica	5,10	4,17	2,29	0,88	0,50	0,50	0,50	0,50	0,50	0,50[a]
Saint Kitts y Nevis	6,50	6,50	6,50	6,50	6,50	2,00	2,00	2,00[c]	...	...
San Vicente y las Granadinas	6,50	6,50	6,50	6,50	6,50	2,00	2,00	2,00[c]	...	...
Santa Lucía	6,50	6,50	6,50	6,50	6,50	2,00	2,00	2,00[c]	...	...
Trinidad y Tabago	4,75	4,75	4,90	5,00	4,50	3,50	3,50	3,50	3,50	3,50

Fuente: Comisión Económica para América Latina y el Caribe (CEPAL), sobre la base de cifras oficiales.

[a] Datos al mes de mayo.

[b] Datos al mes de noviembre.

[c] Datos al mes de octubre.

[d] Datos al mes de abril.

Cuadro A.31
América Latina y el Caribe: tasas de interés activas representativas
(En tasas medias)

	2016	2017	2018	2019	2020				2021	
					Trim 1	Trim 2	Trim 3	Trim 4	Trim 1	Trim 2[a]
América Latina										
Argentina[b]	33,3	26,8	47,7	66,9	46,8	32,2	29,8	38,2	40,0	40,3
Bolivia (Estado Plurinacional de)[c]	6,2	6,0	6,4	6,4	6,4	6,0	6,5	6,4	8,0[d]	...
Brasil[e]	53,7	49,9	45,2	42,7	38,9	34,4	30,7	31,2	33,4	34,5[f]
Chile[g]	10,4	11,5	10,6	8,5	9,1	7,4	7,2	8,2	9,2	8,8
Colombia[h]	14,7	13,7	12,1	11,8	11,1	9,8	9,6	9,0	9,1	8,5
Costa Rica[i]	14,7	14,5	15,6	13,0	13,1	11,3	9,8	9,5	9,9	9,7
Ecuador[j]	8,7	7,9	7,7	8,6	8,8	8,8	9,1	8,8	8,4	8,8
El Salvador[k]	6,4	6,5	6,5	6,6	6,5	7,2	6,8	6,6	6,4	6,4
Guatemala[i]	13,1	13,1	12,9	12,7	12,7	12,6	12,5	12,3	12,3	12,3
Haití[l]	19,7	18,0	17,7	18,7	17,9	15,2	15,8	15,4[m]	...	...
Honduras[i]	19,3	19,3	17,8	17,3	17,4	17,0	16,9	16,8	16,5	16,4[f]
México[n]	*26,8*	*27,0*	*28,3*	*30,3*	*31,1*	*30,5*	*29,8*	*29,5*	*29,6*	*29,8*[f]
Nicaragua[o]	11,4	10,9	10,9	12,5	11,5	12,0	10,7	10,4	10,3	...
Panamá[p]	6,6	6,8	6,9	7,1	7,1	7,0	7,0	6,9	6,9	6,9[f]
Paraguay[q]	15,6	14,3	12,9	12,7	12,2	11,4	9,7	9,4	10,3	10,0[f]
Perú[r]	16,5	16,8	14,5	14,4	14,2	12,9	12,4	12,3	11,7	10,9
República Dominicana[i]	15,1	13,9	12,5	12,5	12,8	10,7	10,5	10,0	9,5	10,0
Uruguay[s]	17,6	15,4	14,2	13,3	13,4	13,9	12,4	11,0	9,6	8,6[f]
Venezuela (República Bolivariana de)[t]	21,4	21,5	21,9	29,3	29,0	37,1	34,8	31,8	41,1	47,0
El Caribe										
Antigua y Barbuda[u]	9,2	9,0	8,8	8,6	...	...	...	...	...	...
Bahamas[v]	12,5	11,8	11,4	11,2	10,4	9,6	10,8	10,4	10,2	8,8[f]
Barbados[u]	6,7	6,6	6,7	6,5	6,3	6,1	6,0	5,9	5,8	...
Belice[w]	9,8	9,5	9,1	9,1	9,0	8,8	8,7	8,5	9,0	8,8[f]
Dominica[u]	8,2	8,0	7,7	7,5	...	...	...	...	...	...
Granada[u]	8,4	8,2	7,7	7,3	...	...	...	...	...	...
Guyana[x]	10,7	10,6	10,4	8,9	8,6	8,5	8,4	8,5	8,5	8,6[f]
Jamaica[w]	16,5	14,9	14,1	13,0	12,3	12,1	12,0	11,8	11,8	...
Saint Kitts y Nevis[u]	8,5	8,5	8,2	8,0	...	...	...	...	...	...
San Vicente y las Granadinas[u]	9,1	8,7	8,4	8,3	...	...	...	...	...	...
Santa Lucía[u]	8,2	8,1	8,0	7,6	...	...	...	...	...	...
Suriname[y]	13,5	14,4	14,3	15,0	15,2	15,2	15,0	15,0	15,1	15,3[f]
Trinidad y Tabago[x]	9,1	9,1	9,1	9,3	8,8	7,6	7,6	7,6	7,6	7,6

Fuente: Comisión Económica para América Latina y el Caribe (CEPAL), sobre la base de cifras oficiales.
[a] Datos al mes de mayo.
[b] Préstamos al sector privado no financiero en moneda nacional a tasa fija y repactable, documentos a sola firma hasta 89 días de plazo.
[c] Tasa nominal en moneda nacional para operaciones a 60-91 días.
[d] Datos al mes de febrero.
[e] Tasa de interés sobre el crédito personal total para persona físicas.
[f] Datos al mes de abril.
[g] Operaciones no reajustables, tasas activas 90-360 días.
[h] Promedio ponderado de las tasas de crédito de consumo, preferencial, ordinario y tesorería para los días hábiles del mes.
[i] Promedio ponderado de las tasas activas en moneda nacional.
[j] Tasa de interés activa efectiva referencial para el segmento comercial corporativo.
[k] Tasa básica activa hasta un año.
[l] Promedio de las tasas mínimas y máximas de préstamos.
[m] Datos al mes de octubre.
[n] Promedio de la tasa de interés por límite de crédito de tarjetas de crédito de la banca múltiple y la tasa del CAT (Costo Anual Total).
[o] Promedio ponderado de las tasas activas de corto plazo del sistema, en moneda nacional.
[p] Tasa de interés al crédito de comercio a un año.
[q] Tasa de préstamos comerciales en moneda nacional.
[r] Tasa activa de mercado, promedio de las operaciones realizadas en los últimos 30 días hábiles.
[s] Crédito a empresas a 30-367 días.
[t] Tasa de operaciones activas, promedio de los seis principales bancos comerciales.
[u] Promedio ponderado de las tasas de préstamos.
[v] Promedio ponderado de las tasas de interés sobre préstamos y sobregiros.
[w] Promedio ponderado de las tasas sobre préstamos personales, comerciales, construcciones residenciales y otros.
[x] Promedio de las tasas de interés activa preferencial.
[y] Promedio de las tasas de préstamo.

Cuadro A.32
América Latina y el Caribe: precios al consumidor
(Variación porcentual en 12 meses)

	2016	2017	2018	2019	2020				2021	
					Marzo	Junio	Septiembre	Diciembre	Marzo	Junio
América Latina y el Caribe[a]	4,1	3,6	3,2	3,1	2,7	2,1	2,7	3,0	4,0	5,4
América Latina										
Argentina	27,5	38,5	25,0	47,1	46,9	41,3	35,2	34,1	40,4	48,3
Bolivia (Estado Plurinacional de)	3,0	4,0	2,7	1,5	1,4	1,4	0,5	0,7	1,2	0,2
Brasil	10,7	6,3	2,9	3,7	3,3	2,1	3,1	4,5	6,0	8,3
Chile	4,4	2,7	2,3	2,6	3,0	2,6	3,1	3,0	2,9	3,8
Colombia	6,8	5,7	4,2	3,1	3,8	2,2	2,0	1,6	1,5	3,6
Costa Rica	-0,8	0,8	2,6	2,0	1,9	0,3	0,3	0,9	0,5	1,9
Cuba[b]	2,4	-3,0	0,6	2,4	0,1	1,1	10,1	18,5	...	...
Ecuador	3,4	1,1	-0,2	0,3	0,2	0,2	-0,9	-0,9	-0,8	-0,7
El Salvador	1,0	-0,9	2,0	0,4	-0,5	-0,2	-0,4	-0,1	1,8	2,6[c]
Guatemala	3,1	4,2	5,7	2,3	1,8	2,4	5,0	4,8	5,8	3,9
Haití	12,5	14,3	13,3	16,5	22,0	24,8	25,2	19,2	17,2	...
Honduras	2,4	3,3	4,7	4,2	3,9	2,7	3,4	4,0	3,9	4,7
México	2,1	3,4	6,8	4,8	3,2	3,3	4,0	3,2	4,7	5,9
Nicaragua	2,9	3,1	5,8	3,3	4,6	3,8	2,8	2,6	4,2	4,1
Panamá	0,3	1,5	0,5	0,2	-0,8	-1,6	-1,9	-1,6	0,3	1,9[c]
Paraguay	3,1	3,9	4,5	3,2	2,5	0,5	1,6	2,2	2,4	4,5
Perú	4,4	3,2	1,4	2,2	1,8	1,6	1,8	2,0	2,6	3,3
República Dominicana	2,3	1,7	4,2	1,2	2,4	2,9	5,0	5,6	8,3	9,3
Uruguay	9,4	8,1	6,6	8,0	9,2	10,4	9,9	9,4	8,3	7,3
Venezuela (República Bolivariana de)	180,9	274,4	862,6	130 060,2	2 430,6	2 354,8	1 813,1	2 959,8	3 012,2	2 719,5[c]
El Caribe										
Antigua y Barbuda	-1,1	2,4	1,7	0,7	1,3	1,0	0,8	2,8	2,2	0,6
Bahamas	0,8	1,8	2,0	1,4	0,2	-0,4	-0,7	1,2	1,4[d]	...
Barbados	3,8	6,6	0,6	7,2	4,3	2,4	0,6	1,3	1,1	1,6[c]
Belice	1,1	1,0	-0,1	0,2	0,2	0,2	0,3	0,4	1,5	3,0
Dominica	0,7	-1,5	4,0	0,1	-1,0	-1,2	-0,8	-0,7	1,8	...
Granada	0,9	0,5	1,4	0,1	-0,2	-0,9	-1,2	-0,8	0,3	...
Guyana	1,4	1,5	1,6	2,1	1,6	0,5	0,8	1,3	2,4	3,8[c]
Jamaica	1,7	5,2	2,4	6,2	4,8	5,6	4,2	4,5	4,5	5,0[c]
Saint Kitts y Nevis	0,0	0,8	-0,8	-0,8	-1,1	-1,4	-0,7	-1,2	-0,4	...
San Vicente y las Granadinas	1,0	3,0	1,4	0,5	0,4	-0,8	-1,2	-1,0	-0,1	...
Santa Lucía	-2,8	2,0	1,6	-0,7	-2,7	-3,0	0,0	-0,4	1,5	...
Suriname	49,2	9,3	5,4	4,2	17,8	35,2	45,1	60,7	50,2	43,6[c]
Trinidad y Tabago	3,1	1,3	1,0	0,4	0,4	0,6	0,7	0,8	0,8	1,1[e]

Fuente: Comisión Económica para América Latina y el Caribe (CEPAL), sobre la base de cifras oficiales.
[a] América Latina y el Caribe excluidas Argentina, Haití, Suriname y Venezuela (República Bolivariana de).
[b] Se refiere a los mercados en moneda nacional.
[c] Datos al mes de mayo.
[d] Datos al mes de febrero.
[e] Datos al mes de abril.

Cuadro A.33
América Latina y el Caribe: balances fiscales del gobierno central
(En porcentajes del PIB)

	Resultado primario				Resultado global			
	2017	2018	2019	2020	2017	2018	2019	2020
América Latina y el Caribe[a]	**-0,3**	**0,3**	**0,2**	**-4,4**	**-3,0**	**-2,3**	**-2,4**	**-7,0**
América Latina[b]	**-0,9**	**-0,5**	**-0,4**	**-4,2**	**-3,2**	**-2,9**	**-3,0**	**-6,9**
Argentina	-2,8	-1,9	0,6	-1,4	-5,8	-5,6	-3,7	-3,7
Bolivia (Estado Plurinacional de)[c]	-4,4	-5,2	-6,1	...	-5,0	-6,0	-6,9	...
Brasil	-1,9	-1,7	-1,3	-10,0	-7,8	-7,2	-5,7	-13,8
Chile	-1,9	-0,8	-1,9	-6,3	-2,8	-1,7	-2,9	-7,3
Colombia	-1,1	-0,6	0,1	-5,1	-3,7	-3,1	-2,5	-7,8
Costa Rica	-2,9	-2,3	-2,7	-3,4	-5,9	-5,7	-6,7	-8,1
Ecuador	-3,5	-0,9	-1,9	-4,2	-5,9	-3,6	-5,0	-7,5
El Salvador	3,0	2,3	1,8	-5,0	-0,1	-1,1	-1,6	-9,2
Guatemala	0,1	-0,3	-0,6	-2,6	-1,4	-1,9	-2,2	-4,4
Haití[d e]	...	...	...	...	...	...	...	...
Honduras	0,0	0,9	0,6	-3,5	-2,7	-2,1	-2,5	-7,0
México[f]	1,4	0,6	1,1	0,1	-1,1	-2,0	-1,7	-2,8
Nicaragua	0,5	-0,8	1,6	0,2	-0,6	-1,9	0,3	-1,0
Panamá	-1,4	-1,4	-2,3	-6,6	-3,1	-3,2	-4,1	-9,2
Paraguay	-0,5	-0,6	-2,0	-5,1	-1,1	-1,3	-2,8	-6,2
Perú[c]	-1,7	-0,8	-0,1	-6,9	-2,8	-2,0	-1,4	-8,4
República Dominicana	-0,8	0,3	0,7	-5,1	-3,4	-2,3	-2,1	-8,3
Uruguay	-0,2	0,7	-0,4	-2,4	-2,7	-1,9	-2,8	-5,0
El Caribe[g]	**0,5**	**1,3**	**1,1**	**-4,6**	**-2,7**	**-1,5**	**-1,6**	**-7,3**
Antigua y Barbuda	0,1	-0,7	-1,2	-2,9	-2,4	-3,2	-3,8	-5,4
Bahamas[h]	-3,2	-0,8	0,8	-3,6	-5,4	-3,3	-1,6	-6,3
Barbados[i j]	3,2	3,5	6,1	-0,8	-4,5	-0,3	3,7	-4,0
Belice[i]	1,4	2,4	-1,2	-8,5	-1,3	-0,9	-4,5	-10,2
Dominica	-3,4	-6,1	-14,3	-12,4	-5,0	-8,2	-16,5	-14,7
Granada	5,7	6,9	6,9	-2,6	3,0	4,9	5,0	-4,6
Guyana	-2,5	-1,8	-2,0	-6,9	-3,3	-2,7	-2,8	-7,5
Jamaica[i]	7,5	7,5	7,1	3,5	0,5	1,2	0,9	-3,1
Saint Kitts y Nevis	3,4	4,6	2,9	-5,0	1,9	3,2	1,7	-6,4
San Vicente y las Granadinas	0,3	0,8	-0,5	-3,4	-2,1	-1,6	-3,0	-5,9
Santa Lucía	1,7	1,0	0,7	-5,6	-1,0	-1,8	-2,2	-9,2
Suriname[d]	-5,5	-6,7	-6,6	-11,5	-8,7	-10,1	-9,7	-13,5
Trinidad y Tabago[e]	-6,0	-0,6	0,6	-8,0	-9,0	-3,6	-2,6	-11,3

Fuente: Comisión Económica para América Latina y el Caribe (CEPAL), sobre la base de cifras oficiales.
[a] Promedios simples. Se excluyen de los promedios Bolivia (Estado Plurinacional de), Cuba, Dominica, Haití, Venezuela (República Bolivariana de).
[b] Promedios simples para 16 países. No incluye Bolivia (Estado Plurinacional de), Haití, Cuba y Venezuela (República Bolivariana de).
[c] Gobierno general.
[d] Incluye discrepancia estadística
[e] Años fiscales, del primero de octubre al 30 de septiembre.
[f] Sector público federal.
[g] Promedios simples para 12 países. No incluye Dominica.
[h] Años fiscales, del primero de julio al 30 de junio.
[i] Años fiscales, del primero de abril al 31 de marzo.
[j] Sector público no financiero.

Cuadro A.34
América Latina y el Caribe: composición de los ingresos tributarios del gobierno general
(En porcentajes del PIB)

	Ingresos tributarios		Contribuciones a la seguridad social		Impuestos directos		Impuestos indirectos		Otros impuestos	
	2019	2020	2019	2020	2019	2020	2019	2020	2019	2020
América Latina y el Caribe[a]	**23,0**	**22,2**	**3,8**	**3,8**	**7,1**	**6,9**	**11,8**	**11,2**	**0,4**	**0,3**
América Latina[a]	**22,0**	**21,2**	**4,5**	**4,3**	**6,9**	**6,7**	**10,0**	**9,6**	**0,6**	**0,6**
Argentina	28,9	30,1	5,7	5,7	7,8	8,7	15,2	15,5	0,2	0,2
Bolivia (Estado Plurinacional de)	24,7	20,3	6,2	6,0	4,2	2,8	12,1	9,6	2,2	1,9
Brasil	32,4	30,0	8,4	6,8	9,6	8,8	13,8	13,7	0,7	0,7
Chile	20,8	19,3	1,5	1,5	8,4	7,4	11,1	10,6	-0,2	-0,2
Colombia	19,0	18,6	1,9	2,2	8,4	8,2	8,1	7,5	0,7	0,7
Costa Rica	23,1	22,2	7,6	7,5	6,8	6,6	8,2	7,6	0,5	0,5
Cuba	42,2	42,2	5,5	5,5	13,2	13,2	20,3	20,3	3,2	3,2
Ecuador	20,0	19,6	5,4	5,9	4,6	4,9	9,9	8,7	0,0	0,0
El Salvador	*20,9*	*21,9*	*2,7*	*2,8*	*7,3*	*7,8*	*10,6*	*10,8*	*0,3*	*0,4*
Guatemala	13,0	13,2	2,2	2,1	4,1	4,0	6,8	7,1	0,0	0,0
Haití[b]	…	…	…	…	…	…	…	…	…	…
Honduras	21,3	19,1	3,4	4,0	6,3	5,0	10,8	9,4	0,6	0,7
México	16,3	17,8	2,3	2,5	7,7	8,3	6,1	6,7	0,3	0,4
Nicaragua	25,8	25,4	6,6	6,7	8,0	7,6	9,5	9,5	1,7	1,6
Panamá	14,0	13,6	5,6	5,8	4,2	4,1	4,1	3,6	0,1	0,2
Paraguay	13,8	10,7	3,7	1,0	2,7	2,6	7,3	6,9	0,1	0,1
Perú	16,6	15,3	2,0	2,1	6,5	6,0	7,8	7,2	0,3	0,1
República Dominicana	13,5	12,5	0,1	0,1	4,9	4,8	8,5	7,6	0,0	0,0
Uruguay	29,6	30,0	10,1	10,0	9,0	9,2	10,4	10,7	0,2	0,2
El Caribe[a]	**24,4**	**23,6**	**2,7**	**3,1**	**7,4**	**7,2**	**14,2**	**13,3**	**0,0**	**0,0**
Antigua y Barbuda	18,2	19,8	3,2	3,8	3,4	3,8	11,6	12,2	0,0	0,0
Bahamas[c]	18,8	19,6	2,6	3,1	2,5	1,5	13,7	14,9	0,0	0,0
Barbados[d]	31,7	32,4	5,5	5,8	9,9	13,0	16,3	13,6	0,0	0,0
Belice[d]	30,0	26,6	2,6	3,0	8,6	7,5	18,8	16,1	0,0	0,0
Dominica	31,5	27,0	3,7	4,2	5,5	4,6	22,3	18,3	0,0	0,0
Granada	25,3	26,0	2,6	3,0	5,9	6,1	16,8	16,9	0,0	0,0
Guyana	23,1	20,1	2,2	2,0	9,1	9,1	11,6	8,9	0,2	0,2
Jamaica[d]	29,0	27,2	1,2	1,2	10,0	10,5	17,8	15,5	0,1	0,1
Saint Kitts y Nevis	22,8	24,0	3,5	4,3	6,3	6,2	13,0	13,5	0,0	0,0
San Vicente y las Granadinas	26,0	27,6	2,9	3,1	7,5	8,7	15,5	15,9	0,0	0,0
Santa Lucía	20,5	22,6	2,1	2,6	4,9	5,4	13,5	14,6	0,0	0,0
Suriname	15,5	11,8	0,5	0,3	8,0	6,5	7,0	4,9	0,0	0,0
Trinidad y Tabago[b]	24,5	21,8	3,0	3,2	14,5	10,6	7,0	8,0	0,0	0,0

Fuente: Comisión Económica para América Latina y el Caribe (CEPAL), sobre la base de cifras oficiales.
[a] Promedios simples. Se excluyen Haití y Venezuela (República Bolivariana de) de los promedios.
[b] Años fiscales, del primero de octubre al 30 de septiembre.
[c] Años fiscales, del primero de julio al 30 de junio.
[d] Años fiscales, del primero de abril al 31 de marzo.

Cuadro A.35
América Latina y el Caribe: ingresos y gastos del gobierno central
(En porcentajes del PIB)

	Ingreso total		Gasto total		Gasto corriente primario		Pagos de intereses		Gastos de capital	
	2019	2020	2019	2020	2019	2020	2019	2020	2019	2020
América Latina y el Caribe[a]	**21,9**	**20,6**	**24,3**	**27,7**	**18,1**	**20,6**	**2,6**	**2,7**	**3,6**	**4,4**
América Latina[b]	**18,5**	**17,8**	**21,4**	**24,7**	**15,7**	**18,6**	**2,5**	**2,7**	**3,1**	**3,4**
Argentina	18,2	22,2	21,9	25,9	16,6	22,3	4,3	2,3	1,1	1,3
Bolivia (Estado Plurinacional de)[c]	27,0	...	33,9	...	23,4	...	0,8	...	9,7	...
Brasil	22,1	19,7	27,7	33,5	22,4	28,0	4,4	3,8	0,9	1,7
Chile	21,7	20,0	24,5	27,3	19,8	23,0	0,9	1,0	3,8	3,4
Colombia	16,2	15,2	18,7	23,0	14,3	18,1	2,5	2,7	1,8	2,2
Costa Rica	14,3	13,3	21,0	21,3	15,0	15,4	4,0	4,7	1,9	1,2
Ecuador	22,8	19,8	27,8	27,3	19,6	18,9	3,0	3,4	5,2	5,1
El Salvador	19,0	19,9	20,7	29,1	14,1	21,6	3,5	4,2	3,1	3,3
Guatemala	11,2	10,7	13,4	15,0	9,1	10,9	1,6	1,7	2,7	2,4
Haití[d e]	...	...	...	...	...	...	...	...	...	...
Honduras	19,2	16,6	21,6	23,6	14,0	15,9	3,0	3,4	4,6	4,2
México[f]	22,0	23,1	23,7	26,0	18,0	19,6	2,7	3,0	3,0	3,4
Nicaragua	19,6	19,1	19,3	20,1	13,9	13,8	1,3	1,3	4,1	5,1
Panamá	12,7	12,5	16,9	21,7	9,4	12,4	1,9	2,7	5,5	6,7
Paraguay	14,2	13,6	17,0	19,8	12,2	14,3	0,8	1,1	4,0	4,4
Perú[c]	19,9	18,0	21,4	26,4	15,5	20,4	1,3	1,5	4,6	4,5
República Dominicana	14,7	14,2	16,8	22,5	11,5	15,4	2,8	3,2	2,5	3,8
Uruguay	27,5	27,0	30,3	32,1	26,5	28,2	2,4	2,7	1,4	1,2
El Caribe[g]	**26,6**	**24,4**	**28,2**	**31,6**	**21,2**	**23,3**	**2,7**	**2,7**	**4,3**	**5,7**
Antigua y Barbuda	18,9	20,0	22,7	25,4	18,2	20,2	2,6	2,5	1,9	2,8
Bahamas[h]	18,2	16,8	19,9	23,2	15,7	17,5	2,5	2,7	1,7	3,0
Barbados[i j]	28,7	24,2	25,0	28,2	20,8	22,4	2,4	3,2	1,8	2,6
Belice[i]	30,4	27,2	34,9	37,4	25,0	26,8	3,3	1,7	6,6	8,9
Dominica	42,7	37,0	59,2	51,7	37,6	37,9	2,2	2,3	19,3	11,5
Granada	26,8	28,3	21,8	32,9	17,3	21,2	1,9	2,0	2,6	9,6
Guyana	23,4	19,5	26,2	27,1	19,3	20,1	0,8	0,6	6,1	6,3
Jamaica[i]	30,6	29,1	29,7	32,2	20,2	23,2	6,2	6,5	3,3	2,5
Saint Kitts y Nevis	41,0	38,1	39,3	44,5	26,1	32,7	1,2	1,4	11,9	10,4
San Vicente y las Granadinas	29,9	33,0	32,8	38,9	24,6	27,6	2,4	2,4	5,9	8,8
Santa Lucía	20,7	20,9	23,0	30,1	16,5	21,5	3,0	3,6	3,5	5,0
Suriname[d]	20,9	11,9	30,6	25,4	23,7	18,2	3,1	2,1	3,8	5,2
Trinidad y Tabago[e]	29,7	23,0	32,2	34,3	26,6	28,2	3,2	3,4	2,4	2,8

Fuente: Comisión Económica para América Latina y el Caribe (CEPAL), sobre la base de cifras oficiales.
[a] Promedios simples. Se excluyen de los promedios Bolivia (Estado Plurinacional de), Cuba, Dominica, Haití, Venezuela (República Bolivariana de).
[b] Promedios simples para 16 países. No incluye Bolivia (Estado Plurinacional de), Haití, Cuba y Venezuela (República Bolivariana de).
[c] Gobierno general.
[d] Incluye discrepancia estadística
[e] Años fiscales, del primero de octubre al 30 de septiembre.
[f] Sector público federal.
[g] Promedios simples para 12 países. No incluye Dominica.
[h] Años fiscales, del primero de julio al 30 de junio.
[i] Años fiscales, del primero de abril al 31 de marzo.
[j] Sector público no financiero.

Cuadro A.36
América Latina y el Caribe: deuda pública bruta del sector público no financiero
(En porcentajes del PIB)

	2013	2014	2015	2016	2017	2018	2019	2020
América Latina y el Caribe[a]	**56,0**	**56,8**	**57,7**	**58,4**	**60,2**	**61,2**	**62,2**	**76,0**
América Latina[a]	**35,2**	**37,1**	**40,0**	**41,7**	**43,4**	**46,8**	**50,1**	**60,0**
Argentina[b]	43,5	44,7	52,6	53,3	56,5	85,2	88,8	102,8
Bolivia (Estado Plurinacional de)[c]	30,4	30,0	31,6	34,1	37,2	37,9	43,2	57,4
Brasil[d]	56,7	58,9	66,5	70,0	74,0	77,2	74,3	88,8
Chile	20,3	24,0	27,4	30,3	32,1	34,9	38,4	42,7
Colombia	41,9	47,5	54,9	54,9	54,4	57,5	57,3	71,5
Costa Rica	44,1	46,9	49,2	52,8	58,0	61,8	71,9	77,0
Ecuador	24,0	29,6	33,0	38,2	44,5	45,0	52,3	63,1
El Salvador	51,3	51,8	52,2	52,7	52,2	51,4	52,6	62,4
Guatemala[e]	25,0	24,7	24,8	25,0	24,6	26,0	25,8	28,8
Haití[e f]	30,5	35,1	39,7	40,8	38,3	39,9	47,0	47,0
Honduras[e]	43,4	44,4	44,4	46,1	47,5	48,8	48,9	58,9
México[g]	36,8	40,1	44,2	49,4	46,9	46,9	46,8	53,8
Nicaragua	31,5	30,7	30,4	31,8	34,5	38,0	42,7	50,4
Panamá	34,9	36,5	37,4	37,4	37,6	39,4	46,4	69,8
Paraguay	10,8	13,5	15,1	17,3	18,2	19,7	22,7	33,6
Perú	19,6	20,0	20,9	22,7	24,9	25,8	26,8	34,8
República Dominicana	37,4	36,0	35,1	35,3	36,9	37,6	40,4	56,6
Uruguay	41,5	44,6	52,2	50,2	52,0	54,3	65,8	65,4
Venezuela (República Bolivariana de)[e]	32,9	28,5	31,7	31,1	...	...	...	...
El Caribe[h]	**81,6**	**81,1**	**79,5**	**78,8**	**80,8**	**78,9**	**77,1**	**95,6**
Antigua y Barbuda	101,1	100,2	86,9	82,6	83,4	78,5	76,3	94,5
Bahamas	65,4	71,4	69,7	72,0	76,9	77,9	77,0	113,5
Barbados	131,5	137,0	142,4	151,2	148,4	126,3	120,0	144,0
Belice	79,4	77,7	80,9	87,3	95,0	93,6	94,5	122,6
Dominica	76,4	76,9	75,0	67,7	69,9	83,0	78,8	117,1
Granada	103,7	96,9	88,6	80,0	69,6	66,3	59,8	69,8
Guyana	57,8	51,8	48,1	45,7	47,1	47,0	41,3	47,4
Jamaica	130,2	129,4	112,9	108,4	104,4	97,1	92,4	103,3
Saint Kitts y Nevis	93,3	71,7	63,7	59,0	59,3	57,3	57,6	64,8
San Vicente y las Granadinas	71,4	80,3	79,1	82,1	74,1	75,5	74,9	86,2
Santa Lucía	61,3	61,1	60,4	59,9	59,0	59,9	61,0	89,8
Suriname[e]	35,6	33,3	52,3	49,0	86,9	84,2	86,6	99,0
Trinidad y Tabago	53,8	66,5	73,5	80,1	75,8	79,1	81,7	90,6

Fuente: Comisión Económica para América Latina y el Caribe (CEPAL), sobre la base de cifras oficiales.
[a] Promedios simples. No incluye Bolivia (Estado Plurinacional de), Haití y Venezuela (República Bolivariana de).
[b] Administración central.
[c] Incluye la deuda externa del sector público no financiero y la deuda interna del gobierno central.
[d] Gobierno general.
[e] Gobierno central.
[f] No incluye los compromisos del sector público con los bancos comerciales.
[g] Sector público federal.
[h] Promedios simples.

Cuadro A.37
América Latina y el Caribe: deuda pública bruta del gobierno central
(En porcentajes del PIB)

	2012	2013	2014	2015	2016	2017	2018	2019
América Latina y el Caribe[a]	**50,2**	**51,4**	**52,2**	**52,8**	**54,9**	**55,9**	**57,1**	**70,5**
América Latina[a]	**32,8**	**34,2**	**36,7**	**38,4**	**39,9**	**43,3**	**46,1**	**56,2**
Argentina[b]	43,5	44,7	52,6	53,3	56,5	85,2	88,8	102,8
Bolivia (Estado Plurinacional de)	28,4	27,7	29,5	31,4	34,4	36,0	40,4	54,4
Brasil[c]	56,7	58,9	66,5	70,0	74,0	77,2	74,3	88,8
Chile	12,7	15,0	17,3	21,0	23,6	25,6	28,2	32,5
Colombia	37,1	40,2	45,0	46,0	44,9	48,6	48,6	61,4
Costa Rica	35,9	38,5	41,0	44,9	48,4	51,7	56,5	67,5
Ecuador	22,9	27,5	30,9	35,7	41,3	42,2	48,2	59,0
El Salvador	49,2	49,6	49,7	49,6	48,2	47,6	48,8	58,7
Guatemala	25,0	24,7	24,8	25,0	24,6	26,0	25,8	28,8
Haití[d]	30,5	35,1	39,7	40,8	38,3	39,9	47,0	47,0
Honduras	43,4	44,4	44,4	46,1	47,5	48,8	48,9	58,9
México	29,8	31,7	34,1	37,0	35,2	35,4	36,1	42,0
Nicaragua	30,8	30,2	29,9	31,2	34,0	37,6	42,3	50,0
Panamá	34,4	36,2	37,1	37,0	37,3	39,3	46,4	69,8
Paraguay	9,7	12,1	13,3	15,1	15,7	16,9	19,6	29,5
Perú	17,3	18,2	19,7	21,6	23,3	23,8	24,8	32,9
República Dominicana	37,2	35,9	34,4	34,5	36,1	36,8	39,6	55,9
Uruguay	38,8	39,3	47,2	46,1	47,9	50,3	60,8	61,4
Venezuela (República Bolivariana de)	32,9	28,5	31,7	31,1	…	…	…	…
El Caribe[e]	**71,7**	**72,5**	**71,1**	**70,6**	**73,4**	**71,3**	**70,6**	**88,0**
Antigua y Barbuda	78,7	84,1	71,1	67,8	67,2	64,2	64,9	81,5
Bahamas	52,5	57,5	56,6	58,8	63,8	64,3	64,2	99,5
Barbados	116,2	121,9	129,6	138,4	136,9	125,4	118,0	142,3
Belice[f]	76,4	75,3	78,4	84,8	92,4	90,4	91,0	118,2
Dominica	65,1	65,2	64,0	57,4	62,3	64,0	72,0	104,1
Granada	94,6	89,6	82,7	75,7	65,8	62,7	57,8	67,6
Guyana[f]	57,8	51,8	48,1	45,7	47,1	47,0	41,3	47,4
Jamaica[f]	130,2	129,4	112,9	108,4	104,4	97,1	92,4	103,3
Saint Kitts y Nevis	72,2	59,9	51,3	47,9	47,6	41,5	40,1	44,2
San Vicente y las Granadinas	59,1	68,7	67,6	65,9	67,2	69,4	71,2	82,9
Santa Lucía	56,9	57,6	57,4	57,6	55,2	56,5	57,6	85,0
Suriname	35,6	33,3	52,3	49,0	86,9	84,2	86,6	99,0
Trinidad y Tabago	37,5	48,2	52,8	59,8	57,5	60,2	61,2	68,4

Fuente: Comisión Económica para América Latina y el Caribe (CEPAL), sobre la base de cifras oficiales.
[a] Promedios simples. No incluye Bolivia (Estado Plurinacional de), Haití y Venezuela (República Bolivariana de).
[b] Administración central.
[c] Gobierno general.
[d] No incluye los compromisos del sector público con los bancos comerciales.
[e] Promedios simples.
[f] Sector público.

Publicaciones recientes de la CEPAL
ECLAC recent publications

www.cepal.org/publicaciones

Informes Anuales/*Annual Reports*
También disponibles para años anteriores/*Issues for previous years also available*

Estudio Económico de América Latina y el Caribe 2020
Economic Survey of Latin America
and the Caribbean 2020

La Inversión Extranjera Directa en América Latina
y el Caribe 2020
Foreign Direct Investment in Latin America
and the Caribbean 2020

Balance Preliminar de las Economías de América Latina
y el Caribe 2020
Preliminary Overview of the Economies of Latin America
and the Caribbean 2020

Anuario Estadístico de América Latina y el Caribe 2020
Statistical Yearbook for Latin America
and the Caribbean 2020

Panorama Social de América Latina 2020
Social Panorama of Latin America 2020

Perspectivas del Comercio Internacional
de América Latina y el Caribe 2020
International Trade Outlook for Latin America
and the Caribbean 2020

El Pensamiento de la CEPAL/*ECLAC Thinking*

Construir un nuevo futuro: una recuperación transformadora con igualdad y sostenibilidad
Building a New Future: Transformative Recovery with Equality and Sustainability

La ineficiencia de la desigualdad
The Inefficiency of Inequality

Desarrollo e igualdad: el pensamiento de la CEPAL en su séptimo decenio. Textos seleccionados del período 2008-2018

Libros y Documentos Institucionales/*Institutional Books and Documents*

Construir un futuro mejor: acciones para fortalecer la Agenda 2030 para el Desarrollo Sostenible. Cuarto informe sobre el progreso y los desafíos regionales de la Agenda 2030 para el Desarrollo Sostenible en América Latina y el Caribe
Building forward better: Action to strengthen the 2030 Agenda for Sustainable Development. Fourth report on regional progress and challenges in relation to the 2030 Agenda for Sustainable Development in Latin America and the Caribbean

Panorama Fiscal de América Latina y el Caribe, 2020: la política fiscal ante la crisis derivada de la pandemia de la enfermedad por coronavirus (COVID-19)
Fiscal Panorama of Latin America and the Caribbean, 2020: fiscal policy amid the crisis arising from the coronavirus disease (COVID-19) pandemic

Libros de la CEPAL/*ECLAC Books*

La tragedia ambiental de América Latina y el Caribe

La emergencia del cambio climático en América Latina y el Caribe: ¿seguimos esperando la catástrofe o pasamos a la acción?
The climate emergency in Latin America and the Caribbean: The path ahead – resignation or action?

Los sistemas de pensiones en la encrucijada: desafíos para la sostenibilidad en América Latina

Páginas Selectas de la CEPAL/*ECLAC Select Pages*

Protección social universal en América Latina y el Caribe. Textos seleccionados 2006-2019

Migración y desarrollo sostenible: la centralidad de los derechos humanos. Textos seleccionados 2008-2019

Empleo en América Latina y el Caribe. Textos seleccionados 2006-2017

Revista CEPAL/*CEPAL Review*

Series de la CEPAL/*ECLAC Series*

Notas de Población

Observatorio Demográfico
Demographic Observatory

Documentos de Proyectos
Project Documents

Informes Especiales COVID-19
Special Reports COVID-19

Coediciones/*Co-editions*

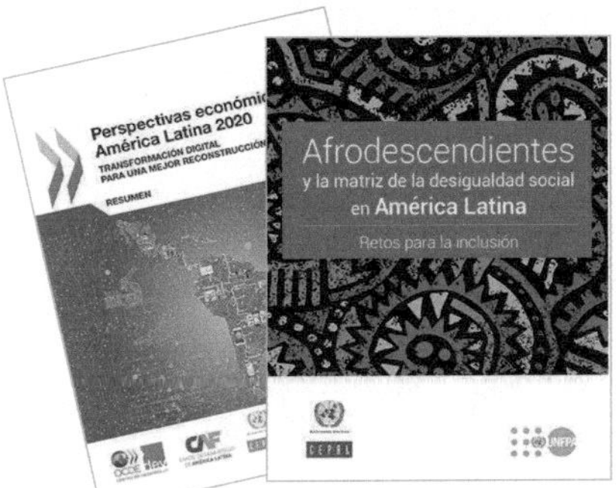

Copublicaciones/*Co-publications*